라틴아메리카 역사 산책

올메카문명에서 쿠바혁명까지

본 저술은 교육부와 한국연구재단이 시행하는 한국외국어대학교 대학인문역량 강화사업(CORE)의 지원을 받아 출간되었음.

라틴아메리카 역사 산책

올메카문명에서 쿠바혁명까지

전용갑·신정환·황순양·박영미

HUEBOOKs

머리말

20세기 쿠바작가 알레호 카르펜티에르(Alejo Carpentier, 1904-1980)는 라틴아메리카의 역사를 '경이로운 현실의 연대기(chronicle of the marvelous real)'라 불렀다. 그가 말하는 '경이로움'은 신화나 환상 등 허구 세계의 몽환적인 아우라가 아니라 도저히 있을 수 없는 일들의 실재(實在)를 의미하는 현실의 또 다른 명명법이다. 카르펜티에르는 자신의 소설 『지상의 왕국』(El reino de este mundo)(1949)의 서문을 통해 서구에서 문학적 소재에 불과했던 많은 일들이 라틴아메리카에서는 실제 역사적 실화로 구현되었다고 지적한다. 예컨대 로트레아몽의 『말도로르의 노래』에 나오는 초자연적인 '변신'의 담론은 18세기 아이티의 역사에서 현실이 된다. 당대의 도망친 흑인노예들이 자신들의 지도자 프랑수아 마캉달(François Mackandal, ? - 1758)에게 그러한 능력이 있다고 실제로 믿고 따랐기 때문이다. 이 밖에도 프랑스 군의 침공을 막고자 황소의 피를 버무려 쌓아올린 19세기 초 아이티의 라페리에르(Laferrière)성채, 신대륙 발견 이후 널리 유포되어 정복자들의 발길을 이끌었던 '영원한 젊음의 샘'과 '엘도라도'이야기 등이 라틴아메리카에서 실제 역사로 전환된 경이로움의 사례들로 거론된다.

카르펜티에르가 제시한 '아메리카의 경이로운 현실(The marvelous real in America)' 개념은 - 비록 '마술적 사실주의'처럼 문학의 한 카테고리로 이해되고 있지만 - 서구와는 다른 라틴아메리카 역사의 특수성을 상징적으로 내포하고 있다.

사실 아메리카는 1492년 10월 12일 콜럼버스가 첫 발을 내딛기 전까지는 다른 대륙들과 완벽하게 분리된 '지구 내의 다른 행성'이었다. 소나 말, 돼지, 양처럼 흔해빠진 동물들이 존재하지 않았으며 천연두, 홍역, 말라리아, 장티푸스, 디프테리아 등 구대륙에 창궐하던 질병들의 흔적조차 찾아볼 수 없었다. 이러한 생태학적 근거들은 이 대륙이 선사시대 이래 외부의 영향 없이 독자적으로 존립하고 있었다는 사실을 입증한다. 따라서 오랫동안 존재 자체를 몰랐던 라틴아메리카의 역사를 구석기-신석기-청동기-철기로 이어지는 서구의 문명발전단계론으로 재단하는 것은 무리일 것이다. 예컨대 신대륙 발견당시 이곳 원주민들의 무기체계는 '석기시대' 수준을 크게 벗어나지 못했으나, 막대기만 가지고 1년 주기를 소수점 세 자리(365.242일)까지 정확하게 계산했던 마야인의 천문지식은 '21세기 수준'에 필적했기 때문이다.

한마디로, 라틴아메리카는 아르투로 우슬라르 피에트리(Arturo Uslar Pietri)의 말처럼 서구인들이 역사적으로 형성해 온 인식의 범주 밖에 놓여 있었다. 그러나 우리는 여전히 근대 이후 서구인들이 설정해 놓은 세계 인식의 독법에 의지해 라틴아메리카를 바라보고 있다. 예를 들어 국제경제 혹은 국제정치학의 한 도식인 '북과 남', '제1세계와 제3세계', '선진국과 후진국(혹은 개발도상국)'의 이분법적 구분에서 우리는 늘 라틴아메리카를 후자에 자리매김하고 있다. 이 분류법이 오늘날의 국력이나 경제력에 대한 물리적인 '정량평가'면에서는 타당할 지도 모른다. 그러나 문제는 이러한 구분이 16세기 이후 처음으로 세계사에 편입된 라틴아메리카의 전통과 문화 그리고 더 나아가서는 인종에 이르기까지 유구한 세월동안 형성된 역사적인 '정성적인' 요인들까지도 싸잡아 열등한 것으로 폄하하고 있지는 않은가 하는 점이다. 어쩌면 '착시현상'일지도 모를 서구의 근대적 관점에서 하염없이 내려만 본다면 이 대륙의 올바른 모습은 이해하기 어렵다. 라틴아메리카의 '경이로운 현실'은 1492년 이후 갑자기 생겨난 것이 아니라 그 뿌리가 그들 역사의 시원(始原)에 닿아있기 때문이다.

이 책은 이러한 문제의식의 산물이다. 내용은 비록 소박하지만 독자들이 라틴아메리카에 대한 기존의 인식을 재고해 볼 수 있다면 이 책의 일차적인 목표는 충분히 달성되었다고 믿는다. 또한 이 책은 오랫동안 대학에서 라틴아메리카의 역사와 문화에 대해 강의해 온 필자들의 현실적 필요성에서 나왔다. 요즘 학생들은 발표나 리포트 제출을 위해 인터넷 공간을 활용하는 데 매우 익숙해 있다. 그러나 대학이나 학회, 관련 연구소 등 신뢰할만한 학술정보소스를 제외하면 의외로 - 국문으로 된 사이트에 국한해서 말하자면 - 라틴아메리카의 역사에 대한 올바른 내용이 드물다는 점이다. 대중적인 '검색창'을 통해 수집하는 정보들의 상당량은 객관적인 역사적 팩트와 일치하지 않거나 혹은 서구 중심적 사관을 그대로 확대, 재생산해 놓은 것들이 적지 않다. 이 책이 일반 독자들뿐만 아니라 학부의 교양이나 전공과정에서 라틴아메리카 역사를 처음 접하기 시작하는 학생들에게도 유용하게 참고 될 수 있을 것이다.

2018년 여름은 백 년만의 무더위였다. 연일 폭염과 관련된 각종 기록을 갈아치우는 혹독한 날씨 속에서도 필자들은 나름 라틴아메리카 역사의 산책로를 만들기 위해 노력했다. 그러나 부족한 점이 없을 수는 없을 것이다. 행여나 미비한 점들이 있다면 쿠바 혁명 이후 21세기 상황까지 다룰 후속편 작업을 통해 보완해 나갈 것임을 약속한다. 마지막으로, 이 책은 교육부가 주관하는 대학인문역량지원사업(CORE) <글로벌지역학 모델>의 학술활동 일환으로 출간되었음을 밝힌다. 필자들을 믿고 물심양면으로 지원해 준 한국외대 CORE 사업단 관계자 여러분에게도 감사의 뜻을 전한다.

필자 일동

차례

제1부

유토피아의 종말

콜럼버스 이전의 라틴아메리카 문명

- 황순양 -

*

인구가 6억 명에 달하는 라틴아메리카 지역과 관련된 용어를 살펴보는 것이 이 지역을 이해하는 첫 관문이라 생각된다. 아메리카 대륙은 위도상의 위치에 따라 북미, 중미, 남미로 나뉜다. 그래서 라틴아메리카를 흔히 중남미라 부르기도 한다. 그러나 우리가 중미로 알고 있는 멕시코는 캐나다, 미국과 더불어 북미에 속한다. 그래서 멕시코가 '북미자유무역협정(NAFTA)'국가에 포함된 것이다. 멕시코를 포함한 중남미지역은 또한 유럽 이주민의 문화적 특성에 따라 '히스패닉아메리카', '이베로아메리카', '라틴아메리카'라 불리기도 한다.

먼저 '히스패닉 아메리카(Hispanic America)'는 스페인어로 '이스파노아메리카(Hispanoamérica)'인데, 아메리카 대륙의 스페인어 사용국만을 가리키는 개념이다. 우리말로는 '스페인어권 아메리카'라고 지칭한다. 아메리카 대륙의 대부분의 국가들이 콜럼버스의 신대륙 발견이후 약 300년간 스페인의 식민 지배를 받았기 때문에 언어, 인종, 종교 등에 걸쳐 스페인의 영향이 지배적임을 보여주는 명칭이다.

스페인과 포르투갈이 있는 이베리아 반도 사람들의 영향을 받았음을 표현하기 위해서는 더 포괄적인 '이베로아메리카(Iberoamérica)'라는 용어가 사용된다. 그러나 이 명칭 역시 네덜란드계 수리남, 영국계 벨리즈, 자메이카, 기아나, 프랑스계 아이티, 프랑스령 기아나 등을 비롯해 카리브해에 산재한 모든 국가들을 의미하지는 못한다.

오늘날 흔히 사용하는 가장 포괄적인 용어인 '라틴아메리카'는 라틴계의 혈통을 이어받은 나라들에 의해 통치된 아메리카를 의미한다. 지리적으로 '앵글로아메리카'를 제외한 아메리카의 전역, 즉 미국과 국경을 맞대고 있는 멕시코로부터 아메리카 대륙 최남단의 티에라 델 푸에고(Tierra del Fuego)까지를 가리키는 용어다. 아메리카에 '라틴'이라는 수식어가 붙게 된 최초의 동기는 19세기 나폴레옹 3세가 아메리카대륙에서 프랑스의 영향력을 확대하고 영국을 비롯한 '앵글로아메리카' 국가들을 견제하기 위해서였다. 당시 중남미에는 프랑스 제국주의의 영향력이 매우 강했다. 일례로 나폴레옹 3세는 멕시코를 침략해 허수아비 황제를 앉혀 놓기도 했다.[1] 게다가 중남미의 독립을 주도했던 지배엘리트인 크리오요들은 스페인과 포르투갈의 흔적을 지우고 싶어 했다.

이러한 분위기 속에서 '라틴아메리카'라는 명칭은 북미의 앵글로색슨계 아메리카에 대응하는 동시에 프랑스와 동일한 라틴 문화권임을 강조하는 표현으로 사용되기 시작했다.

20세기에 들어서 반제국주의적 민족해방운동이 일어나고, 원주민에 대한 관심이 고조되면서 원주민들인 인디오들의 땅이니 '인도아메리

---

1 나폴레옹 3세는 아메리카에도 관심이 많았으며, 남북전쟁 중인 미국과 멕시코에 적극적으로 개입했다. 특히 멕시코에서 1861년에 들어선 베니토 후아레스(Benito Juárez)의 반지주, 반교회 정책이 대·내외적으로 마찰을 빚자 채무 불이행을 빌미로 군사개입에 들어갔다. 그는 1863년 멕시코시티를 점령하고 군주정을 수립한 후, 오스트리아 대공(大公) 막시밀리안을 새로운 멕시코 황제로 앉혔다. 그러나 후아레스는 강력하게 저항했고, 남북전쟁을 끝낸 미국도 먼로주의에 근거하여 유럽 세력을 축출하고자 했다. 또한 유럽에서는 프로이센이 무섭게 팽창하면서 더 이상 꼭두각시 제국을 운영할 수 없었다. 결국 막시밀리안의 호소에도 불구하고 나폴레옹 3세는 1867년 파견 병력을 모두 철수시켰으며 막시밀리안은 멕시코 군대에 사로잡혀 총살당한다.

카(Indoamérica)'라고 부르자는 의견이 대두되기도 했다. 페루의 '아메리카인민해방전선(APRA)'[2]이 강력하게 주장한 이 용어는 정치·사회적으로 소외된 원주민의 위상을 제고하려는 의도였다. 2008년 베네수엘라의 우고 차베스 대통령도 '라틴아메리카'라는 용어 대신 '인도아메리카'를 사용하자고 제안해 화제가 되었다. 제국주의 야욕이 담긴 명칭인 '라틴아메리카'와 식민 역사를 떠올리는 '이베로아메리카'를 대체하고, 이 지역의 정치적·사회적·문화적 고유성을 강조하려는 의도에서 나온 제안이었다. 그러나 애초에 '인디오'라는 말도 콜럼버스가 신대륙을 인도로 착각한 결과이니 '인도아메리카'라는 용어도 올바른 용어라고는 할 수 없을 것이다.

한편 멕시코 작가 카를로스 푸엔테스(Carlos Fuentes, 1928-2012)는 『용감한 신세계』(Valiente mundo nuevo, 1990)라는 에세이의 서문에서 중남미가 다민족, 다문화 대륙임을 고려해 '인도-아프로-이베로아메리카'라고 부르는 것이 가장 완벽하다고 피력한 적이 있다. 아르헨티나와 칠레처럼 백인 전통이 강한 국가도 있고, 브라질과 카리브 지역처럼 흑인 전통이 강한 나라도 있으며 멕시코, 페루, 볼리비아처럼 원주민 전통이 강한 나라도 있으니 이 세 전통 모두가 중남미 대륙의 정체성을 나타낸다는 것이다.

이렇게 용어를 둘러싼 논쟁이 보여주듯이 매우 다양하고 혼종적인 라틴아메리카의 정치, 경제, 사회 그리고 문화를 잘 이해하기 위해서는

---

2 가장 오래된 중남미 좌파 정당 가운데 하나인 페루의 아메리카인민해방전선(Alianza Popular Revolucionaria Americana, APRA)의 지도자 빅토르 라울 아야 데 라 토레(Víctor Raúl Haya de la Torre)가 1924년 멕시코에서 '인도아메리카'라는 제목의 정치잡지를 창간한다. 이 잡지는 반제국주의와 피억압계급 단결(빈곤해지는 중간계급, 농민, 원주민 등의 권익 보호)을 외쳤다. 이제까지 지배계급의 출신지를 기준으로 대륙의 명칭을 지었다면 이제 민중의 입장에서 이름을 붙이자는 제안이라고 볼 수 있다.

우선 역사를 살펴보는 것이 필수적이다. 특히 그중에서도 라틴아메리카의 고대문화를 이해하는 것은 대단히 중요하다. 라틴아메리카의 '고대문명'이란 일반적으로 유럽이 정복하기 이전의 문명, 즉 콜럼버스의 신대륙 발견 이전의 문명을 지칭한다. 따라서 라틴아메리카의 고대문명을 '스페인 사람 이전 문명(civilización prehispánica)' 혹은 '콜럼버스 이전 문명(civilización precolombina)'이라 칭한다.

여기서 생각해 보아야 할 점은, 유럽 사람들이 발견한 땅이 전혀 새로운 대륙이 아니었다는 것이다. 당시 라틴아메리카에는 수많은 사람들이 이미 살고 있었으며 유럽인들에 비해 결코 뒤떨어지지 않는 과학과 예술, 발달된 문화와 정치·경제·사회 조직을 지니고 있었다. 따라서 유럽인들이 말하는 신대륙이란 용어는 제국주의적 관점의 산물이다. 그래서 오늘날 많은 사람들은 더 이상 '발견(Descubrimiento)'이 아니라 '만남(Encuentro)'이라는 표현을 써야 한다는데 동의하고 있다. 그러나 신대륙 정복은 일방적인 유럽인들의 정복과 약탈이었기 때문에 '만남'이라는 용어에 동의할 수 없다는 학자들도 있다.

이러한 점을 염두에 두고, 라틴아메리카 대륙의 두 축을 이루는 고대문명, 즉 멕시코와 중앙아메리카지역의 메소아메리카 문명권과 남아메리카의 안데스산맥을 끼고 발전했던 안데스 문명권을 살펴볼 것이다. 메소아메리카 문명권에서는 올메카, 테오티우아칸, 아스테카, 그리고 마야 문명을, 안데스 문명권에서는 차빈, 모체, 나스카, 티아우아나코 등의 선대 문명과 잉카 문명을 산책해보자.

I
베링을 건너 파타고니아까지
아메리카 원주민의 기원과 전파과정

아메리카 원주민, 즉 인디오는 1492년 콜럼버스가 아메리카 대륙에 도착하기 전부터 거주하고 있던 사람들이다. 최근에는 '인디오'가 경멸적인 의미를 지닌다고 하여 '원주민, 토착민'의 의미를 지니는 '인디헤나(indígena)'라는 용어를 사용하는 추세이다. 아메리카 원주민들에 관한 연구는 유럽 사람들이 신대륙에 도착하면서부터 비롯되었으니 약 500년 전부터 시작된 셈이다. 이주설과 자생설 등 원주민의 기원에 대한 연구에서 두드러진 선구자로 꼽히는 예수회 사제이자 고고학자인 호세 데 아코스타(José de Acosta, 1540-1600)는 『신대륙의 문물사』(Historia Natural y Moral de las Indias, 1590)라는 책을 통해 페루 지역 원주민들의 토착 종교를 면밀하게 분석했다. 그는 원주민들 조상이 유럽, 아시아 혹은 아프리카 대륙에서 수렵생활을 하던 유목민들이 수만 년 전에 아메리카 대륙으로 이주해 살기 시작했으며, 이들이 바다보다는 육지를 통해서 들어왔을 확률이 높다고 추정했다.

20세기에 들어 아메리카 대륙의 원주민에 대한 학문적인 연구가 본격적으로 이루어지면서 언어학, 인류학, 민속학, 고고학 등의 다양한 연구 분야에서 나름대로 설득력을 지닌 학설들이 정립되기 시작했다. 그

결과 다른 대륙으로부터의 이주설이 일반적으로 받아들여지고 있다. 이를 뒷받침하는 대표적인 학설로 크게 세 가지를 꼽아볼 수 있다.

먼저, 가장 유력하게 인정받는 학설은 베링해협 유입설이다. 고고학계에서는 사실상 이 이론을 정설로 인정하고 있다. 베링해협 유입설을 주장하는 대표적인 학자는 미국 인류학자인 알렉스 흐들리카(Alex Hrdlicka, 1869-1943)이다. 마지막 빙하기가 끝날 무렵 베링해협에 형성된 육로와 알류샨 열도를 이용하여 캄차카 반도 근방에서 유목과 수렵을 하던 몽골리언 계통 인종들이 수천 년에 걸쳐 자연스럽게 아메리카 대륙으로 이주했다는 것이다. 흐들리카의 이론은 북에서 남으로 이주한 아메리카인들의 기원을 뒷받침해주는 북방인류유입설이다. 이 학설에 따르면 우리나라를 포함한 동북아시아와 아메리카 대륙의 원주민들은 검은 직모, 황색 피부, 찢어진 눈, 광대뼈, 몽고반점 등의 체질적 공통점을 지닌다. 모든 아메리카 원주민들이 동일한 신체적 특징을 지니고 있는 것은 아니지만 신체적으로 유럽이나 아프리카보다도 동북아시아 쪽에 더 가깝다는 것이다.

최근 멕시코 지하 동굴에서 발견된 13,000년 전 소녀의 화석은 베링해협 이주설을 입증하는 강력한 증거이다. 두개골과 치아까지 완벽하게 남아있는 이 화석은 아메리카 대륙에서 지금까지 발견된 인류화석 중에서 가장 오래된 것이다. 사랑니의 에나멜 조직에서 추출한 DNA를 분석했더니 현재 아메리카 원주민만이 가진 특징이 그대로 있었다. 연구진은 이것이 베링 해협을 넘어온 아시아 사람들이 아메리카 원주민의 조상임을 보여주는 증거라고 밝혔다.

사진 1-1-1 최근 멕시코의 지하 동굴에서 발견된 소녀의 두개골 화석 - csmonitor.com

두 번째 학설은 프랑스 인류학자 폴 리베(Paul Rivet, 1876-1958)를 비롯한 학자들의 주장인데, 말레이 군도 및 남태평양의 폴리네시아(Polynesia)인과 멜라네시아(Melanesia)인들이 뛰어난 항해 기술을 가지고 작은 배를 이용하여 태평양 해류를 타고 남아메리카로 이주해 왔다는 가설이다. 이들의 이주는 한 시기에 이루어진 것이 아니라 계속되는 파도처럼 이어졌다고 한다. 이는 신대륙 이주가 단지 베링해협을 통해서만 이루어진 것이 아니라는 주장이다. 이들은 배를 이용하여 아메리카 대륙의 태평양 연안을 따라 이동했거나 아니면 멜라네시아, 폴리네시아 등에서 칠레의 파스쿠아 섬(Pascua, 영어로는 이스터 섬)을 거쳐 아메리카로 건너왔다는 것이다. 따라서 이는 북에서 남으로 그리고 남에서 북으로 이주했다는 복합기원설이다.

마지막으로, 아르헨티나의 고생물학자이며 인류학자인 플로렌티노

아메히노(Florentino Ameghino, 1854-1911)가 주장한 것으로, '호모 사피엔스'에 앞서 '호모 팜페아누스'(Homo Pampeanus)라는 인종이 아메리카 대륙에서 자생적으로 발생했다는 이론이 있다. 즉 아르헨티나의 팜파지역에서 신대륙의 기원이 이루어졌다는 아메리카 토착설이다. 아르헨티나의 메르세데스(Mercedes) 지역에서 '호모 팜페아누스'라 불리는 많은 인골이 발견되었는데, 구대륙 인종의 영향을 찾아 볼 수 없으므로 자체적으로 탄생한 토착민이라는 주장이다. 이 주장은 처음에 많은 지지를 얻었으나 근거가 되었던 인골이 전부 최근의 것으로 판명되면서 해프닝으로 끝나고 말았다.

위의 학설 중에서 가장 신빙성 있게 받아들여지고 있는 것은 북방인류유입설, 즉 베링해협 이주설이지만 아메리카인의 기원에 대한 의문은 지금도 학자들 사이에 논란을 불러일으키고 있다.

언어적 측면에서 살펴본다면, 라틴아메리카에서 가장 많이 사용되는 언어는 스페인어이고, 그밖에 포르투갈어, 영어, 프랑스어 등이 있다. 그러나 아직 고유 언어를 사용하는 원주민들이 있으며, 이들 중 상당수는 스페인어를 모국어처럼 사용하지 못하는 경우도 있다. 라틴아메리카 대부분의 국가들은 스페인으로부터 독립한 후에도 스페인어(castellano)를 계속 사용하고 브라질은 포르투갈어를 사용하게 되었다. 스페인어가 공용어로 쓰이게 된 것은 베네수엘라의 인문학자 안드레스 베요(Andrés Bello, 1781-1865)와 스페인 왕립학술원(Real Academia Española, RAE)의 역할이 크다. 1847에 출판된 스페인어의 고전문법서인 『카스티야어 문법』(Gramática de la lengua castellana)의 저자인 안드레스 베요는 스페인으로부터의 중남미의 독립을 부르짖었지만 언어는 스페인어를 공유해야 한다고 주장했다.

한편 스페인 왕립학술원의 기여 역시 매우 컸다. 1714년 설립된 왕립학술원은 스페인어권의 언어적 통일을 위해 노력해 왔다. 특히 끊임없이 분화되고 생성·소멸하는 언어의 특성을 고려하여 라틴아메리카 특유의 언어현상을 존중하면서 언어적 통일을 모색했다. 이러한 노력은 독립전쟁 후에 소원해진 스페인과 라틴아메리카의 관계를 개선하는 데에도 커다란 역할을 했다. 지금은 라틴아메리카뿐만 아니라 미국, 필리핀, 적도기니 등의 국가들까지 참여하는 스페인어권 학술원 연합회(Asociación de Academias de la Lengua Española, ASALE)가 결성되어 세계적으로 통용되는 스페인어의 통일성을 꾀하고 있다.

콜럼버스가 아메리카 대륙에 도달했을 당시 중남미에는 수백 개의 토착어가 존재하고 있었다. 멕시코를 중심으로 한 나우아틀(náhuatl)어, 중앙아메리카의 여러 지역에서 사용되는 마야(maya)어, 콜롬비아, 에콰도르, 페루, 볼리비아 그리고 베네수엘라의 안데스 지역과 칠레 남부를 포괄하는 지역에서 쓰였던 케추아(quechua)어, 칠레 중부와 아르헨티나 중서부의 마푸체(mapuche)어(혹은 아라우카노(araucano)어라고도 함), 아르헨티나, 우루과이 그리고 파라과이 등지에서 쓰는 과라니(guaraní)어, 카리브해의 쿠바, 푸에르토리코, 도미니카와 베네수엘라의 대서양 연안에서 쓰이던 아라우아카노(arahuacano, 혹은 아라왁(arawak)이라고도 함)어 등이다. 특히 약 9백만 명의 사용 인구를 가진 케추아어는 페루에서, 그리고 7백만 명 정도가 쓰는 과라니어는 파라과이에서 스페인어와 함께 공용어로 쓰이고 있다.

인종 분포의 다양성 또한 라틴아메리카지역의 중요한 특징이다. 라틴아메리카는 백인, 메스티소, 인디헤나(원주민), 흑인 그리고 아시아계 황인종이 공존하는 인종의 전시장이다. 또한 백인, 메스티소, 흑인, 원주민들의 피와 문화가 섞이면서 정체성의 혼란을 초래하기도 한다. 라틴아메리카가 전체적으로 혼혈의 대륙이기는 하지만 국가에 따라 백인, 메스티소 그리고 원주민의 구성이 다양하게 나타난다. 특히 카리브 해는 스페인뿐 아니라, 프랑스, 영국, 네덜란드 등의 문화와 언어가 혼재해 있기 때문에 동질성을 지닌 지역이라고 보기 어렵다.

원주민 문명의 변방이었던 코스타리카나 라플라타강(Río de la Plata) 유역 국가들에는 백인 인구가 절대적으로 우세하다. 유럽이 대륙을 정복한 후 시작된 백인 이주는 제1차 세계대전과 제2차 세계대전을 전후해 이탈리아, 독일, 동유럽 출신의 이주로 절정에 달했다. 현재 백인 인구가 다수인 국가는 코스타리카, 아르헨티나, 우루과이 등이다. 대부분의 라틴아메리카 국가에서 백인은 상류층을 형성하고 있다.

메스티소(mestizo)는 백인과 원주민 사이의 혼혈이다. 멕시코를 비롯한 중남미 대부분의 국가에서 다수를 형성하며 중산층에 속한다. 스페인과 포르투갈은 자국민과 피지배 원주민 간의 결혼을 용인하고 장려했다. 정복 이후 메스티소의 이미지는 부정적인 면이 지배적이었다. 그러나 멕시코 혁명 이후에 들어선 정부는 원주민 문명을 영광스런 과거로 규정하고, 원주민의 적자생존의 힘과 백인의 적절한 진보 성향이 조화를 이룬 것이 메스티소라고 찬양하며 메스티소를 새로운 체제의 국민상으로 부각시키고자 했다. 이는 멕시코 사회에 내재된 차별을 지양하고 민족 통합을 꾀하려는 노력이기도 했다. 특히 교육부 장관을 지낸 호세 바스콘셀로스(José Vasconcelos, 1882-1959)는 사회진화론에 근거하여 메스티소를 제5인종 혹은 인류 최후의 인종으로 이상화하며 '우주 인종(raza cósmica)'이라고 추켜세웠다. 그에 따르면 기존의 네 인종(백, 흑, 황, 홍)을 대체하는 동시에 모두를 아우르는 '제5의 인종'인 메스티소가 새로운 시대를 이끌게 된다는 것이다.

멕시코의 벽화 화가 호세 클레멘테 오로스코(José Clemente Orozco, 1883-1949)의 <코르테스와 말린체>(Cortés y La Malinche)를 보면, 백인 코르테스와 갈색 피부의 원주민 말린체가 마치 아담과 이브처럼 옷을 벗은 모습을 하고 있고, 코르테스는 메스티소인 아들을 밟고 있다.[3] 메스티소 민족주의가 멕시코의 정체성이라고 하지만 사실은 가혹한 인권 탄압과 유린이 은폐되어 있음을 고발하는 장면이기도 하다.

사진 1-1-2. 코르테스와 말린체 (Cortés y la Malinche) (1926),
호세 클레멘테 오로스코(José Clemente Orozco)의 벽화 - wikimedia commons

---

3 멕시코 작가 카를로스 푸엔테스는 사랑과 야망으로 결합된 정복자 코르테스와 말린체를 멕시코인의 상징적인 시조로 형상화한다. 어머니 말린체는 피정복민으로서 경멸받는 인종이고, 아버지는 강력한 힘을 소유하지만 언제나 부재하는 인물이며, 이들 사이에 태어난 자식은 부모들이 전혀 원치 않는 사생아일 뿐이다. 이처럼 버림받은 인간들이 최초로 자기 목소리를 드높인 사건이 1910년의 멕시코 혁명이라고 본다. 그러나 혁명은 실패로 끝나서 아직도 멕시코는 온갖 모순과 부조리 속에 목적지를 상실하고 방황하게 되었다고 진단한다.

아메리카 원주민은 멕시코, 과테말라, 페루, 에콰도르, 볼리비아 등과 같이 마야, 아스테카, 잉카 등의 고대문화가 꽃피웠던 지역에 주로 많이 거주하고 있으며, 현재에도 자신들의 고유 언어와 관습을 유지하며 살고 있다. 신대륙 발견 당시 아메리카 원주민의 인구에 대해서는 최소 3천만 명에서 최대 1억 5천명까지의 다양한 견해가 있는데, 가장 최근의 역사학자들은 4천만 명에서 5천만 명으로 추정한다. 원주민들은 콜럼버스가 대륙에 발을 디딘 이후 짧은 기간동안 몰살당하다시피 했다. 식민기간 동안의 노예생활, 강제 노역, 유럽의 전염병, 반란 등으로 인해 원주민들의 인구는 격감하였으며 카리브 지역의 경우 16세기 말엽에는 원주민을 거의 찾아볼 수 없을 정도였다고 한다. 스페인은 1542년 원주민들을 카스티야 왕국의 신민으로 선언하고 노예화를 금지했지만 거의 지켜지지 않았다.

원주민 인구가 급격히 감소하자 이들을 대체할 노동력으로 데려온 것이 아프리카 흑인 노예였다. 1518년 카를로스 1세의 칙령이후 아메리카에 유입되는 흑인 인구는 꾸준히 증가했다. 특히 원주민들이 모두 희생된 대서양 연안과 카리브 지역 국가들의 노동력을 보충하기 위해 수입된 흑인 후손들은 현재 카리브 해의 쿠바, 도미니카공화국, 아이티 인구의 다수를 이루고 있으며, 대륙에는 브라질, 콜롬비아, 페루, 파나마 등의 해안에 주로 거주하고 있다. 물라토(mulato)는 백인과 흑인의 혼혈이고, 삼보(zambo)는 원주민과 흑인의 혼혈로 식민시기에 가장 천대받는 인종이었다.

2
메소아메리카의 '바빌로니아'
올메카 문명

'메소아메리카'는 멕시코 인류학자 폴 키르히호프(Paul Kirchhoff, 1900-1972)가 1943년 제안한 용어로 현재의 멕시코 중부와 남부, 과테말라, 벨리즈, 온두라스, 엘살바도르, 니카라과 그리고 코스타리카 일부에 걸쳐 꽃피웠던 식민 이전의 고대문화 지역을 말한다. 올메카, 테오티우아칸, 마야, 아스테카 등의 문명이 꽃피었던 멕시코와 중앙아메리카 지역의 고대 원주민 문명권을 포괄적으로 지칭하는 지리적, 인종적 및 문화적 용어라고 이해할 수 있다. 메소아메리카라는 용어는 이 지역이 어떻게 발전해왔는지를 이해하는데 매우 유용하다. 고고학적으로 이 지역을 다시 멕시코 북부문화권, 멕시코 서부문화권, 멕시코 중부고원 문화권, 멕시코만 문화권, 오아하카 문화권, 마야 문화권으로 분류하지만, 여기서는 중요한 문명을 중심으로 살펴보자.

사진 1-2-1. 메소아메리카 문명권 - wikimedia commons

라틴아메리카 고대문명사를 다룰 때 우리는 석기, 청동기, 그리고 철기시대로 발전단계를 말할 수 없다. 온전히 석기시대로만 이어진 문명이기 때문이다. 그래서 더 위대한 문명이자, 때로는 추측조차 할 수 없는 독창적 문명인 것이다. 우리가 메소아메리카로 알고 있는 위대한 문명에는 아직 해결되지 않은 많은 신비가 묻혀있다. 기원전 2000년 이래 스페인 정복과 함께 쇠퇴하기까지 약 35세기에 걸쳐 공통된 특성을 지닌 다양한 문화가 메소아메리카에서 번성했다. 메소아메리카에는 수백 곳의 제례중심지와 화려한 도시가 산재해 있었으며 당대 유럽의 도시보다 더 많은 인구가 거주하는 대도시도 있었다.

메소아메리카의 역사는 일반적으로 기원전 7000년 이전을 구석기

시대, 기원전 2000년경까지를 신석기시대로 구분한다. 본격적인 씨족 중심의 부락을 형성하고 종교적, 정치적, 사회적 틀을 갖춘 문명이 꽃피운 시기는 전고전기(Preclásico, BC.2000-AD.200), 고전기(Clásico 200-900), 후고전기(Posclásico 900-1521)로 분류한다.

기원전 2000년에서 서기 200년까지의 메소아메리카 전고전기는 농업 기술이 개선되어 식량 생산량이 증가하고 도자기 제작 기술이 향상되었고, 문명이 발전하는데 필수적인 인구증가와 노동 분업 그리고 사회계층화가 이루어졌다. 이를 바탕으로 정치체제를 갖추었고, 경제적으로 지역 간 상호교류가 활발해지면서 초기단계의 도시국가가 발전하게 되었다. 기원전 12세기 중엽에 이르면 메소아메리카의 초기문명이 차츰 발전하는데, 그 첫 번째 문명이 BC.1200년에서 BC.400년까지의 올메카(olmeca) 문명이다. 전고전기 동안의 올메카족은 주로 멕시코만 지역에 거주했으며 주요 중심지는 산로렌소 테노츠티틀란(San Lorenzo Tenochtitlán), 라벤타(La Venta) 그리고 트레스 사포테스(Tres Zapotes)였다. 또한 BC.1000년경에 남부 저지대와 고지대에서는 '전고전기 마야문명'이 발전하였다. 멕시코 중부 고지대에서는 쿠일쿠일코(Cuicuilco BC.800-AD.250)와 같은 도시가 번성하여 훗날 고전기의 대표적 문명이 되는 테오티우아칸(Teotihuacán) 문명에 영향을 준다. 전고전기 말기에는 멕시코 남부의 오아하카(Oaxaca) 계곡에서 사포테카(zapoteca) 문명의 중심지인 몬테 알반(Monte Albán, BC.500-AD.800)이 건설되었다.

메소아메리카 문명의 황금기라 할 수 있는 고전기는 지역마다 차이가 있지만 서기 200년에서 900년까지로 보고 있다. 이 시기에 예술, 과학, 도시화, 건축, 정치·경제·사회 조직이 정점에 도달했으며 권력의 집중화를 바탕으로 정치체제를 갖춘 도시국가들이 부상했다. 메소아메리카의 모체(母體)문명인 올메카의 영향을 엿볼 수 있는 멕시코 중부의 테오티우아칸 문명과 고전기 후기까지 계속되는 '고전기 마야문명'이 여기에 속한다. 고전기 마야문명의 대표적인 도시국가는 과테말라의 티칼(Tikal), 멕시코의 팔렝케(Palenque), 온두라스의 코판(Copán)이다. 오아하카 지역에서는 사포테카 문명이 고전기에도 그 세력을 확장하지만 테오티우아칸이나 티칼보다는 미미했다. 고전기 초기에 테오티우아칸은 당시 세계에서 가장 큰 대도시 중의 하나였고 메소아메리카 전역에 영향을 미쳤다. 티칼은 고전기 초기동안 남부 마야 저지대 지역을 지배했다. 고전기 후기(600-900)에는 마야 지역에서 도시국가 간의 경쟁과 내부분열이 빈번해졌으며, 카라콜(Caracol), 코판, 팔렝케, 도스 필라스(Dos Pilas) 등과 같은 도시가 부상하여 더 활발히 서로 영향을 미치게 되었다. 그러나 이렇게 번성했던 고전기 문명은 900년을 전후하여 급격히 몰락하기 시작했다.

후고전기는 900년대부터 스페인 정복자들의 도착까지를 말한다. 후고전기 시대가 막을 내린 날짜는 다소 논쟁의 여지가 있다. 콜럼버스가 첫발을 디딘 1492년으로 보기도 하고, 에르난 코르테스가 아스테카를 멸망시킨 1521년까지로 보는 경우도 있다. 후고전기의 특징은 더 강력한 체제를 갖춘 도시국가와 제국의 등장, 그리고 왕권을 유지하기 위해 벌이는 전쟁과 인신공양을 꼽을 수 있다. 후고전기 초기에 멕시코 중부 지역에서는 테오티우아칸의 영향을 보여주는 톨테카(tolteca)족이 900년에서 1200년까지 툴라(Tula)를 중심으로 정착했고, 후고전기 후기인 1300년대에는 주변의 여러 부족을 정복한 아스테카(azteca)족이 부상하게 된다. 아스테카는 멕시코 중부 고원지대에 정착하여 1325년에 수도인 테노츠티틀란(Tenochtitlán)을 세우고 멕시코만 연안, 멕시코 남부 태평양 연안(치아파스와 과테말라), 오아하카에 걸친 메소아메리카 대부분 지역을 지배하였다. 마야 중부 고원에서는 치첸잇사(Chichén Itzá)가 마야세계의 정치·경제적 중심지가 되었다. 후고전기는 1521년 스페인 정복자들이 아스테카 제국을 정복함으로써 끝나지만 여전히 스페인 정복자들에게 정복되지 않은 지역도 있었다.

메소아메리카 지역의 문명들은 약간의 차이는 있지만 기본적으로 다음과 같은 공통점이 있다. 먼저 문화적 특성으로 신전, 건축양식, 공놀이(Juego de pelota), 그림문자와 달력의 사용, 무역, 음식, 복장 및 옥으로 된 장신구 등이 있다. 아코디언처럼 접었다 폈다하는 나무종이(아마테 amate)나 사슴가죽으로 만든 고문서에 그림문자를 이용해 역사, 신화, 왕의 업적 등을 기록하였다. 천문학과 수학에 대한 수준 높은 지식을 가지고 정확한 달력을 만들었고, 20진법의 숫자체계와 52년 주기를 사용하였다. 특히 마야족은 세계 어떤 문명보다 먼저 0을 발견했다. 막대기처럼 생긴 코아(coa)라는 농기구를 이용하였으며, 주식인 옥수수, 콩, 호박을 비롯해 고추, 담배, 면화, 아보카도(aguacate), 용설란, 카카오 등을 재배하였다. 메소아메리카의 농업은 곧 종교였다. 그들은 옥수수를 발견하고 재배했다. 옥수수는 그들의 식단뿐만 아니라 문화의 토대가 되었다. 그들에게 자연의 힘은 옥수수에서 잉태되었고, 이 신성한 식물은 신으로 변형되기도 했다.

거석문화를 꽃 피웠던 메소아메리카 문명은 계단이 있는 피라미드를 건설하고 그 위에 신전을 건설했으며, 그곳에서 인신공양과 같은 제례의식을 거행했다. 그리고 메소아메리카 유적지에서 가장 많이 볼 수 있는 동양의 용과 닮은 '깃털 달린 뱀'을 숭배했다. 신성한 깃털 달린 뱀은 올메카를 비롯해 테오티우아칸과 톨테카와 같은 중부 고원지역에서 나우아틀어로 케찰코아틀(Quetzalcóatl)이라 불렸고, 치첸잇사와 같은 마야 문명권에서는 마야어로 쿠쿨칸(Kukulcán)이라 불렸다.

메소아메리카 사람들은 자연의 힘에 압도되어 그러한 자연을 신으로 표현했다. 태양, 달, 비, 불은 인간과 공존했고 이들의 세계관과 결합되어 다양한 형상으로 표현되었다. 그들은 탄생과 죽음, 낮과 밤, 비와 가뭄, 창조와 파괴가 끊임없이 순환하는 이중적 우주관을 지니고 있었다. 이 같은 우주는 서로를 달래줘야만 하는 적대적인 세력이 끊임없이 충돌하면서 해결되었다. 이러한 우주의 힘이 자비롭게 되기를 바라는 인간의 열망은 신들과 상징들이 빽빽이 들어선 정글 속 도시국가를 만들어냈다. 우리가 지금 '메소아메리카의 예술'이라 부르는 것은 심미적 표현의 흔적일 뿐 아니라 정치적 지배를 목적으로 결합된 종교적 필요성이 투영된 것이기도 하다.

메소아메리카의 신들이 매우 다양하지만, 이들의 많은 특징은 그들의 종교적 사상이 출현한 시기부터 문명이 쇠퇴할 때까지 놀라운 연속성을 보여준다. 예를 들어, 우에우에테오틀(Huehuetéotl)은 불의 신이자 늙은이 신(el dios viejo)이라고 부르는데, 기원전 3세기경 중부고원지대의 쿠이쿠일코에서 나타난다. 그런데 이 신은 테오티우아칸 문명을 거쳐 15세기에 아스테카 문명에서도 볼 수 있다. 거의 1700년간 이어져 내려온 것이다. 마찬가지로 테오티우아칸 문명에서 독특한 형상으로 등장하는 비의 신 틀랄록(Tláloc)도 마야 문명에서는 차악(Chaac)으로, 오아하카의 사포테카 문명과 그 뒤를 이은 미스테카(Mixteca) 문명에서는 코시호(Cocijo)라는 이름으로 불린다. 공놀이 역시 메소아메리카의 문화적인 연속성을 보여주는 증거이다. 공놀이에 대한 열정은 인접지역으로 확장되었다. 인신공양과 연관 있는 이 신성한 공놀이를 위한 경기장이 메소아메리카지역에서 지금까지 1,500개 정도가 발견되었다.

사진 1-2-2. 공놀이(Juego de pelota) - wikimedia commons

메소아메리카 사람들은 하나의 공통된 언어를 사용하지는 않았다. 언어학자들은 그들이 125개 이상의 다른 언어를 사용했다고 추정한다. 예를 들어, 마야족은 단일한 공동의 마야어를 사용한 것이 아니고 유카탄-마야어(maya-yucateco), 키체어(quiché), 맘어(mam), 칵치켈어(kakchiquel), 켁치어(kekchi), 소칠어(tzotzil), 촐어(chol), 촌탈어(chontal), 라칸돈어(lacandón) 등 부족별로 다른 언어를 사용하였다. 아직도 자신들의 언어를 말하는 마야족들이 있다.[4] 톨테카, 테오티우아칸, 그리고 아스테

4 유카탄-마야어는 멕시코의 유카탄주(州), 캄페체주, 킨타나로주와 과테말라 북부 페텐 지역, 벨리즈에 약 80만 명이 사용하고 있으며, 키체어는 과테말라 인구의 10%에 해당하는 160만 명의 키체족이 사용하고 있다. 맘어는 과테말라 서부고지대와 멕시코 치아파스 지역에 64만 명, 칵치켈어는 과테말라에 약 50만 명, 켁치어는 과테말라, 벨리즈, 멕시코에 약 90만 명, 소칠어는 멕시코 치아파스, 오아하카, 베라크루스주에 약 40만 명 그리고 촐어는 멕시코 치아파스, 타바스코주와 과테말라에 걸쳐 약 20만 명의 원주민이 사용하고 있다.

카족은 나우아틀어를 사용했다.

메소아메리카 문명의 또 다른 공통점은 260일 달력과 365일 달력이다. 260일 달력은 13일과 20개월의 제례용 달력이었다. 해를 기준으로 하는 365일 달력은 20일과 18개월, 그리고 나머지 5일로 되어 있었다. 이 두 달력이 매 52년마다 완전한 주기를 완료하는데, 이때 주기를 기념하는 특별한 축제를 거행했다. 이 주기는 삶의 주기로 이해되었으며 창조와 죽음과 부활을 의미했다. 우리의 60갑자와 같은 의미로 이해할 수 있다. 한 주기가 끝나고 다시 태어나 새로운 주기를 시작하는 것이다.

메소아메리카 문명권의 종교적 신념과 우주론은 매우 복잡해서 일반화하는 것이 어렵지만 우주를 두 개의 축, 즉 수직과 수평 세계로 나누었다. 이 두 축이 만나는 중앙축이 우주의 중심이 되었다. 수평면에는 4방위를 나타내는 네 축이 있고, 수직면에는 하늘, 지상, 그리고 지하세계가 있다고 믿었다.

메소아메리카 문화에 대한 지식을 얻으려면 많은 경우 예술 작품에 남긴 언어에 의존할 수밖에 없다. 예술은 사람들의 가장 순수하고 심오한 영혼을 정확히 드러내지만, 이들 고대문명의 예술적 창조물은 풀기가 쉽지 않은 복잡한 기호로 가득 차 있다. 웅장한 양식과 신비한 표현이 가득한 그들의 독창적인 작품의 비밀을 파헤치기 위해서 전 세계 학자들은 창조자들의 신비로운 종교적 사고에 기초하여 메소아메리카 예술의 미학을 연구하고 있다.

올메카 문명은 콜럼버스 이전 메소아메리카 지역의 최초의 문명이다. 흔히들 '메소아메리카의 모체(母體) 문명'이라고 말한다. 모든 메소아메리카 문명은 올메카라는 공동의 조상으로부터 비롯되었다고 보고 있는 것이다. 올메카족은 '고무가 나는 지방의 사람들'을 의미한다.[5] 올메카 문명의 가장 오래된 증거는 엘마나티(El Manatí)에서 발견되는데 시기는 기원전 1600년경으로 거슬러 올라간다. 산로렌소가 올메카 중심지로 발전하기 이전에 엘마나티 습지에 이미 농사짓는 정착민이 살고 있었다. 그러나 올메카 문명은 기원전 1200년에서 기원전 400년 사이, 현재의 베라크루스(Veracruz)주와 타바스코(Tabasco)주 근처의 산로렌소, 라벤타, 트레스 사포테스에 걸친 멕시코 남중부 열대저지대에서 번성하였다. 인신공양과 공놀이와 같은 메소아메리카의 많은 특징들이 올메카족에 의해 시작되었다. 올메카 문명은 기원전 400년경에 사라졌지만 그 멸망 원인은 알려지지 않았다.

올메카 문명은 19세기 중반에 역사학자들에게 알려지기 시작했다. 1850년대 후반, 한 농장 직원이 올메카 중심지였던 트레스 사포테스 근처에서 거대한 두상을 발견했다. 1862년 멕시코 골동품 수집가 호세 멜가르(José Melgar)가 부분적으로 노출된 조각품을 발굴함으로써 오랫동안 묻혀있던 올메카문명의 재발견이 시작되었다. 1869년 그가 이 사실을 잡지에 알리면서 세계 고고학계의 관심이 집중되었다. 이후 50년 동안 계속해서 유물이 발견되면서 올메카문명의 독특한 예술적 전통이 밝혀지게 되었다. 1930년대 말에서 1940년대에 걸쳐 미국 고고학자인

---

5 올메카 문명에 대해 알려진 사실들은 전적으로 고고학적 발굴에 의존한다. 그러나 대부분은 확실하게 증명되지 않았고 현재도 논의되고 있다. 올메카라 불리는 사람들이 자신을 올메카라 불렀는지조차 확실치 않다. '올메카'라는 용어는 올메카 문명이 사라진지 약 2000년 후인 15세기와 16세기 아스테카족이 올메카 심장부에 살았던 사람들에 대해 붙인 이름이다. 나우아틀어로 그들은 'Ōlmēcatl'이라고 불렸는데, 'ōlli'는 '고무'를, 'mēcatl'은 '사람'을 의미한다.

매튜 스털링(Matthew Stirling, 1896-1975)이 본격적으로 발굴 작업을 시작했고, 1942년에 열린 학회에서 멕시코 학자들은 올메카가 마야와 같은 고전기 메소아메리카 문명보다 앞선 문명이라고 주장했다. 반면 미국 학자들은 올메카 문명이 마야와 동시대 문명이라는 입장을 유지했다. 1955년 현대 고고학기술은 올메카 연구를 시작했고, 올메카가 고고학적으로 중요한 전고전기 문명임을 확증했다.

사진 1-2-3. 올메카문명의 주요도시 - wikimedia commons

산로렌소 테노츠티틀란은 복잡한 도시 형태를 보여주는 올메카 문명의 중심지로 BC.1200년에서 BC.900년까지 번성했다. 산로렌소는 현재 멕시코 베라크루스주의 남동쪽에 위치한다. 나일강이나 인더스강과 같은 고대문명 발상지와 마찬가지로 비옥한 대규모 농업지역으로 많은 옥수수를 수확할 수 있었다. 이로 인해 인구 밀집 지역이 되었고 잉여 노동력은 예술과 상업 활동에 종사할 수 있었을 것이다. 시간이 지나면서 지배계급이 등장했고, 오늘날 올메카 문명을 정의하는 정교하고 화려한 공예품에 대한 수요가 발생했을 것이다. 산로렌소는 특히 이곳에서 발견된 석조 두상으로 잘 알려져 있다. 가장 큰 것의 무게는 약 28톤이며, 높이는 약 3m이다. 이외에도 이 도시의 뛰어난 특징으로 돌을 사용한 정교한 배수시스템을 꼽을 수 있다.

사진 1-2-4. 산로렌소에서 발견된 석조 두상 1호 - wikimedia commons

라벤타는 기원전 1200년경에 시작되었지만 첫 번째 올메카의 중심지인 산로렌소가 쇠퇴하는 기원전 900년경에 부상했다. 올메카족의 거주지이자 가장 중요한 제례의식의 중심지로 부상한 라벤타는 최전성기에 최소한 18,000명 정도가 거주했으며 메소아메리카에서 가장 크고 영향력 있는 도시로 추정된다. 라벤타는 멕시코만 연안에서 약 15km 떨어져 있고 타바스코주 북서쪽에 위치해 있다. 타바스코주와 베라크루스주 경계를 따라 흐르는 토날라(Tonalá)강의 늪지대 한가운데 있는 섬에 세워졌으며, 기원전 900년에서 기원전 400년 사이에 절정을 이룬 올메카 문명의 중심지다. 여러 강과 개천이 흐르고 있어 옥수수, 콩, 호박 등의 농사에 좋은 조건이었다. 가끔 강물이 범람하면 땅을 비옥하게 해주었고 이 경우에는 1년에 세 번의 수확을 할 수 있었다.

라벤타는 메소아메리카 고대 도시 중에서 계획적으로 건설된 최초의 복합단지였다. 이 도시에는 메소아메리카에서 가장 오래된 피라미드인 평균 직경 128m, 높이 31.4m인 원추형의 '위대한 피라미드(Gran Pirámide)'가 있다. 당대의 가장 큰 메소아메리카 피라미드로 종교의식을 거행한 신성한 장소였다. 또한 4개의 거대한 두상 조각을 비롯하여 제단, 기념석주 등의 석조 기념물이 발견되었고, 지하 7m에서 약 500개에 가까운 작은 사문석 조각으로 만든 재규어 모자이크 및 여러 개의 비취로 된 장식품도 발견되었다.

라벤타는 중앙집권적인 정치 조직과 계층화된 사회 구조를 지니고 있었고, 주변 지역에 대해 종교적, 경제적, 정치적 권력을 행사했다. 경제의 기반은 공물과 독점무역이었으며 특히 사치품을 수출하고 경옥, 사문석, 깃털, 동물 가죽, 현무암, 카카오 등의 원자재를 구입했다. 라벤타는 500년 동안의 번영을 누린 후 기원전 4세기 초 도시국가인 트레스 사포테스가 성장하면서 쇠퇴하였다. 올메카문명이 파멸한 원인에 대해선 다양한 이론이 있다. 한 이론에 의하면 그곳이 심각한 환경변화로 인해 농업에 적합하지 않은 지역으로 변해버렸기 때문이라고 한다. 지각변동 또는 농업 활동으로 인해 강 유역이 침식되었을 수도 있다는 것이다.

또 다른 이론은 화산 분화로 인해 올메카족이 정착지를 옮겼을 것이라고 주장한다.

올메카 문명은 메소아메리카 최초의 정교한 예술품을 만들어 냈고 그들의 독특한 양식은 마야와 아스테카와 같은 후세대 문명의 모델이 되었다. 올메카 조각가는 어려운 소형 작품 제작에도 숙달해서 경옥이나 진흙으로 작은 인형조각이나 가면 등을 제작했다. 올메카 예술의 상징은 작은 조각 작품뿐만 아니라 기념비적인 거대한 석조 조각품에서도 볼 수 있다. 특히 거대한 석조 두상은 가히 기념비적이며 올메카를 대표하는 예술작품이다. 거대한 석조 두상은 멕시코만 지역의 올메카문명의 발달된 사회·정치적 조직과 놀라운 과학 기술력을 보여주는 가장 위대한 유산이다. 이러한 거대한 두상조각은 올메카 문명의 심장부인 라벤타, 산로렌소, 트레스 사포테스 주변에서 17개가 발견되었다. 높이는 1.47m에서 3.4m이며 무게는 6톤에서 50톤 사이이다. 석조 조각 대부분은 전고전기 초기(BC.1500-BC.1000), 다른 일부는 전고전기 중기(BC.1000-BC.400) 것으로 밝혀졌다. 채석한 장소에서 두상조각이 배치된 곳까지 대략 60km에서 100km의 거리를 어떻게 그 거대한 돌을 운반해왔는지, 그리고 거대한 두상을 만드는 데 필요한 작업을 어떻게 수행했는지에 대한 추측이 아직도 분분하다. 세계예술사에서도 독특한 창조물인 이 거대한 두상 조각을 어떤 목적으로 만들었는지, 누구를 나타내는지는 정확히 알 수가 없다. 가장 널리 받아들여지는 이론은 종교적 기능과 정치적 권력을 동시에 행사하는 올메카의 사제이자 강력한 통치자이거나, 전사, 또는 공놀이 선수들의 인물조각이라는 것이다. 멕시코 역사학자인 베아트리스 라미레스(Beatriz Ramírez de la Fuentes, 1929-2005)는 이 거대한 두상은 전부가 인물 조각상이 아니고, 사상과 믿음의 상징적 표현일 것이라 주장하기도 했다.

올메카에 대해 정확하게 알려진 것이 거의 없기 때문에 올메카의 유래에 대한 다른 추측도 많다. 호세 멜가르가 거대한 석조 두상 중 하나를 처음 발견했을 때 그는 그것이 아프리카와 고대 아메리카원주민 간의 접촉의 증거라고 생각했다. 이것은 거대한 두상의 특징, 특히 두툼한 입술이 아프리카인과 닮았다는 사실에 근거한다. 올메카 두상의 얼굴 특징으로 인해 이 주장은 대중잡지나 학술지에 종종 게재되기도 한다. 아프리카 기원론을 지지하는 학자들이 간혹 있지만 대부분 학자들은 이 주장을 뒷받침할만한 유전적 증거가 없으며 올메카 주민들도 비슷한 얼굴 특징을 가지고 있다고 지적한다. 최초의 아프리카 이민자들은 스페인 식민 통치자들에 의해 16세기에 도착하기 때문에 근거 없는 추측이라는 것이다.

올메카의 사회적·정치적 구조에 대해서는 알려진 것이 거의 없다. 그러나 그들은 농업사회에서 지배계급과 평민으로 이루어진 계급중심의 사회구조로 변모했으리라고 추측할 수 있다. 산로렌소는 지배계층을 위한 정교한 주택과 평민을 위한 단순한 주거시설을 갖추고 있어서 계급구조의 증거를 보여준다. 올메카족이 정치적 정체성을 갖춘 통일국가인지 여부는 아직 밝혀지지 않았다. 몇몇 연구자들은 그들이 시간이 지나며 번성하고 멸망하면서 동맹 관계를 변화시킨 집단들의 모임이었을 거라고 추정한다. 올메카에 대한 많은 추측이 있지만 메소아메리카문화에 크게 기여했다는 것은 명백한 사실이다.

올메카족의 건축은 메소아메리카 건축의 모체(母體)가 되었다. 중앙에는 광장이 있고 주위에는 사원의 기단으로 쓰이는 평평한 화산을 모방한 피라미드를 건설하였다. 이러한 피라미드들은 꼭대기에 신전을 짓거나 무덤으로 사용되었다. 이러한 설계는 의식에 참석하는 부족들의 결속을 위해 필요한 것이었다. 항상 올메카족은 기존 피라미드 위에 덧짓는 형식으로 새로운 피라미드를 건설했다. 이러한 덧짓기 건축술은 메소아메리카 전역의 건축물에서 볼 수 있다. 또한 현무암으로 만든 거대한 기념석주나 제단을 세우고 돌에 조각을 했다.

올메카족의 관심의 대상이 되는 동물은 재규어였다. 재규어는 올메카 조각품에서 창조신으로 표현된다. 재규어를 숭배해서 돌이나 옥에 반은 인간 반은 재규어인 상을 조각하였다. 올메카 예술에서 인간과 재규어, 또는 신과 재규어의 결합이 등장하는 것은 메소아메리카인의 공통 믿음인 나우알(nahual) 주술신앙 때문이다. 즉 인간의 삶은 인간의 또 다른 자아인 어떤 동물의 운명과 결합되어 있다고 믿는 것이다. 이는 라벤타에서 발견된 가면에서 볼 수 있다. 대지에 대한 숭배를 위해 무덤 안에 아름다운 모자이크를 해놓았는데, 그 곳에서 불규칙한 대리석 조각들이 자아내는 녹색 빛이 두드러진다. 모든 조각상들은 종교적 의미를 지닌다. 재규어는 육지에 대한 숭배와 긴밀하게 연결되어 있으며, 물의 상징이기도 하다. 물은 땅을 파고들어 생명을 잉태시키는 것을 의미한다. 그래서 올메카부터 아스테카에 이르기까지 재규어는 신성한 동물로 여겨졌다.

한편 올메카족들은 뱀을 거의 실제 이미지로 조각하지 않았다. 라벤타의 '기념물 19(monumento 19)'에는 방울뱀이 사람을 둘러싸고 있다. 이 부조 조각의 특이한 모습은 메소아메리카 종교의 상징 중 하나인 '깃털 달린 뱀(Serpiente Emplumada)'의 요소를 보여준다. 메소아메리카 문명권에서는 무수히 많은 깃털 달린 뱀의 형상을 볼 수 있다. 재규어와 뱀 이외에도 인간적인 요소와 결합된 악어, 독수리 등의 신화적인 동물이 발견되었다. 이 신화적 존재는 통치자의 권력뿐 아니라 비옥한 대지, 옥수수, 구름과 비, 물, 불과 관련이 있다. 올메카 예술의 놀라운 상징성은 다양한 동물의 요소를 종합하고 양식화해서 추상주의와 사실주의를 번갈아 보여주는 예술적 상상력이다. 금속 도구를 사용하지 않고 돌이나 옥과 같은 재료에 정확하고 세밀하게 표현을 할 수 있었다는 점도 놀라운 일이다. 진흙으로 된 조각품에서는 조소의 기술을, 돌로 된 조각품을 통해서는 조각 기술을 엿볼 수 있다. '아기 얼굴(caras de niño)'로 알려진 점토인형들은 올메카족의 예술적 재능을 보여주는 또 다른 예이다. 무게를 가볍게 만들기 위해 몸통을 비웠고 두개골 변형으로 길어진 머리 모양이 매우 특이하다. 그들에게 머리변형은 미의 상징이었기 때문에 갓 태어난 어린아이의 머리에 평평한 것을 동여매 길쭉하게 만들곤 했다. 두상이 뾰족하고 길게 변형된 이러한 머리 변형은 마야족들에게서도 엿볼 수 있다.

사진 1-2-5. 아기 얼굴 점토인형 - wikimedia commons

라벤타에서는 옥으로 된 15개의 인물상과 화강암으로 된 도끼가 발견됐다. 권력자들의 모임이나 어떤 통과의례를 보여주는 듯하다. 특히 메소아메리카에서 귀하게 여겼던 옥으로 된 조각품이 많이 발견되었다.

사진 1-2-6. 라벤타(La Venta)에서 발견된 제단에 바치는 공물 4호(ofrenda 4), 옥으로 만든 인물상과 사문석으로 만든 도끼이다. - wikimedia commons

1989년에 베라크루스 남쪽 코아찰코알코스(Coatzacoalcos)강[6] 유역의 습지에 세워진 엘마나티 언덕에서 특별한 고고학 탐사가 이루어졌는데,

---

6 전설에 의하면 케찰코아틀(Quetzalcóatl)이 994년경에 이곳에 도착해서 언젠가 돌아오겠다고 약속을 하고 뱀가죽으로 만든 뗏목을 타고 강을 항해하다 수평선에서 사라졌다. 그 이유 때문에 '코아찰코알코스Coatzacoalcos'라는 이름이 붙여졌다고 한다. 'Coatzacoalcos'는 '머리가 없는 뱀이 숨어있는 곳'을 의미한다.

제물로 바쳐졌던 12개의 공놀이 공과 돌도끼가 발견되었다. 보전 상태가 놀라운 공은 두 가지 유액으로 경화처리 되었음이 밝혀졌다. 엘마나티 언덕은 BC.1600년에서 BC.1200년에 건설된 인신공양을 위한 성스러운 장소였다. 나무 조각상과 고무나무로 만든 공과 같은 제례용품이 많이 발견되었기 때문에 제례의식이 이루어졌을 가능성이 크다고 보고 있다. 고무나무로 만든 공은 공놀이가 매우 중요한 의식이었고 메소아메리카 전역으로 전파된 의식이었음을 보여준다. 나무흉상 조각에서는 올메카족들이 머리를 길게 변형한 모습을 볼 수 있다. 이렇게 올메카의 예술적이고 문화적인 유산은 모든 메소아메리카 지역에 지울 수 없는 흔적을 남겼으며 문화적 단일성과 연속성의 시발점이 되었다.

3
'신들의 도시'의 미스터리
테오티우아칸 문명

올메카는 고전기 멕시코 중부의 고원지대 문화에 영향을 미쳤다. 그 중 하나가 현재 멕시코시티에서 북동쪽으로 50km 정도 떨어진 테오티우아칸(Teotihuacán) 문명이다. 해발 2300m에 위치한 이 문명은 350년에서 650년 사이에 최전성기를 구가했다. 테오티우아칸 계곡에 사람들이 거주한 것은 기원전 200년경으로 보이지만 이곳에 밀집하여 정착한 시기는 서기 1세기경으로 추정되는데, 650년에서 700년 사이에 알 수 없는 이유로 급격히 쇠퇴했다. '죽은 자들의 거리(Calzada de los muertos)'를 따라 지은 신전에 불에 탄 흔적이 있는 것으로 보아 침략자들이 도시를 불태우고 파괴시켰을 거라고 추정된다. 이들은 그곳에 남은 테오티우아칸족과 공존했다. 고고학자들은 정복자와 피정복자의 문화가 혼합되어 톨테카(Tolteca) 문명이 탄생했다고 보고 있다.

테오티우아칸은 수백 년 동안 폐허로 남아 있었는데, 14세기에 이곳을 발견한 아스테카족은 신들이 이 도시를 건설했다고 여기고 나우아틀어로 '신들이 계신 곳', 혹은 '신들이 태어난 곳'을 의미하는 '테오티우아칸'이라 명명했다고 한다. 이 명칭은 메소아메리카의 우주관으로 잘 알려진 태양의 전설과 관련이 있다. 특히 나우아(nahua)족들은 이전 시대의 모든 신들이 테오티우아칸에서 인간을 위해 희생해서 '제5의 태양(Quinto Sol)'이 탄생했다고 믿고 있었다. 전설에 의하면, 네 번째 태양이 테오티우아칸을 비추고 있었다. 앞의 세 개의 태양은 그전에 이미 사라져 버렸다. 네 번째 태양이 죽자, 신들에게 경배드릴 모든 인간들도 죽게 되었다. 절망에 빠진 신들은 테오티우아칸에 모여 회의를 했다. 그들 중 한명인 나나우아친(Nanahuatzin)이 먼저 불에 뛰어 들어 태양이 되고, 또 다른 한명, 테쿠시테카틀(Tecuzitecatl)은 네 번이나 시도하다 나중에 뛰어들어 달로 변했다. 해와 달이 태어나기는 했으나 조금도 움직이지 않았다. 토나티우(Tonatiuh)는 해와 달을 움직이기 위해 희생의 피를 요구했다. 신들은 스스로를 희생하기로 결정했다. 마침내 케찰코아틀이 차례로 신들의 심장을 흑요석 칼로 도려내어 토나티우에게 바쳤다. 마침내 다섯 번째의 태양이 움직이면서 새로운 태양의 시대, '제5의 태양'의 시대가 시작된 것이다.

아직 발굴이 10% 정도밖에 이루어지지 않은 테오티우아칸은 600여개에 달하는 신전과 피라미드, 광장, 수로, 수천 동의 주거 단지, 경작지 등이 치밀한 계획에 따라 설계됨으로써 아주 잘 정돈된 도시구조를 보여주고 있다. 고고학자들은 거대한 왕궁과 복잡한 관료·행정을 담당했을 유적들로 보아 사회·경제적 계급화가 잘 이루어졌고 왕족과 성직자로 권력이 집중되었을 것이라고 설명한다. 최고 전성기에는 옥수수 경작을 기반으로 인구가 20만 명에 달했다고 한다. 로마가 쇠퇴기에 접어들면서 10세기경에는 겨우 1만 명 정도의 주민이 있었고, 대도시였던 콘스탄티노플을 제외하고는 유럽 어떤 도시의 인구도 2만을 넘지 못했다는 사실을 감안하면 도시규모가 대단했음을 짐작할 수 있다. 이렇듯 메소아메리카에서 가장 크고 강력한 도시, 테오티우아칸은 수백 년 동안 세계에서 가장 큰 도시 가운데 하나였다.

사진 1-3-1. 테오티우아칸의 '태양의 피라미드'- wikimedia commons

테오티우아칸의 건축술은 매우 뛰어났으며 천문학을 바탕으로 피라미드의 방향을 잡았다. 이는 '태양의 피라미드(Pirámide del Sol)'와 '달의 피라미드(Pirámide de la Luna)'를 통해 잘 알 수 있다. 태양의 피라미드는 높이가 65m, 가로 세로 한 변의 길이가 225m에 달할 정도로 웅장하다. '죽은 자들의 거리'가 시작되는 달의 피라미드는 높이 46m, 한 변의 길이가 146m로 태양의 피라미드보다 규모는 작지만 경사 위에 지어졌기 때문에 해발고도는 태양의 피라미드와 같다. 1971년 태양의 피라미드 아래에서 약100미터 길이의 터널이 발견되었는데 끝 지점이 피라미드의 중심과 일치한다고 한다. 학자들은 왕의 무덤을 위한 것일 수 있다고 추정한다. 달의 피라미드 주변에는 사제들의 거주지로 여겨지는 '신성한 나비'라는 의미의 '케찰파파로틀 궁전(Palacio de Quetzalpapálotl)'이 있다. 이 궁전에 있는 기둥에 케찰의 깃털과 나비가 새겨져 있어서 붙여진 이름이다. 케찰코아틀 신전(Pirámide de Quetzalcóatl)은 테오티우아칸에서 세 번째로 큰 건축물이다. 메소아메리카의 가장 오래되고 중요한 신성 중의 하나인 '깃털달린 뱀'의 조각과 비의 신인 틀랄록의 조각으로 장식되어 있다. 이 신전에서 인신공양으로 희생된 200구가 넘는 사람의 뼈가 발견되었다. 때문에 전문가들은 이 건물이 메소아메리카 신화에서 우주의 중심이라 여기는 신성한 곳이었을 거라고 추정한다. 테오티우아칸은 메소아메리카의 가장 강력한 문화 중심지 중 하나로서 다른 지역에서 발달한 도시국가들은 테오티우아칸 건축 양식을 차용했다. 메소아메리카 문명의 중심지라 할 수 있는 현재의 멕시코와 과테말라의 모든 유적지에서 '깃털달린 뱀'의 형상을 볼 수 있다.

사진 1-3-2. 케찰코아틀 신전 - wikimedia commons

중앙을 가로지르는 도로를 중심으로 여러 방향으로 이어진 도로망을 따라 배수시설이 잘 갖추어져 있다. 아스테카족이 남북으로 뻗은 이 도로를 발견했을 당시, 길을 따라 무덤이 많이 발견되었기 때문에 '죽은 자들의 거리'라 부르게 되었다고 한다. 원래는 4km였던 것으로 추정되는데 현재는 2.4km 정도가 발굴된 상태다. 다른 초기 문명과 마찬가지로 테오티우아칸을 가능케 한 것은 물 관리 시설과 관개농업이었다. 이들은 계절에 따라 범람하는 상류 계곡에서 농사를 지었고 하류 계곡의 강을 따라 운하를 건설했으며 광범위하고 영구적인 관개시설을 마련했다.

테오티우아칸 문명은 장거리 무역을 통해, 북으로는 현재의 미국 남부, 남으로는 온두라스에 이르는 중미까지 영향을 미쳤다. 이는 생활용품과 오렌지색의 세발 달린 도자기, 그리고 테오티우아칸을 대표하는 흑요석이 메소아메리카 전역에서 발견되는 사실을 통해 알 수 있다. 테오티우아칸은 1987년 유네스코 문화유산으로 등재되었고, 거대한 피라미드가 있는 멕시코의 대표 유적으로 많은 관광객들이 찾고 있다.

4
메소아메리카 신화의 보고
톨테카 문명

서기 700년 경 테오티우아칸이 사라진 후에 톨테카족이 등장한다. 그들은 수도 툴라(Tula)를 건설했으며 대략 800년에서 1100년 사이에 메소아메리카 문명을 대표했다. 툴라 유적지는 멕시코시티에서 북쪽으로 80㎞지점의 이달고(Hidalgo)주에 있다. 툴라는 강력한 세력을 구축하여 가까이는 멕시코 분지의 여러 지역에서부터 메소아메리카 각지에 세력을 펼칠 만큼 대단한 발전을 이룩했다. 그들의 언어는 나우아틀어였으며 작물로는 옥수수, 카카오, 면화, 콩, 고추, 고구마 등을 경작했다. 또한 이들의 신인 케찰코아틀은 마야족에게 영향을 주었고 톨테카의 뒤를 이은 아스테카 제국의 신앙으로 굳어졌다.

톨테카 건축의 특징은 전사(戰士 Atlante)의 석상과 돌기둥을 피라미드 위에 세우는 것이다. 그래서 피라미드가 낮고 넓은 공간을 필요로 했다. 이러한 톨테카 건축양식은 치첸잇사에 있는 '쿠쿨칸 신전(Templo de Kukulkán)'과 '전사의 신전(Templo de los Guerreros)' 등 마야건축에도 커다란 영향을 미쳤다. 12세기경 치치메카(chichimeca)족이 툴라를 침입하자, 톨테카족은 남쪽 유카탄 반도까지 내려가 마야문명에 영향을 미쳤기 때문이다.

사진 1-4-1. 툴라에 있는 전사의 상, 아틀란테스(atlantes) - wikimedia commons

툴라의 건축은 테오티우아칸과는 꽤 다른 모습을 보이고 있다. 고전기의 특징이었던 섬세한 기교는 자취를 감추고 반대로 사나움과 강력함이 강조된다. 가장 대표적인 건축물은 '틀라우이스칼판테쿠틀리(Tlahuizcalpantecuhtli, 여명의 신)'신전이다. 비교적 높이가 낮고 상부가 평평한 피라미드 위에 신전을 지었는데, 현재 높이 4.5m의 전사 조각상 4개가 늘어서 있다. 이 조각상들은 예전에 나무로 된 신전의 지붕을 떠받치고 있었던 것으로 추정된다.

톨테카족은 온건한 신을 모시기를 거부하고 피에 굶주린 신들을 숭배했지만 그래도 테오티우아칸의 영향을 받고 있었음을 짐작할 수 있다. 툴라의 피라미드를 장식하는 양각 조각에는 케찰코아틀과 틀랄록

등 테오티우아칸 신들의 모습을 볼 수 있다. 또한 툴라에는 인신공양이 성행하였음을 보여 주는 흔적이 많이 남아 있다. 피라미드 조각에는 태양의 상징인 독수리가 인간의 심장을 쪼고 있는 장면을 볼 수 있으며, 심장을 담았으리라 생각되는 독수리 모양의 그릇을 묘사한 조각도 있고, 잘린 목을 놓는 데 사용된 제단은 두개골 조각으로 장식되어 있다.

툴라는 전사들의 도시로서 정복한 부족들로부터 빼앗은 전리품과 공물로 생활을 영위했다. 이들은 횡으로는 동쪽의 대서양 연안에서부터 서쪽의 태평양 연안까지, 종으로는 남쪽의 과테말라에서부터 북쪽의 치치메카 땅까지 세력을 펼쳐나갔다.

1000년경에는 유카탄 반도에까지 세력을 확장하여 후기 마야문명이 꽃피고 있던 도시들을 공격했다. 톨테카족은 마야의 일부 도시를 파괴하였지만 마야 장인들의 도움을 받아 훌륭하고 아름다운 도시 치첸잇사를 건설하였다. 이 유산은 지금도 치첸잇사의 '쿠쿨칸 사원'과 '전사의 사원'을 통해 빛을 발하고 있다. 치첸잇사의 건축물은 마야양식을 따르고 있지만 톨테카족의 영향을 찾아볼 수 있다. 제단에 두개골 조각이 새겨져 있는 것이 그 예이다. 마야 조각에서도 인신공양을 다룬 것을 간혹 볼 수 있지만 이곳의 조각에서는 더욱 무섭고 강렬한 모습을 볼 수 있다.

사진 1-4-2. 멕시코의 툴라 유적지의 호르헤 아코스타 박물관에 전시된 재규어 조각상
- wikimedia commons

툴라는 북방으로부터 그들을 끊임없이 위협했던 치치메카족에 의해 1200년경에 멸망했다. 툴라가 폐허가 되고 톨테카 제국이 멸망한 것은 테오티우아칸의 몰락과는 달리 메소아메리카 문명에 치명상이 되지는 않았다. 치치메카족이 톨테카족의 문화적인 측면을 흡수하고 계승했기 때문이다. 그 후 이들 고원지대 문화를 집대성하게 되는 문명이 바로 아스테카이다.

5
15세기 세계 최대의 제국
아스테카 문명

마야, 잉카와 함께 라틴아메리카의 3대 문명 중 하나인 아스테카는 그리 길지 않은 역사를 지닌다. 아스테카족이 멕시코 중앙고원으로 이동해 들어오기 전에 이곳은 이미 테오티우아칸 문명과 톨테카 문명이 번성했던 곳이었다. 툴라를 정복한 치치메카족은 수도를 테스코코(Texcoco)로 정하고 톨테카의 모든 관습과 종교를 그대로 따랐다. 즉 치치메카족은 톨테카의 문화를 대부분 계승하였고 정치적으로 확장시켰다. 이들은 많은 도시들을 건설했고 후에 멕시코 계곡을 점령하게 될 새로운 부족이 출현할 때까지 번성하였다. 그 새로운 부족이 바로 1325년 테스코코 호수에서 일어난 아스테카 혹은 메시카(mexica)로 알려진 부족이다. 메시카라고 부르는 것이 정확한 표현이지만 아스테카로 많이 알려져 있기에 이 용어를 쓰기로 하겠다.

아스테카의 역사는 사실과 전설이 혼재되어 있다. 아스테카족은 멕시코 북서쪽에 위치한 전설상의 장소인 아스틀란(Aztlán)으로부터 그들의 수호신이자 전쟁의 신인 우이칠로포츠틀리(Huitzilopochtli)의 계시를 받고 1100년경에 민족의 대이동을 시작했다고 전해진다. 계시는 선인장 위에서 독수리가 뱀을 삼키는 곳에 도시를 건설하라는 내용을 담고 있었다.

아스테카족은 1325년 멕시코 계곡을 중심으로 연결된 5개 호수 가운데 가장 큰 테스코코 호수의 작은 섬에서 신의 계시가 실현된 장소를 발견하고 그곳에 테노츠티틀란(Tenochtitlán)이라는 도시를 건설했다.(이곳이 현재 세계에서 가장 큰 도시 중 하나인 멕시코시티이다.)

사진 1-5-1. 테노츠티틀란의 전경. 중앙에 대신전이 있고 치남파로 일군 경작지를 볼 수 있다.
(디에고 리베라의 벽화, 대통령궁 소재) - wikimedia commons

아스테카족은 습지로 가득한 이곳에서 강력한 제국 건설을 꿈꾸었다. 그러나 힘이 미약했던 아스테카족은 12세기 중엽 이래 이 지역의 패권을 쥐고 있던 테파네카(tepanecas) 부족의 아스카포찰코(Azcapotzalco)의 속국으로서 공물을 바쳐야했고, 전쟁이 나면 용병 역할을 하는 신세였다. 그러나 아스테카족은 1336년 아스카포찰코의 아콜나우아카틀(Acolnahuácatl)왕의 승인 아래 아카마피츠틀리(Acamapichtli, 재위 1366-1391)를 초대 왕으로 세울 수 있었으며 이로써 도시국가 테노츠티틀란이 탄생하게 되었다. 4대 우에이 틀라토아니(Huey Tlatoani, 왕) 이스코아틀(Izcóaltl, 재위 1427-1440) 집권 때인 1428년에는 테노츠티틀란을 봉쇄하고 점점 더 무거운 공물을 요구하는 아스카포찰코를 무너뜨리고 완전한 독립국의 지위를 획득했다.[7] 그 후 테스코코, 틀라코판(Tlacopan)과 함께 삼자동맹을 형성하고 빠른 속도로 주변 부족들을 정복하여 5대 왕인 목테수마 1세(Moctezuma I, 1398-1469, 재위 1440-1469) 치세에서 강력한 제국으로 발돋움하였다. 불과 2세기만에 아스테카족의 거점인 테노츠티틀란은 메소아메리카에서 가장 화려하고 강력한 도시로 변모한 것이다.

테노츠티틀란은 제정일치 사회였으며 피정복 부족들로부터 거두어들인 공물로 제국의 통치비용을 충당하고 왕의 권력을 강화할 수 있었다. 종교와 전쟁은 분리할 수 없는 중요한 요소였으며 인신공양을 요구하는 신, 특히 전쟁의 신인 우이칠로포츠틀리에게는 정복한 부족의 전사들을 제물로 바쳤다. 9대 황제 목테수마 2세(Moctezuma II, 1466-1520, 재위 1502-1520) 때에는 제국의 영토가 현재의 과테말라 국경까지 이르렀다.

---

7 1372년에서 1391년 사이에 아카마피츠틀리(Acamapitztli)가 이끄는 메시카(아스테카)족은 테파네카족인 테소소목(Tezozómoc)이 이끄는 아스카포찰코(Azcapotzalco)의 속국이었다. 테소소목은 테스코코의 관리를 아카마피츠틀리에게 맡겼다. 1428년 이스코아틀이 이끄는 테노츠티틀란은 네사우알코요틀(Nezahualcoyotl)왕이 다스리는 테스코코와 틀라코판(타쿠바)과 힘을 합쳐 아스카포찰코를 정복해 멕시코 계곡의 패권을 쥐게 된다. 이렇게 해서 테오티우아칸-톨테카의 정통성은 테스코코, 틀라코판과 함께 동맹을 맺은 테노츠티틀란에 이어졌고 테노츠티틀란의 메시카(아스테카)족은 멕시코 계곡에 자리 잡은 지 100여년 만에 삼자동맹의 맹주가 되었다. 삼자동맹은 1521년 아스테카 제국이 멸망할 때까지 명목상 유지되었지만, 실질적인 주도권은 테노츠티틀란이 장악하고 있었다.

목테수마는 이것이 위대한 우이칠로포츠틀리 덕분이며, 그 옛날 신이 점지했던 예언이 실현되었다고 생각했다. 아스테카 제국은 계속 발전하여 절정기에 이르렀으나 1521년 스페인에 정복당하면서 막을 내렸다.

아스테카족의 언어는 톨테카나 치치메카와 마찬가지로 나우아틀어이다. 오늘날 멕시코에서는 약 170만 명 이상의 원주민들이 아직도 이 언어를 사용하고 있다. 우리에게 친숙한 '아보카도(aguacate)', '토마토(tomate)', '초콜릿(chocolate)', '코요테(coyote)'의 원산지가 멕시코이고, 이들 단어는 각각 나우아틀어로 '아우아카틀(ahuacatl)', '토마틀(tomatl)', '쇼콜라틀(xocolatl)', '코요틀(cóyotl)'에서 비롯되었다는 사실을 알고 있는 사람은 그리 많지 않을 것이다.

아스테카는 신분제 사회로서 위로부터 왕과 귀족, 고위 사제, 관리, 고위 전사, 장거리 상인, 평민(농민, 수공업자), 노예의 순으로 차별화된 사회계층을 형성하였다. 왕의 자식들은 모계 서열과 관계없이 모두 왕위계승 후보가 될 수 있었다. 당시 유럽의 세습제와는 달리 왕족회의를 통해서 적임자를 선출했으며 왕의 아들뿐만 아니라 형제, 조카 등도 계승이 가능했다. 따라서 왕족간의 경쟁은 매우 치열했고 여기서 이기는 길은 전쟁에서 혁혁한 공을 세우는 것이었다. 귀족계층 피필틴(pipiltin)은 자신들이 행하는 전문적인 역할을 수행하기 위해 고등 교육기관인 '칼메칵(calmécac)'을 운영하였고, 이곳에서 제례, 전술, 행정과 같은 실무능력과 사교예절을 배우고 난 뒤 사제나 직업 전사 또는 고위 관리가 되었다. 귀족의 지위는 상속되었으며 토지를 소유하고 공납과 부역을 면제받는 등 여러 가지 특권을 누렸다.

평민 계층인 마세우알틴(macehualtin)은 사회의 대다수를 구성하는 농민, 수공업자 그리고 일반상인으로 구성되었다. 모든 평민은 공납과 부역의 의무를 지녔다. 주로 마을 규모의 공동체 경제 단위를 구성하며 살았고 이를 '큰 집(casa grande)' 이라는 의미의 '칼풀리(calpulli)'라고 불렀다. 학자마다 의견이 분분하지만 테노츠티틀란에 20개의 칼풀리가 있었다고 전해진다. 개인들은 부계를 중심으로 모인 일종의 혈연공동체인 칼풀리에 속해 있었다. 칼풀리는 농업에 기초한 경제 단위였으며 동시에 종교적, 군사적, 정치적 단위였다. 땅을 경작하는 것은 집단을 유지하기 위해 필수불가결한 수단이었으나 도자기를 제작하고, 건축을 위한 재료를 가다듬고, 금은세공에 종사하는 수공예업자들도 있었다. 왕이 임명한 감독관이 칼풀리에 거주했지만 토지분배, 종교행사, 교육 등 칼풀리 내부의 일은 칼풀리 수장이나 원로회의에서 결정했다. 칼풀리 주민들은 같은 마을에 살았고 공동체를 위해 일했으며 전쟁을 할 때는 전사로 동원되기도 하였다. 아스테카의 군대는 귀족 출신의 직업전사와 일시적으로 동원한 평민들로 조직되었다. 이때 평민이라 할지라도 뛰어난 전공을 세우면 직업전사가 되었고 귀족으로도 신분 상승을 할 수 있었다.

한편 일반 상인들과는 구별이 되는 장거리를 오가는 대상(隊商)인 포츠테카(pochteca)라는 소수의 상인집단이 있었는데 이들은 평민임에도 거의 귀족과 유사한 특별대우를 받았다. 아스테카에서 구하기 힘든 동물가죽, 케찰 새의 깃털, 각 지역의 특산물이나 귀금속을 거래하는 전문 상인들이었으며 다른 도시국가를 염탐하는 스파이 역할도 수행했기 때문에 중요한 계층으로 대우받았다. 아스테카는 정복전쟁에 앞서 이들이 제공한 정보를 바탕으로 상대방 도시국가의 지형과 정보를 파악하여 작전을 수립할 수 있었다.

신분제의 최하층에는 날품팔이꾼이거나 소작농인 마예케(mayeque)

와 노예인 틀라코틴(tlacohtin)이 자리하고 있었다. 마예케는 아스테카 사회에서 가장 낮은 계층의 평민이었으며, 소작농인 경우 자신의 농산물의 30%를 토지 주인에게 지불해야 했다. 강제노역에 종사하는 틀라코틴은 전쟁포로, 채무자, 범죄자 등으로 귀족의 사유물로 간주되었으며 인신공양의 제물로 바쳐지기도 했다. 노예들도 재산을 모을 수가 있었고 신분이 세습되는 것은 아니었기 때문에 주인에게 돈을 주고 자유인이 될 수도 있었으나 전쟁포로는 예외였다.

이렇게 아스테카의 계급사회는 유동적이었으며, 이 벽을 가장 쉽게 넘을 수 있는 기회는 전쟁이었다. 귀족인 피필틴의 경우 전쟁에서 공을 세우거나 포로를 잡아오는 수에 따라 봉토를 하사받았고, 평민계급인 마세우알틴도 피필틴에 버금가는 능력을 보여주면 자녀들과 함께 피필틴 계급으로 승격할 수 있었다. 아스테카 사회의 법률은 굉장히 엄격하였고 계급 간에 차별 없이 평등하게 적용하였다. 피필틴 신분일지라도 법적인 문제를 일으키면 평민이나 노예계층으로 강등되거나 제물로 바쳐지는 경우도 있었다.

아스테카인들이 가장 숭배했던 신은 태양신이었다. 태양신은 우주에서 자신의 길을 가기 위해 늘 투쟁한다고 생각했으며, 태양신의 전투를 자신들의 전투와 비교하여 스스로를 '태양신의 무사'라고 간주했다. 태양신이 우주를 다닐 수 있게 하기 위해 아스테카족들은 인간의 심장을 제물로 바쳤다. 이들의 인신공양 제도는 끊임없는 살생을 요구하는 것이었다. 점령한 부족을 제물로 바쳤기 때문에 다른 부족들의 원한이 깊을 수밖에 없었다. 아스테카인들은 신들이 자기 몸을 희생하여 우주와 인간을 창조하였다고 믿고 있었다. 또한 이 우주가 생명을 유지하기 위해서는 인간도 자신을 희생하여 심장의 피를 신들에게 바쳐야 한다고 믿었다. 이러한 아스테카족의 우주창조 신화로부터 인신공양 의식이 비롯되었던 것이다. 그들은 태양신의 생명을 유지시켜야 한다는 절대 절명의 사명감을 갖고 전쟁터로 나갔다. 보다 많은 포로들을 획득하는 것이 전쟁의 최고 목적이었다. 이렇게 하여 아스테카족은 때로는 1년에 무려 2만 명에 달하는 포로들을 희생제의에 바쳤다고 한다.

우리는 이를 야만적 행위로 치부할 것이 아니라 당시의 세계관을 이해해야 한다. 그들의 세계관에 따르면 태양과 달이 돌고 계절이 바뀌는 등의 모든 우주적인 일에는 에너지가 필요한데, 시간이 가면 에너지가 약해지고 결국 우주는 종말을 맞이하게 된다는 것이다. 힘이 떨어진 태양과 대지는 기근과 갈증에 시달리게 되기에 우주의 파멸을 막는 유일한 방법은 사람들이 자신의 에너지를 우주에 공급하는 것이었다. 이러한 종교철학적인 면 이외에 다른 한편으로 지배층들은 사람들이 두려워하는 희생제의를 통해 생명을 좌우할 수 있는 자신들의 권한을 과시하였다. 이는 부족이나 국가를 다스리는 데에 가장 강력하게 영향력을 발휘할 수 있는 의식이었다. 지배층은 초자연적 처벌 방식을 통해 집단의 신앙을 조장했으며 이를 통해 피지배층을 통제했던 것이다.

신에게 바칠 희생자는 주로 전쟁포로로 충당했고, 포로가 없는 경우에는 노예로 대신했다. 이 지역에 전쟁이 빈번했던 이유는 이 때문이다. 전쟁으로 인해 포로가 발생하는 것이 아니라 포로를 만들어내기 위해 전쟁을 하는 편에 가까웠다. 인신공양 희생자를 확보하기 위한 이 전쟁을 '꽃의 전쟁(소치야오요틀 xochiyaoyotl, guerra florida)'이라고 불렀다. 상대에게 치명상을 가하는 대신 흑요석 날이 붙은 무기로 부상을 입힌 후 산 채로 끌고 오는 것이었다. 이렇게 잡은 포로는 사제에게 넘겨져 제물로 바쳐졌다. 인신공양은 상상을 초월할 정도로 규모가 컸다. 아스테카의 8대 왕 아우이소틀(Ahuízotl, 재위 1486-1502)은 우아스테카(huasteca)족을 상대로 전쟁을 벌인 후 수천 명의 적군과 아이들을 희생 제물로 바쳤다. 하루에 수십 명 심지어 수백 명씩 죽이는 제의가 무려 20일 동안 지속되기도 했다. 특히 신전의 완공 같은 특별한 축제 때에는 엄청난 수의 인신공양이 행해졌다.

아스테카 제국의 인신공양은 아주 엄격하게 규정된 절차에 따라 행해졌다. 우선 희생자들을 끊임없이 자극하여 장시간 춤을 추게 하고, 밤샘과 금식을 강요했다. 산 채로 가슴을 가르는 극단적 고통을 견디도록 하기 위해 강력한 약초를 이용해 의식을 흐려놓았다. 희생자들을 피라미드 꼭대기로 끌고 올라가 돌제단에 눕히고 사제가 희생자의 배를 째고 심장을 꺼내 태양신께 바치는 동시에 그 피가 피라미드 계단을 타고 흘러내리게 했다. 피라미드에서 대지로 피를 흘리는 것은 우주에 에너지를 공급한다는 의미를 담고 있었다. 아스테카와 틀락스칼라(Tlaxcala)는 오랫동안 '꽃의 전쟁'을 벌여왔고, 그로 인해 수많은 인명 피해를 감내해온 틀락스칼라 사람들은 아스테카 제국에 깊은 원한을 품고 있었다. 틀락스칼라가 스페인 정복자 에르난 코르테스(Hernán Cortés, 1485-1547)와 동맹을 맺은 이유도 여기에 있었다.

아스테카 종교는 다신교이며 상형문자를 사용하였다. 그들은 이성에 기초한 진보적 세계관과는 달리 순환적이고 염세주의적인 세계관을 갖고 있었다. 아스테카 예술은 종교와 마찬가지로 이전 문화들의 영향으로 더욱 풍부해졌다. 예술적 표현은 아스테카 사회의 사상적 기초를 이루는 종교심과 전투를 좋아하는 마음이 표현되어 있다. 이러한 것은 석조 조각에 표현되어 있지만 건축, 벽화, 금은세공, 공예품과 깃털예술에서도 볼 수 있다.

아스테카의 예술양식은 마야문명에 비해 정교함과 화려함은 떨어지지만 방대한 규모와 균형성을 자랑한다. 수로와 궁전 그리고 신에게 바치는 피라미드와 신전들은 인간의 한계에 도전했던 흔적들이다. 그중에서도 가장 빛나는 성과는 유럽인들이 '신대륙의 베니스(Venecia del Nuevo Mundo)'라며 놀라워했던 화려한 수도, 테노츠티틀란의 건설이다. 운하와 호수를 따라 아름답게 펼쳐진 이 도시에는 가로수와 호화저택들이 줄지어 서 있었다. 이 외에도 광장, 공원, 시장, 학교 그리고 구기장까지 있었고 이것들은 거대한 피라미드들과 균형을 이루며 늘어서 있었다. 대신전(Templo Mayor) 내부에는 신들과 관련 있는 종교적 성격의 석조 기념물들과 아름다운 벽화들이 있었다. 스페인 연대기 작가들은 당대 스페인의 어떤 도시도 테노츠티틀란과 비교할 수 없다고 기술하고 있지만 사실은 스페인뿐만 아니라 당시 유럽 전체에서도 이에 견줄 만한 도시는 없었다. 인구 30만 명의 테노츠티틀란은 실로 16세기 세계 최대의 도시였다.

아스테카의 첫 번째 왕으로 간주되는 아카마피츠틀리는 도시를 더욱 발전시키기 위해 야심찬 계획을 세웠다. 그러나 그들이 정착한 섬은 건물을 지으면 바로 가라앉았기 때문에 나무기둥을 일정한 간격으로 땅에 깊숙이 박고 주위에 돌을 쌓아 건물을 지탱할 토대를 만들었다. 건물이 가라앉는 것을 막기 위한 획기적인 토목건축술이었다. 테노츠티틀란은 섬에 지어졌지만 주변 호수의 수심은 2m가 넘지 않았다. 내륙에서 도시로 들어가는 교통수단은 카누가 유일했지만 아스테카족은 곧고 넓은 도로를 건설해 내륙으로의 이동을 한층 수월하게 했다. 호수에 수천 개의 나무기둥을 두 줄로 세우고, 사이의 공간에 돌과 진흙을 채워 도로를 수면위로 올렸다. 도로망 건설로 테노츠티틀란의 시민들은 신선한 물을 좀 더 쉽게 공급받을 수 있게 되었지만 도시 인구가 증가하면서 내륙의 샘물을 끌어들이기 위해 수로를 건설할 계획을 세웠다. 그러나 당시 내륙의 샘물은 멕시코 계곡에서 가장 강력한 테파네카족의 지배하에 놓여있었다. 아스테카의 인구가 증가하면서 테파네카와의 긴장감이 고조되기 시작했고, 마침내 1428년 아스테카족은 테스코코의 지도자 네사우알코요틀(Nezahualcóyotl, 1402-1472)과 손을 잡고 테파네카를 괴멸시켰다. 멕시코 계곡을 점령한 아스테카족은 도시의 물을 공급하기 위한 공사에 착수할 수 있었고 그들은 역사상 극소수의 제국들만이 건설할 수 있었던 수로를 독자적인 기술로 설계했다. 두 개의 관으로 이루어진 수로는 높이가 1.2m, 폭이 90cm 정도였고 안정된 공급을 위해 한쪽 수로의 물을 사용하고 다른 한쪽에는 깨끗한 용수를 저장했다. 이 수로는 내륙에서 섬 도시 중앙까지 4.8km 정도 이어졌다. 도시로 유입된 물은 광장의 분수로 흐르거나 저수지에 저장됐고 시민들은 물동이나 카누로 물을 운반했다.

15세기 중반에 접어들어 목테수마 1세의 아스테카는 남쪽의 오아하카 계곡, 서쪽의 태평양, 동쪽으로는 멕시코 만 주변의 도시 국가들을 점령하면서 날로 강성해졌다. 수경재배(水耕栽培)인 치남파(chinampa)를 이용해 농업을 발전시켰고 활발한 장거리 무역을 펼쳤다. 100여년 만에 아스테카족은 주변 지역의 패권을 장악하게 되었다.

아스테카는 식량 생산뿐 아니라 영토 확장까지 도모할 수 있는 창의적 방법인 치남파를 고안해 냈다. 치남파는 경작과 주거 공간을 위한 새 땅을 만들어 내는 공법으로 호수 위에 인공적으로 조성된 섬이다. 통나무를 얕은 호수에 줄줄이 박아 직사각형의 틀을 만든 후에 나뭇가지를 그물 모양으로 엮어 물 위에 띄우고 그 위에 갈대와 풀을 쌓고 호수 바닥에서 진흙을 퍼내 갈대 더미 위에 올려 땅을 만들었다. 6명 정도가 8일 동안 작업해 구기장 모양의 길이 90m, 폭 9m 정도의 치남파를 만들 수 있었다. 내륙에서는 많아야 세 번 경작이 이루어졌지만 진흙과 갈대로 만든 치남파에서는 한해에 일곱 번 경작이 가능했다고 한다. 테노츠티틀란에서 소비하는 농산물의 2분의 1이상을 치남파에서 수확했으며, 이 획기적인 농법으로 인해 14세기에 작은 부락에 불과했던 테노츠티틀란은 강력한 도시 국가로 발전할 수 있었다.

도시 기반시설을 완성하고 주변 지역 패권을 장악한 아스테카는 지속적으로 영토를 확장시켜 나갔다. 15세기 말엽 아스테카의 인구증가는 폭발적이었다. 8대 왕 아우이소틀은 지속적인 정복 사업을 통해 제국의 영토를 태평양 연한 지역과 남쪽으로는 과테말라 지역까지 최대 규모로 확장시켜 아스테카의 황금시대를 구가했다. 그는 도로망을 연안지역과 저지대 지역으로 확장했다. 귀족과 통치자들은 그곳에서 생산되는 장신구와 보석들로 온몸을 치장해 권력을 과시했으며 값진 물건들을 수도로 운송하기 위해 멕시코 중부 전체를 연결하는 도로망을 구축하였다.

아스테카 최고의 전성기를 이끈 황제 아우이소틀은 제국의 영광을 대변하는 테노츠티틀란에 대신전을 건설할 계획을 세웠다. 15층 건물 높이인 60m 정도의 계단을 오르면 왼쪽은 비의 신 틀랄록에게, 오른쪽은 전쟁의 신 우이칠로포츠틀리에게 바치는 신전이 있었다. 도시가 건설된 1325년부터 신전은 같은 지점에 일곱 번에 걸쳐 증축 형식으로 건축되었다. 제국이 성장하면서 기존 구조물의 층을 더 올리는 형식으로 피라미드 규모도 커져 갔다. 바닥과 벽에는 지금의 콘크리트와 비슷한 석회반죽을 바르고 화려한 색칠을 했다. 신전 일부에 남아 있는 석회반죽은 500년이 지난 지금도 콘크리트만큼이나 견고하다.

1978년 전력회사 직원들이 구덩이를 파던 중 거대한 돌 조각을 발견했다. 무게 20톤, 지름 3.2m의 원형 석판에는 여신 코욜사유키(Coyolxauhqui)의 목이 잘리고 사지가 절단된 모습이 새겨져 있었다. 어머니 신 코아틀리쿠에(Coatlicue)의 딸이자 달의 여신인 코욜사유키 신화는 다음과 같다. 어느 날 코아틀리쿠에가 기도를 올리러 뱀의 산에 갔다가 깃털이 달린 공을 발견하고 허리에 찼는데, 며칠 후 그녀는 깃털이 몸에 들어가 아이가 생겼다는 것을 알게 되었다. 코아틀리쿠에가 임신을 했다는 사실을 알고 큰딸 코욜사유키와 동생들은 화를 내며 어머니를 수치스럽게 여겼다. 코아틀리쿠에가 사실을 설명했지만 모두 믿지 않았다. 코욜사유키는 부정한 아이를 가진 어머니를 죽이는 것이 마땅하다고 생각해 동생들과 함께 그녀가 있는 뱀의 산으로 향했다. 산꼭대기에 이르렀을 때 어머니를 지키기 위해 우이칠로포츠틀리가 무장을 하고 태어났다. 그는 누나인 코욜사유키의 머리를 베어 어머니가 밤마다 볼 수 있도록 하늘로 보내고, 몸은 산 아래로 굴러 떨어뜨려 산산조각 나게 하였다. 이렇게 코욜사유키는 달이 되고 그녀의 형제들은 별이 되었다고 한다.

사진 1-5-2. 대신전(Templo Mayor)에서 발견된 코욜사유키 원형 석판 - wikimedia commons

아스테카의 다양한 문화유산 중에서 오늘날 최고로 손꼽히고 있는 것은 바로 '아스테카 달력'이라고도 하는 '태양의 돌(Piedra del Sol)'이다. 아스테카의 6대 왕인 아사야카틀(Axayácatl, 재위 1469-1481)이 대신전에 안치할 목적으로 1479년 태양의 돌 조각을 명령하였다. 스페인 정복자들은 아스테카족의 믿음체계를 파괴하고 기독교를 이식시키는 영혼의 정복을 위해 멕시코시티의 소칼로 광장 부근에 태양의 돌을 묻어버렸다. 그 후 수 세기가 흐른 1790년, 공사 도중 거대한 원형석이 발굴되었는데, 당시 저명한 천문학자 안토니오 데 레온 이 가마(Antonio de León y Gama, 1735-1802)에 의해 태양의 돌임이 입증되었다. 무게가 24톤에 달하고 직경 3.5m, 두께 15cm에 이르는 태양의 돌은 현재 멕시코시티의 국립인류학박물관에서 소장하고 있다.

사진 1-5-3. 멕시코 국립인류학박물관에 전시된 태양의 돌 - wikimedia commons

아스테카의 우주창조론, 신화적 역사 그리고 달력체계[8]를 담고 있는 태양의 돌의 의미를 대략 살펴보면 다음과 같다. 태양의 돌에는 여섯 개의 원이 순서대로 조각되어 있는데, 중앙원에는 다섯 번째 태양의 신인 토나티우(Tonatiuh)의 얼굴이 조각되어 있다. 아스테카족은 세계가 52년을 주기로 파괴되고 재생된다고 믿었으며 이 태양의 돌을 조각할 당시 그들은 다섯 번째 태양에 살고 있었다. 지금도 다섯 번째 태양시대에 살

8 마야와 마찬가지로 아스테카에도 365일 주기의 태양력과 260일 주기의 종교력이 있었다. 태양력은 평민이 사용했고, 종교력은 사제가 종교행사 등에 사용했다. 아스테카인은 태양력과 종교력이 일치하는 52년 주기가 끝나면 '새 불 축제'를 열어 새 시대를 맞이했다. 종교력은 종교행사 외에 인간의 운명을 점칠 때도 사용되었으며 날짜마다 명칭이 있었다. 아스테카인은 1부터 13까지의 숫자와 20개의 명칭을 조합하여 260일에 각각의 이름을 붙였다. 태양력은 한 달이 20일이고, 1년은 18개월이어서 360일이 되고, 나머지 5일은 세상의 변화가 일어나는 날이어서 '불길한 날'이라고 불렀다.

고 있다고 믿고 있는 사람들이 있다. 칼날 형태로 내밀고 있는 혀는 인간의 심장과 피를 요구하는 것이다. 두 번째 원의 네 개의 사각형 안에 들어 있는 형상들은 이미 소멸해버린 이전의 네 태양을 상징한다. 오른쪽 상단부터 시계 반대방향 순으로 각각 제1태양인 재규어(Juguar) 신은 최초의 인간인 거인족들을 재규어들이 잡아먹게 해서 멸망시켰다. 제2태양은 악어의 머리 형태를 띠고 있는 바람(Viento)의 신인데 바람은 세계를 파괴하고 인간을 원숭이로 바꾸어버렸다. 제3태양인 비(Lluvia)의 신은 용암과 불의 비를 내려 세상을 파괴하고 인간을 새로 만들었다. 제4태양인 물(Agua)의 신은 홍수로 세계를 파괴하고 인간을 물고기로 만들어버렸다. 4개의 작은 동심원은 다섯 번째 태양이 지진으로 파괴될 것임을 예고하고 있다. 양 옆에는 독수리 발톱을 달고 있는 손이 인간의 심장을 꽉 움켜쥐고 있는데 이는 인신공양을 받은 태양신이 현재 이 세계를 유지시키고 있음을 의미한다. 또한 손등에는 눈이 그려져 있는데 이것은 태양신의 전지전능함을 나타낸다.

세 번째 원에는 아스테카 달력의 날을 나타내는 20개의 동물 형상(각각의 동물 형상은 20명의 신들을 나타냄)들로 이루어져 있는데 한 달을 구성하고 있는 20일을 각각 상징하고 있다. 또한 한 달의 20일은 5일씩을 주기로 나눠지는데, 4일은 일을 하는 기간이지만 5번째 날은 장이 열리고 축제가 거행되는 휴식의 날로 정해져 있었다. 오늘날 멕시코 곳곳에서 5일마다 열리는 티앙기스(Tianguis)라 불리는 5일장은 여기서 비롯된 것으로 추정된다. 네 번째 원에는 사방으로 퍼져나가는 태양열과 우주를 상징하는 8개의 세모꼴의 태양빛이 있다. 다섯 번째 원에는 이것과 관계되는 다른 표상들, 그리고 마지막 원에는 두 마리의 뱀이 입을 벌리고 얼굴을 마주하고 있는데 그 입속에서 태양신 토나티우의 얼굴이 나오고 있다. 왼쪽이 낮을 상징하는 케찰코아틀이고 오른쪽은 밤을 상징하는 테스카틀리포카(Tezcatlipoca)이다. 이들은 태양신을 하늘로 운반하는 임무를 맡고 있다. 이들이 서로 머리와 꼬리를 맞대고 가장자리 원을 형성하고 있는 것은 우주를 지배하고자 하는 빛과 어둠의 영속적인 투쟁을 의미한다. 이 원의 맨 가장자리에는 작은 원들이 줄지어 있는데 이것은 은하수의 무수한 별들을 가리키는 것이다.

로마인들에게 가장 가치 있는 것은 금이었고, 이집트인들에게는 사후세계였다면 아스테카인들에게는 인간의 피였다. 아스테카족들은 성스러운 물이라 부르는 인간의 피를 신들에게 충분히 바치지 않으면 세상이 멸망할 거라고 믿었다. 신전 내부의 벽은 항상 인간의 신선한 피가 발라져 있었다. 더 거대해진 대신전을 신에게 헌정하기 위해 아우이소틀의 치세 동안 인신공양 의식은 극에 달해 테노츠티틀란은 죽음의 향연장으로 변해 갔다. 1502년 황제 아우이소틀이 사망하고, 34세의 목테수마 2세가 권좌를 이어받았다. 정복한 부족들로부터 거둬들이는 공물로 황제와 귀족들은 엄청난 부를 누렸다. 운하와 호수를 따라 아름답게 펼쳐진 도시에는 가로수와 호화저택들이 줄지어 서있었다. 아스테카는 250개 이상의 도시국가를 정복했다고 한다. 정복 전쟁은 영토 확장뿐만 아니라 공물 징수라는 경제적 목적도 있었다. 목테수마 2세는 정치적 수완과 뛰어난 군사전략으로 정평이 나 있었다. 자신의 통치에 굴복하지 않는 도시는 시민 모두를 무자비하게 살해했다. 하지만 목테수마 2세는 매우 내성적인 성격이었고 때로는 우울증을 보이기도 했다. 시간이 갈수록 그의 편집 증세는 심해져만 갔다. 이때 바다 건너로부터 제국을 위협할 스페인 정복자들이 해안에 당도했다.

6
라틴아메리카의 '그리스'
마야 문명

마야 문명은 지리적으로 볼 때 멕시코 남부와 유카탄 반도 일대, 과테말라, 벨리즈 전역과 엘살바도르 서부, 그리고 온두라스 서부 산악지대 일대에서 도시국가 형태로 발전했던 문화를 통칭해서 부르는 말이다. 마야 문명은 아스테카나 잉카 문명과는 달리 강력한 통치자의 지배하에 제국을 이루었던 것이 아니라, 농업을 기반으로 인구가 증가하는 가운데 여러 도시국가들이 통치자를 중심으로 의식을 행하고 신전을 짓고 교역을 하면서 자체적으로 발전해 나갔다.

마야는 지형과 기후 등에 따라 남부, 중부, 북부로 나뉘는데, 남부 지역은 과테말라와 엘살바도르의 태평양연안과 그곳으로부터 서서히 높아지는 고원지역이다. 우수마신타(Usumacinta)강과 모타구아(Motagua)강, 그리고 아티틀란(Atitlán)호수나 아마티틀란(Amatitlán)호수와 같은 큰 규모의 고원지방 호수들이 있다. 고원 지역은 건기와 우기의 구분이 뚜렷하고, 태평양 해안에서 산악지역에 이르는 곳은 고온다습한 열대우림기후 지역이다. 기후특성상 각양각색의 동식물들이 분포하며 오늘날까지도 현대화가 안 된 지역이 대부분이어서 정복 이전의 마야족들이 살던 당시의 자연환경과 동식물 분포를 유지하고 있다.

마야 중부지역은 과테말라 북부와 벨리즈 전역, 온두라스 서부를 비롯해 멕시코의 타바스코주 일부, 캄페체(Campeche)주와 킨타나로(Quintana Roo)주 남부를 포함하는 지역으로 우리가 일반적으로 정글 혹은 밀림이라고 생각하는 곳이다. 열대우림기후로 평균 30도의 고온이고, 1년 내내 비가 내리는 것이 특징이며 살리나스(Salinas)강을 비롯하여 라칸돈(Lacandón), 산페드로(San Pedro), 그리할바(Grijalva) 등 강이 많은 지역이다.

마야 북부지역은 강과 산이 없는 광활한 평지 지역이다. 기온이 높아 마야 중부지역과 유사한 열대우림의 동식물 분포를 보인다. 멕시코의 유카탄주 전체와 캄페체주, 킨타나로주 대부분을 포함한다. 평지 지역으로 강과 호수가 발달하지 못했다. 이 지역에 물을 공급해주는 역할을 했던 것은 세노테(cenote)라는 지하 연못이었다. 세노테는 인간 생활에 가장 중요한 물을 공급했기 때문에 사람이나 동물, 혹은 각종 진귀한 보석 등을 바치는 성스러운 의식이 행해졌다.

마야 문명은 지역적으로 널리 흩어져 있고 시간적으로도 3500여 년이라는 오랜 세월동안 지속되었다. 마야의 연대는 전고전기(BC.2000년경-AD.250년), 고전기(250년-900년), 후고전기(900년-16세기 초)로 구분된다. 전고전기 초기의 특징이 농경문화의 안정적 정착이라면, 전고전기 중기(BC.800-BC.300)의 특징은 농업기술 발전, 생산력 증대, 그리고 이에 따른 인구의 증가이며, 종교와 정치가 분리되지 않은 제정일치 사회로 제의를 위한 건축물들이 세워지기 시작했다. 또한 농업생산력의 증가로 서서히 종교와 예술에 대한 관심이 생겨나고 이를 위해 사람들을 동원하고 통제하는 일이 더욱 조직적으로 운영되면서 정치조직이 체계화되었다. 전고전기 말기(BC.300년-AD.250년)에 접어들면서 마야 전 지역에 걸쳐 인구

증가와 분산이 이뤄지고 부족장의 권한이 강화되었다. 제단, 기념석주 등의 기념물 제작이 활발해지고 돌로 벽을 쌓는 방식이 자리를 잡아가면서 좀 더 견고하고 큰 건축물을 만들 수 있는 기술적 발전이 이루어졌다. 대표적 유적지로는 멕시코의 이사파(Izapa), 시빌찰툰(Dzibilchaltún), 마니(Maní), 과테말라의 카미날후유(Kaminaljuyu) 등이 있다.

마야문명에서 고전기(250년-900년)는 최고의 황금기라 할 수 있다. 오늘날 볼 수 있는 유적지들과 많은 수의 유물이 이 시기에 제작되어 전해져오고 있기 때문이다. 유카탄 반도까지 영향을 미친 마야는 화려한 도시국가들을 형성하였다. 과테말라의 티칼(Tikal), 왁사툰(Uaxactún), 멕시코의 팔렝케, 온두라스의 코판 같은 도시국가 등이 그 예이다. 고전기 초기에는 계단식 농경지와 인공수로의 건설 등으로 농업기술이 발전했고 장단거리 교역이 활발해져 테오티우아칸 문화의 영향도 받게 되었다. 고전기 말기에는 농업생산력 증대가 극에 달해, 잉여 노동력을 바탕으로 건축, 과학, 예술 등이 꽃피었다. 그러나 9세기 중엽 침묵의 시기로 접어들면서 사람들은 대도시를 떠나고, 궁전, 신전, 피라미드와 같은 위대한 건축물들은 밀림 속에 묻혀버렸다.

마야문명의 황금기인 고전기가 갑자기 몰락한 원인에 대해서는 농지 부족, 전염병, 지배계급에 대한 반기, 외적 침입 등 여러 가지 가설이 분분하지만 아직까지 정확히 규명되지는 않았다. 도시국가들 간의 치열했던 전쟁과 인신공양을 그 원인으로 지적하는 학자들도 있다. 도시국가 통치자는 전투를 통해 제사에 바칠 희생제물을 확보해야만 했다. 다른 도시국가도 마찬가지였을 테니 전쟁은 치열했을 것이며, 이로 인해 국력을 과도하게 소비한 것이 몰락의 한 원인이라 보는 것이다.

다른 한편으로 기후 변화가 흥망성쇠의 주요 배경이라고 주장하는 학자들도 있다. 농업기술의 개발과 관개시설 등을 통해 식량 생산이 증가하고 교역으로 물자가 풍부해지자 인구가 증가하게 되었다. 더 많은 경작지가 필요해 밀림의 나무를 베어내야 했고 나무가 없어진 열대의 태양열은 물을 증발시켜 농사는 물론 식수 공급마저 힘들게 만들어 비가 오지 않는 기후로 변했다는 것이다. 가뭄으로 농산물 생산이 감소되자 주민들은 불안해졌고 신의 대리자로 절대 권력을 누리던 통치자는 제사를 드리면서 부족을 달랬지만 가뭄이 계속되자 권위를 상실했다. 이에 민중들은 반란을 일으켰고 식량을 찾아 다른 지역으로 이주하면서 마야문명이 몰락했는데, 이것이 서기 800년에서 1000년 사이에 나타난 현상이라는 주장이다.

후고전기(900년-1492년)에는 유카탄 반도에서 마야의 중요한 도시국가가 부상했다. 10세기 초에 잇사(itza)족이 다시 치첸잇사에 자리를 잡은 후에 멕시코 중부지역에서 내려온 톨테카족의 영향을 받아 새로운 빛을 발하게 되었다. 10세기 후반에 치첸잇사는 투툴 시우(tutul xiú)족의 욱스말(Uxmal), 코콤(cocom)족의 마야판(Mayapán)과 함께 '마야판 동맹(Liga de Mayapán)'을 맺었다. 마야판 동맹은 15세기 중엽까지 유카탄 북부 전역을 점령하고 작은 왕국을 형성하면서 번영을 이루었다. 패권을 거머쥔 코콤족의 마야판은 유카탄 북부의 여러 동맹 부족과 온두라스, 벨리즈, 카리브 해의 코수멜(Cozumel) 섬, 그리고 간접적으로 멕시코 중부까지의 무역을 주관하는 도시국가가 되었다. 그러나 마야판의 사회적 분위기는 혈연관계로 구성된 부족들의 적대적 관계로 인해 복잡했다. 1441년 마야판과 욱스말 사이의 전쟁으로 인해 마야판은 약탈을 당하고 불태워졌다. 이렇게 유카탄은 도시국가들 간의 전쟁터가 되어버렸고 도시들은 쇠퇴하기 시작했다.

고고학자들은 오랫동안 고대 마야족들이 40여 개의 독립적인 도시국가로 나뉘어 평화롭게 살았다고 믿었다. 아스테카처럼 영토 확장에 대한 야욕으로 인한 무력 갈등은 없었다는 것이다. 하지만 마야족들이 남겨놓은 비문들이 해독되면서 새로운 사실이 밝혀지면서 이런 가설은 뒤집히고 있다. 마야족들이 평화적인 사람들이라는 1960년대 학계의 주장이 바뀌고 있다. 놀랍게도 잔인한 전쟁과 인간 제물은 고대 마야의 삶에 필수적인 것이었다. 서기 250년경에는 각 도시국가마다 왕의 지배체제를 갖추고 있었으며 이 도시국가들은 서로 경쟁했고 전쟁을 마다하지 않았다. 마야의 왕들은 신과 같은 존재로 여겨졌으며 마야족들은 신을 대신해 전쟁을 벌이는 왕을 따랐다. 그들은 인간의 피야말로 신에게 바칠 수 있는 가장 신성한 제물이며 신에게 진 빚을 갚을 수 있는 최고의 수단이라 믿었다.

고전기 마야의 강력한 도시국가 중 하나인 티칼은 200년에서 900년 사이에 가장 번성했다. 지금의 과테말라 페텐(Petén)주의 북서부 열대우림 정글에 위치해 있고 도시면적은 여의도의 약 2배에 해당한다. 한때 10만 명 정도의 인구가 거주했다는 이 도시는 정치·경제·군사적으로 마야의 상당 지역과 멕시코 중부 계곡의 테오티우아칸의 위성도시들까지 정복했다. 고전기 동안 티칼과 치열하게 경쟁하던 칼라크물(Calakmul)은 이웃 도시들과 연합해 먼저 티칼을 위협하려 했다. 칼라크물의 도전을 물리치기 위해서는 강력한 군사력과 지도력을 갖춘 통치자가 필요했는데, 743년에 왕이 된 이킨 찬 카윌(Yik'in Chan K'awiil 재위 734-766)이 바로 그런 사람이었다. 카윌은 칼라크물을 정복하고 칼라크물의 두 동맹인 서쪽의 엘 페루(El Perú)와 동쪽의 나랑호(Naranjo)를 굴복시켰다.

승리를 기념하고 통치자의 절대 권력과 위엄을 상징하는 신전 건축이 진행되었다. 티칼의 건물 중 대부분이 카윌이 다스리던 시기에 지어진 것들이다. 높이 47m에 달하는 '위대한 재규어 사원(Templo de Gran Jaguar)'은 티칼의 선대왕 하사우 찬 카윌(Jasaw Chan K'awiil, 재위 682-734)의 무덤이자 자신이 거둔 승리의 기념비이기도 하다. 회반죽을 바르고 붉은 칠을 한 거대한 '위대한 재규어 사원'은 해가 지는 서쪽을 바라보고 세워졌다. 위태로울 정도로 가파른 계단을 오르면 신전이 있고 피라미드를 더 높게 보이기 위해 신전 지붕 위에 부조 조각을 쌓았다. 티칼 중앙광장에 발을 들여 놓는 사람은 누구나 이 높은 신전에 시선을 빼앗기지 않을 수 없었을 것이다.

사진 1-6-1. 과테말라의 티칼에 있는 위대한 재규어 사원 - wikimedia commons

티칼이 위치한 밀림은 5월에서 10월까지 우기이고 그 이후로는 건기인데, 건기가 시작되면 식수부족이 심각했다. 이를 해결하기 위해 도시 중심부의 저수지 쪽으로 경사지게 도시를 설계해 우기의 빗물을 받았다. 또한 건축물과 도시 바닥을 회반죽으로 칠해 물이 땅으로 스며드는 것을 막았다. 이 과정에서 흰색 회반죽이 빛을 반사해 시력에 손상을 주는 것을 막기 위해 아치오테(achiote)라는 열매 씨앗을 끓여 만든 붉은 염료를 칠해서 도시는 붉은 도시가 되었다.

마야 사회조직의 기본 단위는 쿠츠테엘(cuchteel)이라고 하는 씨족집단이었다. 이 집단은 경제적 자립과 독자적인 의사결정권을 유지하면서 동맹의 형태로 더 큰 정치단위를 구성했는데, 각 쿠츠테엘이 합쳐진 상위 단위가 바타빌(batabil)이고 각 바타빌의 대표가 부족장에 해당했다. 바타빌의 상위 단위는 연방제적 부족국가의 형태를 지닌 쿠츠카발(cuchcabal)이라 하고 그 통치자를 '할라치 우이닉(halach huinic)'이라 했다. 이중 가장 중요한 단위는 쿠츠테엘인데, 혈연관계로 형성된 폐쇄적 집단이었다. 씨족 창시자의 직계만이 통치자와 제사장이 될 수 있었고 씨족의 창시자는 집단 내에서 신성한 존재로 여겨졌다. 통치자는 구성원에게 농지를 분배했다. 수확 후에 자기 식량을 빼고 남은 농산물을 통치자에게 바치면 재분배 원칙에 따라서 그에 상응하는 다른 재화를 돌려주었다. 상위 조직인 바타빌이나 쿠츠카발은 쿠츠테엘에서 할 수 없는 대규모 장거리 무역이나 큰 규모의 제례의식을 대행했을 뿐 강력한 중앙권력을 형성하지는 않았다. 이처럼 마야문명이 중앙집권적인 정치형태를 지니지 않았기 때문에 스페인 정복자들도 마야 정복에 애를 먹었다. 아스테카나 잉카 제국처럼 왕을 체포하는 걸로 끝나는 게 아니라 열대우림 지역이나 고산지대에 흩어져 있는 각각의 부족을 정복해야 했기 때문이다.

한편, 콜럼버스 이전의 다른 문명과 마찬가지로 마야족은 옥수수, 감자, 고구마, 유카, 호박, 치클, 콩, 카카오, 바닐라, 담배, 면화 등을 경작하였다. 특히 이들이 밀림에 뿌리 내릴 수 있었던 이유는 옥수수였다. 옥수수는 해발 2,400m의 고산지대부터 해안저지대까지 어떤 땅이나 기후에서도 경작이 가능하며 씨앗 하나로 100배 이상의 수확을 거둘 수 있기때문이다. 이들은 무성한 숲에 불을 질러 지력을 높이는 화전농법을 이용해서 1년 내지 2년 동안의 충분한 곡물을 얻을 수 있었다. 농사를 지을 수 있는 땅이 충분하다면 화전은 옥수수 재배에 최고의 방법이었다. 그러나 도시국가에 인구가 불어나면서 더 이상 옥수수 화전을 할 수 없게 되었다. 아이러니하게도 도시국가의 식량 문제는 도시 건설의 기반이 되었던 옥수수 화전에서 비롯되었다며 마야의 멸망 원인을 식량 문제로 보는 학자들도 있다.

마야어로 '공동체의 책'이라는 뜻의 『포폴부』(Popol Vuh)는 마야문명권인 키체족(quiche)의 신화와 역사를 담은 책이다. 1장과 3장은 천지창조와 인류의 탄생을 다루고 있으며, 2장은 마야의 신화적 영웅의 이야기이다. 키체족의 기원과 고대역사에 관한 이 문헌은 키체어로 전해졌지만 원본은 소실되고 필사본만 남아있다. 『포폴부』의 천지창조와 인류의 탄생신화는 테페우(Tepeu)와 구쿠마츠(Gucumatz)라는 두 명의 신이 세상을 창조하는 이야기로 시작된다. 신이 "땅!" 이라고 말하자 즉시 땅이 솟아났고 사슴, 새, 재규어, 뱀과 같은 동물들도 만들어졌다. 처음에는 진흙으로 인간을 만들었는데 몸을 움직이지 못하고 물에 닿으면 녹아버렸기 때문에 실패했다. 신들은 이번에는 나무로 인간을 만들었다. 나무인간들은 땅에서 번성하였지만 영혼은 물론 판단력도 없어 창조주를 기억하지 못했다. 이에 신들은 나무인간을 땅에서 없애려 대홍수를 불러 일으켰다. 이렇게 두 번째 인간은 파멸되었는데, 이때 살아남은 그들의 후예가 원숭이라고 한다. 신들은 마지막으로 신에게 복종하고 신을 공경할 줄 아는 인간을 만들고자 했다. 신들이 하얀 옥수수와 노란 옥수수를 반죽하여 인간의 육신을 만들어 네 명의 남자가 탄생하였다. 이후 남자가 자는 동안 아내가 될 네 명의 여자를 창조하고 이들이 마야족의 시조가 되어 마야족이 번성하게 되었다.

제2장에서는 쌍둥이 영웅 이야기가 펼쳐진다. 이야기의 주인공은 쌍둥이 우나푸(Hunahpú)와 익스발랑케(Ixbalanqué)이다. 쌍둥이들은 공놀이를 좋아했다. 그러나 고무공을 튕기는 시끄러운 소리 때문에 지하세계 시발바(Xibalbá)의 신들은 몹시 화가 났으며 그들을 유인하기 위해 올빼미를 보내 쌍둥이 형제를 초대했다. 이들 쌍둥이의 아버지도 지하세계에 온 적이 있는데 신들의 시험을 통과하지 못해 머리가 잘려버렸다. 그러나 형제는 아버지가 실패한 시험을 차례차례 통과했다. 재규어의 방과 박쥐의 방을 거친 후, 마지막으로 신들과의 공놀이에서 형제는 재치를 발휘해 승리했다. 쌍둥이 형제는 죽은 아버지를 옥수수 신으로 부활시켰으며 자신들은 하늘로 올라가 해와 달이 되었다.

쌍둥이 신화는 옥수수 재배의 순환을 보여준다. 쌍둥이 아버지가 지하세계인 시발바에 내려가는 것은 옥수수가 파종되는 것이고, 머리가 잘리는 것은 발아를 나타내며, 쌍둥이 아들이 땅 위로 올라오는 것은 옥수수의 새싹이 돋아나는 것을 의미한다. 그리고 쌍둥이가 태양과 달이 되는 것은 해와 달의 순환에 의해서 옥수수 농사도 순환되는 것을 암시한다.

다른 고대문명과 마찬가지로 마야도 자연의 모든 것에 생명이 깃들어 있다고 여겨 다양한 신들을 만들어낸다. 물, 옥수수, 불, 바람 등 모든 것에 해당하는 신이 존재했으며 이 신들을 통해 마야의 세계관이 만들어졌다. 마야족의 기본적인 신은 태양신, 달의 여신 그리고 비의 신 '차악(Chaac)'이었다. 마야 후기에 번성한 도시로 갈수록 신전에서 깃털달린 뱀 '쿠쿨칸'과 비의 신 '차악'의 형상을 두드러지게 볼 수 있다. 쿠쿨칸은 아스테카의 케찰코아틀과 동일한 신이며, 차악은 테오티우아칸과 아스테카의 틀랄록과 같은 신이다. 위로 말린 기다란 코가 특징인 비의 신 차악은 유카탄 반도의 욱스말, 사일(Sayil), 카바(Kabah), 치첸잇사 등 물이 부족한 지역에서 매우 중요한 신이었다. 마야 신들의 특징은 고정된 개념이 아니라 상호보완적이고 변화하는 모습을 보였다. 그리고 신은 곧 우주의 일부이며 우주의 시간을 신들이 주관하였다. 따라서 신들에게 제사를 지내야 신들이 주관하는 날들이 좋을 수 있다고 믿었다.

사진 1-6-2. 유카탄의 카바(Kabáh) 유적지에 있는 차악 신이 조각된 신전 - wikimedia commons

또한 마야족은 올메카족처럼 어려서 머리가 말랑말랑할 때 두상을 길게 변형시켰다. 왕과 귀족을 비롯해 마야족은 거의 두상 변형을 했는데 이는 그들이 섬겼던 옥수수신을 몸에 표현하는 방법이었다고 한다. 마야의 예술은 종교와 필연적인 관계를 지녔는데, 도자기, 조각, 벽화, 건축 등에 보이는 뛰어난 작품들은 신과 신화를 다루고 있으며 예술적으로 표현된 상형문자나 달력도 종교관의 표현이었다.

한편, 치첸잇사의 카라콜(Caracol) 천문대를 통해 알 수 있듯이 마야는 고도의 천문학적 지식을 지니고 있었다. 첨단기기나 망원경도 없는 시기에 태양, 달, 금성에 대한 천문학적 지식은 당대 세계적인 수준을 자랑하였다. 농경생활을 했기에 천체관측을 통해 날씨를 파악하고 가뭄이나 홍수와 같은 천재지변에 대비했던 것이다. 마야족들은 동서남북의 개념을 엄격히 건축물에 적용시켰고, 행성들의 이동 법칙과 위도, 경도의 개념을 이해했다는 사실이 고문서(códice)에 기록되어 있다. 마야문명이 다른 고대문명보다 훨씬 앞선 부분은 수학, 천문학, 역법이다. 마야족은 0의 개념을 세계에서 최초로 이해한 부족으로 밝혀졌다. 마야족들은 3세기경부터 이미 0을 포함한 20진법 숫자 체계를 갖고 계산을 하였다. 0의 사용은 인도보다는 300년, 아라비아보다는 700년 정도 앞서 있었다고 한다.

발달된 수학과 천문학을 바탕으로 한 정확하고 체계화된 마야의 달력은 세 가지가 있는데, 365일을 주기로 하는 '하압(Haab)'달력, 260일을 주기로 하는 '촐킨(Tzolkin)'달력, 그리고 5200년의 장주기력이다. 하압 달력은 태양력으로 360일과 '우아엡(Uayeb)'이라는 5일로 구성되며, 우아엡은 신이 관장하지 않는 날이라 생각했다. 촐킨은 365일 달력 하압과 만나 52년의 주기를 만든다. 촐킨은 20개의 기호와 13까지의 숫자로 나타낸다. 다른 에너지의 20일이 13번 있는 것이다. 마야족의 하루하루에는 그날의 신이 존재했다. 각각의 촐킨의 날들은 특정한 일을 하는데 지침이 되었으니 그들에게 달력은 삶의 한 방식이었다.

촐킨과 하압 이외에도 달력이 하나 더 있으니 바로 장주기력이다. 마야달력 중 가장 긴 달력으로 5125년을 순환주기로 한다. 이 달력 때문에 2012년 12월 21일 인류종말설이 생겼다. '13박툰. 0칵툰. 0툰. 0우이날. 0킨'이 마야 장주기력이 끝나는 날이다. 현대력으로 바꾸면 기원전 3114년 8월 13일이다. 이날의 다음날인 기원전 3114년 8월 14일은 '0박툰. 0칵툰. 0툰. 0우이날. 1킨'이 된다. 장주기력의 한 주기가 다시 시작된 날이다. 이때부터 13박툰이 또 지나면 다시 세팅이 된다. 그날이 서기 2012년 12월 21일이었다. 그러나 이날은 마야족에게 인류종말이 아니라 장주기력의 한 주기가 끝나는 날이었다.

마야족은 왜 장주기력을 만들었을까? 티칼에서 서쪽으로 400km 떨어진 곳에 또 하나의 도시국가 팔렝케가 세력을 키워가고 있었다. 611년 팔렝케는 당시 세력을 떨치던 칼라크물의 공격을 받아, 왕이 후사도 정하지 못한 채 죽고 말았다. 마야의 왕은 혈통이 매우 중요해서 후사가 없다는 것은 곧 멸망을 의미했다. 원로들은 도시 밖에 살고 있던 왕족 삭쿡(Sak Kuk) 부인과 12살 아들 파칼(Pakal, AD.603-683)을 팔렝케로 불러들였다. 그녀는 아들이 자랄 때까지 10여 년 동안 권좌를 지켰다. 청년이 된 파칼은 권력의 정통성을 확보하기 위해서 자신을 신격화했다. 그는 자기 어머니가 모든 인간과 신을 창조한 태초의 어머니라고 선언하고 자신은 여신의 아들이라는 절대적 위치에 올려놓았다.

사진 1-6-3. 팔렌케의 '비문의 신전', 신전 지하에서 파칼 왕의 무덤이 발견되었다. - wikimedia commons

1949년 고고학자 알베르토 루스 륄리에(Alberto Ruz Lhuillier, 1906-1979)가 '비문의 신전(Templo de las Inscripciones)'을 발굴하면서 팔렝케 왕조를 둘러싼 의문들이 일부 해소되었다. 열대우림 한가운데에 자리한 도시 팔렝케에 남아 있는 대부분의 건축물은 파칼왕 때 지어진 것이다. 그중 가장 중요한 건축물인 '비문의 신전'에서 파칼 왕의 무덤이 발견되었다. 신전의 기단으로만 쓰이는 줄 알았던 메소아메리카의 피라미드에서 왕의 무덤이 처음 발견된 것이다. 12살에 권좌에 올라 68년간 통치한 위대한 왕 파칼이 세상을 떠나자 그의 시신에는 붉은색 단사가 칠해지고 화려한 보석으로 장식한 뒤 얼굴엔 옥으로 만든 가면이 씌워졌다. 더욱 주목할 점은 석관의 뚜껑에 왕의 형상이 정교하게 조각되었던 것이다. 죽은 왕이 신으로 재탄생하는 모습이다.

사진 1-6-4. 파칼 왕이 관 속에 누워있는 모습을 재현한 모형이다. (멕시코 국립인류학박물관)
- wikimedia commons

즉위 당시 나이도 어리고 정치적 기반도 약했던 파칼 왕은 왕권 강화를 위해 달력을 이용했다. 파칼 왕의 조력자인 사제는 마야의 창조신화와 팔렝케의 건국신화를 합쳤다. 파칼 왕의 조상을 마야의 창조주로 만든 것이다. 이야기에 등장하는 정확한 날짜는 신화를 사실로 바꿔놓았다. '십자가의 신전' 비문에 마야의 시간이 언제 시작되었고 팔렝케 왕조는 어떻게 생겨났는지 적어 놓았다. 사제는 수천 년의 시간을 정확히 계산해 왕조의 시작을 마야 시간의 시작과 맞춰놓았다. 마야 장주기력은 이렇게 왕의 신격화와 왕권 강화를 목적으로 만들어진 달력이다.

파칼과 그의 아들 칸 발람은 팔렝케를 100년 가까이 통치하면서 눈부신 발전을 이룩했다. 하지만 팔렝케는 갑자기 멸망했고 마야 세계의 근간을 뒤흔든 무언가가 발생했다. 토지는 더 이상 경작이 불가능했고 식량 부족과 식수 오염은 영양실조와 질병을 초래했다. 왕들은 능력을 잃었고 백성들은 더 이상 왕을 신뢰하지 않았다. 결국 마야족들은 아름다운 도시를 버리고 떠나기 시작했다.

마야에서는 삭베(Sacbe) 또는 '하얀 길'이라 불리는 도로망이 지역 간의 이동을 용이하게 하면서 도시 발전을 가속화시켰다. 삭베는 동맹 도시를 연결하는 교통수단이었을 뿐만 아니라 왕조의 세력을 상징하는 수단이었다. 100km나 이어진 도로는 양쪽에 거대한 석재로 쌓고 그 안을 돌멩이를 넣어 채운 뒤 도로 표면을 회반죽으로 덮어 표면을 매끄럽게 만들었다. 유카탄 반도의 삭베는 아무리 험한 지형에서도 거의 일직선을 유지한다. 이런 도로망을 통해 마야 북부지역의 도시 발전과 이동 그리고 무역이 이루어졌다. 남부 저지대에서 몰려온 마야 유민들도 이 길을 통해 그들의 두 번째 고향인 치첸잇사에 당도했을 것이다.

치첸잇사는 800년에서 1050년경까지 유카탄 지역 마야 최강의 도시국가로 군림했다. 많은 인구가 유입되어 도시국가로서 오랫동안 유지되었다. 이곳의 많은 유적 중에서도 카라콜 천문대가 눈에 띈다. 상부에 있는 둥근 돔 모양이 달팽이처럼 생겨서 스페인어로 달팽이라는 뜻인 '카라콜'이라 불리게 된 것이다. 금성의 움직임이나 태양의 위치 등을 관찰할 수 있도록 설계되었다.

치첸잇사의 천문관측은 마야의 건축 발전에 큰 공헌을 했다. 대표 건축물인 쿠쿨칸 신전(Pirámide de Kukulcán)은 세계7대 불가사의에 꼽히는 유적으로서 성처럼 아름다워 '성(城, 엘 카스티요, El Castillo)'이라는 별칭도 있다. 약 12세기경 지어진 신전으로 한 면의 길이가 55m, 높이가 30m로 대략 아파트 25층 높이다. 마야족의 수학, 기하학, 음향학, 천문학 지식을 집대성한 건축물이다. 농업사회기 때문에 계절의 변화, 태양과 별의 움직임을 신중하게 관찰하여 쿠쿨칸 신전에 모두 투영한 것이다. 4면 각각 91개의 계단과 신전 상부의 기단을 합하면 총 365개로 하압 달력의 날과 일치한다. 쿠쿨칸의 조각이 난간을 따라 있으며 피라미드가 17도 정도 기울어진 북동쪽을 바라보게 만들어졌기 때문에 1년에 두 번, 즉 춘분과 추분에 해가 정동에서 정서로 질 때, 신전에 생기는 그림자로 인해 깃털달린 뱀 쿠쿨칸이 하늘에서 계단을 타고 내려오는 놀라운 착시현상이 발생한다. 쿠쿨칸 신이 우기의 시작과 씨앗 뿌릴 시기를 알려주려고 오는 것이다. 마야족은 낮과 밤의 길이가 같은 춘분과 추분을 정확히 알고 있었던 것이다.

사진 1-6-5. 쿠쿨칸 신전, 엘 카스티요(El Castillo)라고도 부른다. - wikimedia commons

거의 모든 메소아메리카에는 공놀이장이 있는데 그중 가장 큰 것이 치첸잇사에 있다. 경기장 길이는 약 146m이고 폭은 36m이다. 축구경기장보다 더 길지만 넓이는 좁다. 경기장 주변은 경기 전후의 의식이 새겨진 벽화와 쿠쿨칸 조각으로 장식되어 있다. 약 8~9m 높이에 고리가 있는데, 7~8명이 팀을 이루어 어깨와 골반, 무릎 그리고 팔꿈치만으로 상대편 고리에 공을 넣는 경기이다. 경기에서 이긴 승자는 경기장 동쪽 벽 위에 있는 재규어 신전에서 제물로 바쳐졌다고 한다. 마야족들에게 제물로 바쳐지는 것은 공동체와 신을 위해 자신을 바치고 다시 태어나는 과정이었다. 특이한 점은 이 경기장 가운데서 말을 하면 소리가 전체적으로 울려서 잘 들린다. 건축 할 당시 벽면을 경기장 쪽으로 약간 기울여 지었기 때문에 소리가 반사되어 크게 들리는 것이다.

사진 1-6-6. 치첸잇사에 있는 전사의 신전. 톨테카족의 영향을 엿볼 수 있는 신전이다. - wikimedia commons

전사들의 신전(Templo de los Guerreros) 앞에 있는 각각의 기둥에는 뱀, 독수리, 재규어 등이 조각되었는데 이는 전사의 계급을 나타낸다. 신전 입구의 정사각형 기둥이 툴라(Tula)에 있는 톨테카 전사의 상과 매우 흡사한 것으로 보아 톨테카족과의 교류를 짐작케 한다. 기둥의 맨 위에는 사각형의 석판을 올린 뒤 회반죽과 나무를 혼합해 만든 평평한 지붕을 이어서 올렸다.

200년 이상 유카탄 반도를 지배하던 치첸잇사는 남부의 마야 도시들이 그랬던 것처럼 알 수 없는 이유로 쇠퇴했다. 1517년 스페인 정복자들이 유카탄 반도에 다다랐을 무렵 마야의 모든 대도시들은 이미 버려진 상태였다. 고대도시 대부분이 버려졌지만 약 6백만 명의 마야족들이 아직도 선조들의 땅에 살고 있다. 열대우림기후 지역에 세워진 신전과 궁전 같은 건축물, 완벽한 표기방식인 상형문자가 새겨진 기념석주와 제단, 놀라운 천문학 수준과 0의 개념을 이해한 뛰어난 수학 지식 등, 혹독한 지리적 조건에서 대규모의 도시들이 번영했다는 점은 매우 경이로운 사실이다.

7
안데스의 첫 주인공들
차빈, 모체, 나스카, 티아우아나코, 치무 문명

안데스 문명은 안데스 산맥 주변, 즉 남미의 서쪽 지역에서 일어난 고대문명이다. 크게 태평양 연안을 따라 발전한 해안 문화, 해발고도가 높은 안데스 산악지역에서 발전한 산악고지대 문화와 고원분지 문화로 나뉜다. 이중에서 대표적인 문명은 차빈, 모체, 나스카, 티아우아나코, 치무, 잉카 등을 꼽을 수 있다. 현재의 페루, 볼리비아, 콜롬비아, 에콰도르, 아르헨티나, 칠레에 걸친 지역이다.

메소아메리카의 모체(母體) 문명이 올메카 문명이라면 차빈(Chavín) 문명은 안데스 문명의 모체라 할 수 있다. 안데스 북부 고원지대에서 BC.1200년경에 발생한 가장 오래된 안데스 문명으로 건축술과 토기 부문에서 두각을 나타냈다. 이 문명의 특징도 돌을 사용한 피라미드이다. 차빈문명은 BC.200년경에 쇠퇴했지만, 그 후 1500년간 안데스지역에서 발생한 문명들에서 그 사상과 예술성을 엿볼 수 있다. 본격적으로 농업에 종사하기 시작했고 야마와 같은 가축을 길렀으며, 건축물, 조각, 도자기, 금은공예품을 통해 차빈문명이 고도로 발달했던 문명임을 알 수 있다.

차빈문명이 쇠퇴한 이후 현재의 트루히요를 중심으로 모체(Moche) 문명(100-700)이 발전했다. 페루 북부 트루히요 근처 모체강에서 발생해 모체 계곡과 치카마(Chicama) 계곡을 중심으로 태평양 북부해안 일대로 퍼져나간 문명인데, 북으로는 피우라(Piura)계곡, 남으로는 앙카쉬(Ancash) 계곡까지 세력을 펼쳤다. 대규모 관개 시설과 구아노(guano)를 사용하여 옥수수, 콩류, 호박, 면화 등의 농산물 수확을 증대시켰다. 연안지역 주민들은 태평양에서 잡은 생선을 산악지대의 산물과 교환하였다. 농업생산량이 늘면서 인구가 증가하고 지배계급과 피지배계급 사이의 구분이 확실해졌다. 신과 같은 존재로 여겨졌던 통치자는 강력한 군사를 거느렸고 권력을 강화하기 위해 모체 계곡에 태양의 신전(Huaca del Sol)과 달의 신전(Huaca de la Luna)을 건축하였다. 태양의 신전은 아메리카 대륙에 세워진 가장 큰 진흙벽돌 구조물이지만 현재는 원형의 3분의 1만 남아 있다. 높이 40m에 5층 건물인 이 신전에 약 1억 4천만 개의 진흙벽돌이 사용됐을 것이라 추산된다. 태양 신전에서 500m 지점에 있는 높이 21m에 3층으로 세워진 달의 신전에는 모체족의 신들, 포로들의 행렬 등이 그려진 벽화가 있다. 벽화에는 특히 벌거벗은 남자들이 목에 밧줄이 감긴 채 끌려가는 모습이 보이는데, 포로이거나 인신공양의 제물인 것으로 보인다. 신전의 벽화는 광물에서 추출한 흰색, 검은색, 붉은색, 푸른색, 노란색의 다섯 가지 색으로 칠해져 있다. 태양의 신전은 행정 업무를, 달의 신전은 제례의식을 지내던 곳으로 추정한다. 모체족의 최고의 신은 참수의 신이자 풍요와 창조의 신인 아이 아파엑(Ai-apaec)이며 일반적으로 재규어의 송곳니를 지닌 인간의 형상으로 표현되었다. 이 신의 형상은 여러 유물들이나 시판왕의 피라미드, 태양의 신전과 달의 신전 등에서 나타난다.

사진 1-7-1. 모체족의 최고의 신 아이 아파엑 - wikimedia commons

모체족에게는 순장 풍습이 있었다. 평민의 경우에는 도자기를 함께 묻었지만, 부족장이 죽으면 사람을 순장했다는 사실이 1987년에 출토된 시판의 왕(Señor de Sipán)의 무덤에서 밝혀졌다. 이 무덤에서 약 600개의 물품이 출토되었으며, 왕은 세 명의 첩, 한 명의 고위전사와 한 명의 군인, 한 명의 파수꾼과 한 명의 아이, 그리고 다리가 잘린 문지기와 두 마리의 야마와 개에 둘러 싸여 있었다.

사진 1-7-2. 시판의 왕의 무덤을 축소한 모형. 최근 30년간 세계적으로 가장 중요한 고고학적 발견이다.
- wikimedia commons

모체문명은 특히 예술적 현실주의 감각이 뛰어난 다양한 형태의 토기제작으로 유명하다. 그들은 뛰어난 지적 생활과 유머, 그리고 예술성을 도자기에 해학적으로 잘 표현하였다. 동물과 식물, 일상생활 모습, 사람의 모습, 장례식, 제례의식, 풍경, 주거지, 전쟁, 질병 등이 사실적으로 묘사되어 있어 모체족의 삶의 모습을 엿볼 수 있다. 특이한 것은 성생활 모습이 노골적으로 묘사된 도자기를 많이 볼 수 있는데, 다산과 풍요를 상징하는 문화적·종교적 의미를 지니고 있다고 여겨진다.

모체 문명이 한창 발전하는 2세기 초반 페루 남부의 이카(Ica)강과 나스카강 연안을 중심으로 나스카(Nazca) 문명(AD.100-800)이 발달하였다.

이카강 주변의 파라카스(Paracas) 문명의 기술과 전통을 이어받았다고 전해진다. 나스카 문명은 건조한 지역이었기 때문에 농경생활에 필요한 수로가 발달했다. 또한 나스카 문명은 주변의 문화들과 비교하여 독창적인 모습을 보인다. 그 예로 미라 무덤을 들 수 있는데, 건조한 지역이기 때문에 2000년이나 지난 지금도 죽은 당시의 모습 그대로 남아 있는 모습을 볼 수 있다. 또한 나스카 사람들은 사후세계를 믿어서 무덤에 도자기와 음식을 함께 묻었다. 이 미라들은 앉아서 모두 태양이 뜨는 동쪽을 바라보는 모습을 취하고 있는데, 이러한 미라문화는 후에 잉카제국에 영향을 주게 된다.

사진 1-7-3. 나스카 지상 그림(벌새) - wikimedia commons

나스카 문명이 세상에 알려진 것은 '나스카 라인(Nazca Lines)'이라 하는 사막 위의 거대한 그림들 덕분이다. 이 그림들은 나스카강을 따라 넓게 분포되어 있다. 1930년대 항공기 조종사들이 나스카 사막에 널려 있는 수많은 기하학적 도형을 발견했고 이 도형들은 대략 서기 500년경에 만들어졌을 것으로 추정되고 있다. 이 선들은 새, 원숭이, 거미 등과 같은 동물들, 인간의 모습, 100개가 넘는 기하학적 도형을 표현하고 있으며, 그 직선거리는 4m에서 10km에 이른다. 나스카 라인은 비가 오지 않는 기후 덕분에 형태를 유지해왔다. 그 용도에 대해서는 의견이 다른데 외계인이 그렸다는 설도 있으나, 이 도형들이 나스카 도자기나 직물에도 많이 나타나는 것으로 보아 안데스 문명의 오랜 전통을 보여주는 것이라 할 수 있다.

잉카 문명을 살펴보기 전에 꼭 알아야 할 문명은 볼리비아의 중요한 고고학적 유적인 티아우아나코(Tiahuanaco) 문명이다. 110년에서 1000년경까지 안데스 고원에서 융성했던 가장 중요한 잉카의 선대 문명이다. 티아우아나코 유적지는 해발 3,800m에 위치한 티티카카 호수의 남동해안 근처에 있으며, 라파스(La Paz)에서는 약 70km 서쪽에 있다. 티티카카 호수는 찬란한 문명을 꽃피웠던 잉카 문명의 근원지이다. 그래서 티아우아나코족이 바로 잉카의 직접적 조상이라고 볼 수 있다. 흠잡을 데 없는 완벽한 석조건축물은 잉카의 대표적인 특징인데 티아우아나코족도 거대한 돌을 쌓아 건축물을 세웠다. 티아우아나코족은 강력한 부족으로 성장했고 주변 부족들을 정복하며 국가의 기틀을 세웠다. 그러나 강력한 군사체제를 갖추고 있지 않아 제국은 쇠퇴하게 되었다. 티아우아나코는 오늘날 볼리비아의 관광명소이며, 티아우아나코를 상징하는 유적인 '태양의 문(La puerta del Sol)'이 유명하다. 태양의 문은 티티카카 호수 남쪽 50km 지점에 있으며 종교 의식이 거행되던 곳으로 추정한다.

사진 1-7-4. 티아우아나코의 태양의 문 (볼리비아) - wikimedia commons

이와 같이 북부 해안지대에서 지역 문화가 전성기를 이룰 때, 고도의 행정력과 강력한 군사력을 지닌 치무족이 900년에서 1470년까지 강력한 왕국을 건설하였다. 수도는 현재 트루히요 근처에 있는 찬찬(Chan Chan)이었으며 잉카제국 이전의 마지막 왕국이었다. 당시 사회는 고도로 조직화됐으며 계급과 서열이 엄격했다. 도로 건설을 통해 교통의 편이를 도모했으며, 관개수로와 피라미드 건설, 토기 제작 등에 두각을 보였을 뿐만 아니라 금은을 비롯한 금속 세공기술이 뛰어났다. 치무왕국은 특히 정교한 관개시설로 유명한데 불모의 사막지대에 거대한 도시를 건설할 수 있었던 것은 최장 32km에 이르는 수로를 통해 엄청난 양의 물을 공급할 수 있었기 때문이다. 리마에서 그리 멀지 않은 곳에 위치한 거대한 파라몽가(Paramonga) 요새는 치무왕국이 최성기일 때 건설된 것이다.

흙으로만 만들어진 도시로는 세계 최대 규모인 찬찬은 해와 달의 피라미드 등 주요 유적을 간직하고 있으며 최대 7만 명이 거주했으리라 추정한다. 찬찬의 모든 건축물은 어도비(햇볕에 말린 흙벽돌)와 흙담으로만 지어졌고, 벽면에는 새와 물고기, 기하학적 무늬 등이 양각으로 새겨져 있다.

인접 지역을 정복하며 영토 확장을 거듭하던 치무왕국은 잉카제국의 파차쿠텍 왕이 북부해안까지 세력을 확장하자 전쟁을 벌이다 1470년 경 파차쿠텍의 아들이자 잉카제국의 왕위를 계승하게 될 투팍 유팡키(Túpac Yupanqui, 1441-1493, 재위 1471-1493)에 의해 멸망했다.

사진 1-7-5. 치무왕국의 수도인 찬찬 유적지 - wikimedia commons

8
마추픽추의 추억
잉카문명

잉카(Inca)라는 말은 원래 태양신 인티(Inti)의 아들인 잉카제국 황제를 지칭했는데 오늘날에는 잉카가 다스리는 제국의 사람들을 통칭하는 용어가 되었다. 잉카족의 기원에 관해서는 여러 신화가 있는데, 그중 태양신과 금지팡이에 관한 신화가 가장 널리 알려져 있다. 오랜 옛날, 안데스산맥에 인간들이 짐승과 다름없는 생활을 하고 있었다. 어느 날 이를 불쌍히 여긴 태양신 인티가 이들을 교화시키고 신을 모실 수 있도록 하기 위해 자신의 아들 망코 카팍(Manco Capac)과 딸 마마 오크요(Mama Ocllo)를 내려 보냈다. 태양신은 자식들에게 금지팡이를 주며 가고 싶은 곳에 가서 금지팡이가 가장 깊이 박히는 곳에 수도를 정하라 명했다. 바로 그곳이 '세상의 배꼽'이라는 의미를 지니는 잉카의 수도 쿠스코(Cuzco)였다.

다른 전설에 의하면, 태양신의 자녀인 네 형제와 네 자매가 현재의 쿠스코 남동쪽 30km지점에 있는 한 동굴에서 태어났고 옆의 두 동굴에서는 그들을 보좌하는 여러 명의 일꾼들이 태어났는데 이들이 잉카족의 조상이라는 것이다. 전설에 따르면, 망코 카팍은 그의 형제 중에서 아야르 카치(Ayar Cachi)를 무서워했다. 그는 힘이 세서 돌을 던지면 언덕

이 패어 골짜기가 생길 정도였다. 망코 카팍은 부하를 시켜 아야르 카치를 동굴에 가두어 버리게 했고, 다른 두 형제는 스스로 거룩한 돌로 변해버렸다. 혼자 남은 망코 카팍이 잉카족의 초대 통치자가 되었고, 누이 동생 마마 오크요를 아내로 맞아 태어난 아들 신치 로카(Sinchi Roca)가 제2대 왕이 되었다. 전설에서 볼 수 있듯이 잉카족은 왕실의 순수한 혈통을 유지하기 위해 남매간에 근친혼을 했다.

잉카제국의 기원은 대략 1200년경으로 추정된다. 망코 카팍이 이끄는 부족은 처음에 유목민 생활을 하다 13세기경 페루 남부 고원의 쿠스코에 정착했다. 수도 쿠스코에 넓은 도로를 깔고 정교하게 마름질한 석재를 사용하여 건물과 성을 짓도록 명령했으며 태양의 신전을 건설하였다. 그 후 그들은 쿠스코 계곡에 정착하여 농경생활을 하면서 세력을 넓혀나갔다. 그러나 망코 카팍이 잉카로 군림한 이후 200년 동안 잉카문명은 실제로 작은 부족의 수준에 지나지 않았다고 한다.

태양신의 아들임을 선언한 제9대 왕 파차쿠텍 잉카 유팡키(Pachacútec Inca Yupanqui 재위 1438-1471)는 협상과 전투를 통해 안데스의 여러 부족들을 통합하며 제국을 완성해 나갔다. 전설상으로 존재했던 선대 잉카들과는 달리 파차쿠텍부터 사실상 잉카의 역사시대가 열린 것이다. 그는 해발 3,400m에 있는 수도 쿠스코를 재정비하고, 관개수로를 건설했으며 농지분배와 공물제도를 확립했다. 또한 태양신전 코리칸차(Coricancha)를 재건하고 거대한 돌들을 정교하게 쌓은 삭사이우아만(Sacsayhuamán) 요새를 건설했다. 세계의 중심 쿠스코에 있는 태양의 신전 코리칸차는 잉카족이 얼마나 공을 들였는지 벽에는 바늘 하나 들어가지 않을 만큼 정교하게 짜 맞춰졌다. 그러나 스페인 정복자들은 잉카의 정신을 지배하기 위해 이 성스러운 공간 위에 자기 종교건축물을 덧

입혀버렸다.

파차쿠텍 황제의 업적 중 빼놓을 수 없는 것은 케추아어를 잉카제국 공용어로 삼아 제국을 실질적으로 통일시킨 것이다. 당시 잉카제국은 강제이민 정책을 통하여 정복 지역의 주민들을 이주시켰다. 정복한 부족의 세력을 약화시키고 강제 노동을 시키기 위한 목적이었다. 이 정책으로 안데스 부족의 4분의 1이 자신의 고향을 떠났다고 한다. 이렇게 파차쿠텍이 국가의 틀을 마련함으로써 작은 부족에 불과했던 잉카족은 그가 권력을 잡기 시작한 지 채 50년도 되지 않아 오늘날 페루, 볼리비아, 아르헨티나에 이르는 대제국을 건설하게 되었다.

파차쿠텍의 뒤를 이어 잉카제국의 황금기를 이룬 투팍 유팡키는 '능력에 따라 일하고 필요에 따라 분배한다.'는 원칙을 실현시킨 황제였다. 일찍이 아버지 파차쿠텍을 도와 정복사업에 앞장섰던 그는 능숙한 외교술과 강력한 군사력을 바탕으로 영토를 확장해 나갔으며, 칠레 고원지역의 용맹한 아라우카노족을 물리쳤고, 북쪽으로는 키토(Quito)를 정복했다. 북서부 해안의 치무왕국을 함락시키고 그 어린이들을 인질로 쿠스코로 데려와 교육시켰다.

투팍 유팡키의 아들 우아이나 카팍(Huayna Cápac, 1467-1525, 재위 1493-1527)이 11대 잉카에 오를 즈음에는 잉카 제국의 세력이 정점에 달했으며 팽창정책도 거의 마무리되고 있었다. 이때 잉카제국은 지금의 콜롬비아 남부에서 칠레 중부까지였다. 우아이나 카팍은 정복사업 대신에 정복 영토에서 일어나는 반란을 평정하는데 주력했다. 그러나 그와 그의 큰 아들인 니난 쿠요치(Ninan Cuyochi)는 키토에서 천연두에 감염되어 병사하였다.

정실부인과의 사이에서 태어난 아들 우아스카르(Huáscar, 1491-1532, 재위 1527-1532)가 12대 왕에 등극했지만 키토 공주에게서 태어난 이복형제 아타우알파(Atahualpa, 1500?-1533, 재위 1532-1533)가 1532년 반란을 일으켜 형을 죽이고 왕위에 올랐다. 내란은 종식되었지만 잉카제국의 국력은 약화되어가고 있었다. 때마침 불과 약 160여 명의 군사를 이끌고 온 스페인 정복자 프란시스코 피사로(Francisco Pizarro, 1478-1541)에게 이 강력한 제국은 허무하게 무너져버렸다.

잉카 제국은 쿠스코 중앙광장에서 동서남북으로 거대한 도로를 건설하여 제국을 네 개의 권역으로 나누어 통치했다. 타완틴수유(Tawantinsuyu)라고도 불렸던 잉카 제국은 쿠스코를 중심으로 동(Antisuyu 안티수유), 서(Contisuyu 콘티수유), 남(Collasuyu 코야수유), 북(Chinchasuyu 친차수유)으로 나뉘었다. 각각의 수유(suyu)는 왕의 가까운 인척인 고위관리가 통치했다. 군대의 이동과 제국의 결정 사항을 변경 지대까지 알리는 데에는 거미줄같이 얽혀진 도로망 덕분에 전혀 어려움이 없었다.

잉카 제국은 아이유(ayllu)라는 기초 공동체 단위로 구성되었다. 아이유는 잉카제국 이전부터 토지, 가축 및 곡식 등을 공동 소유하여 집단생활을 영위케 하는 사회제도였다. 농사가 주요 생산 활동이었으며, 토지는 공유제로 태양신, 잉카 그리고 공동체의 몫으로 3등분해서 백성들이 경작했다. 25세에서 50세까지의 사람들은 모두 일을 해야 했으며, 이는 잉카족의 3대 금기, 즉 '훔치지 마라, 거짓말하지 마라, 게으름피우지 마라'의 정신에 따른 것이었다.

왕실은 왕인 잉카(inca), 왕비인 코야(coya) 및 왕의 자식들인 피우이추리(pihuichuri)로 구성되었다. 귀족은 혈통귀족과 특권귀족으로 구분되었다. 혈통귀족은 잉카의 왕비와 직계자식을 제외한 기타 왕족들로 조세면제, 일부다처제, 지도자의 지위 등 많은 혜택을 누렸다. 특권귀족으로는 정복지의 현지 왕이나 추장들에게 부여한 정복 특권귀족과 국가와 왕에 충성한 공로자에게 주어지는 포상 특권귀족이 있었다. 평민은 병역과 납세의무가 있는 아툰 루나(hatun runa)와 잉카가 새로이 정복한 지역 혹은 요새, 국경지방에 살면서 피정복자들에게 농경기술과 언어 및 풍습 등을 교육시키는 미티마에스(mitimaes)가 있었다. 그리고 노예계급에 가까웠던 하인계급인 야나코나(yanacona)는 신분이 세습되었다.

귀족의 아들은 귀족학교에서 원로로부터 케추아어, 종교, 키푸(quipu), 역사, 무술 등을 배웠으며, 이밖에도 철학, 우주론, 천문학, 월력, 수학, 기하, 의학, 지리 및 법률 등을 배웠다. 또한 귀족의 딸들은 아크야우아시(acllahuasi)라는 학교에서 여성으로서의 순결과 성품을 간직하는 일종의 신부수업을 받았다. 평민들에게도 성실, 정직, 근면을 강조하는 도덕적 교육을 실시하여 거짓말, 도둑질, 게으름이 없는 잉카제국을 만들고자 노력하였다.

잉카제국에서 잉카는 순수혈통을 유지하기 위해 형제자매간에 결혼하였다. 태양신의 자손이라는 신성한 피를 보존하기 위해 정실부인은 여동생, 사촌, 혹은 조카딸 중에서 취했으며, 다른 첩들은 귀족 혹은 태양신을 위해 제사를 드리는 처녀들 중에서 선택했다. 왕은 일부다처제로 많은 첩을 거느릴 수 있었지만 서민들은 엄격한 일부일처제를 지켰다. 서민들의 경우 결혼의 성패는 사랑보다 경제적 이유에 의해 좌우되었고, 남자가 20세가 될 때까지 결혼을 못하면 족장이 배우자를 선택해 주었다.

잉카제국의 통치술은 상당히 교묘했다. 한 지역을 점령하면 궁궐의 예법과 공용어인 케추아어를 가르친다는 명목 하에 그 부족장의 아들 혹은 후계자를 인질로 삼아 쿠스코로 데려왔다. 인질이 있는 동안에는 반란을 꾀할 수 없으리라는 계산에 따른 정책이었다. 이로 인해 제국 내에서는 반란이 거의 없었고, 광대한 제국을 하나의 공용어로 통일할 수 있었다.

잉카제국은 언어는 있었지만 글로 쓰는 문자는 없었고 키푸(quipu)가 이를 대신했다. 키푸는 결승문자로서 줄을 이용하였는데, 마치 커튼과 같이 나무막대기에 줄이 주렁주렁 매달린 것이었다. 현재까지 연구된 바에 의하면 대략적으로 세 가지 요소가 문자의 뜻을 결정한다. 매듭의 형태, 매듭의 위치, 그리고 줄의 색깔이다. 흰색 줄이 나이를 말한다면 빨간색 줄은 무기를 표시하는 등 다양한 의미를 전달했다. 효율적 행정을 위해 키푸를 이용해서 수확량, 가축 숫자, 인구, 중요한 사건 등을 파악했다.

사진 1-8-1. 쿠스코에서 110km 떨어진 락치(Raqchi)에 있는 저장 창고 '콜카'- wikimedia commons

산악지역임에도 불구하고 잉카 문명이 풍요로운 생활을 영위할 수 있었던 이유는 건축, 농업, 의학, 약초학 등이 발전했기 때문이었다. 특히 농업의 경우 아직 어떤 문명도 잉카의 기술력을 능가하지 못할 정도이다. 안데스의 토질은 화산재로 형성됐기에 물이 잘 빠지고 기름져 감자와 옥수수 같은 작물들이 성장하기엔 최고의 조건이다. 잉카 제국의 감자만 해도 약 3천종에 달했다고 한다. 그리고 잉여 농산물은 '콜카(colca)'라는 저장고에서 짧게는 1년에서 길게는 수십 년까지 변질 없이 보존할 수 있었는데 특히 감자는 말린 종류인 추뇨(chuño)[9]로 만들어 보관했다. 습기로 인한 부패를 막기 위해 콜카의 바닥에는 바람이 드나들 수 있도록 했다. 지금으로부터 500여 년 전에 잉카인들은 제국 전역에 이런 저장 시설을 마련했으며 '잉카의 길(Camino del Inca)'을 따라 세워진 탐보(tambo)라고 하는 휴식 장소에도 세워져 먼 곳에서 근무하는 군대의 식량으로도 활용하였다. 이렇게 농산물의 생산과 완벽한 저장 기술 그리고 분배 시스템에 의해 잉카는 번성할 수 있었다.

한편 잉카는 제국 전역을 잇는 30,000km에 달하는 도로망을 구축하고 있었다. 아이유에서 도로 유지를 담당했으며 도로의 폭은 넓은 곳은 8~14m, 보통은 4~8m 정도였다. 또한 도로 통행자가 휴식할 수 있도록 도로 중간에 일정한 거리마다 탐보라는 휴게소를 설치했으며, 운송수단인 야마의 쉼터까지 마련해두었다. 통신수단으로는 차스키(chasqui), 즉 전령을 이용했는데, 18~20세의 청년들이 키푸를 이용하거나 구전으

---

9 세계 최초의 건조식품으로 알려져 있는 추뇨(chuño)는 고산지대의 추운 날씨와 강한 햇살을 이용해 건조시킨 돌처럼 딱딱해진 감자를 말한다. 이렇게 해서 만들어진 추뇨는 냉장하지 않고도 10~15년간 보관 가능하다고 한다. 추뇨는 흉년에 대비한 저장식품이다. 죽을 만들어 먹을 수도 있고 가루로 만들어 요리에 다양하게 사용할 수도 있다.

로 다음 구간의 차스키에게 메시지를 전달했다. 태평양 연안에서 저녁 때 잡은 생선이 쿠스코에 있는 황제의 아침 식단에 올랐다는 사실은 차스키의 활약과 잘 닦인 도로망을 짐작케 한다.

사진 1-8-2. 잉카제국의 전령, 차스키. 손에 키푸를 들고 있다. - wikimedia commons

잉카 신화는 쿠스코를 중심으로 잉카가 남북으로 팽창하며 제국으로 성장하는 데에 큰 영향을 미쳤다. 페루와 볼리비아, 에콰도르의 케추아 부족들은 그들에게 가장 의미 있는 태양신 인티를 중심으로 종교적 인식을 공유하며 동질감을 느꼈으며, 잉카 신화는 제국의 범신론적 종교를 형성했던 것이다. 잉카의 세계관에서 시간은 질서와 혼돈이 주기적으로 끊임없이 반복되는 순환적 개념이었다. 공간은 수평과 수직으로 구성되었는데 수평세계는 위(hanan 아난)와 아래(hurin 우린)로 나뉘었고,

각각 다시 두 개로 나뉘어 총 네 개가 된다. 이 네 개의 세계는 서로 보완적인 동시에 대립적이다. 반면, 수직 세계는 세 개의 공간, 즉 천상 세계, 현재 세계, 지하 세계로 나뉘어졌다.

천상 세계 하난 파차(Hanan Pacha)는 비라코차(Viracocha), 인티, 마마 키야(Mama Quilla), 파차카막(Pachacamac), 마마 코차(Mama Cocha) 등의 신들이 사는 상위의 세계다. 현재 세계 카이 파차(Kay Pacha)는 인간이 살고 있는 지상세계이며, 지하 세계 우쿠 파차(Uku Pacha)는 죽은 자들, 세상에 태어나지 않은 아이들, 그리고 지하나 바다 속에 있는 모든 것들의 세계이다. 잉카인들은 지상에 있는 샘이나 동굴과 같이 열린 공간은 현재 세계와 지하 세계를 연결하는 통로라고 생각했으며 지하 세계를 지옥으로 보지 않고 잠시 체류하는 또 다른 세계로 보았다.

잉카 제국의 가장 위대한 신은 만물의 창조주이고 태양신의 아버지인 비라코차였다. 티티카카 호수에서 나타나 하늘과 땅을 만들었다고 한다. 비라코차는 세상을 만든 후 거인 인간들을 피조물로 만들었으나, 인간들이 명을 따르지 않자 일부는 돌이 되게 하고 또 일부는 땅과 바다로 유실되게 하였다. 60일간 비를 내려 그들을 벌하고 티티카카 호수 부근의 티아우아나코에서 새로운 인간을 만들었다. 비라코차는 인간과 동물에게 생명을 주고 여러 가지 기적을 행하면서 사람들에게 생활방식을 가르쳐주고 북쪽으로 사라졌다.

파차쿠텍이 잉카의 황제가 되자 그는 비라코차보다 태양신 인티를 더 중요한 위치에 올려놓았다. 인티가 잉카제국의 수호신이고 잉카족의 아버지로서 가장 숭배 받는 신이 되었다. 인티는 정확한 기원은 알려져 있지 않지만 비라코차의 아들이라고 전해진다. 태양은 생명의 요소인 열과 빛을 제공하기 때문에 태양신 인티는 생명을 주는 신이기도 하다.

좋은 수확을 거두기 위해 태양에 의지하는 농민들의 신인 것이다. 이 신을 기리는 대표적 신전이 태양의 신전 코리칸차이다. 잉카족은 태양신이 코카잎을 즐겨 먹는다고 믿었으며 옥수수로 술을 빚어 태양신에게 바쳤다. 달의 여신 마마 키야는 비라코차의 딸이고 태양신 인티의 여동생이자 아내이다. 이 여신을 열성적으로 신봉한 사람들은 여성이었는데, 누구보다도 마마 키야가 자신들을 이해하고 보호해 준다고 믿었기 때문이었다.

잉카의 태양제(太陽祭) 인티 라이미(Inti Raymi)[10]는 잉카제국의 정치 및 행정 조직 개편의 일환으로 1430년대에 파차쿠텍 황제에 의해 제정되었다. 한해의 농사를 태양신께 감사드리는 추수감사제 성격을 지니지만 정복한 부족에 대한 통제를 정당화하고 제국의 통합을 꾀하는 의식이기도 했다. 태양제는 쿠스코에서 연간 두 번 열렸는데, 남반구의 동지(冬至)인 6월 24일에 거행되는 와와(Wawa) 인티 라이미와 하지(夏至)인 12월 21일에 지내는 카팍(Capac) 인티 라이미다. 이중 동지가 더 성대했는데 순환적 시간관을 지니고 있던 잉카인들에게 이 행사는 태양신이 새로운 주기를 시작하기 위해 다시 태어나는 것을 의미했다.

동지에 열리는 인티 라이미는 황제가 직접 주관했으며 준비가 매우 엄격했다. 황제와 부족장들은 축제 전 3일 동안 날 옥수수와 추캄(chúcam)이라는 허브, 그리고 물만 마시며 정화 과정을 거쳐야 했다. 6월 중순부터 준비에 들어가 전야제인 23일, 절정에 달하고 24일 동짓날

---

10 케추아어로'Inti'는 태양이고, 'Raymi'는 축제를 의미하므로 '태양의 축제', '태양제'라는 뜻이다. 16세기 페루 부왕 프란시스코 알바레스 데 톨레도(Francisco Álvarezde Toledo)가 이 축제를 이단으로 규정하고 폐지시켰다. 잉카 황제가 참석한 마지막 태양제는 1535년에 거행되었다. 1944년부터 재개되어 매년 6월 24일 쿠스코에서 열리고 있으며 이제는 관광을 위한 행사가 되었다.

새벽에 축제 시작을 알리는 의식이 엄숙하게 거행되었다. 이날 왕은 현재 아르마스(Armas) 광장인 '아우카이파타(Haucaypata)'에서 무릎을 꿇고 떠오르는 태양을 맞이했다. 양손에 치차가 담긴 황금 잔을 높이 치켜들고 한 잔은 태양신에게 바치고 다른 한 잔은 왕과 그 후계자가 나눠 마신 후 코리칸차로 가서 각 부족의 제물을 태양신께 바쳤다. 오후에는 삭사이우아만에서 태양제가 이어졌는데, 곡식을 불에 태우고 엄선된 야마 한 마리를 제단에 올려 심장을 꺼내 태양신께 바쳤다. 태양제가 열리는 휴식의 달에 농민들은 한 해의 피로를 풀고 가무를 즐기며 보냈다.

사진 1-8-3. 인근에 있는 삭사이우아만에서 매년 동지에 거행되는 태양제(인티 라이미)
- wikimedia commons

이처럼 안데스의 황금 문명을 일구었던 잉카제국의 원천은 태양신에 있었다. 태양의 신전 코리칸차 이외에도 쿠스코 외곽에는 자연석을 다듬어 3층으로 쌓아 올려 잉카의 요새로 불렸던 삭사이우아만이 있다. 그러나 이것이 황제 파차쿠텍과 그의 아들에 의해 건설되었으며 코리칸차와 같은 태양 신전이라고 주장하는 의견도 있다. 시간이 지나면서 코리칸차가 많은 사람들을 수용할 수 없자 새로 만든 신전이라는 것이다.

1911년 미국인 고고학자 하이럼 빙엄(Hiram Bingham, 1875-1956)이 안데스 산맥 중심부를 가로지르는 우루밤바(Urubamba)강의 절벽 위에서 오랫동안 잠들어 있던 비밀도시를 발견했다. 15세기 초 잉카인들이 세운 공중도시 마추픽추(Machu Picchu)이다. 해발 2,400m의 절벽 위에 세워진 이 도시에는 500여개 밭들이 천상에 오르는 계단처럼 펼쳐져 있고 정교하게 돌을 다듬어 지은 건축물들이 있다. 이곳을 건설하는 데에는 만여 명의 노동자가 약 40년가량 동원 됐을 것으로 추정된다. 마추픽추는 케추아어로 '늙은 봉우리'라는 뜻이다. 높은 봉우리의 정상을 개간하여 아래쪽에서는 보이지 않고, 계곡의 반대쪽은 절벽이어서 사람이 접근하기 힘든 천혜의 요새이다. 도시가 어떤 목적으로 건설되었는지 그리고 누가 살았는지에 대해 가설이 분분하지만 잉카 황제의 임시 거주지였을 것이라 추정된다. 마추픽추는 완벽한 계획도시이자 복합도시였다. 왕의 거처, 잉카제국 최고의 숭배 대상이었던 태양 신전 그리고 생산을 담당했던 일반 주거지역으로 구분된다. 도시 곳곳을 거미줄처럼 연결하는 수로도 만들었는데 현대 어느 도시에 견주어도 손색이 없을 정도이다.

사진 1-8-4. 마추픽추의 전경 - wikimedia commons

전성기 인구가 1,000만에 달했던 잉카 제국은 안데스 산맥 곳곳에 이런 석조 도시를 건설했다. 잉카 건축은 큰 돌을 여러 각으로 깎아 빈 틈이 없이 쌓아 올린 것이 특징이다. 사용한 연장은 돌망치, 동으로 만든 끌이나 손도끼 정도였지만 견고성, 단순성 및 대칭성의 건축학적 특징과 장점을 잘 보여주고 있다. 다양한 크기와 각도의 돌을 잘 다듬고 맞춰서 한 치의 빈틈도 없었으며 심한 지진에도 지탱할 수 있었다. 쿠스코와 인근 지역의 고지, 즉 삭사이우아만, 오얀타이탐보(Ollantaytambo) 그리고 마추픽추 등에 남아 있는 잉카의 석조 건축물은 고대 그리스와 이집트의 정상급 건축물과 견주어도 결코 뒤지지 않는다.

잉카족들은 오랜 세월 축적된 의학 지식을 바탕으로 질병을 예방하고 치료할 수 있었다. 건강에 대한 관심은 잉카가 단시일 내에 1,000만 명에 달하는 제국이 되는데 크게 기여했다. 현재도 연구 대상이 되고 있는 잉카 의술은 각지의 식물로 만든 약을 이용해 호흡기 질환, 면역 계통 질병, 소화기 질환, 안과 질환 및 통증관련 질병을 치료했다. 잉카 의학은 병을 치료했을 뿐만 아니라 그 원인을 규명했다. 마추픽추에서는 천혜의 기후와 위치 덕분에 다른 지역에서 가져온 약용식물을 재배했다. 특히 야생 담배, 신성한 식물인 코카잎, 그리고 환각 작용을 일으키는 식물들을 재배해 이것들을 마취나 최면을 위해 사용했다. 놀랍게도 이들은 수혈과 간단한 절개술에서부터 복잡한 두개골 수술까지 시행했다. 수술 도구인 빌카치나(Vilcachina)는 절개에, 투미(Tumi)는 두개골을 여는 데에 사용했다.

사진 1-8-5. 수술용 칼로 사용되었던 투미. 현대 페루사람들에게는 행운을 상징해 벽에 걸어두기도 하며 페루 관광 홍보에 사용되는 상징이 되었다. - wikimedia commons

한편, 잉카는 미라 문화가 꽃핀 문명 중 하나이다. 잉카의 미라는 반듯이 누운 형태가 아니고 살아있는 것처럼 쭈그리고 앉아 있으며 더욱 특이한 점은 잉카족이 미라와 함께 생활했다는 것이다. 태양제를 올릴 때도 선대왕들의 미라를 행사에 참석시켰는데 잉카를 정복한 스페인 사람들은 이를 보고 경악했다고 한다. 잉카의 미라에 대해 처음 언급한 사람은 스페인 정복 당시 케추아 귀족 가문 출신의 학자인 구아만 포마(Felipe Guamán Poma de Ayala 1535-1616)[11]였다. 그는 미라를 살아있는 것처럼 대하는 잉카인들의 문화를 설명해 놓았는데, 역대 황제들의 미라엔 타르가 칠해져 있었고 눈엔 금박이 박혀 있어서 마치 살아있는 것 같았다고 한다. 황제의 미라가 가마를 타고 외출 하는 경우도 있었는데 그러면 시종들은 그를 살아 있을 때와 똑같이 대접했다. 여자들은 음식과 술을 대접하고, 미라를 즐겁게하기 위해 광대와 음유시인들이 따라다녔다. 하지만 잉카 제국을 정복한 스페인은 미라 숭배를 금지시켜 수많은 미라가 불에 던져졌고 이 문화는 사라졌다.

잉카제국의 황제들은 정치적 목적으로 미라 문화를 이용했다. 황제들은 자신의 시신을 미라로 만들라고 지시했고 이는 영원히 권력을 누리는 존재가 된다는 뜻이었다. 선배 황제들의 미라는 궁전에 모셔졌고, 이는 제국의 역사와 현 황제의 정통성을 백성들한테 보여주는 증거였다. 영토를 확장하는 과정에서도 잉카족은 미라 문화를 이용했다. 잉카인들은 미라를 이용해 토착민들을 심리적으로 통제했다. 미라의 존재는

---

11 구아만 포마는 세계 역사서 중 가장 독창적인 책 중 하나인 <새로운 연대기와 좋은 정부 Nueva crónica y buen gobierno>를 집필했다. 스페인어와 케추아어로 쓰인 연대기로 1,189페이지에 397개의 그림이 그려진 이 책은 정복자들에 대한 원주민의 비판적 관점과 정복 이후 페루 사회의 다양한 측면, 그리고 잉카 역사와 족보를 자세히 볼 수 있게 해주었다. 정복이전과 식민기간의 안데스 원주민들에 대한 생생한 삽화가 실려 있는 유일한 책이다.

이렇게 제국을 정신적, 정치적으로 지배하는 데 꼭 필요했다.

파차쿠텍 이후 번성하며 한때 남미를 호령했던 잉카제국은 1533년 프란시스코 피사로가 이끄는 한 줌의 스페인 정복자들에 의해 허무한 종말을 맞았다.

9
카리브와 아마존 유역의 원주민들

콜롬비아의 보고타(Bogotá) 지역에서는 칩차(chibcha)족이 강력한 부족 동맹을 통해 초보적 국가 형태를 유지하고 있었다. 라틴아메리카의 3대 문명 수준에는 미치지 못했지만 상당히 발전된 면모를 보여주었다. 왕위는 모계의 사촌에게 이양되었으며, 일반 백성은 왕의 얼굴을 마주 볼 수 없었다. 거대한 사원이나 궁전과 같은 이목을 끄는 건축물은 없었지만 금은세공술의 수준은 상당했다. 감자, 유카, 콩, 옥수수 등을 경작했으며, 산악지대에 있었던 대규모 소금산지 덕분에 다른 부족들에게 소금을 수출하였다. 그들은 태양과 달을 숭상하고, 종교 의식용 제단을 만들어 어린 아이를 제물로 바치기도 했다.

타이로나(tairona)족은 1,200m의 시에라 네바다 데 산타 마르타(Sierra Nevada de Santa Marta) 북쪽의 강 유역에 거주하며 옥수수, 유카, 콩 등을 재배하였다. 또한 해산물과 벌꿀 채집, 직물과 무늬 토기 제작을 했으며 장신구에 금과 동을 사용할 정도로 수준이 높았다. 사회 조직은 일부다처제의 계층 사회로 제사장들이 상위계층을 차지하였다. 연안 및 산악 지대의 일부 주민들은 카리브어와 아라왁어를 사용했다.

사진 1-9-1. 마푸체족 여인들 - wikimedia commons

한편, 16세기 스페인 정복대가 칠레 영토에 도착했을 때 중부지역에는 마푸체(mapuche)족이 살고 있었다. 당시 스페인 정복대는 자신들이 설치한 요새 지역의 이름을 아라우카니아라고 지칭하면서 마푸체족을 아라우카노(araucano)족이라고 부르기 시작하였다. 마푸체족은 농업과 목축업에 종사하면서 정착생활을 영위하였다. 그들은 주식으로 옥수수, 콩, 감자 등을 재배하며 어류도 먹었다. 가족구성에서 귀족계층은 일부 다처제였는데 이러한 관습은 생산 증대를 위한 수단이기도 했다. 마푸체족은 응집력이 약해 평상시에는 서로 경쟁하며 살아갔으나 위기에 처했을 때에는 공동으로 대처했다. 마푸체족은 공동의 선조를 지닌 가문 집단이 레보(levo)라는 공동체를 형성하였고 레보의 구성원은 축제, 건설 사업, 곡물 파종 및 수확 등에 참여하였다. 전쟁이 일어난 경우에는 레보 공동체가 모여 부족에 버금가는 레우에(rehue)라는 공동체를 형성하였다. 각 레우에에는 토키(Toqui)라는 칭호를 받는 군사지도자가 있었다. 전염병이나 외세의 침입 등 중대한 상황에 직면했을 때 여러 레우에 집단이 모여 아이야레우에(aillarehue)라는 동맹체를 결성하였고 이들 동맹체의 군사 대표를 마푸 토키(Mapu Toqui)라고 불렀다. 또 이보다 더 큰 정치 및 군사적 동맹체를 부탈마푸(Butalmapu)라고 했는데, 마푸체족은 모두 네 개의 부탈마푸로 나뉘었다. 부탈마푸의 지도자는 마푸 토키들이 선출했으며 그란 토키(Gran Toqui)라 불렀다.

마푸체족은 호전적이고 군사 교육을 중시하였는데 스페인 정복대가 도착했을 때, 콜리우에(colihue)로 만든 투창과 고무새총, 죽창, 나무 곤봉 등을 무기로 사용하며 저항하였다.

카리베(caribe)족은 소앤틸리스 제도에 거주하던 아메리카 원주민으로 아라우아코(arahuaco)족이라고도 한다. 이들의 기원은 서인도 제도 남부와 남아메리카 북부 해안에서 비롯된 것으로 추정된다. 카리브해라는 이름은 이들로부터 비롯되었다. 이들은 전통적인 카리베어와 아라우아코어를 사용하였다. 남부 카리브해의 카리베족은 그레나다와 트리니다드 토바고, 도미니카 공화국 내의 여러 마을에 흩어져 살았다. 콜럼버스가 신대륙에 도착했을 때 최초로 만난 종족이 바로 카리베족, 즉 아라우아코족이다. 카리베족은 1200년경 오리노코 강 부근으로부터 카리브 제도로 이주해 온 것으로 추정된다.

1492년 이래 수백 년간 카리베족은 전쟁, 학살, 그리고 카리브 제도의 선주민이었던 타이노(taíno)족과의 동화 등으로 인해 와해되어 갔다. 이들에게 전쟁만큼 큰 피해를 주었던 것이 질병으로, 유럽에서 들어온 질병에 면역력이 없었던 카리베인들이 수없이 죽어갔다. 살아남은 부족민들은 식민 통치기간 동안 대부분 융화되어 도미니카공화국 내 보존 주거지에 사는 사람들을 제외하면 대부분 사라졌다. 현재 카리베족은 극소수만 생존해 있으며 대부분 도미니카 공화국 북동쪽에 거주하고 있다.

사진 1-9-2. 과라니족 - wikimedia commons

한편 파라과이에는 과라니족이 있다. 투피 과라니(tupí-guaraní)족과 관련된 전설에 의하면, 투피와 과라니 형제는 대서양 해안에 도착했는데, 부인들이 서로 사이가 안 좋아지자 투피는 지금의 브라질로, 과라니는 지금의 파과라이로 헤어져 살게 되었다고 한다. 과라니족은 브라질, 볼리비아, 파라과이, 아르헨티나에 걸쳐 살았으나 지금은 대부분 사멸하여 약 25만 명 정도만 남아있다. 파라과이에서 과라니족과 백인과의 혼혈인 메스티소가 출현하였고 그들의 언어인 과라니어는 스페인어와 함께 파라과이의 공용어이다.

과라니족은 원래 열대삼림에 사는 전형적인 원주민들이었다. 풀로 만든 집에 살며 남자는 사냥과 낚시를 하고 여자는 옥수수, 카사바, 고구마 농사를 지었다. 화전농법으로 경작했기 때문에 5~6년마다 옮겨 다니며 살아야 했다. 과라니족은 호전적이어서 포로를 제물로 바치고 잡아먹기도 했다고 한다. 순수한 혈통을 이어받은 과라니 원주민 공동체들이 파라과이 북동부 삼림에 흩어진 채 살았으나 20세기 후반 들어 그 수가 크게 감소하였다.

제2부

발견과 정복기

전례 없는 문명의 대충돌

- 전용갑 -

I
'플루스 울트라(Plus Ultra)'
'신대륙 발견'의 사회역사적 배경

'플루스 울트라'

아메리카 대륙 발견 이전 유럽 사람들은 대서양 건너에는 아무 것도 존재하지 않는다고 믿었다고 한다. 지금도 남아있는 이베리아반도 서북단의 피니스테레(Finisterre, 'Fin de la Tierra' 즉 '세상의 끝')라는 지명은 이러한 믿음에서 비롯된 것이며, 스페인과 모로코를 가르는 지브롤터 해협 양안의 '헤라클레스의 기둥(Columnas de Hércules)'이라 불리는 두 개의 봉우리는 '논 플루스 울트라'(Non Plus Ultra, '저 너머에는 아무 것도 없다.' 즉, '더 이상 나아가서는 안 된다')로 대변되는 제한적인 세계관의 상징이었다. 하지만 콜럼버스가 아메리카 대륙에 도착한 1492년 이후 Non Plus Ultra는 Plus Ultra가 되었다. 라틴어로 '보다 먼 곳으로'라는 의미의 이 말은 이제 대서양 건너에 또 다른 세계가 존재한다는 인식론의 확장에서 나왔다. 스페인 대항해 시대를 본격적으로 열었던 카를로스 1세(Carlos I, 1500-1558)[12]가 좌우명으로 삼았으며, 신대륙 발견과 정복기의 시대정신을 가장 잘 보여주는 표현이라고 할 수 있다.

콜럼버스 이후 스페인 사람들은 헤라클레스의 기둥을 지나 '보다 먼

곳'으로 나아가기 시작했다. 그들은 처음에 아메리카 대륙을 인도라고 믿었기에 이곳을 '인디아스(Indias)'라고 불렀으며 그 땅에 사는 원주민들을 '인디오(indio)'라고 명명했다. 거친 풍랑은 물론 원주민들과의 전투를 두려워하지 않고 바다를 건넜다. 그들은 왜 배에 몸을 실었으며, 바다 건너에서는 어떠한 사람들과 마주쳤을까? 그리고 신대륙 발견은 스페인과 세계에 어떠한 영향을 미쳤을까? 이 장(章)에서는 이러한 이야기를 풀어보려 한다.

그러나 먼저 신대륙'발견'이라는 용어 자체가 불합리할 수 있다는 점을 지적하고자 한다. 서구인들의 도래 이전에도 아메리카 대륙에는 수많은 사람들이 대를 이어 살아가고 있었으며 특히 메소아메리카와 안데스지역에는 서구세계 못지않게 고도의 문명이 존재하고 있었기 때문이다. 아메리카인들의 기원에 대해서는 이집트나 남태평양 기원설, 심지어는 사라진 대륙 아틀란티스 기원설에 이르기까지 여러 가지 이설(異說)이 존재하지만, 기원전 4만 년에서 3만 년 무렵부터 당시 지협(地峽)이었던 베링해를 통해 아시아에서 아메리카로 건너오기 시작했다는 주장이 정설로 받아들여지고 있다. 시베리아 기원설의 근거로는 원주민 유아들에게 보이는 몽고반점 등 인종학적 특징이 제시된다. 따라서 오래전부터 주인이 있던 땅을 '발견'했다고 주장하는 것은 어불성설일 것이다. 그럼에도 불구하고 역사시대 이후 누가 처음으로 아메리카에 첫 발을 내

12 카를로스 5세라고도 불린다. 그는 신성로마제국 황제인 막시밀리아노 1세의 손자인 아버지(Felipe el Hermoso)와 스페인 카스티야 왕국 이사벨 여왕의 딸인 어머니(Juana I de Castilla) 사이에서 태어나 두 나라의 왕위를 모두 물려받았다. 스페인 왕가의 계보에서는 그 이전에 카를로스라는 이름의 왕이 없었으므로 1세가 되며, 신성로마제국 합스부르크 왕가의 계보에서 보면 카를(Karl) 5세가 된다. 카를(Karl)은 스페인어로 카를로스이므로 카를로스 5세라고도 불리는 것이다. 즉, 그는 '스페인의 카를로스 1세이자 신성로마제국의 카를로스 5세(Carlos I de España y V del Sacro Imperio Romano)'였던 것이다.

디뎠느냐에 대한 '원조 논쟁'이 끊이지 않고 있다. 공식적으로는 콜럼버스가 1492년 10월 12일 바하마제도의 한 섬 - '구아나아니'(Guanahaní)라는 섬으로 콜럼버스는 이곳을 '성스러운 구원자'라는 의미의 산 살바도르(San Salvador)로 명명했다 - 에 도착한 것이 최초의 '발견'으로 인정받고 있다. 하지만 일각에서는 그 보다 5백 년 전인 10세기 무렵 레이프 에릭슨(Leif Erickson)이 이끄는 일군의 바이킹족이 오늘날 캐나다 서북부 테라노바 지역에 들어와 그곳을 빈란드(Vinland)라고 불렀다고 주장하고 있으며, 다른 한편에서는 명나라 때인 1405년에서 1433년 사이 대규모 함대를 이끌고 아라비아 반도와 아프리카 원정길에 올랐던 중국인 정화(鄭和)를 아메리카 대륙 발견의 '원조'로 꼽기도 한다. 이 밖에도 중세 웨일스의 왕자였던 매덕(Madog ab Owain Gwynedd)이 1170년 아메리카를 발견했다는 설, 서아프리카 말리제국의 왕이었던 아부바카리 2세(Abubakari II)가 1310년 대서양을 횡단했다는 설도 있으나 사실상 콜럼버스 이전에는 구대륙과 신대륙 간에 본격적인 인적, 물적 교류가 없었다는 점에서 다른 견해들에는 역사적 의미를 부여하기 어렵다.(Sanz, Javier, 2011) 어쨌거나 확실한 것은 콜럼버스 이전까지 아메리카 대륙이 세계의 다른 문명, 문화와 고립되어 있었다는 사실이다. 콜럼버스의 신대륙 발견 당시 대략 8천만에서 1억 명 사이로 추정되는 수많은 사람들이 거주하고 있었음에도 불구하고 구대륙에서 흔하게 볼 수 있던 소나 말과 같이 덩치가 크고 유용한 가축이 없었으며(따라서 원주민들은 '바퀴'나 '쟁기'와 같은 도구를 몰랐다.) 천연두나 홍역 등 유럽에서 빈발했던 전염병도 존재하지 않았다는 점(유럽인들이 옮겨온 이 세균들은 콜럼버스 도착 후 100년이 지난 16세기 말에 아메리카 인구를 10분의 1로 감소시키는 큰 원인이 되었다.) 등 '실증적인 정황들'이 이를 입증한다.

이렇듯 서로의 존재를 전혀 알지 못했던 두 세계는 콜럼버스를 기점으로 역사상 전무후무하며 전면적인 '충돌'을 빚게 되었다. 그렇다면 신대륙 발견(필자도 편의상 신대륙 '발견'이라는 용어를 사용하도록 하겠다.)은 왜 하필이면 15세기 말에 그것도 스페인을 중심으로 이루어졌을까? 사실 대항해시대를 스페인보다 조금 일찍 연 포르투갈도 있었으며, 근대국가 형성기에 놓여있었던 영국과 프랑스도 있었는데 말이다. 우선 큰 틀에서 결론부터 말하자면, 신대륙 발견은 중세에서 근대로의 패러다임 전환이 씨줄이 되고, 당시 스페인의 국내 사정이 날줄이 되어 빚어진 필연적인 '역사적 사건'이었다. 신대륙 발견의 시대적 배경을 몇 가지로 구분하여 정리하면 다음과 같다.

우선 경제적 동인(動因)이다.

예나 지금이나 사람은 경제적 모티브가 있어야 목숨 걸고 움직이게 되어있다. 콜럼버스 이후 신대륙으로 가는 배에 몸을 실었던 사람들은 대개 일확천금을 노리는 사람들이 많았다. 그들은 중국이나 인도 등 아시아로 가는 새로운 바닷길을 개척해 큰 부를 일구길 꿈꿨다. 원래 유럽과 아시아 사이에는 '실크로드'라 불리는 전통적인 교역로가 있었다. 향신료와 비단과 같은 아시아의 특산품이 이 길을 통해 유럽에 들어와 비싼 값에 팔렸으나 1453년 이슬람 세력(오스만제국)이 비잔틴제국을 멸망시키고 동부지중해 일대를 장악하면서 대체 루트의 필요성이 절실해졌던 것이다. 이 무렵 발 빠르게 움직인 국가가 포르투갈이었다. 스페인보다 250년 앞선 13세기 중반에 이슬람세력을 몰아낸 포르투갈은 15세기에 접어들어 해상으로 눈을 돌렸다. 북아프리카의 세우타(1415), 대서양상의 마데이라 제도(1419)와 아소레스 제도(1427)를 접수했을 뿐만 아니라 1422년에는 그동안 유럽인들과 아랍인들이 대양항로의 남방한계선으로 인식하였던 모로코 남부의 냐오 곶(cabo Não)을 넘어 아프리카 서부해안을 따라 남하해 갔다. 그리고 15세기 후반에는 바르톨로메 디아스와 바스코 다 가마 등 소위 '대항해시대'의 스타들이 남아프리카의 희망봉을 발견하고 인도로 가는 해상루트를 열어젖혔다. 그러나 예나 지금이나 국제교역을 둘러싼 경제적 패권다툼은 국가 간의 갈등을 필연적으로 불러일으키기 마련이다. 스페인은 남부 그라나다에 둥지를 튼 이슬람 잔존세력을 상대로 레콩키스타(Reconquista, 국토수복전쟁)의 막바지 잔업을 치르느라 경황이 없었으면서도 한편으로는 대서양과 아프리카 일대를 선점한 포르투갈의 약진을 지켜볼 수만은 없었다. 교역로와 해외영토를 둘러싼 양국의 팽팽한 신경전은 마침내 스페인 카스티야왕국의 왕위계승권을 둘러싼 전쟁(1475-1479)[13]으로 정점에 달했으나 알카소바스 조약(Tratado de Alcázovas, 1479)으로 일단락되었다. 이 조약에서 포르투갈은 스페인의 카나리아제도 영유권을 인정하는 대신 마데이라제도는 물론 카보베르데, 기니 등 대서양과 아프리카에 대한 독점권을 얻었으니 '발견의 시대' 초기에는 포르투갈이 한판 판정승을 거둔 것이나 다름없

---

13 카스티야 왕위계승전쟁(Guerra de la Sucesión Española).
카스티야왕국의 엔리케 4세(Enrique IV de Castilla)가 아들을 두지 못하고 죽자 딸인 후아나 데 트라스타마라(Juana de Trastámara)와 이복동생인 이사벨 데 카스티야(Isabel de Castilla) 사이에 왕위계승권을 두고 벌어진 전쟁이다. 이 전쟁은 국제전의 성격을 띠었는데, 후아나 데 트라스타마라가 포르투갈의 알폰소 5세(Alfonso V)와, 그리고 이사벨은 아라곤왕국의 페르난도와 각각 결혼한 상태였기 때문이었다. 한편 프랑스는 이탈리아에서 자국과 경쟁관계였던 아라곤왕국이 카스티야왕국과 결합하는 것을 두려워해 포르투갈을 지원하기도 하였다. 포르투갈은 해전에서, 카스티야는 육상전투에서 우세함을 보이며 장기전의 조짐을 보였으나 결국 양국이 1479년 알카소바스 조약을 통해 타협하였다. 이 조약에서 포르투갈은 이사벨의 카스티야왕위를 인정하는 대신 기니, 엘미나(Elmina), 마데이라, 아소레스, 플로레스(Flores), 카보베르데 등 사실상 카나리아제도를 제외한 대서양과 아프리카 지역의 주도권을 획득하였다.

었다. 알카소바스 조약에 따라 아프리카 서부해안을 타고 내려가는 남쪽 항로에 뛰어들 수 없었던 스페인으로서는 대체항로의 필요성이 더욱 절박할 수밖에 없었다. 그리고 이 무렵 콜럼버스라는 인물이 등장한 것이다. 이탈리아 제노바 출신의 선원으로 포르투갈 여인과 결혼하여 처가의 나라에서 10여년을 머문 콜럼버스는 아프리카를 우회하지 않고 유럽에서 서쪽으로 직진하면 더 쉽고 빠르게 아시아에 도착할 수 있다고 믿었다. 그는 자신의 야심찬 계획을 제일 먼저 포르투갈 왕실에 제의했으나, 이미 아시아로 가는 항로를 발견했을 뿐더러 플랜의 신뢰성에 의문을 품었던 포르투갈은 이를 받아들이지 않았다. 반면 새로운 항로 개척의 필요성이 컸던 스페인은 콜럼버스의 제안을 수용했다. 이슬람세력과의 오랜 전쟁으로 국고가 바닥난 스페인 역시 콜럼버스를 크게 신뢰한 것은 아니었으나, 콜럼버스가 1차 항해(1492~1493)를 위해 요구했던 소규모 선단쯤은 설령 실패한다 해도 손해가 크지 않은 일종의 벤처투자라고 판단했던 것이다.

한편, 스페인 사람들은 향신료나 비단보다는 황금에 관심이 더 많았다. 아프리카로부터 황금을 들여오던 이슬람 세력이 1492년을 기점으로 이베리아 반도에서 완전히 축출되면서 금이 귀해졌기 때문이다. 당시는 금과 은 등 귀금속을 축적하여 국부를 증대시키는 소위 중상주의(Mercantilism)시대였으므로 황금을 찾고자 하는 열망이 매우 높을 수밖에 없었다. 콜럼버스는 신대륙에 도착한 직후부터 "나는 황금이 있는지 알아내기 위해 주의를 기울이고 무진 애를 썼다."거나 "그들(원주민)이 누카이라고 부르는 황금 이외에는 관심이 없었다."(Colón, Arranza Márquez(ed.), 2009, 116, 138)라고 밝히고 있는데, 그의 지칠 줄 모르는 황금 타령은 1차 항해 여정을 기록한 『항해록』(Diario de a bordo)의 단골 후렴

구를 이룬다. 바르톨로메 데 라스 카사스가 요약, 필사한 이 책에 '황금(oro)'이라는 단어는 144회나 반복되어 콜럼버스가 가장 많이 사용한 어휘로 기록되고 있다.

다음으로는 당대의 과학과 기술적 진보를 들 수 있다.

사실 콜럼버스가 품었던 '지구는 둥글다'는 생각은 새로운 것이 아니며 당시 지식인 사회에서는 꽤 널리 알려진 상식이었다. 이미 지구가 구체임을 알고 있었던 이탈리아의 천문학자 토스카넬리는 지구의 최대 원주를 29,000 km로 계산하여(실제로는 약 40,000 km) 작성한 지도를 1774년 포르투갈 왕실에 보내 서쪽으로 직진하면 '향료의 섬(islas de las Especias, 인도네시아의 몰루카 제도)'에 닿을 수 있다고 제안한 바 있었다. 토스카넬리의 자료는 주목받지 못했지만 당시 포르투갈에 체류하고 있던 콜롬버스의 손에 흘러들어간 것으로 추정되고 있다. '콜럼버스의 달걀'[14]은 거저 세워진 것이 아니었던 것이다. 그러나 지구 구형설에 대한 믿음 자체가 신대륙 발견의 직접적인 원인이었던 것은 아니다. 콜럼버스는 물론 토스카넬리 조차도 유럽과 아시아 사이에 아메리카라는 거대한 대륙이, 그리고 태평양이라는 엄청난 바다가 존재하고 있으리라는 사실은 꿈에도 몰랐기 때문이다.

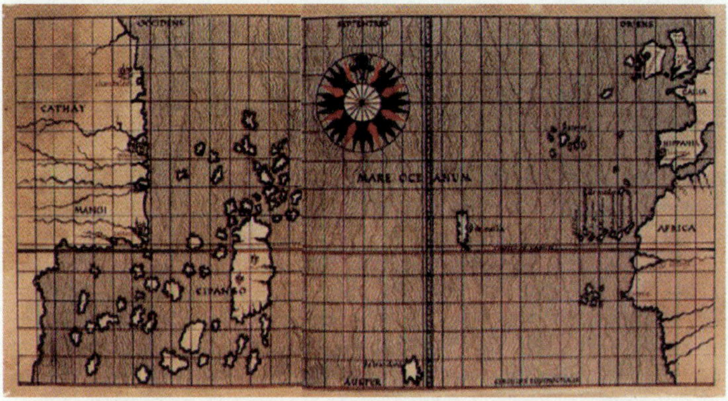

사진 2-1-1. 15세기 중반 토스카넬리가 만든 지도. 유럽과 아시아 사이에 아메리카 대륙이 보이지 않는다.
- wikimedia commons

사실 예나 지금이나 인간의 물리적인 이동에 가장 중요한 역할은 과학기술의 몫이라고 할 수 있다. 아무리 일확천금의 열망이 강해도 기술의 발전이 수반되지 않으면 장거리 항로를 개척할 수 없었을 것이다. 때

---

14 '콜럼버스의 달걀'은 이탈리아의 역사가이자 탐험가인 지롤라모 벤조니(Girolamo Benzoni)가 쓴 『신세계의 역사』(Historia del Nuevo Mundo, 1565)에 처음 등장하는 일화이다. 콜럼버스는 자신의 신대륙 발견을 누구나 할 수 있었던 별 일 아닌 것으로 폄하하는 스페인 귀족들에게 달걀을 한번 세워보라고 주문했다. 자리에 있던 귀족들이 모두 실패하자 콜럼버스는 달걀의 한쪽 밑 둥을 깨서 간단하게 세워보였다. 발상의 전환이 없으면 쉬워 보이는 일도 불가능할 수 있다는 관용적인 의미로 널리 사용된다. 그러나 이 이야기의 역사적 신빙성은 의문시된다. 이미 1550년에 조르지오 바사리(Giorgio Vasari)의 『가장 뛰어난 화가, 조각가, 건축가들의 삶』(Las vidas de los más excelentes pintores, escultores y arquitectores)에 소개한 이탈리아의 건축가 필리포 브루넬레스키(Filippo Brunelleschi)의 일화에도 똑같은 장면이 등장하기 때문이다. 피렌체의 산타 마리아 델 피오레 대성당(Catedral Santa María del Fiore)의 돔을 지나치게 거대하고 육중하게 설계한 필리포에게 시 당국이 실현가능한 모델을 제출하라고 요구하자 필리포는 이를 거부하며 다른 건축가들에게 대리석위에 계란을 한번 세워보라고 제안했다. 모두가 실패하자 필리포는 계란의 밑둥을 깨서 아주 간단하게 대리석 위에 계란을 세웠고, 다른 건축가들이 그런 식이라면 자신들도 할 수 있다고 아우성치자, 필리포는 웃으며 만일 자신의 모델을 본다면 그 누구나 돔을 건축할 수 있을 것이라고 답했다고 한다.

마침 먼 지역으로의 항해와 탐사를 가능하게 한 새로운 기술적 성과들이 나타나기 시작했다. 해도(海圖)를 만드는 기술이 획기적으로 발전하였으며 항로를 잡아주는 나침반과 천체의 고도측정을 통해 자신의 위도를 알 수 있는 사분의(四分儀)와 같이 원거리 항해에 필요한 과학적 장비들이 출현했다. 특히 풍향에 상관없이 연중 항해가 가능한 카라벨(carabela) 범선의 등장이 결정적이었다. 포르투갈이 아랍의 배를 모델로 삼아 개발한 것으로 알려진 카라벨 범선은 전통적인 나오(nao) 선박에 비해 크기는 작았으나 대양을 건널 만큼 견고했으며 선박이 물에 잠기는 깊이인 흘수(吃水)가 낮아 해안 가까이까지 탐사할 수 있는 이점이 있었다. 1481년 12월 포르투갈의 탐험가 디에구 드 아잠부자(Diego de Azambuja, 1432-1518)는 9척의 카라벨선과 2척의 나오선박을 이끌고 아프리카의 기니와 카보베르데를 다녀왔는데 카라벨선만이 무사히 귀환함으로써 장거리 항해에 적합한 이 선박의 우수성이 입증되었다. 카라벨선은 16세기 갈레온(galeón) 선박이 등장할 때까지 초기 발견과 정복기에 포르투갈과 스페인의 주력선박으로 사용되었다.

그러나 경제적 동인과 기술의 발전은 당시의 보편적인 시대적 배경이며 이것만으로는 스페인이 신대륙 발견과 정복의 주역으로 올라선 이유를 설명할 수 없다. 오랜 전쟁에 시달렸던 나라가 단기간 내에 대서양과 아메리카를 평정할 수 있었던 이유는 무엇인가? 당시 스페인의 내부사정을 조금 자세히 들여다 볼 필요가 있다.

우선 운이 따랐다고 할 수 있다. 앞에서 언급했듯, 콜럼버스는 이미 1484년에 자신의 탐험계획을 포르투갈의 주앙 2세에게 먼저 제의한 바 있었다. 그러나 왕은 플랜의 신빙성에 대해 회의적이었으며, 이미 포르투갈이 아프리카 서부 연안을 경유하는 남쪽 항로에 주력하고 있었기 때문에 이를 거부했다. 만일 이 제안이 수용되었더라면 신대륙 발견의 연도는 몇 년 더 앞당겨졌을 것이며 오늘날 라틴아메리카 대부분의 지역은 브라질처럼 포르투갈어를 사용하고 있을지도 모른다. 포르투갈에서 뜻을 이루지 못한 콜럼버스는 1485년 새로운 후원자를 찾아 제 발로 국경을 넘어왔으니 스페인 입장에서는 뜻하지 않은 행운이 아닐 수 없었다. 하지만 이곳에서도 그의 제안이 처음부터 흔쾌히 받아들여진 것은 아니었다. 가톨릭 공동왕(Reyes Católicos. 카스티야왕국의 이사벨 여왕과 남편인 아라곤왕국의 페르난도 2세)의 지시로 구성된 위원회는 플랜의 신뢰성에 대한 의문은 물론 자칫 새로운 항로 개척 시도가 포르투갈과의 또 다른 전쟁을 초래할까 우려하여 두 차례나 콜럼버스의 제안을 기각시켰다. 초조해진 콜럼버스는 동생인 바르톨로메를 통해 프랑스와 영국에도 의사를 타진했으나 모두 무위에 그쳤다. 그러나 스페인의 가톨릭 공동왕은 자칫 세계사에 이름 한 번 올리지 못하고 역사의 뒤안길로 사라질 뻔했던 콜럼버스의 손을 뿌리치지 않았다. 그라나다에서 이슬람 세력을 축출한 직후인 1492년 4월 17일 콜럼버스와 '산타페 협약(Capitulaciones de Santa Fe)'을 맺고 후원을 공식화했던 것이다. 이 과정에서도 새로운 영토의 부왕과 제독, 총독 등 고위관직은 물론 취득하게 될 부의 10분의 1을 요구하는 콜럼버스의 과도한 주장으로 협상이 결렬될 뻔 했으나 페르난도 2세의 재무담당관이자 발렌시아의 거부인 루이스 데 산탄헬(Luis de Santángel)이 왕실의 투자금을 우선 자신의 돈으로 대여한다는 조건을 내세움으로써 우여곡절 끝에 타결되었다.

한편, 당시 스페인의 복잡다기한 국내 사정도 해외로 눈을 돌릴 수밖에 없는 분위기를 조성했다. 1492년은 스페인이 8백년간에 걸쳐 수행해 온 국토수복전쟁을 막 종료한 시점이었다. 그해 1월 그라나다를 점령함으로써 711년에 처음 이베리아 반도에 발을 들여놓은 이슬람 세력을 완전히 축출한 것이다. 하지만 승리의 기쁨은 잠시였고 심각한 사회적 갈등이 기다리고 있었다. 스페인은 오랜 전쟁으로 생산적인 노동활동보다는 약탈이나 무공에 근거한 일종의 전시 경제체제에 의존하고 있었다. 하층귀족인 이달고(hidalgo)들은 전쟁을 통한 부의 축적과 신분상승의 기회를 신대륙에서 이어가고자 열망했다. 또한 전통적으로 농·목축업, 수공업, 상업 등 생산적인 직업을 경시했던 스페인 사회에서 바다를 건너면 일확천금의 꿈을 이룰 수 있다는 풍조가 하층계급에까지 널리 퍼졌다. 본국에서 이미 작위와 부를 누리던 대귀족들만 목숨 걸고 바다를 건널 필요를 느끼지 못했다. '금수저'를 물고 태어난 이들 명문귀족들은 발견과 정복, 그리고 이후 식민화의 과정에서 대부분 부왕이나 고위관리로 현지에 잠시 체류하는 길을 택했다. 신대륙행 배에 몸을 실었던 스페인인들은 상대적 박탈감에 시달리던 이달고들과 별안간 할 일이 줄어든 군인들, 그리고 본국에서는 입에 풀칠하기도 힘들었던 농민과 영세 수공업자, 소상인 등 소외계층과 '흙수저'출신들이 대다수였다.

왕실은 대서양 항해에 직접적인 투자를 하기 보다는 정복을 허가하는 대가로 새로운 영토에서 얻는 부의 5분의 1을 커미션(세금)으로 받는 '킨토 레알(quinto real)'제도를 실시했다. 손쉬운 라이센스 장사를 한 것이다. 하지만 모든이들의 롤모델이 된 아스테카의 정복자 에르난 코르테스의 예에서 보듯, 일단 성공하면 하루아침에 꿈에 그리던 작위나 관직은 물론 엄청난 거부가 될 가능성이 컸기 때문에 수많은 사람들이 '아메리칸 드림'을 찾아 고향을 등졌다. 먹고 살기 힘들었던 배고픈 사람들, 상대적 박탈감에 시달리던 배 아픈 사람들, 체면 때문에 본국에서는 땀을 흘릴 수 없었던 몰락한 귀족들이 정복이라는 16세기 판 벤처사업에 뛰어들었다. 이처럼 스페인의 '신대륙 발견과 정복'은 국가의 전략적 기획이라기보다는 당시 스페인 사회에서 소외되었던 민간인들의 작품이었다.

사진 2-1-2. 19세기 스페인 화가 디오스코로 푸에블라(Dióscoro Puebla)가 그린 '콜럼버스의 아메리카 도착'(Primer desembarco de Cristóbal Colón en América) - wikimedia commons

한편, 신앙의 전파도 신대륙 발견과 정복의 주요한 명분이었다. 스페인은 국토수복전쟁의 종료 이후 가톨릭을 국가정체성 형성과 통치이념의 핵심적인 수단으로 삼기 시작했다. 가톨릭과 이슬람교, 유대교의 공존과 종교적 관용을 의미하는 소위 '트레스 쿨투라스(Tres Culturas, 세 문화)'는 오랜 세월동안 스페인의 암묵적인 사회문화적 정체성을 이루어왔으나 이제 단성적인 가톨릭 국가로 전환하게 된 것이다. 1478년 거짓 개종자를 가려내기 위한 종교재판소 설치와 1492년의 유대인 추방령이 그 신호탄이었다. 스페인이 또 다시 이교도의 지배를 받지 않기 위해서는 모로(moro)의 본고장인 북아프리카를 평정할 필요가 있었으며 더 나아가 먼 지역의 이교도들까지도 가톨릭으로 개종시켜야만 했다. 게다가 이 시기는 저 멀리 동방 어디엔가 사제왕 존(Preste Juan)이 다스리는 전설적인 기독교왕국이 있다는 중세적 믿음이 아직 유럽인들의 믿음 속에 살아있을 때였다. 만일 그러한 왕국이 실제로 존재한다면, 기독교의 보편성, 세계성을 입증할 수 있을뿐더러 유럽 국가들과 함께 이슬람을 협공할 수 있을 것이었다. 이처럼 종교를 국가안보적 차원에서 인식했기에 '영토의 정복'은 곧 '영혼의 정복'을 의미할 수밖에 없었다.

마지막으로 아이러니하게도, '사제왕 존'의 기독교왕국에 대한 믿음처럼 아직 잔존해 있던 여러 신화적 요소들이 신대륙 발견과 정복의 열기를 부채질했다. 세상과 사물을 인간중심으로 바라보는 르네상스의 패러다임이 확산되던 때였으나 아직 중세적 미몽에서 완전히 벗어나지는 못했던 것이다. 당시 유럽에는 황금으로 가득한 땅 지팡구(일본)와 카타이(중국)를 묘사한 마르코 폴로의 『동방견문록』이 사람들의 가슴을 설레게 했다. 특히 스페인은 『아마디스 데 가울라』(Amadís de Gaula)와 같은 영웅들의 무훈담을 담은 기사소설이나 유토피아적 이상향을 묘사한 목가소설이 유행하고 있었기 때문에 사람들은 대서양 건너편에서 이러한 환상을 실제로 구현할 수 있다고 믿기도 했다. 가장 유명한 이야기는 콜롬비아 어딘가에 황금으로 가득한 도시가 존재한다는 엘도라도(El Dorado)에 관한 소문이었는데, 정복 초기인 16세기 초반부터 스페인 정복자들 사이에 널리 퍼진 이 황금의 도시를 찾기 위해 19세기 후반까지 여러 차례 원정대가 조직되었으며, 개 중에는 엘도라도로 지목된 구아타비타 호수(Laguna de Guatavita)의 물을 완전히 빼려는 시도도 있었다. 그러나 애초에 기대했던 황금의 도시는 존재하지 않았으며, 이 이야기는 원주민들이 스페인 정복자들의 환심을 사거나 혹은 고문을 견디지 못해 지어낸 것으로 추정된다. 플로리다 해안 어딘가에 있다는 '영원한 젊음의 샘(Fuente de la Eterna Juventud)'이야기 역시 16세기 초반부터 카리브 해에 있던 스페인 정복자들 사이에 퍼져 있었는데, 푸에르토리코의 원주민으로부터 소문을 들은 후안 폰세 데 레온(Juan Ponce de León, 1460-1521)이 이 샘을 찾기 위해 떠났다가 1513년 플로리다를 발견한 것으로 알려져 있다. 그러나 샘물을 마시면 젊음을 되찾고 영생한다는 이야기는 사실 고대 그리스의 역사가인 헤로도토스의 『역사』는 물론 중세 때 스페인에서도 유행했던 『알렉산더 이야기』(Novelas de Alejandro)등 오래 전부터 내려오던 이야기들이 신대륙으로 그 무대를 옮긴 것으로 보인다. 멕시코 북부에 있다는 '마법의 일곱 도시(Siete Ciudades Encantadas)' 이야기 또한 중세 스페인의 전설이 신대륙으로 전이된 케이스이다. 이슬람 침공을 피해 서쪽 바다를 건너간 7명의 주교가 각각 강력하고 풍요로운 7개의 도시를 세웠다는 이 전설은 에르난 코르테스가 아스테카 제국의 본거지 테노츠티틀란(Tenochititlán, 멕시코시티)을 정복한 직후 또 다른 '황금의 도시'가 존재할 것이라는 기대감이 높아지면서 유포되었다. 멕시코의 초대 부왕이었던 안토니오 데 멘도사(Antonio de Mendoza y Pacheco)는 이 소문을 확인하기 위해 1540년 프란시스코 바스케스 데 코로나도(Francisco Vázquez de Coronado, 1510-1554)를 중심으로 한 탐험대를 파견했으나, 그들이 발견한 것은 "두 개의 세비야를 합쳐 놓은 것과 같은 아름다운 도시나, 아름다운 황금 지붕과 터키석 대문으로 치장된 대성당은 커녕, 적대적인 표정의 인디오들이 사는 초라한 진흙집들 뿐"(Peña,

Diego,85)이었다. 백색 왕(Rey Blanco)이 통치하는 곳에 있다는 '은으로 된 산(Montaña de la Plata)'이야기는 브라질 해안에 표류한 선원들이 현지 원주민들로부터 들은 이야기가 유포된 것이다. 그 후 이곳을 찾으려는 탐험 때문에 플라타 강 유역에 대한 발견과 식민화가 촉진되기도 했다.

이렇듯 신대륙 발견과 정복은 콜럼버스와 에르난 코르테스, 프란시스코 피사로 등 몇몇 야심찬 인물들의 개인적 위업이라기보다는 실크로드의 대체루트를 찾고자 했던 당시의 경제적 필요성과 근대 과학기술의 발전, 환상과 실제가 혼재되었던 중세 말-근대초기의 시대정신, 그리고 국토수복전쟁 직후 스페인이 처했던 정치, 종교, 사회적 요인들이 복합적으로 결부되어 이루어진 '시대적 산물'이었다.

2
아스테카 제국의 최후
에르난 코르테스와 목테수마

신대륙의 발견과 정복기에 대서양을 건넌 사람들은 대부분 하층 귀족인 이달고나 평민출신들이었다. 국토수복전쟁이 끝난 본국에서는 일확천금이나 신분상승의 기회가 매우 제한적이었기 때문에 이들은 바다 건너로 눈을 돌릴 수밖에 없었다. 특히 하층 귀족인 이달고의 경우, 신대륙으로 건너가 공을 세우거나 사제가 되는 길 이외에는 직업적 선택의 기회가 많지 않았다. 16세기 스페인의 대표적인 성녀(聖女)로 추앙받는 '예수의 테레사(Santa Teresa de Jesús, 1515-1582)' 가족이 그 대표적인 경우라고 할 수 있다. 경제적으로 기울어져 가는 아빌라의 하층 귀족가문 출신이었던 그녀에게는 9명의 남자형제(9남 3녀)가 있었는데, 수도원에 들어간 것으로 추정되는 한 명을 제외하면 모두 군인이 되어 혈혈단신 해외로 떠났던 것이다. 그들 중 아프리카로 간 한 명 이외에 7명의 남자형제가 신대륙으로 건너갔는데, 1557년 칠레 원주민과의 전투에서 전사한 로드리고나 1546년 에콰도르에서 죽은 안토니오 등 대부분의 형제들이 '16세기 판 아메리칸 드림'을 이루지 못하고 비참한 최후를 맞았다.(Pérez, Joseph, 2007, 32) 이 장에서는 신대륙 발견과 정복기에 가장 널리 알려진 인물들을 중심으로 영화보다 더 드라마틱했던 당시 상황과 참담했던 원주민의 실상을 들여다보기로 한다.

사진 2-2-1 에르난 코르테스 - wikimedia commons

에르난 코르테스(Hernán Cortés, 1485-1547)는 멕시코 아스테카(Azteca) 제국의 정복자로 널리 알려진 인물이다. 예나 지금이나 스페인에서 가장 낙후된 지역으로 꼽히는 엑스트레마두라(Extremadura) 지방에서 하층귀족인 이달고 가문의 외아들로 태어났다. 어머니의 이름 - 카탈리나 피사로 알타미라노(Catalina Pizarro Altamirano) - 에서 알 수 있듯, 그는 모계 쪽을 통해 잉카제국의 정복자인 프란시스코 피사로(Franciscio Pizarro)와도 먼 혈연관계에 놓여있었다. 코르테스의 아버지 마르틴 코르테스는 아들이 14세가 되었을 때 살라망카대학으로 법학을 공부시키러 보냈다. 그러나 살라망카대학이 이 자랑스러운 동문의 흔적을 찾기 위해 고문서실을 샅샅이 뒤졌음에도 불구하고 아직까지 그와 관련된 직접적인 수학기록이 발견되지 않은 점으로 보아 코르테스가 진짜 입학했는지의 여부는 확실치 않다. 다만 이곳에서 바야돌리드 출신의 한 공증인으로부터 공증업무를 배운 것만은 확실해 보인다. 어려서부터 공부보다 모험심이 강했던 그는 결국 2년 만에 살라망카 유학을 중도에 포기하고 다시 집으로 돌아왔다. 하지만 후일 자신의 멕시코 정복과정을 기록한 장문의 연대기 『보고서』(Carta de Relación)를 뛰어난 필체로 직접 쓴 점으로 보아 이 기간이 그의 지적인 형성에 어떠한 형태로든 큰 영향을 미쳤으리라 짐작된다. 별 볼일 없던 시골 청년이었으나 명색이 이달고 가문이라 손에 흙을 묻힐 수는 없었던 코르테스는 결국 비슷한 처지의 사람들과 마찬가지로 신대륙 행을 택했다. 19살이 되던 해인 1504년, 당시 발견과 정복을 위한 스페인의 베이스캠프였던 카리브 해의 라 에스파뇰라섬(Isla de La Española, 오늘날의 도미니카공화국과 아이티)으로 건너간 코르테스는 살라망카에서 배운 지식을 활용하여 공증인으로 일하며 인맥을 넓혀 나갔다. 쾌활하고 사교적인 성격덕분에 곧 섬의 실력자인 디에고 벨라스케스 데 쿠에야르(Diego Velázquez de Cuéllar, 1465-1524)의 눈에 띄어 1511년 그가 이끄는 쿠바원정에 참여했다. 이 공로로 쿠바에 엔코미엔다(encomienda)[15]를 할양받았으며, 1515년에는 디에고 벨라스케스의 처제인 카탈리나 후아레스(Catalina Juárez)와 결혼하고 막 건립된 산티아고 데 쿠바(Santiago de Cuba)의 시장(alcalde)에 임명되는 등 순탄하게 자신의 목표를 이루어나갔다. 하지만 작은 성공에 만족해하지 않던 코르테스는 1518년 쿠바의 초대 총독인 디에고 벨라스케스로부터 멕시코 본토 원정을 명(命)받고 더 큰 야망을 꿈꾸게 되었다. 그의 원정은 그때까지 라 에

---

15 스페인 정복자들에게 하사된 토지를 말한다. 정복자들은 원주민들의 개종과 보호를 명목으로 그들의 노동력을 강제로 착취할 수 있었다.

스파뇰라 섬과 쿠바 등 카리브해를 거점삼아 '황금'을 찾기 위해 혈안이 되어 있던 스페인이 기획한 세 번째 멕시코 원정이었다. 코르테스 이전에 프란시스코 에르난데스 데 코르도바(Francisco Hernández de Córdoba, 1475-1517)와 후안 데 그리할바(Juan de Grijalva, 1490-1527)가 이미 멕시코 땅을 밟았다. 코르도바는 디에고 벨라스케스의 명을 받아 1517년 2월 유카탄 반도를 발견했으며 그곳에 고도로 발달한 마야문명이 있다는 사실을 처음 알게 되었다. 하지만 참포톤(Champotón) 원주민과의 전투에서 대패하고 구사일생으로 쿠바로 돌아온 지 2주 만에 원정에서 입은 부상의 후유증으로 사망했다. 코르도바의 입을 통해 유카탄반도의 놀라운 소식을 듣고 기대에 부푼 디에고 벨라스케스는 이듬해인 1518년 4월 그리할바를 대장으로 삼아 2차 원정대를 출발시켰다. 4척의 배와 240명으로 구성된 그리할바의 원정대는 코르도바를 참패시켰던 참포톤 원주민들과의 전투에서 승리하고 오늘날의 타바스코(Tabasco)지역까지 나아갔으며 그곳의 마야 원주민들로부터 "(멕시코라는) 매우 강성하고 황금으로 된 부유한 제국이 있다."[16]는 소문을 듣게 되었다. 아스테카 제국에 대한 정보를 처음으로 접한 것이다. 그리할바는 이후 몇 달 동안 아스테카를 찾기 위해 노력했으나 보급품 부족으로 쿠바로 귀환할 수밖에 없었다. 코르도바와 그리할바에 이어 세 번째로 바통을 이어받게 된 것이 코르테스였던 것이다. 그러나 코르테스는 출항을 앞두고 쿠바총독 디에고 벨라스케스와 갈등을 빚어 원정 취소명령을 받았으나 이에 불복하고 1518년 11월 18일 서둘러 산티아고 데 쿠바를 떠났다. 식량 등 미처 필요한 물품을 챙기지 못했기에 트리니다드(Trinidad) 등 인근 항구에서 이를

16 https://es.wikipedia.org/wiki/Juan_de_Grijalva

보충하고 마침내 1519년 2월 10일 멕시코를 향해 닻을 올렸다. 11척의 배에 518명의 보병, 16명의 기병, 13명의 화승총사수, 32명의 궁수, 110명의 선원과 약 200명의 원주민과 흑인, 그리고 32필의 말, 10문의 청동대포 등으로 구성된 비교적 대규모 원정대였다. 유카탄 반도 인근의 코수멜(Cozumel)섬에 상륙한 코르테스 원정대는 그곳에서 뜻하지 않은 소중한 정보를 얻었다. 코르테스 일행에게 매우 호의적이었던 그곳 원주민들이 인근에 스페인 사람들이 포로로 억류되어 있다는 놀라운 소식을 전한 것이다. 그들은 헤로니모 데 아길라르(Gerónimo de Aguilar, 1489-1531)라는 수사와 곤살로 게레로(Gonzalo Guerrero, 1470-1536)라는 선원으로, 8년 전인 1511년 8월 다리엔(Darién, 파나마)을 떠나 라 에스파뇰라 섬으로 가던 중 자메이카 섬 인근에서 풍랑을 만나 배가 침몰하는 바람에 작은 보트를 타고 표류하다 마야족의 포로가 된 사람들이었다. 모두 8명이 포로가 되었으나 처형당하거나 영양실조로 죽고 둘 만 살아남아 마야족의 노예가 되었다. 아길라르 수사는 자신의 종교를 지키며 줄곧 노예생활을 했으나, 곤살로 게레로는 마야족에게 전투기술을 가르치고 무공을 세워 자유인이 되었으며, 자신도 원주민과 결혼해서 세 명의 자녀를 둔 상태였다. 코르테스는 원주민 인편으로 이들에게 편지를 보내 구조의사를 밝혔다. 노예생활에서 벗어나고자 했던 아길라르는 코르테스에게 합류하여 8년간 익힌 마야어 실력을 바탕으로 통역 역할을 하며 향후 아스테카 정복에 기여를 하게 된다. 그러나 이미 몸에 문신을 새기는 등 원주민문화에 완벽하게 동화된 곤살로 게레로는 잔류를 선택했다. 게레로는 후일(1536년 8월 13일) 마야원주민들과 함께 페드로 데 알바라도(Pedro de Alvarado, 1485-1541)가 이끄는 스페인 원정대에 맞서 싸우다

가 장렬하게 전사했다.[17]

한편, 코르테스는 헤로니모 데 아길라르와 함께 멕시코 정복에 결정적인 역할을 하게 되는 또 한 명의 통역을 얻게 된다. 말린체(Malinche)라는 이름의 젊은 인디오 여인이었다. 코르테스는 1519년 3월 12일 오늘날 타바스코 지역에 상륙했는데 그곳은 1518년 6월 이미 그리할바가 거쳐 갔던 지역이었다. 그러나 이곳의 마야원주민(maya-chontales)들은 그리할바 때와는 달리 코르테스 일행에게 매우 적대적이었으며 스페인 원정대가 자신들의 영내로 진입하는 것을 불허했다. 결국 코르테스는 1519년 3월 14일 센틀라 전투(Batalla de Centla)에서 원주민 대군을 궤멸시키고 항복을 받았다. 무려 4만 명의 원주민들이 스페인 군에 맞서 싸웠으나 그들은 난생 처음 보는 대포와 화승총의 위력, 그리고 말(馬)에 올라탄 기병을 보고 공포에 질려 전의를 상실했던 것이다. 코르테스는 이 지역의 중심도시인 포톤찬(Potonchán)을 '승리의 성모마리아'라는 의미의 '산타 마리아 데 라 빅토리아(Santa María de la Victoria)'로 개칭했으며 이는 스페인 정복자들이 식민화한 멕시코 최초의 도시가 되었다. 포톤찬의 추장(cacique)인 타브스콥(Tabscoob)은 코르테스에게 황금과 비취, 터키석 등 귀금속과 함께 20명의 젊은 여자노예들을 전리품으로 바쳤는

---

17 곤살로 게레로는 이후 몇 백 년 동안 스페인 역사에서 '배교자(Renegado)'로 불리며 지탄받았다. 특히 가톨릭 신앙을 저버린 죄가 컸다. 그러나 게레로에 대한 연대기 기록은 모두 생환자인 헤로니모 데 아길라르의 증언에 근거한 것이라는 점에 주목할 필요가 있다. 아길라르는 자신을 성직자의 정절과 왕, 하나님에 대한 충성을 지킨 애국적인 인물로 묘사한 반면 게레로에 대해서는 여인을 탐하다가 유혹에 넘어갔으며 이교도들과 피를 섞어 가정까지 이룬 부정적 인물로 평했던 것이다. 그러나 멕시코 독립 이후 곤살로 게레로는 멕시코인들 사이에서 식민주의, 제국주의와 싸운 상징적 인물이며 최초의 '메스티소의 아버지'이자 '고귀한 귀순자(Egregio Tránsfuga)'로 불리며 높이 추앙받게 된다.

데 그 중에 말린체라는 여인이 포함되어 있었다. 말린체는 대략 1496년에서 1501년 사이에 태어난 것으로 추정되며, 원래 마야 출신이 아니라 아스테카와 같은 나우아(nahua) 족의 일원이었다. 마야문화권인 타바스코와 접경을 이루는 오늘날의 베라크루스(Veracruz) 지역에서 추장의 딸로 태어난 그녀는 아버지가 죽고 어머니가 재혼하자 계부에 의해 노예로 팔렸으며, 기구한 여정을 거쳐 코르테스가 포톤찬을 정복할 당시 그곳 추장인 타브스콥의 노예로 있었던 것이다. 아름답고 영리했던 말린체는 아스테카의 언어인 나우아틀(náhuatl)어는 물론 유카탄의 마야어도 빠르게 습득해서 2개의 언어를 구사할 줄 알았다. 코르테스가 불과 수백 명의 병력으로 강력한 아스테카 제국을 점령하는 '역사상 전무후무한 위업'을 달성할 수 있었던 데에는 헤로니모 데 아길라르와 말린체라는 두 명의 '현지 통역'이 매우 중요한 역할을 했다.[18] 즉, 코르테스(스페인어) ↔ 헤로니모 데 아길라르(스페인어, 마야어) ↔ 말린체(나우아틀어, 마야어)

---

18 코르테스는 20명의 원주민 여자노예들을 가톨릭으로 개종시킨 후 부하들에게 전리품으로 나누어주었다. 말린체는 마리나(Marina)라는 이름으로 세례를 받은 후 캡틴 중 한 명인 알론소 에르난도 포르토카레로(Alonso Hernando Portocarrero)의 몫이 되었다. 새로운 주인을 따라 원정길에 동행하게 된 그녀는 1519년 4월 22일 산 후안 데 울루아(San Juan de Ulúa, 현재 베라크루스항 인근의 조그만 섬)로 코르테스 일행을 찾아온 목테수마 황제 사절단과의 첫 만남에서 운명의 전환점을 맞이하게 된다. 마야어밖에 모르던 헤로니모 데 아길라르가 통역에 실패하자, 사절단과 자유로이 담소를 나누던 말린체를 눈여겨 본 스페인인들이 즉석에서 그녀를 새로운 통역으로 발탁했던 것이다. 스페인의 연대기 작가인 프란시스코 로페스 데 고마라(Francisco López de Gómara)는 코르테스가 아길라르의 마야어 통역을 통해 그녀에게 "만일 자신과 원주민들 사이의 말을 솔직하게 전해준다면 자유 이상의 것을 누리게 해 주겠노라고 말했으며, 그녀는 이를 이해했고, 코르테스는 그녀를 통역 겸 비서로 데리고 다녔다."고 전하고 있다.(Martínez, José Luis, 58). 코르테스는 말린체를 취한 직후 처음 그녀의 주인이었던 에르난도 포르토카레로를 1519년 7월 26일 스페인에 특사로 보내버렸다. 쿠바총독 디에고 데 벨라스케스와의 불화에 대한 자신의 입장을 왕실에 해명하기 위해 첫 번째 『보고서』를 지참시켰으나 이 불쌍한 캡틴은 벨라스케스 편을 들었던 부르고스의 주교 후안 로드리게스 폰세카(Juan Rodríguez Fonseca)에 의해 투옥된 후 감옥에서 죽었다.

의 복잡한 통역 과정을 통해 스페인 원정대는 현지정보, 특히 원주민 부족 간의 역학관계와 전술을 손금처럼 꿰뚫어 볼 수 있게 된 것이다. 이 시기 테노츠티틀란을 수도로 강력한 위세를 떨치던 아스테카 제국은 주변 부족들 사이에서 악명이 높았다. 특히 인신공양에 쓸 포로를 노획하기 위해 주변 부족을 상대로 일명 '꽃의 전쟁(guerra florida)'이라는 잦은 전쟁을 벌였는데 이로 인해 코르테스 군대가 왔을 때 아스테카에 시달리던 토토나카(totonacas)족은 스페인 원정대를 해방군으로 여겨 자발적

한편, 말린체는 단순 통역을 넘어 적극적으로 스페인인들에게 부역했다. 자발적으로 원주민들의 풍습과 군사적 전술을 알려주었으며 그들과의 협상 등 외교적인 차원에서의 조언도 아끼지 않았다. 특히 1519년 10월 18일, 아스테카의 충실한 동맹부족인 촐룰테카스(cholultecas)족의 도시인 촐룰라(Cholula)에서는 스페인 원정대를 환대하는 척하며 몰살시키려 했던 원주민들의 음모를 사전에 인지하여 스페인인들에게 구사일생의 기회를 제공하고 대신 6천 명의 남녀노소 민간인들이 보복, 학살당하는 촐룰라 대학살(Matanza de Cholula)을 야기하기도 했다. 그녀의 밀고가 없었더라면 불과 20일 후인 11월 8일 코르테스의 스페인 원정대가 아스테카의 수도 테코츠티틀란에 입성하는 일은 결코 벌어지지 않았을 것이다. 말린체는 '코르테스의 혀(Lengua de Cortés)'로 불리며 멕시코 정복에 결정적인 역할을 하였다. "누에바 에스파냐 정복은 하나님 다음으로, 말린체 덕분이었다."는 말이 과장이 아닌 것이다. 말린체의 적극적인 부역에 대해서는 여러 가지 견해가 존재한다. 힘없는 부족의 추장이었던 그녀의 아버지가 아스테카의 과도한 공물요구를 거부하다 죽었기 때문에 개인적인 원한이 사무쳤다는 설이 있으며 민족이나 국가개념이 없었던 당시에 실제로 스페인 원정대를 억압받는 다른 부족들의 자유를 찾아줄 해방군으로 여겼다는 주장도 있다. 말린체는 1522년 코르테스와의 사이에 마르틴이라는 아들을 낳게 되며, 코르테스에게 버림받고 그의 부하 중 한 명인 후안 하라미요(Juan Jaramillo)와 결혼하여 마리아라는 딸을 갖게 된다. 그녀는 1524년에서 26년 사이 코르테스의 중미 온두라스 원정에 다시 통역으로 발탁되었다. 이 과정에서 고향을 찾아 어린 시절 자신을 노예상인에게 팔아버린 친모와 이복동생을 만났으나 두려움에 떠는 그들을 따듯하게 용서했다고 전해한다. 이후 그녀에 대한 기록은 스페인 연대기에서 사라지는데 1528~1529년 경 나돌았던 페스트로 사망했다고 전해진다. 코르테스는 원주민여인과의 밀접한 관계가 자신의 출세가도에 도움이 되지 않는다고 판단했기에 정작 국왕에게 바치는『보고서』에서는 말린체에 대한 언급을 거의 하지 않고 있다. 멕시코 역사상 가장 신화적이며 논쟁적인 여인인 말린체에 대한 기록은 로페스 데 고마라의 『멕시코 정복사』(Historia de la Conquista de México)와 코르테스의 원정에 군인으로 직접 참여했던 베르날 디아스 델 카스티요(Bernal Díaz del Castillo)가 쓴 『누에바 에스파냐 정복의 진정한 역사 』(Historia verdadera de la Conquista de la Nueva España)등 몇 편의 연대기에 의존하고 있다.

으로 도왔으며, 틀라스칼테카(tlaxcaltecas)족 역시 쉽게 항전을 접고 백인 정복자들 편에 섰다. 생김새와 마찬가지로 원주민들이 한 편일 것이라고 생각했던 코르테스에게 이러한 정황은 매우 고무적인 것이었다. 코르테스는 카를로스 1세에게 보낸 두 번째 『보고서』에서 "자기들끼리 분열된 모든 왕국은 망하리라(Omne regnum in se ipsum divisum desolabitur)"는 성경구절을 인용하며 "(원주민들) 서로간의 불화와 증오를 보고 저는 기쁨을 누를 수 없었습니다. 왜냐하면 저의 목적을 이루는 데 큰 도움이 될 것이며, 그들을 제압할 수 있는 가장 손쉬운 방법을 갖게 되었기 때문입니다."(Cortés, Delgado Gómez(ed.), 1993, 187-188)라고 말하고 있다.

사진 2-2-2. 틀라스칼테카 족과 협상하는 코르테스. 가운데 서 있는 여인이 말린체이다. 멕시코 벽화화가 데시데리오 에르난데스 소치티오친(Desiderio Hernández Xochitiotzin, 1922-2007) 작품. - wikimedia commons

약 400명의 스페인 원정대는 토토나카, 틀라스칼테카족은 물론 1519년 10월 18일 촐룰라에서 대학살을 자행한 후에는 촐룰테카스(cholultecas)족까지 끌어들여 테노츠티틀란으로 향했다. 1502년에 아스테카의 제 9대 틀라토아니(tlatoani)[19]로 선출된 목테수마 2세(Moctezuma II, 1466-1520)의 집권 이후 최대 위기였다. 즉위이후 정복사업을 통해 영토를 확장하고 내부적으로도 안정된 권력기반을 구축해나가던 그에게 뜻하지 않은 위기가 밖으로부터 들이닥친 것이다. 보고에 의하면 동쪽에서 출현한 이 이방인들은 하나같이 '얼굴이 희고 덥수룩한 수염'을 길렀다. 그들의 외양은 '깃털달린 뱀'이라는 의미의 케찰코아틀(Quetzalcóatl) 신과 너무도 흡사했다. 메소아메리카 전설에 따르면 생명과 빛, 지혜와 풍요를 상징하는 이 신은 형제신인 테스카틀리포카(Tezcatlipoca)의 계략에 빠져 누이동생과 근친상간의 실수를 범한 후 자책에 빠져 다시 돌아오겠노라는 말을 남기고 동쪽으로 떠났다. 코르테스가 멕시코에 도착한 1519년은 우연히도 아스테카 역법 상 케찰코아틀이 돌아오겠다고 예언한 '세 아카틀(Ce Acatl, 한 갈대)'의 해와 일치했다. 그러나 목테수마가 코르테스 일행을 케찰코아틀로 보았다는 이 유명한 이야기는 사실 합리적인 근거가 거의 없다고 보아도 무방하다. 코르테스는 카를로스 1세에게 보

---

19 '틀라토아니'는 나우아틀어로 '말하는 자, 기도하는 자(el que habla, orador)'라는 의미로 메소아메리카 나우아틀어 문화권에서 귀족들에 의해 선출되는 통치자(gobernante)를 가리킬 때 사용하던 용어이다. 틀라토아니는 스페인어로 왕(rey)이나 황제(emperador)로 번역되는데, 엄밀히 말하면 메시카(아스테카)족 뿐만 아니라 나우아틀어 문화권의 부족이나 도시들이 저마다 자신들의 통치자를 가리킬 때 사용했던 어휘이므로 정확한 번역은 아니다. 그러나 전쟁이나 동맹을 통해 멕시코 계곡 일대에서 막강한 영향력을 행사했던 아스테카의 틀라토아니는 각별히 위대한 통치자(gran orador, gran gobernante)라는 의미의 '우에이 틀라토아니(Huey Tlatoani)(gran orador, 위대한 통치자)'로 불렸다. 이 책에서는 목테수마를 비롯한 아스테카의 틀라토아니들을 대부분 '황제'로 번역한 전례를 따르기로 한다.

내는 두 번째 『보고서』에서 백인들을 신으로 여기는 목테수마의 연설[20]을 전하고 있는데, 이는 케찰코아틀 신화의 내용을 이미 알고 있던 코르테스가 조작했을 가능성이 매우 크다.[21] 비슷한 이야기가 아스테카 멸망 이후인 16세기 중반 베르나르디노 데 사아군(Bernardino de Sahagún, 1499-1590)이 쓴 『누에바 에스파냐 문물사』(Historia general de las cosas de Nueva España)에서도 언급되고 있다. 『피렌체 코디세』(Códice Florentino)라고도 불리는 이 기록은 프란치스코회 신부인 사아군이 원주민 노인들의 구전을 채록, 편집한 방대한 자연사-연대기로 비교적 피정복자의 시각이 담겨있다. 그러나 스페인어는 물론 나우아틀어가 삽화와 함께 병렬로 기록되어 있는 형식으로 보아 이 책의 주요 목적 중의 하나는 원주민들에 대한 전교였으며, 특히 멕시코 정복을 서술한 12권(Libro XII)의 경우에는 사건이나 등장인물을 문학적 서사로 가공, 재구성하고 있다는 점에서 역사적 기록물로서의 신빙성이 떨어질 수밖에 없다. 사실 발견과 정복기 '연대기(crónica)'라는 장르 자체가 대부분 현실과 환상이 혼합된 일종의 팩션(faction)적 특성을 갖고 있었다. 이처럼 '케찰코아틀의 귀환'이야기는 코르테스와 사아군 등 스페인 측 연대기에 의해 제기되었으며 저자들이 의도했건 아니건 간에 '만들어진' 이야기일 가능성이 매우 크다. 실제로

20 "당신이 왔다는 해가 뜨는 그곳, 당신을 보냈다고 하는 위대한 주군 혹은 왕에 대한 이야기를 통해, 특히 그 분이 오랫동안 우리들에 대해 알고 있었다는 당신의 말을 듣고, 우리는 그 분이 우리들의 신(señor natural)임을 확실히 믿게 되었습니다." - Cortés, Delgado Gómez(ed.), 1993, p. 211.

21 원주민들이 서구인들을 신으로 맞이했다는 이야기는 코르테스 이전에 이미 콜럼버스가 언급한 바 있다. 그는 신대륙에 첫 발을 들인지 이틀이 지난 1492년 10월 14일자 『항해일지』에서 원주민들이 "우리들이 하늘에서 왔는지 묻고 있는 것 같았으며" 더 나아가 한 노인은 모든 남녀를 향해 "어서 와서 하늘에서 온 이들을 보시오"라고 소리쳤다고 기록하고 있다. - Colón, Arranza Márquez(ed.), 2009, p. 117.

목테수마는 처음부터 코르테스 일행의 동선을 면밀히 감시했으며 수차례 선물과 함께 사절을 보내 조용히 돌아가 줄 것을 촉구했다. 처음부터 황제의 선택은 낯선 이방인들과 전쟁을 벌이거나 아니면 대화를 통해 그들을 돌려보내는 두 가지 중 하나였다. 아스테카 지배층의 여론도 무력사용을 주장하는 전사출신의 귀족들과 외교적 해법을 지지하는 사제들로 나뉘었다. 목테수마는 동생 쿠이틀라우악(Cuitláhuac, 1476-1520) 등 주전파 귀족들의 반대에도 불구하고 자신과 더 가까웠던 사제들의 견해를 수용했다. 그리고 코르테스 일행이 동맹도시인 촐룰라를 쑥대밭으로 만들어 놓았음에도 그들에게 보복은커녕 테노츠티틀란의 입성을 허락했다. 케찰코아틀의 귀환을 믿었다는 설화와 더불어 이러한 일련의 우유부단한 모습에서 목테수마에 대한 부정적인 역사적 이미지가 형성되었다. 그러나 오늘날 멕시코 출신 역사가들을 중심으로 다른 견해도 존재한다. 목테수마는 스페인 연대기가 전하는 바처럼 주술과 미몽에 빠진 나약한 인물이 아니라 시종일관 이성적인 지도자였다는 주장이다. 결과적으로 실패하기는 했으나, 스페인 원정대의 테노츠티틀란 입성을 허락한 것도 탁월한 전사출신인 목테수마가 개활지에서의 전투가 아스테카에 불리하다는 것을 알고 있었기에 내린 결정이라는 것이다. 유인책을 썼다는 것인데, 시가전에서는 말이나 화승총, 대포와 같은 스페인의 신무기들이 제 위력을 발휘할 수 없을 것이며 골목 지리에 밝은 아스테카인들이 유리할 수 있기 때문이다.(Vázquez Chamorro, Germán, 2006, 186-187) 실제 몇 달 후 벌어진 '슬픈 밤(Noche Triste)'에서 아스테카측의 시가전의 위력이 입증된 바 있다. 그러나 스페인 원정대의 테노츠티틀란 입성 이후 목테수마가 보여준 일련의 행동과 판단을 보면 그는 당차고 현명한 군주가 아니었음이 분명해 보인다.

어쨌거나 스페인 원정대와 동맹 원주민병력은 1519년 11월 8일 테노츠티틀란에 피 한 방울 흘리지 않고 입성했다. 목테수마는 코르테스 일행을 극진히 대접했으며 세상을 떠난 선왕 아사야카틀(Axayácatl)의 궁전을 숙소로 내주었다.

'돌아온 케찰코아틀 신화'를 유포하는 데 일조한 베르나르디노 데 사아군의 연대기에 따르면 말린체의 통역으로 진행된 코르테스와의 첫 만남에서 목테수마 황제는 매우 정중한 어조로 다음과 같이 말했다고 한다.

> 전하, 얼마나 지치고 피곤하시나이까. 이제 전하의 땅으로 오셨나이다. 전하의 도시 멕시코에 도착하셨나이다. 전하의 어가, 전하의 옥좌에 앉으러 이곳에 오셨나이다. 〔…〕 제가 꿈을 꾸고 있는 것이 아니옵니다. 지금 꿈에서 전하를 보는 것이 아니옵니다. 저는 꿈을 꾸고 있지 않사옵니다. 〔…〕 전하는 구름사이로, 안개사이로 오셨나이다. 〔…〕이제 (예언이) 실현되었나이다. 전하께서 도착하셨나이다. 커다란 노고와 열정을 무릅쓰고 오셨나이다. 전하의 땅에 오셨으니 이제 안식을 취하시옵소서. 전하의 왕궁을 취하시고, 옥체를 쉬게 하소서. 전하의 땅으로 드시옵소서. 전하.(Váquez Chamorro, Germán, 2006, 193-194)

여장을 푼 스페인인들은 테노츠티틀란의 엄청난 규모와 화려함에 압도당했다. 아스테카인들이 14세기 초 호수를 매립해 만든 수상(水上)도시인 이곳을 원정에 직접 참가했던 베르날 디아스 델 카스티요는 '신대륙의 베네치아(Venecia del Nuevo Mundo)'라고 불렀다.

카를로스 1세에게 보낸 『보고서』에서 코르테스는 육성을 통해 이 도시의 위용을 다음과 같이 전하고 있다.

이 위대한 도시 테믹스티탄(Temixtitan, 테노츠티틀란)은 해수호 위에 세워져 있습니다. 호수 바깥의 땅에서 도시 안까지는 어느 방향으로 진입하든 2레구아 거리입니다. 네 개의 둑길이 나 있는데, 모든 둑길들은 인공으로 지어진 것이며 기사의 창 두 개를 펼쳐놓을 수 있을 만큼 넓습니다. 이 도시는 세비야나 코르도바 못지않게 거대합니다. 도시의 주요도로들은 매우 넓고 곧으며, 일부 주요도로들과 나머지 모든 도로들은 반은 땅으로 되어 있고, 또 다른 반은 카누가 지나갈 수 있는 운하로 이루어져 있습니다. 〔…〕 이 도시에는 많은 광장들이 있으며 그곳들에서 매일 사고 파는 시장이 열립니다. 살라망카 대광장보다 두 배나 큰 한 광장에는 둘러싼 아치들 주위로 매일 6만 명의 인파가 거래를 위해 몰려듭니다. 〔…〕 이 도시의 각 교구나 지역들마다 많은 신전들 혹은 우상을 섬기는 집들이 있는데, 그것들은 매우 아름답게 지어졌습니다. 주요 신전들에는 이단 종파의 사제들이 있으며, 그들은 그곳에서 평생 거주합니다. 〔…〕 신전들 중 대신전 하나가 있는데, 그 웅장함과 독특함은 인간의 언어로 표현할 수 없을 정도입니다. 높은 벽으로 사방이 둘러싸인 내부의 안뜰에는 오백 명의 주민이 살 수 있는 마을 하나가 들어갈 수 있을 정도입니다. 〔…〕 매우 높고 잘 지어진 40개의 탑이 있는데 〔…〕 가장 큰 탑은 세비야 대성당의 탑보다도 더 높습니다. (Cortés, Delgado Gómez(ed.), 1993, 233-238)

코르테스가 도착했을 때 테노츠티틀란의 인구는 약 30만 명 정도였던 것으로 추정되며, 당시 유럽에서는 그 개념조차 없던 공중화장실은 물론 동물원까지 갖추고 있었다. 스페인 사람들이 기사소설에서나 상상했을 법한 장면이 실제 눈앞에 펼쳐지고 있었던 것이다.

그러나 아무리 강심장이어도 수십만의 원주민들에게 둘러싸인 스페인 원정대는 불안에 떨 수밖에 없었다. 마치 단체 관광객처럼 무리를 지어 광장과 시장 등 테노츠티틀란 시내를 이리저리 돌아다녔으나 언제 원주민들의 마음이 돌변해 자신들을 인신공양의 제물로 바칠지 모를 일이었기 때문이다. 마침내 코르테스는 부하들의 의견을 받아들여 우유부단한 목테수마 황제를 인질로 삼았다. 대놓고 체포하지는 않았지만 후방에 머물던 스페인 병사들의 죽음에 대한 책임을 추궁하면서 자신이 머물던 아사야카틀 궁으로 데리고 와 사실상 감금해버린 것이다.[22]

아무튼 살얼음판을 걷는 듯한 불안감 속에서도 나름대로 차곡차곡 계획을 실행해 나가던 테노츠티틀란의 스페인 원정대에게 또 하나의 중대한 돌발 변수가 발생했다. 쿠바총독 디에고 벨라스케스가 자신의 출항금지령을 어기고 원정을 감행한 코르테스의 행위를 '반란'으로 규정하고 이를 응징하기 위해 병력을 파견한 것이다. 이 진압군은 판필로 데 나르바에스(Pánfilo de Narváez, 1470-1528)를 대장으로 하는 1,400명의 스페인 병사들과 천 여 명의 원주민 보조병력으로 구성되었으며, 그들은 19척의 배에 나누어 타고 1520년 4월 기세등등하게 베라크루스에 상륙했다. 스페인인들 사이에 무력충돌이 임박한 것이다.

다급해진 코르테스는 테노츠티틀란에 페드로 데 알바라도를 책임자로 하는 백여 명의 스페인 병사만을 남기고 3백여 명의 스페인 병사와 수백 명의 동맹 원주민 부대를 이끌고 진압군을 무마하러 갔다. 영리한 코르테스는 수적으로 압도적인 진압군을 분열시키는 작전을 폈다. 테노츠티틀란에서 확보한 황금을 보여주며 나르바에스의 전령과 핵심 간부들을 은밀히 매수했던 것이다. 결국 1520년 5월 하순 셈포알라(Cempoala)에서 코르테스의 '반란군'과 나르바에스의 '진압군' 사이에 전투가 벌어졌을 때 진압군의 상당수는 코르테스 편으로 귀순했으며 나르바에스는 힘 한번 제대로 써보지 못하고 포로가 되고 말았다.(Carmona, Doralicia)

위기를 기회로 만들고 나서 한숨 돌리던 코르테스에게 이번에는 테노츠티틀란에서 좋지 않은 소식이 전해졌다. 코르테스가 없는 사이 목

---

22 코르테스는 테노츠티틀란으로 진군하는 과정에서 동맹을 맺은 토토나카 족의 영토 내에 '비야 리카 데 라 베라크루스(Villa Rica de la Vera Cruz)'라는 요새를 세우고 그곳에 후안 데 에스칼란테(Juan de Escalante)를 책임자로 하는 약 60명의 스페인 병사들을 잔류시켰다. 주로 늙거나 부상당해 전력에 별 도움이 되지 않는 병력들이었다. 코르테스는 부하들에게 동맹부족인 토토나카 족을 보호하라고 당부한 후 길을 떠났는데, 토토나카 족 역시 스페인 군대의 힘을 믿고 더 이상 아스테카에 세금을 바치지 않았다. 이때 이 지역의 세금징수 책임자로 쿠아우포포카(Cuauhpopoca)라는 아스테카 관리가 있었다. 어느 시대에나 뚝심 있고 자존심 센 애국자가 있기 마련인데 쿠아우포포카가 바로 그러한 부류의 사람이었다. 그는 세금납부를 거부하는 토토나카 족을 용납하지 않았으며, 토토나카족은 잔류한 스페인 병사들에게 도움을 청했다. 결국 이 일로 나우틀라(Nautla) 평원에서 토토나카-스페인 연합군 대(對) 아스테카 군 사이에 전투가 벌어졌는데, 결과는 후자의 승리였다. 지휘관인 후안 데 에스칼란테를 포함해 7명의 스페인 병사가 죽고 아르구에요(Argüello)라는 이름만 알려진 스페인 병사 한 명은 생포되어 참수되었다. 쿠아우포포카는 아르구에요의 목을 테노츠티틀란의 황제에게 보냈는데, 이는 백인들도 여느 인간들처럼 취약하다는 것을 황제에게 입증해 보이기 위함이었다. 그러나 심약한 목테수마 황제는 스페인 병사의 잘린 목을 보자마자 겁에 질렸으며 오히려 쿠아우포포카를 비롯한 주동자들을 체포, 압송해서 코르테스에게 넘겨버렸다. 쿠아우포포카는 자신의 아들과 다른 15명의 관련자들과 함께 테노츠티틀란의 광장(오늘날 멕시코시티의 소칼로 광장)에서 공개 화형을 당했다. 아스테카인들은 난생 처음 산채로 사람을 불태워 죽이는 모습을 보며 충격과 경악을 금치 못했다. 공개화형은 코르테스가 아스테카인들의 기를 꺾고 반란을 방지하기 위해 벌인 일종의 '협박 퍼포먼스'였으나 비겁한 목테수마 황제를 제외한 많은 아스테카 사람들은 오히려 스페인인들의 잔학성에 분노했으며 굴욕적인 황제의 태도에 대해서도 실망과 증오심을 품게 되는 계기가 되었다. 코르테스는 나우틀라 전투가 목테수마 황제의 비밀지령에 의한 것이라는 혐의를 뒤집어 씌워 그를 인질로 삼았던 것이다.

테수마 감시와 도성(都城)통제의 책임을 맡았던 페드로 데 알바라도가 예기치 않은 사고를 친 것이다. 약 600여명의 아스테카 귀족들이 우이칠로포츠틀리(Huitzilopochtli)신을 기리는 전통적인 5월 예식의 행사장에 스페인 병사들이 난입하여 여자와 어린이를 포함한 400여 명을 잔인하게 도륙해버린 것이다. '대신전의 학살(Matanza del Templo Mayor)'이라 불리는 이 사건은 그때까지 목테수마의 얼굴을 봐서 스페인인들의 만행을 참아왔던 테노츠티틀란 시민들의 분노를 폭발시키는 계기가 되었다. 원주민들의 대규모 항전이 일어났으며 페드로 데 알바라도의 스페인 병사들은 아사야카틀 궁 안으로 피했다. 코르테스가 증원된 병력을 몰고 부랴부랴 테노츠티틀란으로 돌아왔으나 한 번 분출된 원주민들의 분노는 막을 길이 없었다. 이 소란의 와중에 목테수마 황제는 목숨을 잃고 - 원주민들을 달래려고 궁전 발코니에 나갔다가 분노한 군중의 돌에 맞아 죽었다는 설과, 스페인인들에게 살해당했다는 설이 있다. - 스페인 병사들은 야반도주를 하다 발각되어 큰 손실을 입었다. 대략 600명 이상의 스페인 병사들과 2,000명 이상의 동맹원주민들이 죽은 이날 밤(1520년 6월 30일에서 7월 1일 사이)을 이후 역사에서는 '슬픈 밤'이라 부른다. 이날 밤 벌어진 일은 아비규환 그 자체였다. 아스테카 원주민들에게 쫓기면서도 무거운 황금을 포기하지 못하고 짊어지고 도망가다가 테노츠티틀란의 수로에 빠져죽거나 살해당한 스페인 병사들이 한 둘이 아니었다. 연대기 작가인 베르나르디노 데 사아군은 그날의 모습을 다음과 같이 기록하고 있다.

> 굶주림과 전투로 궁지에 몰린 스페인인들과 동맹 원주민들은 밤이 되자 요새를 빠져나왔다. 스페인인들이 앞장섰으며 틀라스칼

테카 원주민들이 뒤를 따랐다. 그들은 미리 만들어 놓은 다리를 가지고 다니며 수로들을 건넜다. 조용히 부슬비가 내리고 있었다. 네 개의 수로를 통과하고 다음 수로들을 건너기 전에 한 여인이 물을 길러 나왔다가 그들이 도망치는 걸 보고 이렇게 외쳤다. "아! 멕시코 인들이여, 적들이 도망간다." 그녀는 이렇게 서너 차례 외쳤다. 그러자 우이칠로포치틀리 신전에서 망을 보던 사람 중 하나가 모두가 들을 수 있도록 외쳤다. "아! 용맹한 전사들이여, 적들이 나왔다. 싸움을 시작하자. 그들이 도망간다." 그 소리를 듣자마자 모두 고함을 지르기 시작했으며 육로와 수로를 통해 달려들기 시작했다. 원주민들은 믹틀란톤코 마쿠일쿠이틀라필코라고 부르는 곳으로 몰려들어 그곳에서 스페인인들을 가로막았다. 한 쪽에는 멕시코인들이, 다른 쪽에는 틀라텔롤코인들이 스페인인들을 차단했다. 그곳에서 스페인인들과 싸움이 벌어지기 시작했으며 양측에서 전사자와 부상자들이 속출했다. 스페인인들은 틀랄테카요칸이라 부르는 수로에 도착했을 때, 모두가 일시에 건널 수 없었고 사방에서 전투가 벌어지고 있었으므로 틀라스칼테카족 원주민들이 수로에 빠졌으며 스페인인들과 여자들 중 상당수도 그들과 함께 수로로 떨어졌다. 수로가 메워질 만큼 많은 사람이 빠져버려서 뒤에 오는 사람들은 죽은 사람들을 밟고 수로를 건널 수 있었다. 스페인인들은 페틀라칼코라 부르는 또 다른 수로에 맞닥뜨렸으나 간신히 건널 수 있었다. 그곳을 지나서 다시 모여 전열을 재정비하고 푸푸틀라라고 부르는 곳에 이르자 여명이 밝았다. 멕시코인들은 고함을 지르며 계속 그들을 쫓아왔다. (…) 스페인인들이 오톤테오칼코라고 부르는 곳에 도착했을

> 때, 멕시코인들이 돌아갔으므로 한 안마당에 모여 숨을 돌릴 수 있었다. 테우칼루이아칸 마을의 오토미족들이 그들을 평화롭게 맞이하며 먹을 것을 가져다주었다. (Sahagún, 2008, 426-427)

이날 밤 신대륙 정복과정에서 유래를 찾아볼 수 없는 스페인 병사들의 떼죽음이 벌어졌다. 스페인 측 입장에서는 '슬픈 밤'일지 몰라도 원주민들이 볼 때에는 참으로 오랜만에 속이 후련해지는 '기쁜 밤(Noche Alegre)'이 아닐 수 없었다.

간신히 목숨을 부지한 채 도성을 빠져나온 스페인 병사들과 동맹원주민들은 고달픈 심신에도 불구하고 이들을 추격해 온 대규모의 아스테카족을 1520년 7월 7일 오툼바(Otumba)인근 평원에서 격퇴하고 틀라스칼라(Tlaxcala)로 이동해서 전열을 재정비하기 시작했다. 사실은 '슬픈 밤' 직후의 이 무렵이 멕시코 전체 원주민들 입장에서 보면 절호의 기회가 아닐 수 없었다. 목테수마의 뒤를 이어 새 틀라토아니(황제)가 된 쿠이틀라우악은 그동안 스페인인들에게 부역해 온 틀라스칼테카족을 끌어들이기 위해 유화책을 폈으나 거부당했기 때문이다. 틀라스칼테카족이 이미 만신창이가 된 스페인 생존자들에게 등을 돌리고 아스테카 편에 섰더라면 코르테스 일행은 인신공양의 제물 신세를 면치 못했을 것이며 멕시코 정복 역사는 상당기간 지연되었을지도 모른다.

사진 2-2-3. 테노츠티틀란 정복 - wikimedia commons

아무튼 다시 원기를 회복한 스페인 원정대는 정확히 1년 후인 1521년 8월 13일, 약 80일 간의 치열한 공성전 끝에 아스테카 제국의 정복을 완수했다. 테노츠티틀란 시민들은 천연두로 죽은 쿠이틀라우악의 뒤를 이어 쿠아우테목(Cuauhtémoc, 1496-1525)을 새 황제로 내세워 최후까지 저항했으나 도성에 갇힌 채 굶주림은 물론, 미처 면역체계를 갖추지 못한 원주민만을 골라 덮치는 천연두 등 유럽발 전염병을 견디지 못하고 거의 전멸했다. 마침내 코르테스의 '아메리칸 드림'이 이루어지는 순간이었다.

3
전무후무한 잉카제국 멸망사
프란시스코 피사로와 디에고 데 알마그로

프란시스코 피사로(Francisco Pizarro, 1476? 1478?-1541)는 16세기 초반의 드라마틱했던 신대륙 정복기의 '시즌 2'를 쓴 인물이다. 약 200명의 스페인 원정대를 이끌고 인구 천 이백만 명의 잉카제국을 무너뜨린 그의 정복기는 코르테스의 그것을 능가한다. 그의 무용담은 너무나 비현실적이어서, 필자는 앞으로 인류 역사에서 그와 같은 정복자는 두 번 다시 출현하지 않을 것이라고 단언할 수 있다.

사진 2-3-1. 프란시스코 피사로 초상. 프랑스화가 아마블 폴 쿠탕(Amable-Paul Coutan, 1792-1837)의 작품. - wikimedia commons

피사로는 몇 가지 면에서 코르테스와 공통점을 가지고 있다. 스페인의 변방인 엑스트레마두라 출신이며 코르테스와는 육촌쯤 되는 먼 혈연관계이기도 하다. 하급귀족(이달고)이었던 아버지[23]와 하녀출신인 어머니 사이에서 사생아로 태어나 - 그의 출생연도가 불분명한 것도 이 때문이다. - 교육을 받지 못했기 때문에 평생을 문맹으로 살았다. 어린 시절에는 돼지치기 일을 했으며, 돌보던 돼지가 병으로 폐사하자 책임 추궁이 두려워 15세 무렵 세비야로 도망갔다. 후일 신대륙 정복사에 불멸의 족적을 남기게 되지만 사실상 그는 요즘 유행하는 말로 '흙수저' 출신이었던 것이다. 아무튼 스페인에서 별 볼일 없는 삶을 전전하던 피사로는 1502년 이십대 중반의 나이에 인생역전을 꿈꾸며 카리브 해로 떠나는 대규모 선단[24]에 한 자리를 얻어 타고 대서양을 건넜다.(그 때 피사로와 같은 선단에 포함되었던 또 한 명의 인물이 후일 '원주민의 수호자(el Protector de los Indios)'라 불리게 될 바르톨로메 데 라스 카사스였다.) 라 에스파뇰라 섬에 도착한 이후 몇 년간 행적이 알려지지 않은 것으로 보아 초기의 신대륙 생활도 그다지 잘 풀린 것 같지는 않아 보인다. 아무리 본국에서 별 볼일 없는 사람들이 모인 신대륙이었지만 사생아에 문맹이었던 그의 처지로는 출세하기 쉽지 않았을 것이다.

피사로는 나이 서른이 넘어 알론소 데 오헤다(Alonso de Ojeda, 1468-

---

23 피사로의 아버지인 곤살로 피사로(Gonzalo Pizarro Rodríguez de Aguilar)는 군인으로 그라나다, 이탈리아 등지의 전쟁에 참전했으며 1522년 나바라에서 전사했다. 그는 모두 5명의 여인에게서 10명의 자녀를 두었다. 프란시스코가 장남이며 후일 신대륙 원정에 함께 참여하게 되는 에르난도(Hernando), 후안(Juan), 곤살로는 이복동생들이다.

24 1502년 2월 13일 새로이 라 에스파뇰라 총독으로 임명된 니콜라스 데 오반도(Nicolás de Ovando)가 32척의 배에 1,500명의 식민자들을 데리고 스페인을 출발했다. 원주민들의 반란과 전염병 등으로 이 섬의 상황이 불안정하자 스페인 왕실은 이제 콜럼버스와 같은 탐험가가 아닌 전문 관료를 파견하여 식민지의 안정을 꾀하고자 한 것이다.

1515)의 수하에서 중앙아메리카와 콜롬비아의 원정(1510)에 참여하여 몇 차례 죽을 고비를 넘기고 1513년에는 바스코 뉴네스 데 발보아(Vasco Nuñez de Balboa, 1475-1519)를 따라 나섰다가 처음으로 태평양을 발견한 유럽인들 명단에 이름을 올리며 두각을 나타냈다. 나이 마흔 즈음에 파나마의 시장으로 임명되고 조그만 엔코미엔다의 소유주가 되어 그럭저럭 먹고 살만해졌으나 이쯤에서 만족하기에는 무언가 아쉬움이 남았다. 파나마에는 애석하게도 그토록 찾던 황금이 없었기 때문이다. 게다가 피사로 역시 먼 친척인 코르테스가 아스테카를 정복하여 '대박'을 터뜨렸다는 소식을 들었음이 분명하다. 원주민들로부터 아스테카에 버금가는 '비루(Birú)'라는 또 다른 황금의 왕국이 존재한다는 소문을 들은 피사로는 1524년, 비슷한 처지로 신대륙으로 흘러들어왔던 디에고 데 알마그로(Diego de Almagro, 1475-1538), 파나마에서 신부로 일하던 에르난도 데 루케(Hernando de Luque, ? - 1533)와 의기투합하여 '콤파니아 데 레반테(Compañía de Levante)라는 회사를 차렸다. 당시 대부분의 정복자들은 일확천금의 목적으로 바다를 건너온 사람들이었기에 직업군인이라기보다는 '칼을 든 비즈니스맨'들이었다. 따라서 그들은 직접 자본을 끌어다대고 병력을 모집하여 정복활동에 나섰는데, 이러한 형태의 회사들이 바로 '콤파니아'였다. 왕실은 정복 허가를 내주는 대신 창출되는 부의 일정 비율을 커미션으로 받는 일종의 '라이센스 장사'를 했다. 피사로가 세운 콤파니아는 황금을 찾기 위한 일종의 16세기 판 '벤처기업'이라고 할 수 있다. 아무튼 레반테 사(社)의 주주이자 원정대 대장인 피사로는 황금의 왕국을 찾기 위해 배를 몰고 이리 저리 부지런히 헤매고 다녔다. 수년 간 허탕을 치며 원정대 병사들의 불만이 극도에 달할 무렵[25], 피사로 일행은 마침내 1528년 봄 페루 북서부의 해안도시인 툼베스(Tumbes)를 발

견했다. 그곳은 타완틴수유(Tawantinsuyu, 잉카제국)의 변방도시로, 피사로 일행은 상륙 후 원주민들의 금과 은, 화려한 신전 등을 통해 처음으로 잉카제국의 실재(實在)를 확인했다. 피사로는 툼베스 원주민들과 친선을 쌓은 후 통역으로 육성하기 위해 두 명의 원주민 소년을 데리고 일단 철수했다. 이제 피사로는 다른 누군가가 먼저 성공을 가로챌까 마음이 급해졌다. 그는 스페인 왕에게 정복 허가를 받기 위해 툼베스에서 얻은 금은보화 등 발견의 '물증'을 들고 그해 10월 서둘러 스페인으로 떠났다. 이 무렵 코르테스의 성공에 크게 고무된 스페인 왕실이 피사로의 승인요청을 거절할 이유는 없었을 것이다. 도장만 찍어주면 되는 '인허가'의 대가로 영토 확장과 막대한 세금이 들어올 터이기 때문이다. 1529년 7월 톨레도에서 카를로스 1세를 대신하여 왕비인 이사벨 데 포르투갈(Isabel de Portugal, 1503-1539)의 승인을 받은 피사로는 고향인 엑스트레마두라로 내려가 이복동생 4명을 포함해 가난한 청년들을 모집해서 파나마로 돌아왔다.

---

25 피사로의 1차 원정(1524-1525)과 2차 원정(1526-1528)은 고난의 연속이었다. 부자가 될 수 있다는 희망으로 따라나선 상당수의 원정대원들은 원주민과의 전투와 굶주림, 풍토병으로 시달리다 희생되었다. 1527년 5월, 피사로는 거의 탈진한 원정대원들을 이끌고 콜롬비아 남단 투마코(Tumaco)만 인근의 가요 섬(isla del Gallo)에 도착한 후 보급품 수송을 위해 동업자인 디에고 데 알마그로를 파나마로 보냈다. 이때 알마그로와 함께 돌아온 대원 중 한 명이 원정대의 참담한 실상을 카스티야 데 오로(Castilla de Oro, 오늘날 파나마와 코스타리카에 있던 스페인의 식민행정구역) 총독인 페드로 데 로스 리오스(Pedro de los Ríos)에게 밀고했고, 총독은 알마그로의 보급선 출항을 막고 대신 대원들을 귀환시키기 위해 2척의 배를 보냈다. 8월 하순, 후안 타프르(Juan Tafur)가 이끄는 2척의 구조선이 가요섬에 도착했을 때 지치고 굶주린 원정대원들이 돌아가기를 희망하자 피사로는 해변에 칼로 선을 긋고 자신과 함께 남을 자와 돌아갈 자들에게 어느 쪽에 설 것인지 선택을 요구했다. 80여 명의 대원 중 13명만이 피사로와 함께 남아 원정을 계속할 것을 결의했고, 나머지는 파나마로 돌아갔다. 이들은 약 5개월 후 알마그로와 루케가 보낸 배가 도착할 때까지 아사직전의 상태에서 버텼다. 피사로와 함께 남은 이들 13인은 이후 '명예로운 13인(Trece de la Fama)' 혹은 '가요섬의 13인의 기사들(Trece caballeros de la isla del Gallo)'이라 불린다.

1532년 1월 피사로는 다시 원정대를 이끌고 툼베스에 도착했다[26]. 그 사이 도시는 잉카제국의 내분과 스페인인들이 뿌려놓은 천연두로 인해 폐허로 변했다. 잉카부족은 원래 티티카카 호수 인근에 기원을 둔 소규모 집단이었으나, 13세기에서 15세기 사이에 안데스 산맥 일대의 여러 부족을 평정하고 맹주로 올라섰다. 스페인인들이 침공해 왔던 16세기 초반에 최전성기를 맞이하고 있었으며 신대륙 전체를 통틀어 가장 광대한 영토를 장악하고 있었다. 종단으로는 콜롬비아 서남부에서부터 에콰도르, 페루를 거쳐 칠레 중부와 아르헨티나 서부까지, 횡단으로는 태평양연안에서 안데스를 지나 아마존 열대지역에 이르기까지 약 2백만 제곱킬로미터에 달하는 지역을 지배하고 있었다. 수도를 '(세계의) 배꼽'이라는 의미의 쿠스코(Cuzco)에 두고 자신들의 나라를 께추아어로 '네 개의 지역'이라는 의미의 '타완틴수유'라 부르고 있었다. 오늘날 통용되는 '잉카(Inca)'는 원래 황제 등 타완틴수유의 지배계급을 일컫는 용어였으나 스페인 정복자들에 의해 제국 전체를 일컫는 말로 그 의미가 확대되었다.

피사로의 원정대가 도착했을 당시 잉카제국은 왕위를 둘러싼 심각한 내홍에 시달리고 있었다. 제국의 11대 사파 잉카(Sapa Inca. 황제)였던 우아이나 카팍(Huayna Cápac, 1467? - 1525)이 유럽에서 흘러들어온 전염병으로 죽자 적자인 우아스카르(Huáscar, 1491-1533)와 서자인 아타우알파(Atahualpa, 1500? - 1533) 사이에 왕위계승권을 둘러싸고 치열한 내전이 벌어지고 있었다. 1532년 무렵 전세는 이복동생인 아타우알파 쪽으로 이미 기울어져 있었고, 툼베스는 우아스카르 편에 섰다가 아타우알파 측

26 피사로의 3차 원정(1531-1533)이다.

에 의해 파괴되었던 것이다.

1532년 5월, 약 200명의 원정대를 이끌고 툼베스를 떠난 피사로는 포에초스(Poechos)의 원주민들로부터 우아스카르가 포로가 되었으며 내전에서 승리한 아타우알파가 키토를 떠나 수도인 쿠스코로 향하고 있다는 정보를 얻었다. 비슷한 시기, 아타우알파 또한 '하얀 피부에 수염이 있으며, 바다를 건너온 이상한 사람들'에 대한 소문을 듣고 비밀리에 첩자를 보내 염탐을 시켰다. 그는 첩자가 보고한 '이상한 동물(말)과, 철로 된 칼'에 강한 호기심을 느껴 스페인인들을 만나볼 결심을 했다.

피사로는 원정을 계속하며 1532년 8월 산 미겔 데 탕가라라(San Miguel de Tangarará, 오늘날의 피우라 Piura)라는 남미 최초의 식민도시를 세우고 잠시 숨고르기를 하고 있었는데, 이곳에서 직선거리로 약 240킬로미터 떨어진 카하마르카(Cajamarca)인근에 아타우알파가 5만 대군과 함께 머물고 있었다. 원정대의 일부 병사들은 공포에 질려 파나마로 돌아가기를 원했으나 배짱이 두둑했던 피사로는 아타우알파를 만나기 위해 카하마르카로 향했다. 몇 차례 전령을 통해 접촉을 주고받은 양측은 마침내 카하마르카에서 만나기로 약속을 잡았다. 불과 1개 중대 남짓한 병력으로 군단 규모를 상대해야 하는 턱없이 무모한 만남이었지만, 피사로는 코르테스의 성공사례를 모방해 아타우알파를 산 채로 사로잡을 계획이었다. 잉카인들 사이에서 '살아있는 신'으로 추앙받는 황제를 생포한다면 자신들의 안전 확보는 물론 그토록 원하던 황금의 제국을 통째로 취할 수 있으리라는 생각에서였다. 동상이몽이기는 아타우알파도 마찬가지였다. 최근의 내전에서 승리한 30대 초반의 자신만만한 황제는 한 줌도 안 되는 이 겁 없는 이방인들이 참으로 가소롭기 그지없었다. 그는 허락 없이 자신의 영토에 들어와 분탕질을 치는 이들을 철저하게 응징하고 말과 칼을 빼앗아 잉카군대에서 새롭게 활용할 기대에 들떠 있었다.

카하마르카에 먼저 입성한 피사로의 군대는 대략 160-170명 사이였다. 보병과 기병, 그리고 몇 문의 대포가 전부였다. 코르테스의 경우처럼 대규모 동맹원주민 군대도 없었으며 소수의 흑인과 니카라과 출신 원주민 노예들이 원정대의 시중을 들고 있었다. 마침내 1532년 11월 16일, 아메리카뿐만 아니라 세계 역사에서 보기 드믄 다윗과 골리앗 사이의 싸움이 벌어졌는데, 이 과정이 참으로 영화와 같은 희비극(喜悲劇)이었다. 아타우알파 황제는 거드름을 피우다 해질 무렵이 돼서야 서서히 카하마르카의 광장에 들어섰다. 대부분의 병력을 외곽에 대기시키고 6-7천 명의 잉카귀족과 병사들을 대동했다. 피사로는 전날 밤부터 광장에 면한 세 채의 건물에 대포와 기병, 보병 등 전 병력을 매복시켜 놓았다. 사방 천지에 깔린 잉카 대군의 엄청난 위세에 스페인 병사들이 잠이 올 리가 없었다. 피사로의 이복동생인 페드로 피사로(Pedro Pizarro, 1515-1602)의 기록에 따르면, 매복중인 스페인 병사들은 공포에 질린 나머지 "자신들도 모르게 오줌을 질질 쌌다."[27] 마침내 오후 5시쯤, 카하마르카의 광장에 아타우알파 일행이 물밀듯이 들어오기 시작했다. 원정대 병사들은 이 장면을 숨죽이며 지켜보았다. 피사로의 비서이자 공식 공증인으로 현장에 있었던 프란시스코 데 헤레스(Francisco de Xerez, 1497-1565)는 2년 후 『페루 정복의 진실된 보고서』(Verdadera Relación de la Conquista del Perú, 1534)에서 다음과 같은 생생한 목격담을 남겼다.

27 Pizarro, Pedro, Relación del descubrimiento y la conquista de los reinos del Perú, Cap. IX., wikipedia.es에서 재인용.

이윽고 사람들이 광장 안으로 들어오기 시작했다. 먼저 체스판 무늬형태의 여러 색상으로 된 제복을 입은 한 무리의 원주민들이 들어왔다. 그들은 바닥의 풀을 제거하고 비로 길을 쓸었다. 그들의 뒤를 따라 각각 서로 다른 옷을 입은 세 무리의 사람들이 노래하고 춤을 추며 들어왔다. 이어서 갑옷을 입고 금은으로 된 얇은 판과 관(冠)을 쓴 많은 사람들이 들어왔다. 그들 사이로 금은바탕의 널판에 다양한 색깔의 앵무새 깃털이 장식된 가마를 타고 아타우알파가 들어왔다. 많은 원주민들이 아타우알파의 가마를 어깨위에 지고 있었다. 그리고 뒤를 다른 주요 인물들을 태운 다른 두 개의 가마와 두 개의 흔들의자가 들어왔다. 그 뒤를 이어 또 다시 금은으로 된 관을 쓴 수많은 사람들이 무리를 지어 들어왔다. 먼저 광장에 들어온 무리들은 공간을 만들어 다른 무리들에게 자리를 내주었다.(Xerez, Francisco de, 2003, 29)

아타우알파를 맞이하기 위해 피사로는 세 명을 광장으로 내보냈다. 비센테 데 발베르데(Vicente de Valverde, 1498-1541)신부와, 피사로가 4년 전 툼베스에서 데려와 통역으로 키운 원주민, 그리고 그들을 호위하기 위해 대동한 스페인 병사 한 명이었다. 발베르데 신부는 아타우알파 황제 앞에서 원주민에 대한 전투를 벌이기 전에 법적 정당화를 위해 반드시 고지하게 되어있는 문서인 '레케리미엔토(Requerimiento)'를 낭독했다. 대략적으로 기독교를 받아들이고 스페인 왕에게 복종할 것이며, 만일 이를 거부한다면 무력을 사용해서라도 처자식을 노예로 삼고 이를 관철시키겠노라는 내용이었다. 최근 이복형과의 내전에서 승리를 거둔 데에다 스페인인들보다 수백 배에 달하는 엄청난 대군을 몰고 온 아타우알파가 보기에 참으로 기가 찬 내용이었다. 헤레스는 발베르데 신부와 아타우알파의 대면 장면을 다음과 같이 전하고 있다.

신부는 통역을 통해 아타우알파에게 말했다. "나는 하나님의 사제요. 기독교인들에게 하나님의 섭리를 전하고 있으며, 당신들에게도 그것을 가르치러 왔소. 내가 가르치는 것은 하나님께서 우리들에게 하신 말씀으로, 이 책(성경)안에 그것이 들어있소이다. 따라서, 하나님과 기독교인의 이름으로 나는 당신에게 기독교인의 친구가 될 것을 청원하는 바이며, 이는 하나님의 뜻이요."〔…〕 아타우알파는 그럼 한 번 볼 터이니 책을 달라고 말했고, 발베르데 신부는 그에게 성경을 건네주었다. 아타우알파가 책장을 펼칠 줄 모르자 신부는 자신의 팔을 뻗어 도와주려 했다. 그러자 아타우알파는 경멸스럽다는 듯 신부의 팔을 강하게 뿌리쳤다. 그는 끈덕지게 시도한 끝에 마침내 스스로 책장을 펼쳤다. 그러나 다른 원주민들처럼 글자나 종이를 보고 놀라지 않았으며, 성경을 대 여섯 발자국 앞으로 내팽개쳐 버렸다. 그리고 통역을 통해 신부가 했던 말에 거만하게 대답했다. "나는 너희들이 여기까지 오는 길에 저지른 일을 매우 잘 알고 있다. 너희들이 나의 추장들을 어떻게 대했으며, 창고에서 옷가지를 약탈해 간 사실도 다 알고 있다." 신부가 대답했다. "기독교인들은 그러한 짓을 하지 않소이다. 원주민들이 총독(피사로)도 모르는 사이에 옷을 가져왔으며, 총독은 그것들을 다시 돌려주라고 명하셨소." 다시 아타우알파가 말했다. "나는 너희들이 그것을 다시 가져올 때까지 이곳을 떠나지 않을 것이다." 신부는 총독에게 돌아갔으며, 아타우알파는 가

> 마의 발판위에 서서 시중드는 그의 신하들과 이야기를 나누었다.
> (Xerez, Francisco de, 2003, 30)

허겁지겁 돌아온 발베르데 신부의 보고를 들은 피사로의 결단은 매우 신속했다. 더 이상 지체하지 않고 기습공격을 감행하기로 한 것이다. 특히 당초 계획대로 아타우알파를 사로잡는 것이 급선무였다.

> 신부는 총독에게 아타우알파가 성경을 땅바닥에 내팽개쳤다는 사실을 포함해서 있었던 모든 일을 이야기했다. 총독은 면으로 된 전투 가운을 걸치고 칼과 방패를 집어 들었다. 그리고 자신과 함께 있던 스페인인들과 함께 원주민들 한 가운데로 뛰어들었다. 단지 뒤따르는 네 명의 부하들만 동반한 채 엄청난 기세로 아타우알파가 타고 있는 가마까지 돌진했다. 그리고 겁먹지 않고 '산티아고'라고 외치며 아타우알파의 팔을 낚아챘다. 동시에 총소리와 나팔소리가 울려 퍼졌고, 보병과 기병들이 광장으로 쏟아져 나왔다. 원주민들은 날뛰는 말을 보자 광장에서 도망쳤다. (…) 기병들은 원주민들 위로 튀어 올라 그들을 찌르고, 죽이고, 추격했다. (…) 총독은 아직 아타우알파의 팔을 잡고 있었으나 가마의 발판이 너무 높아 그를 끌어내리지 못하고 있었다. 스페인인들이 가마를 들고 있던 자들을 죽이자, 마침내 발판이 바닥으로 주저앉았다. 만일 총독이 아타우알파를 보호하지 않았더라면, 이 거만한 자는 그 자리에서 자신이 저질렀던 모든 악행의 대가를 치렀을 것이다. 총독은 아타우알파를 보호하려다 손에 작은 상처를 입었다. 이 모든 과정에서 원주민들은 스페인인들에게 무기 한

번 제대로 들지 못했다. 왜냐하면 그들은 총독이 자신들 사이로 뛰어드는 것을 보고, 그리고 갑자기 대포가 터지고 난생 처음 보는 말이 이리 저리 날뛰는 모습에 경악을 금치 못했던 것이다. 아비규환 속에서 그들은 싸우기보다는 목숨을 건지기 위해 도망치느라 바빴다. (Xerez, Francisco de, 2003, 30-31)

'카하마르크카 전투(Batalla de Cajamarca)'라 불리는 이 사건은 '전투'라는 명칭과는 달리 일방적인 대학살에 가까웠다. 소수 스페인인들의 전력을 과소평가한 아타우알파가 전사들을 도시 밖에 대기시킨 채 주로 귀족과 신하들만 대동했던 데에다 잉카인들 대다수가 불벼락과 같은 대포의 위력과 처음 보는 말(馬)을 보고 패닉상태에 빠져 우왕좌왕했기 때문이다. 그들은 하나 밖에 없었던 광장 출입문으로 몰리다 인파에 떠밀려 질식사하거나 스페인 병사들의 칼에 닥치는 대로 도륙당했다. 그리고 조금 전까지 아메리카대륙에서 가장 위풍당당한 군주였던 아타우알파는 포로가 되었다.

사진 2-3-2. 카하마르카에서 잉카 황제 아타우알파를 사로잡는 피사로. 영국화가 존 에버렛 밀레이(John Everett Millais, 1829-1896)의 작품 - wikimedia commons

스페인 연대기에 따르면, 이 날 어둠이 내릴 때까지 두 세 시간 만에 무려 사, 오천 명의 잉카 귀족과 병사들이 목숨을 잃었으며 부상자와 포로는 칠천 명에 달했다.[28] 반면 피사로 측에서는 흑인 노예 한 명만이 죽었고 몇몇 부상자가 나왔을 뿐이었으니 아마도 세계 전사(戰史)에서 이러한 사례는 처음이자 마지막일 것이다. 신대륙 정복사에서 가장 유명한 일화 중 하나인 이 '카하마르카 전투'에 의해 잉카제국은 실질적으로 종지부를 찍었다. 남미를 호령하던 대제국이 힘 한번 제대로 써보지 못하고 허망하게 무너져 버린 것이다. 이후 벌어진 일은 독자들의 상상에서 크게 벗어나지 않는다. 아타우알파는 스페인인들의 의도가 황금에 있다고 판단하고, 피사로에게 '방 하나에 금 가득, 방 둘에 은 가득을 채워 줄 테니' 자신을 풀어달라고 요청했다. 귀금속을 모아주면 정복자들이 떠날 것이라고 오판했던 것이다. 인질이 된 황제는 제국 전역에 차스키(chasqui, 파발)를 보내 최대한의 금과 은을 끌어 모았다. 그리고 자신의 여동생인 잉카 공주 키스페 시사(Quispe Sisa, 1518-1559)를 피사로에게 바쳐 결혼시켰다. 피사로와 인척관계를 맺으면 목숨을 연명할 수 있으리라고 생각했던 것이다.[29] 그러나 아타우알파가 잉카 저항운동의 구심점이

---

28 실제로는 사망자 약 2천여 명에 부상자와 포로가 약 5천 명 정도로 추정된다.

29 피사로는 그녀를 이네스(Inés Huaylas Yupanqui)라는 이름으로 개종시킨 후 결혼하여 1남 1녀를 두었다. 아들 곤살로는 11세에 죽고, 딸인 프란시스카 피사로 유팡키(Francisca Pizarro Yupanqui)는 1550년 스페인으로 건너가 스무살 때 삼촌인 에르난도 피사로와 결혼하여 다섯 명의 자녀를 두었다. 남편이 죽자 페드로 아리아스 포르토카레로(Pedro Arias Portocarrero)라는 귀족과 재혼하였다. 그녀는 후작의 작위를 받은 아버지와 잉카왕실의 정통성을 이어받은 후손으로 정중한 예우를 받으며 살았다. 아버지의 유언에 따라 엑스트레마두라의 트루히요(Trujillo)의 피사로 가문 생가자리에 정복궁전(Palacio de La Conquista)을 지었으며 메르셋 수도원에 많은 기부를 하기도 하였다.

될 것을 우려한 스페인인들은 1533년 7월 26일 밤 그를 처형했다. 이 비운의 인물은 죽기 직전 가톨릭으로 개종했는데, 그것은 만일 개종을 받아들이면 교수형에 처할 것이며, 이를 거부하면 화형시켜 버릴 것이라는 기가 막힌 양자택일을 강요받았기 때문이다. 불에 타 죽으면 영혼마저 사라질 것이라는 두려움 때문에 아타우알파는 결국 개종을 택했고, 즉석에서 '프란시스코'라는 세례명을 받은 직후 형장의 이슬로 사라졌다. 한편 아타우알파의 어린 아내인 쿠시리마이 오크요(Cuxirimay Ocllo)[30]는 남편의 처형 이후 쿠스코로 보내졌다가 1538년경 피사로의 첩이 되었다. 아마도 아타우알파는 죽어서도 눈을 감지 못했을 것이다.

하지만 그동안 너무 많은 사람들의 피를 흘리게 한 대가였을까. 피사로의 말로 또한 좋지 않았다. 발단은 동업자인 디에고 데 알마그로와의 불화였다. 콤파니아 데 레반테의 공동 설립자인 디에고 데 알마그로는 라만차 출신으로 피사로처럼 사생아로 태어나[31] 평생 일자무식으로 지낸 인물이었다. 미혼모 출신인 어머니가 출산사실을 숨기고 결혼하는 바람에 외삼촌 손에게서 자랐으며, 구박을 견디다 못해 피사로처럼 열다섯 살 무렵 무작정 가출했다. 물어물어 자신을 낳아 준 어머니를 찾아갔으나 마드리드에서 이미 가정을 이루고 살던 어머니는 그에게 빵 한 조각 건네주고 매몰차게 대문을 닫아버렸다. 알마그로는 좀도둑질을 하며

30 그녀는 앙헬리나(Angelina Yupanqui)라는 이름으로 개종한 후 피사로와의 사이에 프란시스코와 후안이라는 두 명의 아들을 낳았으며, 피사로가 죽자 피사로의 부하출신으로 연대기 작가인 후안 데 베탄소스(Juan de Betanzos)와 재혼하였다.

31 그가 자신이 태어난 라만차 지방의 알마그로(Almagro)를 성으로 끌어다 쓴 것도 실제 아버지(후안 데 몬테네그로, Juan de Montengro)나 어머니(엘비라 구티에레스, Elvira Gutiérrez)의 성을 사용할 수 없었기 때문이었다.

떠돌다 신대륙으로 향하는 관문인 세비야로 흘러들어와 하인으로 취직했으나 동료하인과 칼부림을 벌이는 바람에 당국에 쫓기는 신세가 되었다. 그러나 그를 측은하게 여긴 주인의 도움으로 1514년 카스티야 데 오로의 총독으로 부임하는 페드로 아리아스 데 아빌라(Pedro Arias de Ávila. 1440-1536)의 배를 얻어 타고 파나마의 다리엔으로 건너올 수 있었다. 피사로처럼 사생아 출신에 문맹인 알마그로 역시 칼을 드는 것 이외에 별다른 호구지책이 없었다. 그는 여기저기 파나마 만 일대의 정복사업에 참여했다가 피사로를 알게 되었고, 비슷한 연배에 동병상련의 과거를 공유했던 둘은 금방 의기투합했다. 인생역전을 꿈꾸던 이들은 파나마에 신부로 와있던 에르난도 데 루케의 자금을 끌어들여 정복회사인 콤파니아 데 레반테를 설립했다. 피사로가 원정대원들을 이끌고 직접 현장을 돌아다녔다면 알마그로는 주로 파나마를 근거로 모병과 보급을 담당했다. 그러나 그 역시 탐사과정에서 수차례 죽을 고비를 넘겼다. 특히 피사로가 1차 원정(1524-1525)에서 원주민들의 공격과 식량 부족으로 위기에 처하자 그를 돕기 위해 나섰다가 콜롬비아 원주민과의 전투에서 한쪽 눈을 잃고 평생 애꾸로 지냈다. 대개 동업자들의 사이가 이윤분배과정에서 틀어지듯, 이 둘의 관계도 공적의 배분과정에서 금이 가기 시작했다. 전술했듯, 피사로는 2차 원정(1526-1528)에서 잉카제국의 존재를 확인한 후 정복 허가를 얻기 위해 직접 스페인으로 달려갔으며 1529년 7월 26일 왕실과 '톨레도 협약(Capitulación de Toledo)'을 체결했다. 피사로가 사전에 카를로스 1세를 잘 구워삶아 놓은 덕분에 협약은 다른 두 동업자들 보다 피사로에게 압도적으로 유리한 내용을 담고 있었다. 즉, 피사로에게 산티아고 강(Río Santiago, 에콰도르와 페루 접경)에서 남쪽으로 200레구아(약 1,000킬로)에 해당하는 지역의 정복권과 누에바 카스티야(Nueva

Castilla, 페루)의 종신 총독과 총사령관, 아델란타도(adelantado) 등 고위 관직, 그리고 연(年) 725,000 마라베디(maravedí)의 수익을 보장했다. 반면, 알마그로에게는 고작 이달고 신분과 툼베스의 시장직, 그리고 피사로의 절반에도 못 미치는 연 30만 마라베디가 책정되었다. 신부인 루케에게는 툼베스 주교자리와 약간의 금전적 보상이 명기되었는데, 그나마 이 불운한 투자자는 잉카제국 정복 직후인 1533년 사망하여 이득을 보지 못하였다. 카하마르카 전투 당시 파나마에 있던 알마그로는 피사로의 성공소식을 듣고 득달같이 페루로 달려왔다. 아타우알파의 황금을 서로 나누어 가지고 1533년 말 함께 쿠스코를 정복하는 등 표면적으로는 협력관계를 유지했으나 하루아침에 동업자에서 부하 직원으로 전락한 그의 심기가 편할 리가 없었다. 그는 자신도 피사로처럼 대박의 주인공이 되고 싶은 야망을 억제할 수 없었다.

사진 2-3-3. 디에고 데 알마그로 초상 (칠레국립역사박물관 소장) - wikimedia commons

한편, 1534년 1월 프란시스코 피사로의 동생 에르난도 피사로는 페루에서 탈취한 막대한 금은보화를 싸들고 스페인으로 건너와 그해 5월 21일 톨레도에서 카를로스 1세를 알현했다. 페루의 정복과정을 보고받은 황제는 공적을 치하하며 프란시스코 피사로에게 후작의 작위를 수여함과 동시에 그의 통치 범위를 남쪽으로 70 레구아 더 추가해 주었다. 그러나 황제는 디에고 데 알마그로에게도 누에바 카스티야(페루) 남쪽으로 200 레구아에 해당하는 지역(누에바 톨레도, Nueva Toledo)의 정복 허가권과 더불어 피사로와 대등한 '아델란타도'의 지위를 부여했다. 이 새로운 칙령이 그렇잖아도 불편했던 피사로파(Pizarrista)와 알마그로파(Almagrista) 사이를 갈라놓는 결정적인 화근이 되었다. 하필이면 피사로의 누에바 카스티야와 알마그로의 누에바 톨레도의 경계에 잉카의 수도였던 쿠스코가 자리 잡고 있었는데 양측이 서로 도시의 소유권을 주장했던 것이다. 카를로스 1세의 칙령 소식을 접한 알마그로는 도시 인계를 거부하는 프란시스코 피사로의 동생들(후안, 곤살로 피사로)과 충돌 일보 직전까지 갔으나 이 소식을 듣고 허겁지겁 쿠스코로 달려온 프란시스코 피사로와 협상을 통해 일단 긴장을 가라앉혔다. 쿠스코의 통치권이 피사로에게 있음을 알마그로가 인정하는 대신 피사로는 알마그로의 칠레 원정을 지원해 주기로 합의한 것이다.

마침내 알마그로는 1535년 7월 기대에 부풀어 원정길에 올랐다. 페루 남쪽, 이른바 누에바 톨레도라고 명명된 지역에 잉카 못지않은 황금의 제국이 존재한다는 원주민들의 증언 때문에 사람들을 모으는 일이 어렵지 않았다. 약 오백 명의 스페인출신 원정대원을 중심으로 백여 명의 흑인과 천오백명의 원주민 보조 인력까지 거느리고 남쪽으로 향했다.

알마그로는 이 원정에 확신을 품고 자신의 전 재산을 투자했다. 그러나 약 1년 반 동안 지속된 칠레원정은 참담한 실패로 끝났다. 원정대는 제대로 된 도시하나 구경할 수 없었으며, 험준한 안데스 산맥과 지구상에서 가장 황량한 아타카마 사막의 혹독한 기후 그리고 용맹하기로 소문난 칠레의 유목원주민 마푸체(mapuche)족의 습격에 시달려야 했다. 사상자가 늘어나고 부하들의 불만이 고조되자 알마그로는 결국 원정을 중단하고 쿠스코로 돌아가기로 결심했다. 전 재산을 건 도박에 실패한 이상 다시 쿠스코에 기대는 것 이외에는 다른 방법이 없었기 때문이었다. 알마그로는 쿠스코를 누에바 톨레도의 수도로 삼아 후일을 도모할 계획이었다.

사실, 페루 남쪽에 부유한 제국이 존재한다는 소문은 잉카의 저항세력이 의도적으로 유포한 것이었다. 그들은 황금에 눈이 먼 스페인인들의 전력을 분산시키고 그 틈을 노려 잉카제국의 부활을 꾀할 생각이었다. 실제 알마그로의 칠레원정은 페루 남부에 스페인의 전력(戰力) 공백을 초래하였다. 알마그로가 떠난 쿠스코는 프란시스코 피사로의 두 형제인 후안과 곤살로 피사로가 책임지고 있었는데, 이들은 수시로 리마를 들락거리느라 바빴고 형의 당부에도 불구하고 새 사파 잉카인 망코 잉카(Manco Inca Yupanqui, 1515?-1545)를 굴욕적으로 대했다. 1533년 말 피사로에 의해 허수아비 황제로 옹립된 망코 잉카는 제국의 내전 당시 적자인 우아스카르파(派)였기 때문에 처음에는 피사로를 구세주처럼 반겼다. 그러나 잉카인들은 물론 황제인 자신까지도 서슴지 않고 모욕하는 점령자들의 처사에 반발하여 봉기를 꿈꿨다. 망코 잉카는 쿠스코에 내려 온 에르난도 피사로에게 황금이 숨겨진 장소를 알려주겠노라는 구실을 대고 1536년 4월 쿠스코를 탈출하는데 성공했다. 그는 잉카의 저항군을 모아 봉기를 시작했으며 곧바로 쿠스코를 포위했다. 시내 중심가로 몰린 약 190명의 스페인인들 - 그들 중에는 피사로의 세 동생들(에르난도, 후안, 곤살로 피사로)이 포함되어 있었다. - 과 그들에게 부역하던 원주민들은 격렬히 저항했으나, 이 와중에 후안 피사로가 머리에 돌을 맞고 부상의 후유증으로 죽었다. 그러나 약 10개월간의 공성전(1536.5-1537.3)에도 불구하고 잉카 저항군은 쿠스코를 완전히 장악하지는 못했다. 망코 잉카는 리마에 있는 프란시스코 피사로가 지원군을 보낼까 우려하여 자신의 동생인 키수 유팡키(Quizu Yupanqui) 장군이 이끄는 2만 병력으로 하여금 리마 공격을 지시했다. 1536년 8월 약 보름간 진행된 리마 공성전에서 잉카 저항군은 피사로가 직접 지휘하는 스페인-우앙카스(huancas)족 원주민 연합군에 패했으며 부대를 이끌던 키수 유팡키는 전사했다. 전황이 녹녹치 않게 돌아가는데다 알마그로가 칠레에서 북상중이라는 소식을 듣고 망코 잉카는 쿠스코 점령을 단념하고 페루 아마존 지역의 빌카밤바(Vilcabamba)로 이동했다. 빌카밤바의 잉카 정권은 이후 4명의 황제를 배출하며 존속하다가 1572년 9월 페루의 부왕 프란시스코 알바레스 데 톨레도(Francisco Álvarez de Toledo, 1515-1582)가 마지막 잉카 황제 투팍 아마루 1세(Túpac Amaru I, 1545-1572)를 처형하면서 종식되었다.

한편, 칠레에서 쿠스코로 돌아온 알마그로는 피사로 형제들과 다시 도시의 소유권 문제를 둘러싸고 다투었다. 알마그로가 성문 앞에 와서 진입을 요구하자 에르난도 피사로는 자신에게는 결정권이 없으며 형에게 물어봐야 한다며 버텼다. 참지 못한 알마그로는 무력으로 쿠스코를 장악했고 에르난도와 곤살로 피사로를 체포해서 투옥해 버렸다. 알마그로는 법적인 정당성을 확보하기 위해 카를로스 1세의 이름으로 자신을 도시의 통치자로 선언했으며, 도망간 망코 잉카의 동생 파우유 잉카(Paullu Inca, 1518?-1549)를 새 허수아비 황제로 책봉했다. 이 무렵 피사로가 보낸 알론소 데 알바라도(Alonso de Alvarado, 1500-1556)가 약 오백명의 병력을 이끌고 쿠스코에 도착했으나 알마그로파와의 아방카이 다리 전투(Batalla del Puente de Abancay, 1537.7.12)에서 패하고 포로로 잡혔다. 알마그로는 에르난도, 곤살로 피사로와 알론소 데 알바라도 등 프란시스코 피사로의 측근들을 처형하자는 로드리고 오르도녜스(Rodrigo Ordoñez, 1490-1538) 등 강경파 부하들의 건의를 무시하고 그들을 협상카드로 활용하기 위해 살려두었다. 이제 쿠스코를 장악한 알마그로는 느긋했고 다급해진 쪽은 프란시스코 피사로였다.

피사로는 동생들의 석방을 요구했으나 급할 것 없는 알마그로는 이를 매번 거부하며 예전 동업자의 애를 태우다가 마침내 만나자는 피사로의 요청을 수락했다. 알마그로는 포로 중에서 에르난도 피사로만 데리고 무장한 수백 명의 부하들과 함께 쿠스코를 나섰다. 그러나 이는 중대한 실책이었다. 알마그로가 도시를 비우자, 피사로파였다가 할 수 없이 알마그로에게 붙었던 병사들이 반란을 일으켜 곤살로 피사로와 알론소 데 알바라도를 구출한 후 프란시스코 데 피사로가 있는 리마로 도주해버린 것이다.

한편, 알마그로는 회담 장소로 가는 길에 친차(Chincha)에 해안가 도시를 세웠다. 바다에 면해 있어 본국과의 연락이나 지원 병력, 보급품 조달에 유리한 리마처럼 내륙의 쿠스코를 기반으로 한 알마그로 역시 항구 확보가 시급했기 때문이었다. 알마그로와 피사로는 약속대로 1537

년 11월 13일 리마 남부의 말라(Mala)에서 회동했으나 서로에 대한 불신으로 회담이 결렬되었고, 알마그로는 쿠스코로 돌아가지 않고 자신이 세운 친차에 머무르며 상황을 주시했다. 마침내 피사로는 알마그로에게 쿠스코의 지배권을 인정하고 황금과 배 한 척을 주기로 하고 알마그로의 수중에 포로로 잡혀있던 에르난도를 데려왔다. 로드리고 오르도녜스 등 부하들의 반대에도 불구하고 피사로의 혈육을 풀어준 것은 알마그로가 저지른 또 다른 중대한 실책이었다. 풀려난 에르난도는 스페인으로 돌아가기로 한 석방조건을 어기고 쿠스코에서 함께 포로로 있었던 곤살로 피사로, 알론소 데 알바라도와 함께 복수전을 준비했다. 피사로파와 알마그로파의 운명은 1538년 4월 6일 쿠스코 인근의 살리나스 전투(Batalla de las Salinas)에서 결정되었다. 이 전투는 피사로와 알마그로의 대리인들끼리의 대결이었다. 이미 나이가 든 피사로는 동생들과 함께 진군하다 리마로 돌아갔으며, 오랜 원정과 매독으로 고생하던 알마그로도 부하인 로드리고 오르도녜스에게 지휘를 맡기고 자신은 산등성이에 올라 전투를 지켜보았다. 전투는 불과 두 시간 만에 피사로파의 승리로 끝났다. 로드리고 오르도녜스는 칼을 내려놓고 항복하였으나 원한에 사로잡힌 피사로파에 의해 즉결 처형되었으며 알마그로도 쿠스코 시내로 도주하여 탑 안에 숨어 있다가 알론소 데 알바라도에게 체포되었다. 피사로의 형제들은 알마그로를 자신들이 갇혀있던 감방에 가두었다가 1538년 7월 8일 교수형으로 처형하고 수급을 잘라 광장에 내걸었다. 어린 시절부터 파란만장한 삶을 살아 온 디에고 데 알마그로는 이렇게 생을 마감하였다. 하지만 이게 끝이 아니었다. 알마그로는 파나마에서 원주민 여인과의 사이에 아들을 두고 있었다. '젊은 디에고 데 알마그로'라는 의미의 디에고 알마그로 엘 모소(Diego de Almagro el Mozo, 1522-1542)

라 불리는 그는 어린 나이에 아버지를 따라 칠레 원정에 참여하였으며 살리나스 전투 후에 포로가 되어 리마로 압송되었으나 목숨만은 건질 수 있었다. 그를 중심으로 알마그로 추종자들이 모였고 피사로에게 복수할 날만을 기다리고 있었다. 마침내 1541년 6월 26일 일요일, 그날따라 불길한 느낌에 미사도 불참하고 리마의 자택에 머무르던 프란시스코 피사로는 갑자기 집안에 들이닥친 알마그로의 추종자들에게 수많은 자상을 입고 잔인하게 살해되었다. '칼로 흥한 자 칼로 망하리라'라는 성경의 잠언이 틀리지 않았음을 보여주는 피사로다운 최후였다.

4
원주민의 수호자
바르톨로메 데 라스 카사스

어둠이 있으면 빛이 있고, 음지가 있으면 양지도 있는 법이다. 발견과 정복기에 대서양을 건넌 모든 스페인 사람들이 코르테스나 피사로처럼 황금에 눈이 멀었던 것은 아니다. 개중에는 양심적인 사람들도 더러 있었으며 가장 대표적인 인물로 바르톨로메 데 라스 카사스(Bartolomé de las Casas, 1474?, 1484? – 1566) 신부를 꼽을 수 있다. '원주민의 수호자'라 불리는 그는 15세기 후반 스페인 남부 세비야에서 태어났다.[32] 이 도시는 신대륙 발견 직후부터 스페인이 중남미를 지배했던 대부분의 기간 동안 아메리카로 향하는 관문 역할을 했다. 식민지와의 교역을 관장하기 위해 1503년 세워진 '통상원(Casa de Contratación)'도 1717년 카디스로 이전하기까지 약 2백 년 동안 세비야에 있었다.

세비야에 살던 라스 카사스의 가족은 누구보다도 먼저 신대륙과 접

---

32 라스카사스의 출생연도와 날짜는 분명치 않다. 라스 카사스에 대한 최초의 전기 작가로 꼽히는 안토니오 데 레메살(Antonio de Remesal)은 1474년이라고 기록하고 있으나, 1975년에 라스 카사스가 자신의 나이를 직접 밝힌 문서가 발견된 이후로는 1484년 설이 더 설득력을 얻고 있다. 한편, 부모나 성인의 이름을 붙이던 당시의 관행으로 보아 라스카사스가 태어난 날은 바르톨로메 성인(San Bartolomé)의 축일인 8월 24일로 추정된다. 그의 아버지 이름이 페드로(Pedro)였기 때문이다.

촉할 수 있었다. 라스 카사스의 삼촌은 1492년 콜럼버스의 첫 번째 항해에 참가하여 신대륙 발견의 역사적인 순간을 직접 목격했고 그의 아버지 또한 다른 삼촌과 함께 1493년 9월 콜럼버스의 두 번째 항해에 동승하여 대서양을 건넌 경험을 갖고 있었다. 라스 카사스는 어려서부터 아버지와 삼촌들로부터 경이로운 무용담을 들을 수 있었으며 바다를 건너 온 온갖 희귀한 문물을 보고 접할 수 있었다. 그리고 라스 카사스 역시 1502년 2월 13일 니콜라스 데 오반도(Nicolás de Ovando, 1460-1511)가 이끄는 32척의 대규모 선단에 몸을 실고 스페인을 떠나 라 에스파뇰라 섬의 산토 도밍고로 향했다. 당시 서로 구면은 아니었지만 야망에 불타던 젊은 프란시스코 피사로도 같은 선단에 타고 있었다.

이전에 라스 카사스는 살라망카대학에서 교회법을 공부했으나 아직 사제는 아니었다. 그는 아버지와 삼촌들처럼 경제적인 목적으로 신대륙으로 건너간 것으로 보이며 1504년 디에고 벨라스케스 데 쿠에야르의 휘하에서 라 에스파뇰라 섬 타이노 족의 반란 진압에 참여한 공으로 엔코미엔다의 소유주가 되었다. 여느 식민자처럼 지내던 그는 1506년 세비야로 돌아와 이듬해 로마에서 사제서품을 받고 1508년 다시 라 에스파뇰라 섬으로 돌아왔다. 그러나 이때만 해도 라스 카사스는 전교활동과 함께 엔코미엔다를 운영하는 '투잡(two job)'에 몰두하고 있었다.

사진 2-4-1. 바르톨로메 데 라스 카사스 신부 - wikimedia commons

한편 신대륙 발견은 초기부터 치열한 철학적, 신학적 논쟁을 야기했다. 논란의 핵심은 '그들은 누구인가?'라는 원주민들의 정체성 문제에 집중되었다. 대륙 자체의 존재를 몰랐으므로 그곳에 살고 있는 낯선 사람들에 대해서도 명확한 개념 정의가 필요했던 것이다. 한편에서는 원주민들이 우상을 숭배하는 이교도이며, 인신공양과 식인풍습을 자행하는 비이성적인 야만인들이므로 그들을 노예로 삼는 것은 정당하다는 의견을 피력했다. 천성에 의해 노예가 존재한다는 아리스토텔레스의 자연법 사상에 기초한 주장이었다. 그러나 다른 한편에서는 원주민들 역시 보편적인 인간이므로 그들을 평화로운 방식으로 개종시켜 백인과 마찬가지로 동등하게 대우해야 한다고 주장했다. 이 의견은 노예제도를 유용할 수는 있으나 자연이성에 부합하는 것은 아니라는 토마스 아퀴나스 사상에 기초하고 있었다. 원주민의 강제, 무상 노동에 의존하던 대부분의 엔코멘데로(encomendero, 엔코미엔다 소유주)들은 전자의 입장을 지지했으며, 도미니크회 성직자들을 중심으로 한 일부 양심적인 사람들은 후자의 견해를 견지했다.[33]

이 무렵 1511년 12월 하순, 크리스마스를 앞두고 도미니크 수도회 소속의 안토니오 데 몬테시노스(Antonio de Montesinos, 1475-1540)신부가 라 에스파뇰라 섬 산토도밍고 시의 한 성당에서 스페인 식민자들을 상대로 역사에 길이 남을 강론을 펼쳤다.

> 당신들(스페인 식민자들)은 죽음을 피할 수 없는 죄악에 빠져 있으며, 그 죄악 속에서 살다 죽게 될 것입니다. 이 순진한 사람들(원주민들)에게 당신들이 저지르고 있는 잔혹함과 횡포 때문입니다. 말해 보십시오. 대체 당신들은 어떠한 법과 명분으로 이 원주민들을 그토록 참혹하고 처참한 노예로 부리고 있습니까? 도대체 무슨 권리로 자기 땅에서 유순하고 평화롭게 사는 이 사람들을 상대로 그토록 증오스러운 전쟁을 벌이고 있습니까? 〔…〕 어떻게 그들에게 먹을 것도 주지 않고, 병도 치료하지 않은 채, 매일 같이 황금을 얻기 위해 그들을 죽음으로 내몰 수 있습니까? 〔…〕 이들은 사람이 아니란 말입니까? 이들은 이성적인 영혼을 지니지 않았단 말입니까? 당신들은 당신들 자신처럼 그들을 사랑해야 할 의무

33 이는 후일 라스 카사스 신부와 아리스토텔레스파 신학자인 후안 히네스 데 세풀베다(Juan Ginés de Sepúlveda) 사이에 벌어진 바야돌리드 논쟁(Controversia de Valladolid, 1550-1551)의 주제이기도 하다.

가 있다는 것을 모르고 있단 말입니까? 당신들은 이 사실을 이해하지 못하며, 느끼지 못한단 말입니까? 당신들은 어쩌면 그토록 혼수상태처럼 깊은 잠에 빠져 있을 수 있습니까? 이와 같은 상태라면, 당신들은 예수님의 신앙을 거부하는 모로나 터키인들처럼 구원받지 못할 것임이 분명합니다. (Quesada, Sebastián, 2001, 49)

이역만리 타향에서 성탄을 앞두고 내심 따듯한 위로의 말을 기대했던 엔코멘데로들은 몬테시노스 신부의 강론을 듣고 거칠게 항의했다. 엔코멘데로들과 프란시스코회 성직자들은 분을 삭이지 못하고 본국의 왕(페르난도 2세)에게까지 찾아가 도미니크회 수도사들의 즉각적인 추방을 요구했다. 스페인 국왕은 양측의 의견을 경청한 후 도미니크회 수도사들의 손을 들어주었다. 그리고 1512년 12월 신대륙에 적용한 최초의 법률인 부르고스 법(Leyes de Burgos)을 제정해 강제노역 폐지 등 원주민들에 대한 인권 보호를 명기했다. 원주민들이 평화적인 방식으로 개종을 거부할 경우 사전에 반드시 '레케리미엔토'를 고지하도록 규정한 것도 이 법안에 의해서였다. 물론, 독자들이 짐작하듯, 신대륙에서 이 법안이 준수될 리 만무했다.

이러한 소란의 와중에 라스 카사스는 속으로는 뜨끔했을지 모르나 논쟁에 끼어들지 않았으며 아직 자기 소유의 엔코미엔다도 포기하지 않았다. 하지만 디에고 벨라스케스의 요청으로 쿠바로 건너가 판필로 데 나르바에스 군대의 종군신부로 일하면서 점차 참혹한 현실에 눈을 뜨게 되었다. 특히 1513년 카오나오(Caonao)에서 나르바에스의 군대가 자신들을 환영하며 연회를 베풀어주던 원주민들을 무참하게 집단 학살한 사건은 라스 카사스의 양심에 큰 반향을 울렸다. 학살의 와중에 라스 카사스는 죽어가는 한 원주민 청년에게 눈물의 세례를 주었다. 이듬해인 1514년 라스 카사스는 쿠바에서의 종군활동을 인정받아 오늘날 씨엔푸에고스(Cienfuegos) 인근의 엔코미엔다를 추가로 할당받았으나 늘어나는 부에 비례해 양심의 가책도 쌓여만 갔다. 그는 부활절 미사에서 원주민 학대를 나무라는 강론을 펴다가 엔코멘데로들로부터 거센 비난을 받았다. 자신부터가 비판의 대상이었기 때문이었다. 결국 라스 카사스는 디에고 벨라스케스의 만류에도 불구하고 자신의 모든 엔코미엔다를 반납했다. 이때부터 라스 카사스는 스페인과 중미, 카리브 일대를 부지런히 오가며 본격적인 인디오 인권운동을 펼쳤다. 그의 보고와 설득 덕분에 스페인의 카를로스 1세는 1542년 신법(Leyes Nuevas)을 제정해 악명 높은 엔코미엔다의 세습을 금지시키고 원주민 인권을 강화하는 내용의 법령을 발표했다. 물론 신대륙의 식민자들은 워낙 본국이 멀리 떨어져 있었기에 '부르고스 법'과 마찬가지로 '존중하지만 지키지는 않는다(Obedezco pero no cumplo)'는 유명한 원칙을 견지했다.

한편, 라스 카사스를 논할 때 꼭 빼놓지 말아야 할 것이 그가 남긴 유명한 저서인 『인디아스 파괴에 관한 간략한 보고서』(Brevísima relación de la destrucción de las Indias)이다. 1542년 말 탈고한 이 책은 당시 스페인의 펠리페 왕자(Felipe, 후일의 펠리페 2세)에게 보내는 보고서 형식으로 되어있으며, 라스 카사스가 신대륙에서 직접 목격했거나 전해들은 스페인 정복자들의 만행을 고발한 것이다. 1552년 출간되었으며, 스페인에 불리한 내용을 담고 있었으나 저자에 대한 왕실의 존중 때문에 금서로 지정되지 않고 자유롭게 유통되었다. 정복자들의 잔학성을 고발하는 이 책은 당시 스페인 합스부르크 왕가의 통치하에 있던 네덜란드의 독립파들에게 좋은 선동의 도구가 되었으며 그렇잖아도 스페인의 신대륙 독식을 못마땅해 하던 유럽의 다른 나라들에게도 좋은 비난의 구실을 주었다. 더 나아가 스페인에 대한 부정적인 이미지를 총칭하는 '레옌다 네그라(Leyenda Negra, 흑역사, 검은 전설)'를 유포시키는 단초가 되었다. 다음은 라스 카사스가 이 책에서 전하고 있는 참담한 상황들이다.

> 기독교인들은 그들(원주민)의 뺨을 때리고 주먹으로 때리고, 몽둥이로 때렸습니다. 그리고 마을의 족장들을 희롱하기까지 했습니다. 한 기독교인 장교가 이 섬(라 에스파뇰라) 전체의 우두머리인 대추장의 부인을 완력으로 강간하는 끔찍하고 수치스러운 일도 일어났습니다. 원주민들은 자신들의 땅에서 기독교인들을 몰아내기 위한 방법을 찾으려 했습니다. 그들은 무기를 들었습니다만, 너무 빈약하고 공격이나 저항은 물론 방어하기에도 부적합했습니다.(따라서 그들의 전투는 전쟁놀이 이상이 아니었으며 심지어는 어린아이들의 놀이와 같았습니다.) 반면, 기독교인들은 말을 타고 칼과 창을 휘두르며 원주민들을 학살하기 시작했으며, 그들에게 전대미문의 잔혹함을 저지르기 시작했습니다. 기독교인들은 마을로 난입하여 마치 우리 안에 갇힌 어린양을 공격하는 것처럼 아이들, 노인들, 아직 아이를 낳지 않은 임신부와 산모들을 가리지 않고 그들을 조각내 버렸습니다. 기독교인들은 누가 단칼에 사람의 몸을 두 동강이 낼 수 있는지, 뾰족한 도구로 목을 자를 수 있는지, 몸속의 장기(臟器)를 찾아내는지 내기를 걸었습니다. 어머니의 젖을 먹고 있는 아기의 다리를 잡아채서 떼어낸 다음 바위에 머리를 내동댕이 쳐버렸습니다. 어떤 이들은 등 뒤로 아기들을 던져 강물에 빠뜨리면서 웃고 조롱하며 "그대로 발버둥 쳐봐"라고 말하곤 했습

> 니다. 눈에 띄는 모든 아기들을 어머니와 함께 칼로 찌르는 이들도 있었습니다. 발이 땅에 거의 닿을 듯한 교수대를 예수와 12사도에 대한 존경의 표시로 13개씩 만들어 놓고 장작에 불을 질러 원주민들을 산 채로 태워 죽였습니다. (Las Casas, Saint-Lu(ed.), 1992, 80-81)

> 이 섬(쿠바)의 모든 원주민들은 라 에스파뇰라 섬 원주민들이 겪었던 착취와 재앙에 처했을 때, 아무런 대책 없이 죽어나가는 그들을 보면서, 일부는 산으로 도망가기 시작했으며 다른 이들은 절망감에 사로잡혀 스스로 목을 매기 시작했습니다. 남편과 부인이 서로 목을 졸랐고 자식들을 목매달았습니다. (제가 알고 있는) 한 스페인인의 포악함으로 인해 이백 명 이상의 원주민들이 스스로 목을 매달았습니다. 이러한 방식으로 무수히 많은 사람들이 죽었습니다. (Las Casas, Saint-Lu(ed.), 1992, 93)

혹자는 라스 카사스의 기록이 과장되었다고 지적하기도 하지만, 인명피해의 숫자는 몰라도 이러한 참혹한 장면은 대개 사실에 근거한 것이다. 아무리 '기독교인이 아니면 (동물과 마찬가지로) 영혼이 없다'고 여겼던 시대였다지만, 신대륙의 인구가 정복 1세기 후 10분의 1로 줄었다는 학자들의 공통된 견해에 비추어 보면, 당시 중남미는 인류 역사상 전무후무했던 '아수라장'이었던 것만은 틀림없어 보인다.

5
'신대륙 발견'의 세계사적 의미
근대와 자본주의의 출범

신대륙 발견과 정복은 당사자인 스페인과 중남미뿐만 아니라 전 세계에 큰 변화를 초래했다. 다소 과장일 수 있으나, 아마 요즘으로 치면 고등생명체가 사는 외계행성을 발견한 것과 비교할 수 있을 것이다.(최소한 원주민들의 입장에서 유럽인들과 조우한 초기에는 그에 버금가는 충격을 받았을 것이다. 난생 처음 보는 말과 대포, 그리고 백인들은 멀쩡한데 자신들만 골라 덮치는 전염병을 보고 마치 외계인을 접한 듯한 극도의 공포감에 시달렸을 것이 분명하다.)

신대륙 발견으로 서구 역사의 중심축이 지중해에서 대서양으로 옮겨왔다. 실크로드에 놓여있던 이슬람과 이탈리아 상권 도시국가들이 침체하고 대신 포르투갈과 스페인, 그리고 이어서 영국과 네덜란드, 프랑스 등 대서양에 면한 해양 국가들이 세계사의 주역으로 떠올랐다. 즉, '바다를 지배하는 자가 세계를 지배하는' 시대가 열린 것이다. 그리고 이들 열강 사이의 치열한 식민지 쟁탈전과 함께 근대제국주의의 본격적인 서막이 열렸다.

유럽인들이 대양 너머로 눈을 돌리고 전 지구적 안목을 갖게 되면서 농업기반의 중세적 경제 질서가 종식되었으며 상공업 중심의 자본주의가 전개되기 시작했다. 신대륙에서 건너온 막대한 금은보화는 일시적으로는 스페인을 비롯한 유럽의 경제에 도움이 되었으나, 궁극적으로 화폐량이 늘어나면서 화폐가치가 폭락해 심각한 인플레이션을 유발했다는 견해도 있다.

아무튼 오랫동안 서로의 존재를 몰랐던 두 대륙의 만남은 사람뿐만 아니라 동물과 작물, 질병의 세계화도 야기했다. 소와 말, 양, 돼지 등 가축들과 사탕수수, 포도, 올리브, 커피, 밀과 같은 구대륙의 농작물들이 신대륙의 산야를 가득 메운 대신 감자와 옥수수, 토마토, 담배와 같은 아메리카 작물들은 역으로 유럽을 통해 전 세계로 퍼졌다. 이 밖에 천연두와 홍역 등 구대륙의 질병이 신대륙으로 건너가 급격한 원주민 인구 감소의 한 원인이 되었던 반면 매독은 거꾸로 대서양을 건넜다.

신대륙 발견은 지구촌 사람들의 피부색도 대폭 바꾸어 놓았다. 원주민과 백인정복자, 흑인노예 등의 피가 마구잡이로 섞이면서 메스티소(mestizo, 백인과 인디오 혼혈), 물라토(mulato, 백인과 흑인 혼혈), 삼보(zambo, 흑인과 인디오 혼혈)는 물론 더 세부적으로 쿠아르테론(cuarterón, 백인과 메스티소 혼혈), 촐로(cholo, 메스티소와 인디오 혼혈), 치노(chino, 물라토와 인디오 혼혈)와 같이 매우 복잡한 인종회로를 만들어 놓았다. 정복의 핵심 명분이었던 기독교(가톨릭)는 중남미의 종교지형을 완전히 뒤바꿔 놓았으며 최근(2013)에는 아메리카 대륙출신으로는 최초로 아르헨티나 출신의 프란체스코 교황이 바티칸에 입성하였다.

중남미를 선점한 스페인의 영광은 그다지 오래가지 못했다. 신대륙으로부터 막대한 금과 은을 들여왔으나 생산적인 산업 인프라에 투자하지 못하고 이슬람교도인 오스만 터키나 개신교 국가들인 영국, 네덜란드 등을 상대로 무익한 전쟁에 국가적 부를 소모했다. 스페인 사회에는 신대륙으로 건너가 '한 몫 잡으려는' 일확천금의 풍조가 번져 성실한 노동의 가치가 경시되었으며, 국토수복전쟁 이후 가톨릭 중심적인 국가정체성과 민족주의를 강조하면서, 오랜 세월 전문·기술직종에 종사해왔던 유대인과 이슬람교도들의 대규모 두뇌유출사태도 일어났다.

그러나 집단정체성의 가장 중요한 요소인 언어(스페인어)와 종교(가톨릭)의 DNA를 함께 공유한 스페인과 중남미는 역사적으로 서로에게 큰 힘이 될 때가 많았다. 어느 한쪽이 사회, 경제적으로 어려울 때 이 두 지역은 가장 먼저 의지할 수 있는 대안으로 떠오르곤 했다. 스페인이 '유럽의 아프리카'로 불리던 19세기 후반에서 20세기 초반에 수많은 사람들이 중남미로 삶의 터전을 옮겼다. 스페인 내전에서 패배한 공화파 인사들을 받아 준 곳도 중남미국가들이었으며, 가장 최근에는 2000년대 초반 남유럽 재정위기 때 일자리를 찾지 못한 스페인 사람들이 또 한 차례 대서양을 건넜다. 프랑코 정권이 2차 대전 종전 직후 외교적으로 고립되었을 때 아르헨티나 페론 정권으로부터 적지 않게 도움을 받았던 일이나, 프랑코 자신이 열렬한 공산주의자였음에도 불구하고 피델 카스트로의 쿠바와 우호적인 관계를 맺었던 사실 등은 양 지역의 관계를 단순한 이념이나 외교적 프레임만으로 바라볼 수 없다는 사실을 보여준다. 스페인 역시 영국과 아르헨티나 사이의 포클랜드 전쟁(1982) 당시 아르헨티나 군대의 즉각적인 철수를 의결하는 UN안전보장이사회에서 기권을 표해 사실상 후자의 편을 들어주었으며, 9.11 테러 이후 한동안 미국으로의 입국이 어려워진 중남미 사람들을 관대하게 받아주는 등 역사적 인연을 잊지 않고 있다.(신정환, 전용갑, 2016, 302-308) 오늘날에도 스페인(포르투갈 포함)과 중남미는 역사적 구원(舊怨)을 잊고 매년 '이베로아메리카 정상회담'을 개최해 양 지역 간의 사회, 경제, 문화적 교류를 다지고 있다. 상생과 호혜의 원칙에 입각한 진정한 의미의 '플루스 울트라(Plus Ultra, 바다를 건너가도 된다)'시대가 다시 열린 것이다.

제3부

히스패닉 아메리카의 개막

식민 시기의 삶과 문화

- 신정환 -

I
신대륙의 비극과 인권의 수호자들

1492년 유럽인들이 도착하기 전에 라틴아메리카에는 모두 8천만 명 정도의 원주민들이 살고 있었다고 한다. 이중 스페인어권 아메리카에 6,500만 명이 살았는데, 특히 가장 많은 인구가 살았던 곳은 잉카 제국과 아스테카 제국으로 추정된다.(Telesurtv)[34] 그러나 유럽인들의 무자비한 정복과 식민 시대를 거치면서 1700년경이 되면 스페인어권 아메리카 땅에는 약 5백만 명의 원주민들만 남은 것으로 추정된다. 다시 말해 200년 만에 6천만 명의 주민들이 사라진 것이다. 대부분의 지역에서 90% 이상의 원주민들이 사라졌고, 특히 바하마, 쿠바, 아이티 등 대(大) 앤틸리스 제도의 원주민들은 사실상 멸종되었다. 원주민들의 비극은 이들이 신대륙의 착취를 위해 노동력을 제공하는 존재로만 간주되었기 때문이다.

한편, 우루과이 출신의 언론인 에두아르드도 갈레아노(Eduardo Galeano)에 따르면, 스페인 정복자들이 나타났을 때 아스테카, 잉카, 마야인들은 모두 7천만에서 9천만 명에 달하였으나 150년 후에는 350만 명으로 감소한다고 추산된다. 그는 원주민들에게 가해진 가혹한 광산 노동이 이

---

34 신대륙 발견 이전의 라틴아메리카 대륙 인구에 대해서는 상이한 주장이 많으며, 1억 3천만 명에 달했다고 주장하는 연구도 있다.(Doughty, 43)

러한 비극을 낳았으며, 당시 대표적인 은광(銀鑛)이었던 포토시는 원주민들을 집어삼키는 '지옥의 입구'로 비유되었다고 말한다.(갈레아노, 96-97) 원주민들이 멸절된 원인으로는 강제 노동 외에도 학살, 자살, 기아, 그리고 특히 페스트, 홍역, 독감, 발진티푸스 등의 전염병을 들 수 있다. 콜럼버스 이후 아메리카 대륙의 인구 감소는 인류 역사에서 유례를 찾아보기 힘든 참사였다고 할 수 있다.

가톨릭교회는 스페인의 식민체제를 구축하는 한 축으로서 정복자의 입장에서 원주민 학대를 방관하고 더 나아가 주도하기도 했다. 그러나 그 와중에도 많은 가톨릭 사제들이 잔악한 스페인의 정책을 비난하고 원주민들의 인권을 보호하는 데에 앞장섰다. 대표적인 인물이 바르톨로메 데 라스 카사스(Bartolomé de las Casas, 1484-1566)이다. 라스 카사스의 혈통은 프랑스 출신의 구교도 또는 개종한 유대인 집안으로 추정되며 아버지인 페드로는 상인이었다. 페드로 데 라스 카사스는 콜럼버스와 개인적으로 잘 알아서 그의 제2차 신대륙 항해에 동생과 함께 참가했으며 오늘날 도미니카공화국과 아이티가 있는 라 에스파뇰라 섬에서 큰 재산을 모았다. 바르톨로메가 훗날 콜럼버스의 『항해 일지』(Diario de a bordo)를 편집하는 작업을 맡았던 것도 우연이 아닌 것이다.

라스 카사스는 살라망카 대학에서 공부한 후 1502년 가족의 재산이 있는 라 에스파뇰라 섬에 왔다. 1510년 그는 아메리카 대륙에서 서품된 최초의 가톨릭 신부가 된다. 라스 카사스는 1513년 디에고 벨라스케스(Diego Velázquez)의 쿠바 원정에 군종신부로 참전하면서 원주민들에 대한 스페인 정복자들의 만행을 목격한다. 쿠바 정복이 끝난 후 그는 시엔푸에고스(Cienfuegos) 근처의 대농장(엔코미엔다)을 하사받아 운영한다.

1514년 그에게 회심이 일어난다. 성령강림축일을 맞아 강론을 준비하던 라스 카사스 신부는 구약의 집회서 34장을 깊이 묵상한 후 스페인 정복자들의 악행이 용서받지 못할 대죄임을 깨닫게 된 것이다.(Bartolomé de las Casas, 152) 집회서 34장 21-22절의 구절은 다음과 같다. "불의하게 얻은 것으로 제사 드리면 부정한 제물이 되고 무도한 자들의 봉헌물은 받아들여지지 않는다."

라스 카사스는 대농장을 포함한 자신의 모든 재산과 노예들을 포기하고 원주민 인권을 위해 일생을 바치겠다는 결심을 한다. 특히 그는 여러 차례에 걸쳐 스페인을 왕복하면서 국왕 카를로스 1세에게 아메리카 원주민들의 실상을 전하고 보호대책을 요구했다. 그는 대안으로서 아프리카 흑인 노예를 수입하고 수도원이 대농장을 감독할 것을 제안한다. 라스 카사스 신부는 1523년 도미니크 수도회에 입회했고 1544년에는 멕시코 치아파스 교구의 주교로 임명되었다. 그는 『인디아스 통사』(Historia general de las Indias)와 『인디아스 파괴에 대한 간략한 보고서』(Brevísima relación de la destrucción de las Indias) 등을 통해 스페인의 잔악한 식민정책을 고발했다.

사진 3-1-1. 바르톨로메 데 라스 카사스가 『인디아스 파괴에 대한 간략한 보고서』에서 묘사한 스페인 정복자들의 만행. 테오도르 드 브리(Theodor de Bry)의 판화. - wikimedia commons

라스 카사스는 1550년 스페인의 바야돌리드에서 저명한 신학자이자 살라망카 대학 교수인 세풀베다(Ginés de Sepúlveda)와 유명한 논쟁을 벌인다. 그것은 원주민에게 진정한 인간의 자격이 있는지를 따지는 논쟁이었다. 일찍이 이사벨 여왕은 아메리카 원주민들을 스페인에 데려온 콜럼버스에게 그들을 노예 취급하지 말라고 경고한다. 또한 교황 바오로 3세는 1537년 공포한 칙서 <하느님의 초월성(Sublimus Dei)>을 통해 아메리카 원주민들을 노예로 삼는 것을 반대하면서 이들이 영혼을 지닌 '진짜 인간'이라고 천명한 바 있었다. 1542년 카를로스 1세는 신법(Leyes Nuevas)을 공포하여 아메리카 원주민의 노예화를 정식으로 금지한다.

그러나 이에 대한 논쟁은 특히 신학자들을 중심으로 수그러들지 않았다. 예를 들어, 세풀베다는 원주민들이 인신공양을 행하는 야만인이기 때문에 이들을 무력으로 제압하고 교화하는 것이 정당하다고 주장한다. 또한 그는 그리스도교 공동체에 완전히 동화될 때까지 야만인들은 문명인들에게 복종해야 한다고 말한다. 이에 대해 라스 카사스는 원주민들 역시 이성을 가진 존재로서 우수한 문명을 가지고 있다고 반박한다. 또한 전쟁이 아니라 설득을 통해 원주민들을 계도해야 한다고 주장한다. 라스 카사스는 정복과 선교는 양립할 수 없음을 인식하고 있었던 것이다.

사진 3-1-2. 원주민들의 보호자 바르톨로메 데 라스 카사스가 바야돌리드에서 세풀베다와 논쟁을 벌이는 모습. - wikimedia commons

바야돌리드 논쟁은 일단 라스 카사스 신부의 승리로 끝난 것처럼 보인다. 왜냐하면 아메리카 원주민들이 완전한 인간임을 인정(?) 받았기 때문이다. 그러나 단서조항이 있었다. 즉 그들은 지적으로나 도덕적으로 성숙한 인간으로 간주될 수 없는 미성년자와 같은 존재라는 결론이 내려진 것이다. 따라서 미성숙한 보호의 대상으로서 그들은 책임과 권리를 행사하지 못했고 종교재판도 면제받았다. 또한 궁극적으로 이들은 열등한 인종으로서 우수한 백인의 지도와 보호 하에 있어야 하며 그들에게 부과되는 강제 노동도 정당하다는 식민주의 사고가 만연하게 되었다.

그럼에도 불구하고 라스 카사스는 당시로 봐서는 진보적인 사고와 행동으로 인해 지금까지 원주민 보호의 선구자이자 인권운동의 아버지로 존경받고 있다. 또한 훗날 중남미 독립을 주도한 영웅 시몬 볼리바르와 멕시코 치아파스 지방의 사파티스타 농민혁명에도 큰 영향을 끼친 것으로 평가된다. 그러나 그 역시 원주민을 개종시키고 중남미를 식민체제로 편입하는 데에 일조한 유럽중심주의 이데올로기에서 벗어날 수 없다는 한계를 보인다. 라스 카사스는 스페인의 잔악한 식민 정책을 폭로하여 스페인에 대한 흑역사(leyenda negra)가 만들어지는 빌미를 제공했다는 비판을 받기도 한다. 스페인의 신대륙 발견과 정복을 시기했던 유럽 열강들은 라스 카사스의 주장을 이용하여 당시 유럽 최강국이었던 스페인의 악명을 유포하는 데에 앞장섰다.

바르톨로메 데 라스 카사스 외에도 많은 스페인 성직자들이 원주민들의 보호에 동참했는데, 초기에는 이들 대부분이 도미니크 수도회 소속이었다. 먼저 프란시스코 데 비토리아(Francisco de Vitoria, 1486-1546)는 부르고스 출신의 도미니크 수도회 사제이며 살라망카 대학의 신학과 교수로 재직하고 있던 인물이다. 그는 콜럼버스가 신대륙을 '발견'했다는 말에 의문을 제기한 최초의 인물이자 아메리카 대륙에서 최초로 정의를 외친 인물이라 할 수 있다. 그는 이미 고도의 문명이 존재하고 있던 땅을 '발견'했다는 말은 유럽인들의 오만에서 비롯되는 어불성설이라고 비판했다. 또한 라스 카사스 신부와 마찬가지로 스페인 사람들이 신대륙에서 저질렀던 원주민들의 학대와 착취를 비난하면서 정의로운 전쟁과 국제법에 대한 사상을 전개했다. 이 때문에 그의 이론은 오늘날 국제법의 근대적 개념이 탄생하는 계기가 되었다고 평가되기도 한다. 이를 바탕으로 그는 살라망카 학파의 창시자로 간주되고 있다.

안토니오 데 몬테시노스(Antonio de Montesinos, 1475-1540)는 신대륙에 파견된 최초의 도미니크 수도회 일원으로서 1510년 라 에스파뇰라 섬에 도착했다. 현지에 도착한 그는 스페인 사람들의 원주민 학대를 보고 충격을 받았고, 잘 알려진 1511년 12월 21일의 크리스마스 강론을 통해 이를 엄중하게 규탄한다.

"이 무고한 사람들에게 저지른 잔인함과 폭력성으로 인해 당신들은 모두 크나큰 죄악 속에 살다가 죽을 것이오. 내게 말해 보시오, 도대체 무슨 권리와 정의를 가지고 당신들은 원주민들을 그토록 잔인하고 끔찍하게 부려먹는다는 말이오?"(Montesinos)

도미니카공화국 출신의 저명한 인문학자인 엔리케스 우레냐(Pedro Henríquez Ureña, 1884-1946)는 이 강론을 인류정신사의 위대한 글 가운데 하나로 꼽는다. 이 글이 중요한 이유는 교회 수도자들이 원주민들을 보호하기 위해 나서는 전환점이 되었기 때문이다. 이 글은 '원주민들의 보호자'로 불렸던 바르톨로메 데 라스 카사스에게도 큰 영향을 주었다. 몬테시노스 신부는 스페인의 관리나 대지주들로부터 많은 비난을 받았으나 1512년 12월 아메리카 대륙에 대한 최초의 법률인 '부르고스 법(Leyes de Burgos)'을 비롯해 원주민들을 보호하는 일련의 법령들이 선포됨으로써 큰 열매를 맺었다.

한편, 후안 데 수마라가(Juan de Zumárraga, 1468-1548)는 원주민들의 인권 보호를 위해 노력한 또 다른 인물이다. 그는 스페인의 바스크 지방 출신으로 프란시스코 수도회에 입회했으며 1528년 멕시코 교구의 초대 주교로 부임한다. 그는 아메리카 대륙에 최초로 인쇄술을 전파했으며 지금의 멕시코국립대학(UNAM)인 왕립교황청대학(Real y Pontificia Universidad de México)을 설립했다. 그는 신대륙의 주교로서 초기의 정복자들과 이후에 도착한 스페인 관리들 사이의 갈등을 해소하는 한편 원주민 인권을 보장하는 데에 앞장서고 그들을 위한 학교를 설립하기도 했다. 수마라가 주교가 더욱 중요한 이유는 그가 바로 과달루페 성모 발현 당시에 멕시코의 주교였기 때문이다. 수마라가 주교는 과달루페 성모의 발현을 받아들이고 이 성모가 원주민들의 어머니이자 중남미 가톨릭 신앙의 상징이 되게 하는데 기여했다.

이밖에도 멕시코 미초아칸(Michoacán)에서 원주민 보호에 앞장섰던 바스코 데 키로가(Vasco de Quiroga, 1478-1565)를 언급하지 않을 수 없다. 바야돌리드 대학교에서 법학을 공부한 바스코 데 키로가는 1531년 누에바 에스파냐의 아우디엔시아(왕립 법원) 판사로 파견된다. 그는 병원을 세우고 자치 공동체를 만드는 등 원주민들의 인권을 보호하기 위한 노력을 기울였다. 특히 원주민 공동체는 토머스 모어(Thomas More)의 『유토피아』를 모델로 한 것이었다. 1536년 바스코 데 키로가는 미초아칸 주의 초대 주교로 임명되었다. 그는 파츠쿠아로(Pátzcuaro)에 주교좌성당을 짓고 산 니콜라스 신학교를 설립했다. 그는 미초아칸 일대에서 원주민 인권을 보호한 성인으로 간주되고 있으며 모렐리아 시에는 그의 이름을 딴 바스코 데 키로가 대학이 있다.

무력을 통한 스페인의 아메리카 정복 시기는 바야돌리드 논쟁이 있었던 1550년경에 끝나는 것으로 간주된다. 이후에는 본격적인 스페인의 식민통치 시기가 시작된다. 스페인의 아메리카 대륙 식민통치는 크게 4단계로 구분할 수 있다. 먼저, 1550년부터 1620년까지의 정착과 '설립' 단계이다. 이 시기는 카를로스 1세(재위 1516-1556) 말기로부터 아들인 펠리페 2세(재위 1556-1598)를 거쳐 손자인 펠리페 3세 시대(재위 1598-1621)까지 해당된다. 둘째는 1621년부터 1700년까지의 '공고화' 단계이다. 이 단계는 스페인 합스부르크 왕가의 말기인 펠리페 4세의 치세(1621-1665)부터 카를로스 2세의 통치 시기(1665-1700)이다. 세 번째 단계는 1714년부터 1750년까지의 '재건' 시기이다.(Zaragoza, 8) 1713년에 끝난 스페인 왕위계승전쟁 이후 스페인의 주인이 된 부르봉 왕가는 아메리카 대륙의 통치를 총괄하던 인디아스 심의회를 폐지하고 그 대신 국왕 직속기구를 만들어 식민정책을 수행했다. 마지막 단계는 1750년부터 대부분의 아메리카 대륙이 독립을 성취하는 19세기 초반까지로서 '제2의 정복'이라 불리는 시기이다. 특히 스페인의 계몽전제군주라 불리는 카를로스 3세는 자신의 통치 기간(1759-1788) 동안 체계적인 정치경제 정책을 통해 강력한 중앙집권주의를 시행하면서 아메리카 대륙을 근대적 의미의 식민지로 재탄생하게 했다고 평가 받는다.(베이크웰, 129)

2
가톨릭신앙과 라틴아메리카

복음화와 영혼의 정복

라틴아메리카는 한 마디로 규정할 수 없는 방대한 대륙이다. 그러나 그 정체성을 담보하는 최소한의 요소가 있다면 라틴어에서 파생된 스페인어 혹은 포르투갈어라는 공통의 언어와 그리스도교 신앙이라 할 수 있다. 특히 스페인 정복자들에 의해 전파된 가톨릭 신앙으로 아메리카 대륙은 현재 세계에서 가장 많은 가톨릭 신자들이 사는 땅이 되었고 급기야 아르헨티나 출신의 교황을 배출하기에 이르렀다. 따라서 라틴아메리카 교회사는 이 대륙의 역사와 문화를 이해하기 위해 반드시 알아 두어야 한다.

가톨릭교회 성직자가 아메리카 대륙에 처음 온 것은 크리스토퍼 콜럼버스의 제2차 항해(1493) 때였다. 교황의 대리인이자 가톨릭 국왕 페르난도의 명을 받은 베르나르도 보일(Bernardo Boyl)을 비롯한 선교사들이 17척의 배로 대규모 선단을 꾸린 콜럼버스를 따라나선 것이다. 이들은 1494년 1월 6일 아메리카 대륙에서 최초의 미사를 집전한다. 이후 신대륙의 복음화 열망으로 가득 찬 선교사들이 속속 대서양을 건넜다. 먼저 1510년 페드로 데 코르도바(Pedro de Córdoba, 1482-1521) 신부를 비롯한 3명의 도미니크 수도회 선교사들이 도착했다. 1523년에는 흔히 '12

사도'라 불리는 12명의 프란시스코 수도회 신부들이 멕시코에 도착하면서, 선교의 대상이 카리브 제도에서 내륙으로 확대된다. 이어 1533년 아구스틴 수도회가, 그리고 1549년에는 당시 갓 탄생한 수도회였던 예수회 선교사들이 브라질을 통해 들어왔다. 이들과 함께 교회 조직도 정비되면서 아메리카 대륙에는 그리스도교 신앙이 급속히 전파되었다.

그리스도교가 빠른 시간 내에 아메리카에 뿌리를 내릴 수 있었던 데에는 여러 이유가 있다. 먼저 16세기 초반은 루터를 비롯한 프로테스탄트 종교개혁에 맞서서 가톨릭교회가 반종교개혁의 기치를 높이 들고 있을 때라는 점을 들 수 있다. 북유럽에서 상당수의 교세를 잃어버린 가톨릭교회는 트리엔트 공의회(1545-1563)와 예수회의 창설을 통해 가톨릭 신앙을 옹위하고 남은 영토를 지키는 데에 필사적으로 노력하고 있었다. 16세기는 스페인의 신비문학과 영성신학을 대표하는 테레사 성녀(Santa Teresa de Jesús, 1515-1582)와 십자가의 성 요한(San Juan de la Cruz, 1542-1591)이 활동하던 시기이기도 하다. 이때 마침 등장한 거대한 이교도의 대륙은 가톨릭 신앙을 지키려는 수세적 방어를 넘어 그간의 손실을 일거에 만회할 수 있는 선교의 블루오션이 되었다.

아메리카 원주민들 역시 예전에 경배하던 신을 포기하고 더욱 강력한 정복자들의 신을 큰 저항 없이 받아들였다. 자신들이 숭배하던 신이 끊임없이 인간의 피를 요구했던 것에 반해 정복자들의 신은 피조물인 인간을 위해 자신을 희생하고 죽었다는 얘기는 자못 충격적이고 언뜻 이해도 되지 않았을 것이다. 그러나 정복자들의 입장에서 원주민들이 성경과 교리를 이해하고 세례의 의미를 진정으로 깨달았는지 여부는 중요하지 않았다. 세례를 통한 복음화는 자신들의 정복 전쟁을 스스로 정당화시켜 주는 통과의례일 뿐이었다. 또한 영토의 정복에 수반되는 영혼의 정복 사업이기도 했다. 즉 가톨릭 신앙은 정복 전쟁을 정당화하는 구실이자 그것을 용이하게 수행하기 위한 수단이었다.

다양한 수도회를 중심으로 한 선교 사업과 함께 아메리카 대륙의 교회 조직과 체제도 정비되기 시작했다. 이를 위해서는 바티칸 교황청과의 협력이 필수적이었다. 마침 스페인 출신이었던 교황 알렉산더 6세(재위: 1492-1503)는 신대륙 발견 이후 스페인 왕실에 원주민들을 개종시킬 권리를 허락한다. 이후 1504년에는 라 에스파뇰라 섬의 산토도밍고에 아메리카 최초의 교구가 만들어졌다. 1508년 교황 율리우스 2세는 교구 설치권, 주교와 사제 등의 성직자 임명권, 사목권 등 신대륙에 존재하는 가톨릭교회와 관련된 모든 권리를 스페인 국왕에게 양도한다. 물론 브라질 영토 내의 권리는 포르투갈 국왕에게 넘긴다. 이를 파트로나토 레알(Patronato Real)이라고 하는데, '왕실에 위임한다.'는 의미를 가진다. 세속권력과 교회권력이 타협한 산물인 이 법령에 따라 스페인 국왕은 아메리카 대륙에서 '교황의 총대리' 역할을 하면서 정교일치의 막강한 권력을 가지게 되었다.

라틴아메리카의 교회사는 크게 수도회 중심의 선교 단계와 교구 중심의 제도화 단계로 나눌 수 있다고 본다. 앞서 보았듯이, 정복 초기에 아메리카 대륙에는 여러 수도회 중심의 선교사들이 파견되어 원주민들에게 세례를 주었다. 수도회 소속의 사제(clero regular)들은 주로 농촌을 중심으로 원주민들 공동체에 파고 들어가 '평화로운 정복'에 기여했다. 그런데 트리엔트 공의회 결과가 영향을 미치기 시작하는 1570년을 전후해 이러한 초기의 '선교 단계'가 막을 내리고 교회 정책이 보수화되고 제도화되는 단계로 접어든다. 이제 주교가 모든 선교 정책을 권위적으로 통제하고 수도회 사제보다는 교구 사제(clero secular)가 주도권을 가지게 된다.(Zaragoza, 49-50) 교회 조직도 어느 정도 완성되어 1620년이 되면 아메리카 대륙에는 이미 5명의 대주교와 31명의 주교가 있었다.(Zaragoza, 51) 그리고 식민시대 말기가 되면 10개의 대교구와 38개의 일반교구로 확장된다.

한편 해방철학으로 잘 알려진 아르헨티나의 엔리케 두셀(Enrique Dussel)은 라틴아메리카 교회사를 다룬 책 『라틴아메리카 교회사: 식민과 해방의 5백년(1492-1992)』에서 스페인 식민통치 시기의 가톨릭교회 역사를 다섯 단계로 나눈다. 첫 단계는 1492년부터 1519년까지로, 콜럼버스의 도착 이후 지금의 도미니카공화국이 있는 라 에스파뇰라 섬을 중심으로 복음화 사업이 전개된다. 두 번째는 1519년부터 1551년까지, 선교 지역이 대륙으로 확대되어 오늘날의 멕시코와 페루에 대규모 복음화가 이뤄지는 단계이다. 세 번째 단계는 1551년부터 1620년까지 교회의 체제가 정비되고 트리엔트 공의회 교리가 적용되는 시기이다. 네 번째로, 1620년부터 1700년까지는 식민당국이나 교회와 선교 수도회 사이의 갈등이 커지는 단계이다. 마지막으로 18세기 전체는 선교가 감소하고 독립운동이 활발해지면서 식민체제가 쇠퇴하는 시기라고 할 수 있다. 어느 시대를 막론하고 라틴아메리카의 선교 사업이 순조로운 적은 없었다. 특히 왕실과 교회, 수도회 사제와 교구 사제, 그리고 평화적 선교와 강압적 선교 등이 수시로 충돌하는 양상을 볼 수 있다. 또한 교회는 아메리카 정복 과정에서 영혼의 정복을 통해 세속 권력에 영합했다는 비난을 받기도 한다. 그러나 가톨릭교회는 각종 학교를 설립하고 교육을 실시하는 등 라틴아메리카의 근대화를 위해 큰 공헌을 한 것도 사실이다.

라틴아메리카의 어머니 - 과달루페 성모

아메리카 원주민들은 그리스도교 신앙을 받아들이기 전에 믿던 신들이 있었고 그 영향은 그리스도교 세례를 받은 후에도 쉽게 없어지지 않았다. 이에 따라 선교에서 매우 중요시된 것이 그리스도교의 토착화 작업이었다. 예를 들어, 아스테카 제국의 주신이었던 케찰코아틀이 예수님의 열두 제자 가운데 한 명이었던 토마스 성인이었다고 각색하면서 아메리카 대륙에 이미 그리스도의 복음이 전해졌다고 설명하는 식이었다. 이러한 토착화 작업의 대표적인 사례로 들 수 있는 것이 멕시코의 과달루페 성모의 발현이다.

1531년 12월 9일 새벽, 오늘날 멕시코시티 변두리에 살던 57세의 원주민 후안 디에고(Juan Diego, 1474-1548)는 아침 미사를 드리기 위해 시내의 틀랄텔롤코 성당으로 향한다. 그런데 테페약(Tepeyac) 언덕을 지날 때 음악 소리와 함께 한 여인이 그에게 나타난다. 그녀는 자신이 '참된 주님의 어머니, 성모 마리아'라고 말하며, 멕시코 시의 주교에게 가서 자신을 기념하는 성당을 지으라는 말을 전하라고 명한다. 후안 디에고가 당시 멕시코 주교였던 후안 데 수마라가에게 가서 그 말을 전하자 주교는 그를 돌려보내며 확실한 증거를 요구한다. 후안 디에고에게 다시 나타난 여인의 명령으로 다시 한 번 주교에게 가서 말을 전하지만 주교의 반응은 마찬가지였다. 그 다음 주에 후안 디에고는 병세가 위독한 삼촌의 부탁으로 종부성사를 집전해 줄 사제를 청하기 위해 급하게 집을 나선다. 그는 혹시 여인을 만나게 되면 시간이 지체될까봐 일부러 테페약 언덕을 피해 가지만 성모 마리아는 다시 그에게 나타난다. 그녀는 후안에게 삼촌이 건강을 회복할 것이라고 안심시키면서 다시 한 번 주교에게 갈 것을 명한다. 그리고 테페약 언덕에 올라가 꽃을 따오라고 말한다. 과연 언덕 위에 올라가니 한 겨울에 척박한 땅에서 피어날 수 없는 예쁜 꽃들이 가득했고 특히 멕시코에서 볼 수 없는 빨간 카스티야 장미들도 만발했다. 후안 디에고는 수마라가 주교에게 가서 성모 마리아 발현의 증거로 장미꽃 한 다발을 펼쳐 놓는다. 이 꽃을 품고 왔던 후안의 망토(틸마)에는 그가 묘사했던 성모 마리아의 모습이 새겨져 있었다. 이 성모의 모습은 오늘날에도 과달루페 대성당의 중앙 제대 위에 전시되고 있다.

사진 3-2-1. 후안 디에고의 망토에 새겨진 과달루페 성모 - wikimedia commons

기적을 몸소 체험한 수마라가 주교는 즉시 마리아가 발현한 장소에 성당을 짓기 시작했으며, '뱀을 무찌른 여인'이라는 뜻의 원주민어 코아탈호페(Coatalxope)와 발음이 비슷한 스페인어 과달루페(Guadalupe)의 이름으로 성모 마리아를 공경하기 시작했다. 성모의 약속대로 후안의 삼촌은 기적적으로 완치되었고, 기적의 주인공 후안 디에고는 2001년 12월 교황 요한바오로 2세에 의해 성인의 반열에 올랐다. 스페인이 아스테카 제국을 점령한 지 10년 후에 일어난 이 사건은 이후 아메리카 대륙의 복음화, 더 나아가 식민화에 큰 역할을 하였다.

테페약 언덕은 원래 아스테카 제국의 토난친(Tonantzin) 여신을 경배하던 곳이었다. 이곳에 나타난 성모 마리아는 토착 여신과 부합되는 이미지를 통해 그리스도교 신앙과 토착신앙을 결합시키는 역할을 했다. 또한 과달루페 성모는 사도 토마스 신화와 함께 당시 정복으로 인한 육체적·정신적 고통을 겪고 있던 원주민들을 위로하는 어머니와 아버지의 역할을 하게 된다. 즉 아메리카 원주민들은 과달루페 성모를 통해 백인들의 정복으로 인해 잃어버렸던 어머니를 찾을 수 있었다. 뿐만 아니라 메스티소들은 성모 마리아와 토난친 여신의 만남을 통해 자신의 근원과 화해하고 사생아 의식을 극복할 수 있는 길을 찾았다.

후안의 망토에 새겨져 있는 성모의 모습이 백인이 아니라 메스티소라는 사실도 의미심장하다. 이는 인종 갈등으로 분열된 당시 식민지 사회를 통합하는 상징이 되었다. 한편 멕시코 독립과 전쟁 중에도 수호 성녀 역할을 했던 과달루페 성모는 멕시코 민족주의 의식을 불러일으키기도 했다. 특히 과달루페 성모는 당시 스페인 사라고사의 필라르 성모에 대한 크리오요의 민족주의적 대응이었다.(Lafaye, 141) 즉 크리오요들은 성모의 발현으로 인해 아메리카를 본국 스페인보다 더 정신적, 신앙적인 터전으로 삼을 수 있었고, 이는 '영혼의 정복' 이후 신대륙이 스페인에 대해 가지고 있던 피식민 의식을 청산하고 정신적으로 독립하는 의미를 가지고 있었다.

결국 과달루페 성모를 통한 가톨릭신앙은 영혼의 정복 과정으로서 원주민들의 정체성을 형성하는 데에 지대한 역할을 했다고 볼 수 있다. 그러나 독립정신을 가진 크리오요 계급의 성장과 함께 과달루페 신앙은 스페인에 대한 대항 담론으로서 새로운 정체성을 추구하게 한다. 라틴아메리카에서 신앙과 민족주의 사이의 미묘한 관계는 예수회의 역사를 통해서도 볼 수 있다.

예수회와 라틴아메리카의 복음화 및 독립

스페인 군대와 교회가 추진했던 군사적 정복과 가톨릭 신앙의 주입은 궁극적으로는 아메리카의 식민화라는 목표를 가지고 있었다. 그러나 교회는 곧 잔인하고 강압적인 무력 정복에 반감을 가지고 평화로운 방식의 '동화'를 주장하게 되었다. 라틴아메리카의 교회가 제도화되기 이전에 들어와서 복음화 활동을 펼쳤던 대부분의 수도회 선교사들은 원주민들의 관습을 존중하고 인권을 보호하려고 노력했다. 특히 그 가운데 가장 돋보이는 것은 1534년 창설되었던 예수회의 활동이었다. 예수회는 1549년 마누엘 다 노브레가(Manuel da Nóbrega, 1517-1570) 신부를 비롯해 6명의 수도사들이 브라질에 도착하면서 아메리카에 첫 발을 내디뎠다. 이후 1568년에 페루에, 1572년에는 멕시코에 예수회원들이 들어왔고 16세기말이 되면 아메리카 전 지역에 퍼져나간다.

16세기 초반, 가톨릭교회의 선교 정책은 '타불라 라사(Tabula rasa)'에 기반을 둔 것이었다. 이는 원주민 고유문화를 무시한 채 이들을 '백지

상태'로 간주하고 신앙을 주입한다는 발상이었다. 그러나 원주민 정서를 이해하지 않은 '단절의 선교정책'은 많은 문제점을 야기했다. 또한 원주민 신앙과 그리스도교 신앙의 교리나 제사에서 보이는 공통점, 모든 사람에게는 신성에 대한 자연적 지식이 은총에 의해 원초적으로 주입되어 있다는 신학적 주장, 그리고 앞서 보았듯이 사도 토마스 등의 사도들에 의해 아메리카에 이미 복음이 전해진 일이 있다는 설 등은 원주민 문화를 백지 상태로 돌리는 것을 더욱 어렵게 했다.

이에 반해 예수회가 주도한 선교 방법이 '가교(架橋)' 정책이다. 이는 아메리카의 고유 신앙과 문화를 그리스도교 교리 내에 포용하면서 신앙을 토착화하는 방법이었다. 이는 예수회가 인도와 중국 선교에서도 실행한 것으로서 훗날 전례논쟁을 촉발하기도 한다. 구체적으로, 이들은 아스테카 제국의 위대한 수도였던 테노츠티틀란(Tenochtitlán)이 '아메리카의 로마'였다고 해석하는가 하면, 일찍이 아메리카 대륙에 사도들이 와서 활동했던 덕분에 원주민들에게는 신앙의 불씨가 숨어 있다고 주장했다. 실제로 18세기 이후, 멕시코시티는 적그리스도가 나타날 경우에 몸을 피해야 할 피난처라는 주장이 대두되면서 새로운 예루살렘 혹은 새로운 로마로 만들자는 열망이 퍼졌는데 이를 주도했던 세력이 예수회원들이었다.(Lafaye, 146) 예수회의 전략은 유대교와 단절하고 헬레니즘과의 혼종(syncretism)을 통해 그리스도교를 보편화시킨 바오로 사도의 전략과 유사한 것이라고 평가된다.

라틴아메리카에서 예수회의 복음화 정책이 가장 돋보이는 사례가 원주민 보호구역, 즉 '레둑시오네스(Reducciones)' 건설이다. 예수회 선교사들은 직접 원주민들의 마을 속으로 찾아다니면서 스스로 원주민 사회에 동화되었고, 더 나아가 경제적 자급자족과 정치적 자치가 가능한 공동체를 건설했다. 토마스 모어의 유토피아 사상에서 영향을 받은 이 공동체의 궁극적 목표는 신국(神國, kingdom of God)을 건설하는 것이었다. 애초에 이 공동체를 만든 동기는 원주민들을 노예 사냥했던 백인 농장주로부터 원주민들을 보호하기 위한 것이었다. 스페인 정부도 경제적, 군사적 힘을 갖춘 대농장주들을 견제하기 위해 예수회 공동체를 인정했다. 결국 예수회는 백인들의 원주민 착취에 맞서는 왕권과 교황권의 수호자가 되었다. 이 결과 1750년경 예수회 공동체는 오늘날의 아르헨티나, 브라질, 파라과이 등지에만 30개가 건설됐고, 소속 원주민들은 70만 명에 달했다. 이들은 농업, 수공업, 섬유, 제약 등의 기술을 개발하여 자급자족했고 대부분의 재산을 공동 소유해 초기 그리스도교 공동체 모습을 보여 주었다.

사진 3-2-2. 파라과이 트리니다드에 남아있는 예수회 공동체 유적 - wikimedia commons

예수회원들은 이밖에도 아메리카 대륙의 교육을 주관하면서 각종 학교와 도서관을 설립하고 인쇄술을 이용하여 책자를 찍어냈다. 특히 이들은 1551년 멕시코와 리마를 시작으로 아메리카 전역에 대학을 세워 유럽 문명을 전달하였다. 또한 신대륙에 르네상스 인문주의를 소개하고 17세기 이후에는 유럽의 철학 및 과학혁명을 도입하여 라틴아메리카의 근대화에 기여했다. 이는 당시 스페인 본토에서 추진되던 부르봉 왕조의 개혁을 앞지르는 것이었다.

그러나 예수회의 성공은 다른 수도회들과 식민 당국, 그리고 대지주들의 질시를 불러일으켰고 특히 절대군주에게 위협을 느끼게 만들었다. 게다가 당시 국왕인 카를로스 3세는 전제 계몽군주로서 왕권을 과시하고 강력한 근대화를 추진하기 위해 교회와 귀족들에게 국왕의 힘을 보여줄 필요가 있었다. 마침내 1767년 카를로스 3세는 왕실에 모반을 꾀한다는 죄목을 만들어 스페인이 지배하는 영토, 즉 스페인 본토와 아메리카 대륙의 스페인 영토에서 모든 예수회원들의 추방을 명령하였다. 예수회원들은 다른 유럽 국가에서도 미운 털이 박혀서 포르투갈은 1759, 프랑스는 1764, 그리고 브라질에서는 1760년에 이미 추방된 상태였다.[35]

당시 중남미의 예수회원 숫자는 2,200여 명에 지나지 않았으나 이들의 추방으로 인해 학교, 복지시설, 병원, 교회 등의 사회기반이 붕괴되

---

35 로버트 드 니로와 제레미 아이언스가 주연한 영화 <미션>은 당시 왕실 권력과 예수회의 갈등을 그린 영화이다. 1609년 최초로 현재의 파라과이 지역인 과라니 족 마을에 원주민 보호구역이 생긴 이래 1626년에는 10만 여명이 살아가는 14개의 구역이 생겨났다. 이들은 1641년 스페인 국왕의 허락을 받고 포르투갈의 노예상인들을 상대로 전쟁을 해 승리하는 등 전성기를 누렸다. 그러나 1750년 스페인은 포르투갈과 영토를 교환하는 협정을 체결하고 산 사크라멘토(San Sacramento) 지역을 받는 대신 과라니 인디오 보호구역이 밀집해 있는 우루과이 강 동안을 포르투갈에 양도했다. 이에 따라 이들은 우루과이 서쪽으로 이동해야 했다. 예수회원들이 항의했으나 받아들여지지 않았고 결국 1754, 1756년에 각각 파견된 포르투갈 군대가 무력으로 보호구역을 점령하고 이들을 쫓아냈다. 영화의 배경은 바로 이 시기가 된다. 한편 스페인은 1761년 포르투갈과의 영토 교환협정을 취소하여 예수회원들의 보호구역이 다시 자리를 잡았으나 1767년에 국왕의 예수회 추방령이 내려진다.

면서 스페인어권 세계는 큰 손실을 입었다. 특히 각급 학교의 교육을 담당했던 예수회 추방은 매우 부정적인 영향을 남겼다. 또한 아메리카 대륙에서 큰 반발을 야기하면서 원주민, 메스티소, 크리오요 등이 스페인이라는 공동의 적을 두고 단합하면서 국가의식을 고양하는 계기가 되었다.

당시 추방당한 많은 예수회원들은 로마로 가서 교황에 호소하였으나 스페인 국왕의 눈치를 보는 교황에게도 저버림을 받았다. 교황 클레멘스 14세는 더 나아가 스페인과 프랑스 부르봉 왕가의 압력을 받아 1773년 '교황의 전사'라 불렸던 예수회를 전격 폐지해 버렸다. 이후 예수회는 1814년에 가서야 피우스 7세에 의해 부활된다. 교회에 대해 배신감을 느낀 예수회원들은 식민지 독립이라는 대의에 헌신하기로 하고, 이를 위해 식민지 역사를 쓰고 잡지를 펴내는 등의 활동을 통해 스페인의 식민정책을 비난하였다. 결국 예수회 추방은 1820년대를 전후해 라틴아메리카 국가들의 독립과 민족주의 형성에 반사적 영향을 끼쳤다.

3
식민지 아메리카의 수탈경제

스페인이 아메리카 대륙을 정식으로 식민 통치한 기간은 16세기 초반에서 19세기 초반까지 3백년에 달한다. 이 기간은 세계사에서 봉건경제가 끝나는 시점에서 산업혁명이 일어나는 시기까지를 포괄한다. 세계경제의 관점에서 보면 이 시기는 본격적인 자본주의의 가동을 준비하는 근대의 개막기였다고 할 수 있다. 그러나 아메리카 대륙만을 놓고 보면 이러한 시대 구분이 유효하지 않다. 스페인은 신대륙에 철지난 구대륙의 전근대적 질서를 이식하려 했고, 결과적으로 아메리카 대륙은 유례를 찾아볼 수 없던 형태인 종속경제 시스템에 편입되었기 때문이다. 다시 말하자면, 근대 자본주의는 라틴아메리카의 착취와 희생 위에서 출범할 수 있었다. 이런 의미에서 월터 미뇰로는 '식민성(coloniality)'이 근대성(modernity)의 어둡고 숨겨진 이면이라고 말한다.(Mignolo, xiii) 즉 근대성과 식민성은 이란성 쌍둥이이다.

이와 관련해, 미국의 역사가인 롬바르디(John V. Lombardi)교수는 아메리카 경제를 세 시기로 구분하고 있다. 첫 번째 시기는 콜럼버스의 항해가 이루어진 1492년부터 바야돌리드 논쟁이 있었던 1550년까지이다. 이때 아메리카 대륙은 스페인의 수요에 맞춰 환경의 변화가 이뤄진다. 즉 말, 노새, 양, 염소, 돼지 등의 사육과 밀, 쌀, 포도, 설탕 등의 경작이 시작되고 새로운 농업 기술을 도입하면서 생산성이 높아진다. 또한 행정 체제를 정비하면서 원주민 노동력 동원 체제를 갖춘다.(Lombardi, 84)

두 번째 시기는 1550년부터 스페인에서 합스부르크 왕가가 단절되는 1700년까지다. 이때 스페인은 통제와 질서를 통해 성공적인 식민지 경영을 한다. 대서양 무역은 독점 운영되고 스페인의 수요에 맞춘 농산물 및 광물 생산은 최고조에 달한다. 또한 스페인의 산업과 경쟁할 수 있는 아메리카 내의 제조업은 엄격히 금지된다.(Lombardi, 85) 그럼에도 불구하고 농업을 기반으로 하는 스페인 역시 아메리카 대륙의 수요를 충족할 수 없었기에, 시간이 갈수록 아메리카의 유럽 의존도가 떨어지고 자체 제조업이 성장하기 시작한다. 또한 행정력 및 군사력이 미치지 못하는 틈을 타서 밀수와 해적 활동이 기승을 부리면서 식민지 통제가 점차 느슨해진다.

아메리카 식민 경제의 마지막 단계는 '자유화'로 규정할 수 있는 18세기이다. 스페인은 이제 더 이상 아메리카 식민지를 통제할 수 없는 지경이 되고 아메리카는 본국으로부터 독립된 자율적 경제 시스템을 갖춘다. 또한 무역에서도 스페인이 아닌 다른 유럽 국가들을 사업 파트너로 삼기도 한다. 스페인의 카를로스 3세는 왕권을 강화하고 왕실 수입을 증대하기 위해 '제2의 정복' 혹은 '부르봉 개혁'이라 불리는 일련의 정책을 시행한다.(Lombardi, 85) 그 일환으로 단행된 조치가 1778년의 자유무역규정(El Reglamento de libre comercio)이다. 이는 스페인의 13개 항구와 라틴아메리카 27개 항구에게 상호 무역을 허가하면서 종래의 독점 무역 정책을 보다 융통성 있게 완화한 것이다. 하지만 대서양 무역을 다시 장악하려는 스페인 왕실의 노력은 결과적으로 큰 실효를 거두지 못했다. 이제 구체적으로, 토지 제도, 노동력 징발제, 광업, 그리고 무역을 중심으로 아메리카 대륙의 식민 경제체제를 살펴보기로 하자.

엔코미엔다, 레파르트타미엔토, 아시엔다

식민 경제에서 부의 원천이 되었던 노동력 관리는 스페인 왕실에게 최대의 관심사였다. 왜냐하면 인간의 본성상 아메리카의 정복자들과 대지주들이 왕실과 교회의 영광보다는 재산을 불려서 세습하려는 개인적 욕심을 앞세우는 것은 당연한 일이었기 때문이다. 따라서 왕실은 교회와 협력하여 원주민들의 노동력을 통제하는 데에 심혈을 기울였다. 그러나 교회 역시 왕실에게는 견제의 대상이었다. 만일 교회나 개인적인 세력가들이 과도한 노동력을 소유하게 된다면 이는 곧 바다 건너에 있는 왕실의 이익을 훼손하고 더 나아가 권력을 넘보는 빌미가 될 수 있기 때문이었다. 이에 원주민 노동력은 스페인 왕실의 소유로 확실히 선포되었고 식민 지배층의 필요에 맞춰 그 권리가 분배되었다. 또한 교회 역시 원주민 노동력에 대한 권리 없이 그리스도교 선교의 책임만 부과되었다.(Lombardi, 80) 라틴아메리카의 경제 체제 및 제도는 이러한 배경에서 변천을 거듭하게 된다.

정복 시기와 식민통치 초기의 아메리카 대륙 경제는 엔코미엔다(encomienda)에 기반을 두고 있다. 엔코미엔다는 '위탁'이라는 뜻을 가진다. 즉 스페인 국왕으로부터 일정 숫자의 원주민을 위탁 혹은 위임받은 신대륙 정복자들이 이들을 관리, 교육, 그리고 보호하면서 문명화시키고 하느님의 자녀로 인도하는 의무를 지게 됨을 말한다. 그 반대급부로서 원주민들은 엔코멘데로(encomendero)라 불리는 주인에게 노동력을 제공하고 농산물과 가축 등의 공물을 바쳐야 했다. 이는 겉으로는 상호호혜적인 제도로 보이지만 실제로는 공짜로 원주민의 노동력을 착취하는 노예제와 다름없는 것이었다. 소위 '위탁'된 원주민들은 고된 강제노동과 비인간적인 대우에 시달렸고, 명령에 따르지 않을 경우에는 무자비한 보복과 처벌을 당했고 죽임을 당하는 경우도 많았다.

엔코미엔다는 원래 고대 로마제국이 스페인을 통치할 때 시작했고, 중세에는 국토수복전쟁을 치르는 동안 그리스도교 군주들에 의해 봉건제도의 형식으로 시행되었던 제도이다. 이 제도가 아메리카 대륙의 발견 이후 그대로 이식되어 원주민들을 착취하는 시스템으로 정착한 것인데, 공식적으로는 1503년 12월 20일의 국왕 칙령에 따라 시행되기 시작했다. 이 제도는 많은 논란을 불렀다. 정복자들은 원주민들을 관리할 뿐만 아니라 법적으로 소유하기를 원했으나, 교회는 정복자들의 착취와 잔인성을 비판하면서 원주민들을 보호하려 했다.(Lombardi, 81)

원주민에 대한 백인들의 가혹한 학대는 급격한 인구 감소의 원인이 되었고 이는 노동력 부족으로 이어졌으며 결국 아프리카 흑인 노예의 수입으로 이어졌다. 엔코미엔다는 원주민들에 대한 비인간적인 처우 때문에 지속적으로 문제가 되었으며, 1512년 부르고스 법령에 의해 다소 느슨해졌으나 1542년 인디아스 신법에 의해 폐지될 때까지 유지되었다. 인디아스 신법이 실질적으로 적용된 것은 1550년대 이후였는데, 이후에도 엔코미엔다는 존속했고 유카탄 반도와 같은 지역에서는 18세기 말까지 이 제도가 남아 있었다. 다만 법적 혹은 제도적 환경이 바뀌고 원주민에 대한 처우도 달라지는 시대에 접어들어 엔코미엔다는 레파르티미엔토(repartimiento) 제도와 아시엔다(hacienda) 제도로 변화하게 된다.

원주민 인구가 급격히 감소하면서 엔코미엔다 제도를 유지하기가 불가능해지자 왕실이 대안으로 채택한 노동력 동원제도가 레파르티미엔토이다. 이는 원주민들을 일정 기간 동안에 소위 '공익'을 위한 공공 노동, 광산, 농사일 등에 동원하는 제도이다. 레파르티미엔토가 스페인어로 '할당'이라는 뜻을 가진 것을 보면 알 수 있듯이, 스페인인들은 원주민 노동력을 순번대로 할당하여 각종 공사에 강제 투입했다. 엔코미엔다가 원주민 노동력을 무상으로 개인적인 사업을 위해 갈취한 데 반해, 레파르티미엔토는 원주민 노동력이 식민 행정부의 공공사업을 위해 최소한의 임금을 받으며 동원되었다는 점에 차이가 있다. 그러나 많은 지역에서 원주민들은 스페인 지주들의 개인적인 농장 노동에도 강제 동원되었다.

레파르티미엔토의 노동력 착취는 사실 유럽인들이 도착하기 이전부터 존재했던 인디오 사회의 제도를 이용한 것이었다. 멕시코에서는 이를 코아테키틀(coatequitl)이라 했고 잉카 제국에서는 미타(mita)라 불렀다. 실제로 페루에서는 레파르티미엔토 대신 미타라는 용어를 썼다. 미타에는 18세부터 50세까지의 남자들이 번갈아 강제 동원되었고 주로 농업과 직물업 그리고 광산에 종사했다. 잉카 지역의 무리한 미타 제도의 운영은 18세기 후반에 투팍 아마루의 반란을 야기하기도 한다. 미타를 비롯한 레파르티미엔토는 이전에 존재했던 엔코미엔다 제도나 이후에 나타나는 에스탄시아제도와 반드시 시기적으로 선후 관계에 있었던 것은 아니다. 특히 남미에서 미타는 1819년 '남미의 해방자' 시몬 볼리바르(Simón Bolívar)가 정식으로 폐지할 때까지 식민통치 시기 내내 존속되었다.

엔코미엔다와 레파르티미엔토를 거쳐 식민 체제 하의 아메리카 대륙에서 마지막으로 나타난 원주민 노동력 동원 형태가 아시엔다, 즉 '농장' 제도이다. 원주민들은 노예 상태가 아니라 자유로운 임금 노동자로서 노동력을 제공했다. 이는 노동력이 부족해진 상황에서 등장한 제도인데, 원주민들은 소액이나마 보수를 받았으며 농장뿐만 아니라 광산과 공장 등의 노동에도 투입되었다. '아센다도(hacendado)' 혹은 '파트론(patrón)'이라 불렸던 아시엔다 농장주들은 대개가 이전의 엔코미엔다를 경영했던 엔코멘데로들로서 아시엔다 근처나 멕시코시티와 같은 대도시의 저택에 거주했다. 아시엔다보다 작은 규모의 농장을 가리켜서 에스탄시아(estancia)나 란초(rancho)라 불렀다. 그러나 아르헨티나에서는 에스탄시아가 대농장을 의미하기도 한다. 아시엔다는 식민체제의 제도였으나 일부 국가에서는 아직도 대농장의 형태로 존속하고 있다. 당시 아메리카에서는 아시엔다가 여러 개 모인 자치 단위를 가리켜 레히온(región)이라 불렀다. 17세기 아메리카 식민지의 중요한 경제 단위로서 '관구(管區)'라고 번역할 수 있는 레히온은 자급자족을 하고 있었으나 이웃 관구와 교역하는 일도 있었다.(Zaragoza, 36) 그러나 당시 아메리카 대륙 내의 교역보다 훨씬 더 중요한 것은 아메리카 대륙으로 인해 가능해진 국제무역이었다.

세계 경제를 바꾼 아메리카 은광(銀鑛)과 갤리온 무역

원주민들은 엔코미엔다 혹은 대농장에서 보통 농업과 목축업에 종사했는데, 여기서 산출된 생산물들은 대부분 아메리카 대륙 내부에서 소비되는 것이었다. 반면 16세기 중반 이후 원주민들이 본격적으로 노동력을 착취당한 곳은 광산이었다. 여기서 채굴된 귀금속이 유럽에 대량 유입되면서 세계 경제의 흐름을 바꿔 놓았고 자본주의의 탄생을 가능케 했다. 그러나 원주민들은 농장보다 노동환경이 열악한 광산에서 더 가혹한 착취를 당했다. 미타 제도를 통해 동원된 그들은 푼돈을 받고 매일 15시간 이상의 중노동에 시달리면서 20-25kg의 광물을 채취했다. 그 과정에서 수많은 원주민들이 죽어나갔는데, 통계에 의하면 1545년부터 1625년 사이에 은광이 있던 포토시에서만 15,000명이 갱도붕괴, 질병, 징벌 등으로 사망했다고 한다. 이런 의미에서 페루 부왕이었던 레모스 백작(Conde de Lemos)은 스페인이 가져가는 것이 은이 아니라 원주민의 피와 땀이라고 개탄한다.(Zaragoza, 6)

사진 3-3-1. 포토시 은광의 모습 - wikimedia commons

사실 콜럼버스가 신대륙에 도착했을 때 애타게 찾던 것은 금과 향신료였다. 그러나 정작 아메리카 대륙의 보물로 판명된 것은 그로부터 거의 반세기가 지난 16세기 중반에 발견된 은(銀)이었다. 아메리카에서 가장 중요했던 은광은 오늘날 볼리비아의 포토시(Potosí)와 멕시코의 사카테카스(Zacatecas)이다. 두 은광은 각각 1545년과 1546년에 발견되었는데, 1570년대 수은아말감 제련법이 개발되면서 은의 생산량이 획기적으로 늘어났다. 이밖에도 멕시코의 과나후아토(Guanajuato)와 산 루이스 포토시(San Luis Potosí)에서도 각각 1548년과 1592년 은광이 발견된다. 특히 과나후아토의 발렌시아 은광은 18세기에 전 세계 은의 60%를 생산할 정도로 큰 규모였다. 16세기에 유럽으로 수출하는 아메리카의 생산품 가운데 귀금속이 95%를 차지하는데, 그 가운데 은이 차지하는 비율이 80%에 이르며 총량은 1,800만kg이 넘는 것으로 추정된다.(Zaragoza, 12) 이렇게 생산된 은은 유럽의 가격혁명을 일으켰고 중국으로도 흘러들어갔다. 이제 하나로 연결된 지구의 교역망을 따라 세계 경제가 상호 긴밀한 관련을 맺으며 전개되었다. 그리고 은을 빌려주는 고리대금업이 세련된 형태로 탈바꿈한 기구, 즉 은행(銀行)은 본격적인 자본주의 탄생과 근대의 개막을 상징하게 되었다. 여기서 전 세계를 하나로 연결하는 교역과 은의 유통을 얘기할 때 빼놓을 수 없는 것이 바로 멕시코와 필리핀 사이의 갤리온 무역이다.

16세기까지 아메리카 대륙에서 스페인으로 가는 생산품의 집결지는 오늘날 도미니카 공화국이 있는 라 에스파뇰라 섬의 산토도밍고였다. 페루 부왕령의 상품은 일단 리마의 카야오 항구를 떠나 파나마 지협을 건넌 후 산토도밍고로 향했고, 멕시코의 누에바 에스파냐 부왕령에서 보내는 상품은 베라크루스 항구에서 출발해 산토도밍고에 도달했다. 산토도밍고에 집결한 아메리카 대륙의 상품은 1년에 한 번씩 함대의 호위를 받으며 스페인으로 향했다. 그러나 1564년부터 유럽으로 향하는 배들이 집결해 스페인으로 출발하는 항구는 쿠바의 아바나가 된다.

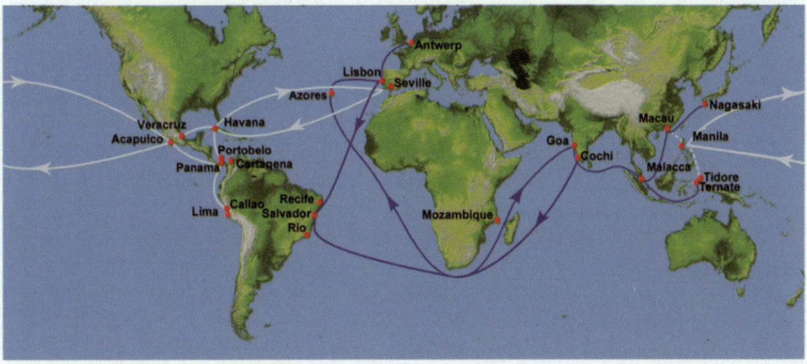

사진 3-3-2. 16세기 태평양의 갤리온 무역이 포함된 세계 해상무역 지도. 흰색 선이 스페인, 청색 선이 포르투갈 루트이다. - wikimedia commons

한편 1565년부터는 남아시아의 향신료, 페르시아의 카펫, 중국의 비단과 귀금속 및 도자기 등을 실은 스페인 배가 당시 스페인 식민지였던 필리핀의 마닐라를 출발해 멕시코 아카풀코 항구로 향했다. 이 배는 여기서 아메리카의 은을 비롯해 고구마, 감자, 담배, 그리고 유럽의 포도주, 올리브, 가죽제품 등을 싣고 마닐라로 되돌아가는데, 그 은이 향하는 최종 목적지는 대부분 중국이었다. 이로써 비로소 유럽과 아메리카, 그리고 아시아를 잇는 바닷길이 연결되면서 세계 경제의 핏줄이 되었고 글로벌 교역이 성립되었다.

필리핀은 그 이름에서도 알 수 있듯이, 1559년 펠리페 2세가 점령할 것을 명령한 땅이다. 이후 1564년 멕시코에서 필리핀에 도달하는 뱃길을 개척한 로페스 데 레가스피(Miguel López de Legaspi, 1503?-1572)와 1565년 반대로 멕시코로 돌아가는 루트를 발견한 우르다네타(Andrés de Urdaneta, 1508-1568) 덕분에 태평양 항로가 열리면서 실질적인 식민 통치가 시작되었고 아메리카와 아시아 대륙을 잇는 무역도 가능하게 되었다. 여기에 쓰였던 배의 이름을 따서 이 태평양 무역을 '갤리온 무역'이라 불렀다. 두 대륙의 관문이었던 항구의 이름을 붙여서 '마닐라 갤리온' 혹은 '아카풀코 갤리온'이라 부르기도 했다. 갤리온 무역은 매년 한 번 이뤄졌고 왕복 8개월이 소요되었으며 영국, 네덜란드, 일본 등지의 해적에 대비해 군함의 호위를 받았다. 마닐라 갤리온은 통상 2척의 선박이 7월 마닐라를 출발해 12월이나 이듬해 2월에 아카풀코에 도착했으며, 귀환하는 배는 보통 2월 말에 아카풀코를 떠나 7월 말까지는 마닐라로 돌아왔다.(서성철, 23-26) 아카풀코에 도착한 아시아 상품은 멕시코 내륙을 지나 베라크루스 항구로 가거나 파나마 지협을 가로지른 후 포르토벨로(Portobelo) 항구에서 유럽으로 가는 대서양 항해에 나서기도 했다. 이때 동원된 배도 역시 갤리온이었다. 갤리온 선은 보통 500-600톤에 지나지 않았지만 실로 세계 역사를 바꾼 위대한 선박이었다고 할 수 있다.

4
아메리카 식민 통치의 제도와 기구

본국의 기구 - 인디아스 심의회와 통상원

정복사업이 일단락되자 스페인은 통치 기구의 설립과 정비를 통해 광대한 면적을 가진 아메리카 대륙의 식민 체제를 구축하기 시작했다. 이 작업은 가톨릭공동왕(Reyes Católicos) 때에 시작되어 펠리페 2세 치하에서 정리된다. 1518년 바야돌리드 의회(Cortes de Valladolid) 결의를 통해 공식적으로 스페인 왕국에 편입된 아메리카 식민지에는 국토수복전쟁의 주역이었던 카스티야 왕국의 제도가 이식되었다. 아메리카 대륙과 필리핀 그리고 일부 태평양 섬들을 포괄하는 식민지 통치의 정점에는 스페인 국왕이 있었고 국왕에 의해 전권을 위임받은 부왕(副王)이 파견되어 식민지를 통치했다. 직접 아메리카 땅을 다스릴 수 없었던 국왕은 신대륙의 관리들을 감독하고 견제하며 반란의 위험을 예방하기 위해 파견관(visitadores generales)들을 보내곤 했다. 우리나라의 암행어사가 했던 역할을 담당했던 이들은 아메리카 대륙 전역에서 감찰 활동을 하면서 국왕의 눈과 귀 역할을 했다. 그 과정에서 잘못이 적발된 부왕 및 고위 관리들은 스페인으로 소환당한 후 특별 검사(juez especial)의 수사를 받아야 했다.(Chang-Rodríguez, 64) 그 첫 사례가 되었던 사람은 바로 세 번째 항해 도중에서 체포되어 1500년 본국에 압송당한 크리스토퍼 콜럼버스였다.

사진 3-4-1. 통상원이 있던 세비야의 건물. 왼쪽으로 세비야 대성당이 보인다. - wikimedia commons

국왕이 직접 통제하는 가운데 식민지를 경영한 핵심적인 두 기구가 인디아스 심의회(Consejo de Indias)와 통상원(Casa de Contratación)이다. 인디아스 심의회는 1509년 가톨릭공동왕에 의해 세워졌고 이후 1524년 카를로스 1세에 의해 확립된 것으로서 국왕을 보좌하며 아메리카 식민지의 입법, 사법, 행정을 총괄하는 최고 기구였다. 여기서 '인디아스'라는 말이 붙은 것은 애초에 아메리카 대륙을 동양의 일부라고 오판한 데에서 기인한다. 인디아스 심의회는 국왕의 직속 기관으로서 중요한 결정이 이뤄졌기 때문에 특정 도시에 본부를 둔 것이 아니라 국왕과 함께 움직였다. 초대 의장을 맡았던 사람은 가르시아 데 로아이사(García de Loayza y Mendoza, 1478-1546) 신부인데, 그는 나중에 세비야 대주교로 임명된다. 인디아스 심의회는 18세기 초반의 부르봉 개혁 시기에 관련 부처

들이 신설되면서 권한이 축소되었으며 라틴아메리카 대부분의 국가들이 독립한 후인 1834년에 문을 닫는다.

한편 통상원은 1503년 설치되었으며 아메리카 대륙과의 독점 무역을 감독하는 동시에 인적, 물적 왕래를 통제하는 기구였다. 통상원은 처음에 세비야에 설치되었다가 세비야 항구의 수위(水位)가 낮아져 선박의 통행이 힘들어지자 1717년 카디스로 이전했다. 통상원은 세관 및 출입국 관리소의 역할을 했을 뿐만 아니라 선원들에게 아메리카의 자연환경, 문화, 인종 등 모든 사항에 대한 정보를 의무적으로 제출하게 하였다. 이를 바탕으로 통상원은 상공회의소, 항해학교, 지도학교 등의 기능을 담당하기도 했다.(Chang-Rodríguez, 64) 즉 통상원은 단지 무역만 관장하는 것이 아니라 역사, 과학기술, 인종, 문화 등 아메리카 대륙의 다방면을 관장하는 기구였던 것이다.

한편, 통상원이 스페인과의 무역을 허가한 신대륙 항구는 오늘날 멕시코의 베라크루스, 파나마의 포르토벨로, 그리고 콜롬비아의 카르타헤나밖에 없었다. 이 항구들에서 출항해 귀금속을 싣고 스페인으로 향하는 배를 노리는 해적들이 기승을 부리자 스페인 정부는 1526년부터 무장 함대가 상선의 호위를 맡게 했다. 스페인은 1564년부터는 베라크루스와 카르타헤나에서 물건을 실은 배가 1년에 한 번만 출항하게 했고 이들은 쿠바의 아바나 항구에 집결한 후 중무장한 함대의 호위를 받으며 스페인으로 향했다.(Quesada, 60) 막대한 이익을 챙기는 스페인의 독점 무역은 시간이 갈수록 많은 장애물이 생겼는데, 대표적인 것이 밀수와 해적이었다.

당시 스페인 왕실에서는 아메리카 대륙에서 수입되는 상품에 대해 높은 세금을 매기고 있었고, 특히 금과 은에 대해서는 20%나 되는 세금을 부과하고 있었다. '킨토 레알(quinto real)'이라 불렸던 이 과중한 세금을 피하기 위해 상인들은 양심의 가책 없이 밀수를 자행했고, 여기에는 광산업자, 관리, 선원 등 모든 계층의 사람들이 가담했다. 그 결과 17세기 중반부터 18세기 중반까지의 밀수 물량은 공식 교역 물량보다 많을 정도였다고 한다.(Zaragoza, 14) 이는 킨토 레알을 왕실 재정의 기반으로 삼았던 왕실에 커다란 손실을 입혔다.

해적 활동 역시 스페인에게는 큰 골칫거리였다. 카리브해와 대서양에는 스페인의 보물선을 노린 영국, 프랑스, 네덜란드 등의 해적들이 횡행했다. 이 가운데 사략선(私掠船, corsario)을 탄 해적들은 자국 정부의 비호와 지원을 받으면서 스페인 배를 공격하고 있었다.(Chang-Rodríguez, 67) 즉 이들은 군복만 입지 않았을 뿐 정규군과 별 차이가 없었다. 스페인을 괴롭혔던 대표적인 해적으로는, 수많은 스페인 항구 및 선박을 공격해 엘리자베스 여왕으로부터 기사 작위까지 수여받은 영국의 프랜시스 드레이크(Francis Drake, 1540-1596), 역시 동시대의 영국인으로서 세계 일주를 단행하고 마닐라 갤리온 선박을 나포한 토마스 카벤디쉬(Thomas Cavendish, 1560-1592), 영국인으로서 포르토벨로를 비롯한 수많은 스페인령 도시들을 약탈하여 기사 작위를 받고 자메이카 부총독을 지냈으며 영화 <캐리비안의 해적>의 모델로 알려져 있는 헨리 모건(Henry Morgan, 1635-1688), 산토도밍고와 쿠바의 산티아고를 약탈했으며 '나무 의족(Pie de palo)'이라는 별명으로 더 유명한 프랑스의 프랑수아 르 클레르(Francois le Clerc, ? -1563), 1555년 쿠바의 아바나를 약탈하고 파괴한 프랑스의 자크 드 소어(Jacques de Sores) 등이 있다. 심지어 1627년에는 네덜란드 동인도 회사의 해군이 직접 쿠바의 마탄사스 항구를 공격해 스페인 선단을 통째로 납치한 적도 있었다. 그러나 해적들 가운데는 사략보다는 생계형 해적들이 더 많았으며 이들은 카리브 해의 수많은 섬들에 본거지를 차리고 있었다. 가장 잘 알려진 해적들의 보물섬은 오늘날 아이티의 북서부에 위치한 토르투가(Tortuga) 섬이었다.

식민지 통치 기구 - 부왕령과 카피타니아 헤네랄

스페인은 관료제를 이식하기 위해 아메리카 대륙 현지의 통치 기구로 부왕령(virreinato) 제도를 만들고 먼저 두 개의 부왕령을 설치한다. 하나는 1535년 오늘날의 멕시코시티에 설치된 누에바 에스파냐(Nueva España) 부왕령이고, 다른 하나는 1542년 페루의 리마에 설치된 페루(Perú) 부왕령이었다. 누에바 에스파냐 부왕령의 관할 지역은 북미 전체와 필리핀 지역이었고 페루 부왕령이 관할하는 지역은 남아메리카 전체였다. 두 부왕령의 영토가 나뉘는 경계는 중앙아메리카의 파나마 지협이었다. 이후 18세기에 들어와 부르봉 왕가는 개혁의 일환으로 두 개의 부왕령을 추가로 설치하는데, 1739년 오늘날의 콜롬비아와 베네수엘라 지역에 설치된 누에바 그라나다(Nueva Granada) 부왕령과 1776년 오늘날의 아르헨티나 지역에 설치된 리오 데 라 플라타(Río de la Plata) 부왕령이다.

사진 3-4-2. 1794년 당시 4개의 부왕령 지도. 빨간색이 스페인령, 초록색이 포르투갈령이다.
- wikimedia commons

부왕령을 통치하는 부왕(virrey)은 말 그대로 스페인 국왕의 분신과 같은 존재로서 입법, 행정, 사법뿐만 아니라 재정, 군사, 성직자 임명권 등 막강한 권한을 부여받았다. 그는 부왕령을 다스리는 식민지 행정의 총책임자이고 카피탄 헤네랄(capitán general)의 직함으로 군대를 통솔하는 지휘관이며 아우디엔시아(Real Audiencia, 왕립 법원) 법원장의 임무를 맡기도 했다. 초기에 부왕의 임기는 종신제였으나 이후 3년으로 제한되었고 점차 5년으로 연장되었다. 원래 신대륙에는 3개 등급의 법원이 설치되었다. 아우디엔시아는 이 가운데 가장 상급 법원에 해당하며, 법의 최종 해석과 집행을 담당하는 사법부 역할을 수행했다. 그러나 법원 내에는 판사 외에도 검사, 변호사, 서기 등의 역할을 하는 공무원들이 업무를 분담하고 있었다. 아우디엔시아는 1511년 산토도밍고에 처음 설치된 이후 신대륙의 여러 곳에 세워졌으며 19세기 초반에 들어서 폐지된다.

한편 총독(gobernador)이 관할하는 총독부(Gobernación)도 있었다. 총독의 역할은 부왕과 비슷했으나 대개 부왕의 지휘를 받는 위치였고, 꼭 필요할 경우에는 부왕을 거치지 않고 국왕에게 직접 보고할 수도 있었다. 그 임기는 3년이며 스페인에서 직접 파견된 경우에는 5년까지 연장할 수 있었다.(Icarito) 총독은 부왕과 마찬가지로 군대를 지휘하고 아우디엔시아 법원장을 맡기도 했다.

카피타니아 헤네랄(Capitanía General)은 군대가 주둔하면서 통치하는 일종의 군정령(軍政領)으로서 주로 해적이 자주 출몰하거나 원주민 반란이 일어나는 곳에 설치되었다. 식민지 기간을 통틀어 스페인은 필리핀을 포함해 10개의 카피타니아 헤네랄을 설치했는데, 수장인 카피탄 헤네랄은 주로 부왕이나 총독이 맡았다. 한편 또 다른 식민지 행정 조직으로 각 도시의 정책과 운영을 맡은 시청이나 시의회 역할을 하는 카빌도(Cabildo)가 있다. 카빌도는 무니시피오(Municipio)라고 불리기도 했는데, 치안을 담당하고 물가를 통제하는 업무를 맡기도 했다.

식민 체제의 또 다른 지역 단위로는 도시 외곽을 둘러싸고 있는 원주민 거주지인 코레히미엔토(Corregimiento)가 있다. 우리나라의 군(郡)이나 미국의 카운티(county)에 해당한다고 볼 수 있는 코레히미엔토는 스페인의 카스티야 왕국에서 이미 13세기부터 있었던 제도를 도입한 것이었다.

코레히미엔토를 다스리는 코레히도르(corregidor)는 왕이 직접 임명하거나 총독의 추천으로 임명했으며, 그 임무는 카빌도를 주재하고 법을 통해 그 지역의 치안을 유지하고 정의를 실현하는 것이었다. 또한 대지주들이 원주민들을 학대하는지 여부를 감시하는 것도 그의 업무 가운데 하나였다. 임기가 1년이고 최장 5년까지 연장할 수 있었다.(Icarito)

비록 식민지의 행정체제가 완비되고 수시로 국왕의 감찰 활동이 있었음에도 불구하고 스페인 본국의 명령 체계와 각종 법령은 잘 지켜지지 않았다. 스페인으로부터 멀리 떨어져 있는 아메리카 대륙의 지리적 조건과 광대한 면적, 교통 및 통신 수단의 미비, 그리고 사실상 독자적인 왕국을 건설한 지방 호족들의 존재가 주된 원인이었다. 특히 뇌물과 연줄을 통한 부패는 심각한 정도로 만연했고 날이 갈수록 매관매직도 성행한다. 이로 인해 왕실의 명령은 "존중하지만 지키지는 않는다(obedezco pero no cumplo)"라는 말이 공공연히 나돌았다.(Quesada, 56)

이밖에 빼놓을 수 없는 중요한 기관이 바로 1569년 멕시코와 페루에 설치된 종교 재판소(Inquisición española) 혹은 이단 심문소이다. 종교 재판소는 비록 종교의 영역에 속하지만 가톨릭 신앙이 당시의 사회 윤리 및 이념의 기반이었다는 점을 상기할 때 식민 통치를 지탱하는 중요한 역할을 수행했던 것이 분명하다. 종교 재판소의 주된 임무는 풍속을 문란케 하고 신앙을 훼손시킬 수 있는 모든 종류의 적들을 감시하는 것이었다. 여기에는 유대인, 점성술사, 마술사, 이단아, 개신교도 등이 포함되었고 부패하거나 믿음이 부족한 가톨릭교도 및 성직자들도 포함된다. 종교 재판관은 주로 도미니크 수도회의 수도사들이 맡았고 외부 기관의 모든 압력으로부터 벗어나 독립성을 보장받았다.

5
식민 시대의 인종과 사회

인구의 대이동과 새로운 인종의 탄생

앞서 보았던 원주민 인구의 급격한 감소와 스페인 사람들의 증가는 아메리카 대륙에 새로운 인종 지도를 만들어냈다. 특히 카리브 연안의 원주민들, 즉 앤틸리스 제도의 아라왁, 플로리다의 칼루사, 쿠바의 타이노 부족 등은 사실상 멸종에 이르렀다.(Doughty, 43) 반면 스페인 사람들의 유입은 급증한다. 연구에 따르면 16세기 동안 스페인에서 신대륙으로 건너 온 백인들의 숫자는 약 20만 명 정도이며, 1625년이 되면 이 숫자는 46만 명이 넘는다.(Zaragoza, 23) 그러나 17세기 전체의 이주자는 16세기보다 많이 감소하게 된다. 스페인 이주자 가운데 가장 많은 1/3 정도는 안달루시아 출신이었으며, 엑스트레마두라와 카스티야 출신들이 그 뒤를 잇는다. 너무나도 많은 사람이 부와 명예를 찾아 바다를 건너자 당시 스페인의 일부 지식인들은 커다란 인적 자원의 손실을 경고하기도 한다.(Quesada, 47)

백인 인구가 급증하고 식민 수탈경제 체제가 구축되면서 백인들이 원주민들을 보는 시각도 많이 달라진다. 초기에 '선량한 야만인(buen salvaje)'으로 간주되었던 원주민들은 점차 노동력밖에 가진 것이 없는 '야만인'으로 전락한다. 게다가 게으르고 우상숭배와 인신공양을 하는 야만인의 나쁜 습성을 뿌리 뽑고 교화시켜야 한다는 인식이 퍼졌다. 이와 함께 백인들은 자기들의 문화 및 기술 수준에 대해 자연스럽게 지배계급으로서의 인종적 우월감을 가지게 되었다.(Quesada, 56) 그렇다고 백인들이 원주민 공동체 질서를 완전히 무너뜨린 것은 아니다. 그들은 대부분의 원주민 촌락 공동체는 그대로 존속시켰고 그들의 지도자들도 존중해 주었다. 덕분에 지도자인 촌장 혹은 호족(cacique)은 식민통치자들과 주민들 사이에 소통과 중재를 맡으면서 자신들의 특권과 지위를 유지해 나갈 수 있었다.(Quesada, 58)

한편 부족한 원주민 노동력을 보충하기 위해 아프리카에서 흑인 노예들이 본격적으로 유입된다. 기록에 따르면 이미 1526년 포르투갈 상인에 의해 브라질에 끌려온 흑인이 최초의 아프리카 노예로 알려지고 있다.[36] 전체적으로 볼 때, 1500년에서 1870년까지 라틴아메리카와 카리브 땅에 유입된 아프리카인들은 총 850만 명 정도이며 이들 중 38%가 브라질로 향한 것으로 추산된다.(Doughty, 43) 흑인들 가운데 가장 많은 사람들은 카리브와 브라질의 사탕수수 농장에서 일했으며 도시 노동자와 수공업자로 일한 이들도 있었다. 도시에서 일했던 흑인 노예를 가리켜 라디노(ladino)라고 불렀는데 이들은 농촌 노예에 비해 생활환경이 더 좋았고 돈을 지불하고 자유인이 될 가능성도 더 많았다.(Quesada

---

36 아메리카 대륙의 땅을 밟은 최초의 흑인은 서아프리카 출신의 후안 가리도(Juan Garrido)라고 알려져 있다. 그러나 그는 노예로 끌려온 것이 아니라 스페인 군대와 함께 정복자의 일원으로 신대륙에 온 것이었다. 그는 가톨릭 공동왕이 콜럼버스의 후임 총독으로 임명한 니콜라스 데 오반도와 함께 1502년 신대륙에 들어왔으며 1508년에는 쿠바와 푸에르토리코 원정, 1519년에는 에르난 코르테스와 함께 멕시코 원정에 동참하여 싸웠다. 그는 공로를 인정받아 현 멕시코시티 근처의 토지를 하사받아 농업에 종사했으며 아메리카 최초로 밀을 경작했다고 한다. 그는 결혼해서 3명의 자식을 두었고 1540년대 말에 세상을 떠났다.(Barenys)

48)[37] 17세기 중반 이전까지 스페인어권 아메리카에는 약 20만 명, 그리고 그로부터 18세기 중반까지는 약 34만 명의 흑인이 있었던 것으로 보인다. 그리고 유럽의 식민지배가 끝날 무렵 전체 아메리카 대륙에는 약 230만 명의 흑인이 있었던 것으로 추정한다.(Zaragoza, 24)

원주민, 유럽인 그리고 흑인 등 아메리카 대륙에서 조우한 대표적인 세 인종은 이후 일찍이 세계 역사에서 볼 수 없었던 혼혈 현상을 보여준다. 혼혈은 특히 원주민들의 숫자가 작은 지역에서 더 급속히 진행되었다. 베이크웰은 16세기의 급속한 인구감소와 인종 및 문화적 혼종의 관계를 다음과 같이 설명한다.

> 인구 감소는 경제적인 측면보다 문화적인 측면에서 더욱 심각하고 지속적인 피해를 불러일으켰다. 전염병에 의해 큰 타격을 받았음에도 불구하고 남부 멕시코나 안데스 고원지대처럼 원주민들의 삶이 잘 보존된 곳도 있는 것이 사실이다. 그러나 일반적으로 볼 때, 원주민 집단의 규모가 작은 지역일수록 혼혈은 더욱 빨리 진행되는 경향이 있었다. 인종간의 혼혈과 함께 문화적 혼합이 일어났고 이에 따라 원주민과 스페인의 삶의 방식이 섞여버리는 메스티소 양식의 발전이 스페인령 아메리카에서 매우 보편적으로 자리 잡게 되었다. 그리고 정복 이후 스페인 사람들에 의해 유입된 아프리카 출신 노예와 하인들이 수적으로 증가한 것은 기존

---

37 라디노(ladino)는 이밖에도 스페인 출신의 유대인인 세파르디가 구사하던 언어를 의미하기도 하고, 미국 내의 라틴아메리카 출신 사람들, 혹은 스페인이나 포르투갈 기원의 문화를 뜻하기도 한다.

의 혼혈 인종과 문화에 또 하나의 인자를 가미하는 것을 의미했다. 그러므로 16세기의 급격한 인구감소는 스페인어권 아메리카를 오늘날 볼 수 있는 최고의 인종적, 문화적 혼합 지역으로 변모시키는데 기여했다. 인종적이고 문화적인 혼합이 본격적으로 시작되었다.(베이크웰, 110)

이 글을 보면 어쩌면 혼혈은 노동력 제공을 위해 대규모 인구변동이 일어나는 식민지의 필연적 산물인지도 모른다. 식민지에 부과된 이러한 운명을 언급하면서 미국의 예술사가인 조지 큐블러(George Kubler)는 "식민지의 삶은 혼혈의 역사적 무대였다"고 말한다.(Samaniego, 119)

인종 간 혼혈과 함께 새로운 인종이 태어났고 이들을 가리키는 용어도 생겨났다. 대표적인 경우가 백인과 원주민의 결합인 메스티소(mestizo), 백인과 흑인 사이에서 태어난 물라토(mulato), 그리고 흑인과 원주민의 결합으로 태어난 삼보(zambo)이다.

사진 3-5-1. 스페인 출신 백인과 원주민 여성, 그리고 그 사이에서 태어난 메스티소 아들로 구성된 가정의 모습
- wikimedia commons

그렇다면 우리는 여기서 궁금한 점이 생긴다. 북아메리카의 백인들과 달리 스페인 사람들은 어떻게 다른 인종과 쉽게 피를 섞을 수 있었을까? 여기에는 다양한 설명을 할 수 있을 것이다. 우선 가족 단위로 이주했던 북미의 청교도들과 달리 라틴아메리카에 들어온 스페인 사람들은 주로 군인이나 선교사 등의 남자들이어서 백인 여성이 부족했다는 점. 스페인 사람들이 역사적으로 이민족에 개방적이었으며 그리스인부터 게르만족, 그리고 무어인에 이르기까지 수많은 혼혈의 역사를 가지고 있다는 점. 가톨릭 신앙이 개신교 교리보다 더 유연하다는 점. 그리고 스페인 당국에서도 1514년 법령을 통해 다른 인종 간의 결혼을 허가했다는 점 등을 들 수 있다. 특히 역사적으로 혼혈의 전통을 가지고 있었다는 점이 스페인 사람들로 하여금 아메리카 원주민과의 혼혈에 큰 거부감을 가지지 않게 한 가장 큰 요인이라 본다.

한편 시간이 흘러 인구가 급증하면서 혼혈의 양상도 보다 복잡해진다. 즉 스페인 백인과 메스티소의 결합은 카스티소(castizo), 백인과 물라토 사이의 혼혈은 모리스코(morisco), 백인과 모리스코 사이의 아이는 알비노(albino), 백인과 알비노 사이의 혼혈은 살타아트라스(salta-atrás) 혹은 토르나트라스(tornatras) 등으로 계속 세분화되어간 것이다. 복합적인 혼혈의 증가는 결국 외모로만 혈통을 구분하는 것을 불가능하게 만들었으며 대부분 사람들이 백인, 인디오, 흑인, 메스티소, 물라토, 삼보, 혹은 외모가 흑인과 가까운 파르도(pardo) 등의 넓은 범주 안에 분류된다.(베이크웰, 122)

한편 아메리카 식민지의 인구 비율에서 흥미로운 점은 시간이 갈수록 원주민 비율이 감소하고 혼혈을 포함한 다른 인종의 비율이 증가하고 있다는 점이다. 멕시코의 예를 들자면, 1570년경의 전체 인구 235만

명 가운데 원주민이 차지하는 비율이 97.1%이고 스페인 사람 2%, 메스티소 0.1%, 완전하거나 불완전한 모습의 흑인인 파르도가 0.8%였는데, 1646년에는 인구가 123만 명으로 감소한 가운데, 원주민은 87.2%, 스페인인이 8%를 차지하게 된다. 그리고 1740년대 중반이 되면 원주민 74%이고 백인, 메스티소, 그리고 흑인이 비슷한 비율을 보인다.(베이크웰, 119) 이는 메스티소 인구가 가장 비약적인 성장세를 기록했다는 사실을 보여주는 통계이다.

메스티소와 크리오요

스페인의 식민 체제 내에서 혼혈 인구가 급증하면서 이들은 필연적으로 어느 특정 인종이나 계층에서 자신의 근거를 발견하지 못하는 경계인이 되었다. 결국 이들은 백인과 얼마나 닮았는지 정도에 따라 사회적 지위가 정해지는 현상이 발생한다. 이는 뿌리를 거슬러 올라가, 사회를 자연의 위계질서의 반영으로 간주하는 중세 가톨릭 전통에서 유래한다고 할 수 있다. 때문에 이는 많은 사회적 여파를 낳았다. 같은 메스티소라도 원주민과 크게 구별되지 않는 메스티소는 원주민 대접을 받으면서 그 의무까지 수행해야 했다. 반대로 백인과 거의 구별되지 않는 메스티소는 백인의 권리를 대부분 누릴 수 있었다. 당시 크리오요들 가운데 조금이라도 원주민 피가 섞이지 않은 사람은 사실상 거의 없었지만 이들은 모두 백인 행세를 하며 잘 지냈다. 아무튼 17세기 이후 이렇게 피부색에 따라 계층이 결정되는 현상을 가리켜 '피부색주의(pigmentocracy)'라 부른다.(베이크웰, 121) 즉 피부색이 백인에 가까울수록 높은 계층에, 흑인이나 원주민에 가까울수록 낮은 계층에 속하는 것으로 인식되는 것이다.

아메리카 식민지에서 사회적으로 가장 낮은 계층은 노예로 끌려온 흑인들이었다고 알려져 있다. 그러나 일부 연구자들은 원주민들이 흑인보다 더 낮은 대우를 받았다고 주장하기도 한다.(Chang-Rodríquez, 64) 그러나 두 인종 간의 가장 큰 차이점은 원주민들이 흑인과는 반대로 어쨌든 자유인의 신분이었다는 점이다. 인종을 초월해 신분을 결정짓는 예외적인 요소가 있다면 그것은 재산이었다. 돈이 있으면 노예들은 자유인이 될 수 있었고 더 나아가 상류사회의 백인들과 어울릴 수 있었다. 이에 브라질에서는 "돈은 피부를 희게 한다"는 유명한 속담이 있을 정도이다. 즉 돈만 있으면 흑인도 백인으로 둔갑하는 것이다. 식민지 시대에 존재했던 피부색주의는 오늘날까지도 중남미 사회를 지배하는 보이지 않는 위계질서가 되어 사회통합을 방해하는 요소가 되고 있다.

비록 아메리카 대륙의 권력을 가진 인종은 백인이지만 실질적인 주인은 메스티소, 물라토, 혹은 삼보를 막론하는 혼혈인들이라 할 수 있다. 멕시코의 작가이자 철학자로서 대통령까지 역임한 호세 바스콘셀로스(José Vasconcelos, 1882-1959)는 이러한 메스티소, 즉 넓은 의미의 혼혈인을 가리켜 '우주 인종(raza cósmica)'이라 부른다. 그는 '청동 인간(raza de bronce)'이라는 표현을 쓰기도 했다. 그 이유는 신대륙 사람들의 혈관에 유럽, 아시아, 아메리카, 그리고 아프리카를 망라하는 세계 모든 인종의 피가 흐르면서 구대륙 유럽인들을 능가하는 보편성과 능력을 지닌다는 것이다. 바스콘셀로스의 사상은 아메리카가 정치적 독립을 이룩한 이후 정신적 독립까지 성취하기 위해 19세기 말과 20세기 초반에 전개되었던 정신주의 운동의 일환이었다고 할 수 있다. 한편 우루과이의 작가 엔리케 로도(José Enrique Rodó, 1871-1917) 역시 '아리엘리즘(arielismo)'으로 불리는 아메리카 정신주의를 통해 라틴아메리카의 주류를 이루고 있는 메스티소의 인종적 보편성과 도덕적 우월성을 고양했다.

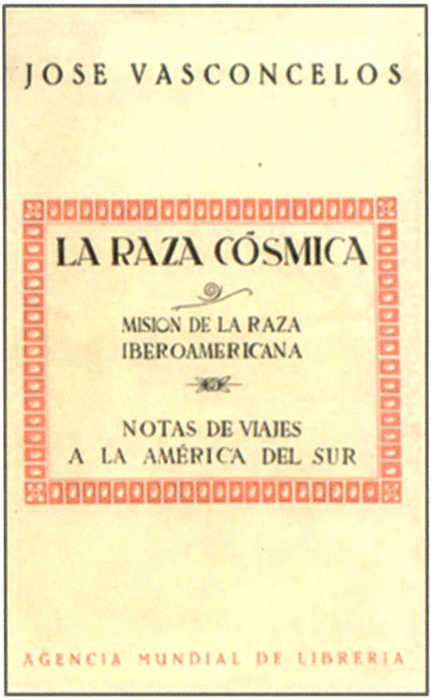

사진 3-5-2. 바스콘셀로스의 저서 『우주 인종』의 표지. '이베로아메리카 인종의 사명'이라는 부제가 있다. - wikimedia commons

아메리카 식민 체제에서 최상위 계층은 정복자로서, 통치자로서, 혹은 상인으로서 바다를 건너온 스페인 출신의 백인들이 차지하고 있었다. 시간이 흐름에 따라 아메리카 땅에서 이들의 후손들이 태어나 세대를 계승하게 되었다. 여기서 스페인 본토 출신의 백인을 가리켜 페닌술라르(peninsular)라 하고, 아메리카 대륙 현지에서 태어난 백인을 가리켜 크리오요(criollo)라고 불렀다. 크리오요들은 점점 그 숫자가 늘어나면서 약 1백년이 지난 1600년경이 되면 증손자 세대가 태어났고 스페인 본토에서 온 백인 인구를 능가하기 시작했다.(베이크웰, 111) 문제는 크리오요가 법적으로는 스페인 백인이었으나 페닌술라르에 비해 정치, 경제, 사회적으로 큰 차별을 받았다는 점이다. 스페인 국왕은 크리오요들을 크게 믿지 않아서 중요한 공직에 임명하지 않았고, 큰 이익이 걸린 사업을 허락하지도 않았으며, 페닌술라르에 비해 매사 부당한 대우를 했다. "아버지는 장사꾼, 아들은 귀족, 손자는 거지꼴"이라는 당시 속담은 홀대받는 크리오요의 운명을 풍자한 것이다.

현지 토착세력으로 사회적, 경제적으로 주도권을 누리고 있었으나 정치권력이 결여되어 있던 크리오요들은 17세기 후반이 되면서 매관매직이나 정략결혼을 통해 권력의 상층부로 진입하게 된다. 돈으로 살 수 있는 공직은 처음에는 하위직 공무원에서 출발해 판·검사나 중앙부처 요직으로 확대된다. 17세기 말이 되면 심지어 부왕의 자리까지 돈으로 사는 것이 가능했다고 한다.(베이크웰, 112) 그러나 실제로 크리오요로서 부왕의 자리에 앉은 인물들은 대체로 돈보다는 쟁쟁한 명문 귀족 가문이라는 후광을 가지고 있었다. 키토 출신의 귀족인 로페 디에스 데 아욱스 이 아르멘다리스(Lope Díez de Aux y Armendáriz, 1575-1640)는 크리오요로는 처음으로 누에바 에스파냐 부왕(1635-1640)에 임명되었으며 이후에도 아메리카 대륙이 독립할 때까지 7명의 크리오요 부왕들이 더 배출됐다. 이밖에도 이탈리아, 프랑스, 포르투갈, 영국 등 외국 출신의 부왕들도 8명이 있었다.

한편, 앞서 언급했듯이, '부르봉 개혁'을 추진하던 카를로스 3세는 18세기 말에 '감독관'이라 할 수 있는 인텐덴테(Intendente) 제도를 식민지에 도입한다. 이는 토착 엘리트 계급의 권력 남용, 부패, 그리고 경제적 독점을 막고 왕실이 주도하는 중앙집권체제를 공고히 하기 위한 것이었다. 인텐덴테 가운데는 부왕령을 담당하는 최고위층이 있는가하면 지방 기구를 담당하는 하위 계급의 관리들도 있었다. 이 관리들은 주요 시장이나 코레히도르 등 지방 통치자의 역할을 분담하거나 대체하면서 새로운 관료 계층이 되었다.(Malamud, 122) 이러한 감독관 제도 혹은 감독관이 다스리던 영토를 가리켜 인텐덴시아(Intendencia)라고 한다. 인텐덴테의 임무는 담당한 지역의 상황에 따라 조금씩 달랐다. 예를 들어, 아메리카 대륙 최초로 임명된 쿠바의 인텐덴테가 1764년에 부여받은 임무는 '군사(軍事)와 재정(財政)'의 감독이었다. 이는 2년 전 영국군의 공격을 받아 수도인 아바나가 11개월 동안이나 점령당했던 상황을 고려한 것이다. 이밖에도 인텐덴테는 행정 및 치안, 사법(司法) 등의 임무를 맡아 수행했다. 그런데 카를로스 3세는 감독관의 자리에 페닌술라르를 임명했고 이와 함께 식민지의 지방법원 역시 종래와는 달리 페닌술라르의 통제 하에 두었다. 이러한 정책은 왕실의 권위를 고양하고 식민지 통제를 강화하는 효과는 있었으나 크리오요들의 반발을 사면서 사회 갈등을 심화시킨다. 시간이 갈수록 더 큰 정치권력을 장악하게 된 크리오요들은 스페인 본국의 차별에 불만을 품고 현지인들의 정당한 권리를 주장하면서 급기야 아메리카의 민족의식을 품게 되었고 결국 독립운동에 투신하게 된다. 이 와중에 부왕이라는 직책은 식민 시대 말기가 되면 스페인 왕실과 크리오요 토착세력 사이의 중재 역할을 하는 정도로 영향력이 축소된다.(Zaragoza, 18)

크리오요 계층이 아메리카 민족주의 의식을 품게 되었다고 하지만 한계점은 있었다. 먼저 이들의 민족 개념은 원주민, 메스티소, 흑인 등 유색인종을 포괄하지 않았다. 즉 백인들이 생각하는 '자기들만의 리그'였던 것이다. 또 다른 문제점이라면 같은 크리오요들이라도 범아메리카주의를 추구했던 것이 아니라 지역감정을 가지고 있었다는 사실이다.(Quesada, 67) 이로 인해 결국 훗날 독립을 성취했을 때 아메리카 대륙은 여러 국가로 나눠지고 같은 나라 안에서도 지역주의로 분열되는 가운데 크리오요는 새로운 지배계층으로 군림하게 된다.

6
혼종 문화의 개화
식민지 문학

정복과 연대기 문학

아메리카 대륙의 인종적 혼혈은 자연스럽게 문화적이고 예술적인 혼종으로 이어졌다. 정복자들이 오기 전에도 중남미에는 원주민 문학이 존재하고 있었다. 그러나 중남미 문학이 라틴아메리카에서 스페인어로 쓰인 작품을 의미한다고 본다면, 최초의 중남미 문학은 콜럼버스의 항해를 그린 『항해일지』를 비롯해 정복사업을 수행한 초기 정복자들의 보고서나 연대기라고 할 수 있다. 공식 문서의 성격을 지닌 이들의 글을 문학으로 볼 수 있는 이유는 주관적이고 과장된 글을 많이 썼고 심지어는 실제로 존재하지 않는 것을 기록하기도 했기 때문이다. 콜럼버스의 『항해일지』에 인어가 등장하는 것만 봐도 그 점을 알 수 있다. 현실과 환상이 섞여있는 이러한 글들은 공식 문서라기보다는 픽션에 가깝다고 할 수 있을 것이다. 글쓴이들이 이렇게 허풍을 떤 이유는 본국의 국왕이나 관리들에게 자신의 공로를 강조함으로써 자신들에 대한 투자가 헛되지 않았음을 입증하고 더 많은 지원을 받아내기 위해서였다.

사진 3-6-1. 아스테카 제국의 수도인 테노츠티틀란을 묘사한 그림. 에르난 코르테스가 스페인 국왕에게 보내는 편지 내에 동봉한 것이다. - wikimedia commons

정복과 탐험 그리고 식민화가 진행되던 16세기에 주로 나온 연대기 문학은 아스테카 제국을 정복한 에르난 코르테스의 『보고서』(Cartas de relación)를 그 효시로 볼 수 있다. 한편 앞서 소개했던 바르톨로메 데 라스 카사스의 『인디아스 통사』와 『인디아스 파괴에 대한 간략한 보고서』도 연대기 문학에 속한다. 이밖에도, 코르테스 원정에 참가했던 베르날 디아스 델 카스티요(Bernal Díaz del Castillo)의 『누에바 에스파냐 정복의 진짜 역사』(Historia verdadera de la conquista de la Nueva España), 플로리다에 상륙하여 8년 동안 갖은 고생 끝에 북미 대륙을 거쳐 귀환한 카베사 데 바카(Álvar Nuñez Cabeza de Vaca, 1490-1559)의 『표류기』(Naufragios y comentarios), 아스테카의 사회, 문화, 경제, 종교, 풍습 등을 상세히 기록한 베르나르디노 데 사아군(Bernardino de Sahagún)의 『누에바 에스파냐 문물 통사』(Historia general de las cosas de la Nueva España), 스페인에 정복되기까지 잉카의 역사를 서술한 잉카 가르실라소 데 라 베가(Inca Garcilaso de la Vega, 1539-1616)의 『잉카 왕조실록』(Comentarios Reales de los Incas)등이 대표적인 연대기 문학이라 할 수 있다. 특히 잉카 가르실라소는 스페인 귀족과 잉카의 공주 사이에서 태어난 아메리카 출신으로서 '아메리카 대륙 최초의 생물학적·정신적 메스티소'라 불린다.

한편 연대기 문학은 산문 작품만 있었던 것은 아니다. 대표적으로는 스페인 정복군과 아라우카노 부족의 영웅적인 전쟁을 다룬 알론소 데 에르시야(Alonso de Ercilla, 1533-1594)의 『아라우카나』(La Araucana)가 있다. 『잉카 왕조실록』이 페루 최초의 문학작품이라면, 서사시와 서정시의 성격을 모두 가지고 있는 『아라우카나』는 칠레 최초의 작품으로서 '칠레의 『엘시드』'로 간주되기도 한다. 연대기 문학을 쓴 작가들은 잉카 가르실라소를 제외하면 대개 스페인 출신으로 르네상스적 사고를 지닌 사람들이었다. 때문에 작품 내에서도 인문주의적 비판정신이 나타나고 개인주의와 자유의지 사상이 부각된다. 또한 장르의 성격상 문체는 간결하고 명료했다.(Oseguera de Chávez, 36)

17세기에 접어들며 정복시대의 혼란과 무질서가 사라지고 식민체제가 자리를 잡으면서 라틴아메리카 경제도 안정과 번영을 누리기 시작했다. 이와 함께 대도시가 성장하고, 대학과 수도원 등지에서 지식인들의 활동이 활발해졌다. 당시 부왕령이 설치되었던 멕시코시티와 리마가 아메리카 대륙의 대표적인 대도시였는데, 이밖에 키토, 아바나 등도 대도시로 발전하면서 활발한 문화 활동이 펼쳐졌다. 탐험과 정복 시대가 막을 내리고 안정적인 식민지 시대로 접어들면서 문학계의 양상도 큰 변화를 맞이한다. 먼저 유럽의 사상과 문화를 접한 식민지 현지의 크리오요 작가들이 대거 등장하며 이들이 경험한 유럽문학의 영향으로 종래의 연대기 문학에서 바로크 문학으로 문학적 성향이 바뀐다. 그러나 주의할 것은 스페인 문학이 일방적으로 전파된 것이 아니라 아메리카 원주민의 세계관과 언어가 혼용되면서 유럽과는 또 다른 종류의 바로크 문학이 산출된다는 점이다.(정경원(외), 311)

식민지의 바로크 문학

식민 시대에 아메리카에 전파된 스페인 작가들은 큰 영향을 미쳤는데, 세르반테스를 비롯해 공고라, 케베도, 로페 데 베가, 칼데론 데 라 바르카 등 주로 바로크 시와 연극의 대가들이었다. 바로크 문학은 식민 체제가 안정화된 17세기 이후 부르봉 왕조 이전까지 문학뿐만 아니라 문화 전반에서 아메리카 대륙을 지배했던 사조라고 할 수 있다. 그러나 앞서 말했듯, 유럽의 바로크는 대서양을 건너 아메리카의 바로크적 성향과 어울리면서 더욱 풍요로워졌다. 이와 관련해 옥타비오 파스(Octavio Paz, 1914-1998)는 라틴아메리카의 혼혈이 특유의 바로크 미학을 탄생시켰다고 말하며, 쿠바의 카르펜티에르(Alejo Carpentier, 1904-1980) 역시 혼혈과 공생의 대륙인 아메리카 땅이 고유의 바로크를 낳고 있다고 말한다(Samaniego, 119). 다른 한편으로, 스페인의 정복으로 인해 급격히 변해버린 세계와 자신의 정체성에 대한 의심을 체험하는 아메리카인들의 바로크적 사고는 신이 응답하지 않는 시대에 우주적 고아의식을 느끼던 유럽인들의 그것과 본질적으로 다르지 않다고 할 것이다.

아메리카 대륙의 바로크 연극을 먼저 보자면, 대표적으로 꼽을 수 있는 극작가는 단연 후안 루이스 데 알라르콘(Juan Ruiz de Alarcón, 1581-1639)이다. 멕시코에서 태어났으나 주로 스페인에서 활동했던 알라르콘은 짧은 연극을 주로 써서 근대극의 선구자로 꼽힌다. 그는 앞서 언급한 스페인의 쟁쟁한 극작가들과 어깨를 나란히 하며 스페인 황금세기를 빛낸 바로크 작가로 꼽힌다. 대표작으로 『벽에도 귀가 있다』(Las paredes oyen), 『의심스런 진실』(La verdad sospechosa)등 많은 작품이 있는데, 특히 후자는 프랑스의 바로크 작가로 꼽히는 코르네이유(Pierre Corneille, 1606-1684)에 의해 모방되었다. 그는 신체적으로 선천적인 꼽추에다가 작은 키와 빨간 머리칼을 가져서 평생 조롱을 받았으나 창작을 통해 이를 극복했으며 나중에는 식민통치 행정의 본산인 인디아스 심의회 위원으로 임명되는 영광을 누렸다.

이밖에 또 다른 멕시코의 바로크 작가로서 카를로스 데 시구엔사 이 공고라(Carlos de Sigüenza y Góngora, 1645-1700)를 들 수 있다. 그는 외가 쪽의 어른인 루이스 데 공고라(Luis de Góngora, 1561-1627) 풍을 따르는 작가였다. 어린 시절에 예수회에 들어갔으나 쫓겨났고 이후 왕립교황청대학을 졸업한 후 사제로 서품됐다. 그는 문학 외에도 사회, 종교, 과학 등 다방면에 관심이 많았고 라틴아메리카 소설의 선구자로 간주되기도 한다. 또한 스페인에 맞서 멕시코를 찬양한 초창기의 애국적 크리오요라고 할 수 있다.

아메리카 대륙의 바로크 문학은 멕시코뿐만 아니라 남아메리카에서도 볼 수 있다. 페루 부왕령의 대표적인 바로크 작가가 후안 데 에스피노사 메드라노(Juan de Espinosa Medrano, 1640-1688)이다. 그는 페루의 원주민 혈통으로서 스페인어뿐만 아니라 케추아어를 구사할 수 있었고, 쿠스코 대학을 졸업한 후 신학교수, 극작가, 수필가로서 명성을 날렸다. '엘 루나레호(El Lunarejo)'라는 별명을 가지고 있던 그는 신대륙 최초의 문학비평을 시도했고, 특히 바로크 언어를 통해 스페인의 공고라를 예찬했다.

아메리카 바로크 문학은 앞서 보았던 주제적인 측면 외에 형식적인 측면에서도 스페인의 바로크 문학과 크게 다른 점이 없다고 할 수 있다. 즉 문법적인 측면에 구애받지 않고 도치법과 과장법을 즐겨 썼고 다양한 수사법 및 신조어를 구사했으며 언어의 다양한 의미를 추구했던 것이다. 이런 특징을 전형적으로 보여주는 아메리카 최고의 바로크 시인이 바로 소르 후아나 이네스 데 라 크루스(Sor Juana Inés de la Cruz, 1651-1695)이다.

소르(수녀라는 뜻) 후아나는 비록 스페인 작가들의 많은 영향을 받았으나 스페인 문학을 능가한다는 평을 받는 바로크 시대 최고의 시인이다. 그녀는 스페인 바스크 출신의 아버지와 원주민 어머니 사이에서 멕시코에서 태어난 후 아버지로부터 버림받았다. 그러나 대단히 총명한 머리를 가지고 있던 소르 후아나는 외할아버지 서재에서 지적인 욕구를 키웠다. 그녀는 3살에 글을 읽을 수 있었고 6세 무렵에는 쓰는 법을 배웠다. 7살 때에는 당시 금녀의 구역이었던 대학에 가겠다고 우기기도 했다. 일찍이 시를 잘 써서 8살에는 시 백일장에 당선된다. 마침내 소르 후아나의 명성을 들은 멕시코 부왕이 그녀를 궁정으로 부른다. 불과 13세 때였다.

미모마저 뛰어났던 소르 후아나는 시인의 길을 걷는 한편 당대의 유명한 지식인들과 교유하고 토론하면서 명성을 쌓아 나간다. 그러나 그녀는 18세가 되자 홀연 수녀원에 입회한다. 그러나 이는 세속의 삶을 포기하기 위한 것이 아니라, 오히려 자신의 지적 욕심을 충족시키기 위한 것이었다. 그녀는 수녀원에 수천 권의 장서와 악기들, 그리고 천체관측 기구 등이 가득 찬 도서관을 만들었고 귀족들과 지식인 등 외부 인사들을 초대하여 지속적으로 교류했다. 결국 수녀원은 소르 후아나에게 지적 활동을 가능케 해 주는 공간이었다. 또한 여성의 지식 추구를 금기시하던 사회에서 지적 열망을 충족하고 신분의 불리함을 극복할 수 있는 피난처였다. 20세기의 영국 작가 버지니아 울프(Virginia Woolf, 1882-1941)가 말한 '자기만의 방', 즉 어느 정도의 경제적 자립을 이룬 가운데 방해받지 않고 창작할 수 있는 자유 공간이었다고 할 것이다.

사진 3-6-2. 소르 후아나의 초상화. 미겔 카브레라(Miguel Cabrera, 1695-1768, 멕시코)의 작품 - wikimedia commons

소르 후아나의 삶에 위기가 온 것은 그녀가 당대의 저명한 철학자이자 달변의 외교관이었던 포르투갈 출신의 안토니오 비에이라(Antonio

Vieira, 1608-1697) 신부의 강론 내용을 반박하는 책을 출판하고부터이다. 『아테나 여신의 지혜에 필적하는 편지』(Carta Atenagórica)라는 제목의 이 책은 많은 논란을 야기한다. 사실 이 글을 쓰도록 권유하고 출판한 사람은 당시의 푸에블라 주교였다. 그러나 소르 후아나는 멕시코 대주교와 푸에블라 주교 사이의 권력다툼에 이용당한 셈이었다. 그녀는 그 책의 내용을 변명하기 위해 『필로테아 수녀님에 대한 답신』(Respuesta a Sor Filotea de la Cruz)이라는 글을 쓰지만 오히려 이로 인해 종교재판을 받고 결국은 절필을 선언한 후 침묵에 들어간다. 소르 후아나 수녀는 1695년 페스트에 걸린 동료 수녀들을 돌보다가 자신도 감염되어 44세에 세상을 떠난다. 남성중심주의 사회에서 혼혈아로서, 사생아로서, 여성으로서, 그리고 수녀로서 자신의 목소리를 냈으나 결국 침묵을 강요당한 소르 후아나의 삶은 이성과 신앙, 세속 지식과 구원 사이의 갈등을 보여준다. 이에 옥타비오 파스는 소르 후아나에 대해 쓴 책에 '신앙의 덫(Trampas de la fe)'이라는 제목을 붙였고, 스페인의 저명한 역사학자인 아메리코 카스트로(Américo Castro, 1885-1972) 역시 비슷한 의미에서 소르 후아나를 '지성의 순교자(Mártir de la inteligencia)'라고 표현했다.

수녀로서의 신앙과 지식인으로서의 지적 호기심 사이에서 갈등했던 그녀는 결국 두 길에서 모두 실패한 삶이었다고 할 수 있다. 그녀는 신앙의 공백을 지식으로 메우려했으나 결국 귀결된 곳은 환멸이었다. 이는 당대의 지배적 사조였던 바로크 시대의 환멸과 결합하면서 시대의 걸작을 탄생시킨다. 소르 후아나의 환멸과 '바니타스(vanitas)' 감정을 표현한 대표적인 작품이 『초상화에게』(A un retrato)보내는 소네트이다.

네가 바라보는 이것은 색깔의 속임수,
색깔의 허위 논리로
교묘히 감각을 속이며
아름다움을 과시하는 기술;

이것은 달콤함 말로
시간의 공포를 덜고
늙음과 망각을 물리치는 기운으로
시간을 이겨내는 것,

공을 들여도 그것은 헛된 수고
바람에 떨리는 꽃 한 송이
운명 앞에 소용없는 피난처:

그것은 빗나간 어리석은 노력
공연한 헛수고, 설사 좋게 보더라도
시체, 먼지, 그림자, 그리고 무(無)일 뿐.

소르 후아나는 극작품도 썼는데 가장 유명한 것은 단막극 형식의 성찬신비극(autos sacramentales)인 『신성한 나르시스』(El divino Narciso)이다. 인간은 죄를 짓지만 예수 그리스도의 사랑에 의해 구원된다는 전형적인 종교문학이다.

앞서 보았듯이, 천성적으로 격정적이고 종교적인 스페인어권 세계는 그 문학 역시 바로크적 성향을 지니고 있다고 할 수 있다. 그래서 그런지 스페인 왕가가 합스부르크에서 부르봉으로 교체된 후 프랑스의 합리주의와 계몽주의 사상과 더불어 신고전주의 문학이 유럽에서 득세하게 되었으나 스페인과 라틴아메리카는 특별히 위대한 작가나 걸작을 산출시키지 못한다.

다만 멕시코 출신의 호세 호아킨 페르난데스 데 리사르디(José Joaquín Fernández de Lizardi, 1776-1827)는 식민시대 말기의 라틴아메리카 문학사에서 빼놓을 수 없는 작가이다. 미국이 독립선언을 하던 해에 태어난 그는 자신의 문학을 통해 멕시코가 식민지에서 독립국가로 전환되는 시기의 혼란을 잘 보여준다. 더 나아가 교육과 합리주의적 사고를 통해 새로운 도덕관을 정립하고 현실을 개혁하려는 의지를 보여주는데, 이를 가장 잘 드러내는 작품이 그의 대표작이자 라틴아메리카 최초의 소설이라 간주되는 『페리키요 사르니엔토』(El Periquillo Sarniento)(1816)이다. 이 작품은 주인공이 자신의 파란만장한 삶을 들려주며 자식들에게 풍자적 교훈을 주는 이야기이다. 따라서 스페인 황금세기의 피카레스크 소설과 유사한 면도 있기는 하지만, 주인공이 정신적으로 성장하고 그 세계관이 확장된다는 점에서 피카레스크 소설을 탈피한 '성장소설'의 면모를 보여준다. 또한 인간의 이성을 신뢰하고 멕시코 사회의 치유책으로써 교육을 강조한다는 점에서 신고전주의 문학의 특징을 지닌다. 그런가하면 멕시코 사회의 부조리와 위선을 비판하고 개혁하려는 의지가 국가 독립의 열망과 부합하면서 낭만주의 문학의 요소를 보여주기도 한다. 결론적으로 『페리키요 사르니엔토』는 새로운 사회 계층과 시대정신의 형성되는 가운데 신고전주의 문학에서 낭만주의 문학으로 넘어가는 과도기에 있는 걸작이라 할 수 있다. 소설 외에도 시, 연극, 신문기사 등 많은 글을 남긴 페르난데스 데 리사르디의 필명은 계몽주의적 토양에서 성장한 사람답게 '멕시코의 생각하는 사람(El Pensador Mexicano)'이었다.

7
혼종 문화의 개화
식민지 건축

건축은 한 문명의 수준을 말해주는 핵심적인 산물로서 단순히 사람이 거주하고 일하는 공간이라는 의미를 뛰어넘는다. 건축은 당대의 세계관 및 시대정신을 표상하는 동시에, 'archi-tecture', 즉 '근원적인 기술'이라는 어원이 말해주듯 인간이 가진 모든 기술의 총아(寵兒)이자 종합예술이다. 스페인은 아메리카 대륙을 정복한 후 당대 유럽의 다양한 건축 양식을 도입한다. 당시 모든 예술은 기본적으로 종교적 색채를 가진 것이었고 건축 역시 교회의 감독을 받으며 성당 및 수도원 건물을 중심으로 발전했다. 당시 대표적인 건축 양식은 고딕, 르네상스, 무데하르, 이사벨, 에레라, 플라테레스코 등이었다.

이중에서 16세기의 신대륙에서 가장 많이 구사된 건축 양식은 12세기 유럽에 등장했던 고딕이다. 1523년 교황 바오로 3세에 의해 신대륙 최초의 대성당으로 공포되는 도미니카공화국의 산토도밍고 성당 역시 르네상스 양식이 가미된 고딕 양식으로 지어졌다. 고딕 양식의 정신은 하느님을 갈망하며 하늘 높이 솟은 뾰족한 첨탑, 그리고 스테인드글라스를 통해 투사되는 구원의 빛 등을 통해 그리스도교 교리와 잘 부합한다. 고딕 양식은 이밖에도 높은 예술적 가치를 가지고 있기에 20세기에 들어와서도 여전히 쓰이고 있고 안토니 가우디(Antoni Gaudi, 1852-1926)의 성가정(聖家庭, Sagrada Familia) 성당에서 볼 수 있듯이 네오고딕 양식으로 발전하기도 한다. 콜롬비아 메데인의 예수성심(Sagrado Corazón) 성당도 1941년에 완공된 네오고딕 양식이다.

한편 르네상스 양식이란 15세기 초에 피렌체를 중심으로 개발되어 17세기 초까지 유행하던 양식이다. 수직적 높이를 강조하는 고딕에 비해 르네상스 양식은 수평적인 균형, 조화, 그리고 질서를 강조하며 고대 로마 건축의 경향을 부활시킨다. 피렌체의 두오모는 대표적인 르네상스 양식으로 꼽히는 건물이다. 아메리카 대륙의 르네상스 건축으로는 앞서 봤던 산토도밍고 대성당 일부와 멕시코 오아하카(Oaxaca)의 성모승천(Nuestra Señora de la Asunción) 성당 등이 있다.

무데하르(mudéjar)란 스페인에서 국토수복전쟁이 치열하던 시절 개종하지 않은 채 그리스도교 땅에 섞여서 살고 있던 무어인을 의미한다. 때문에 무데하르 양식이란 14-16세기에 중세의 로마네스크와 고딕 양식 등이 아랍 예술과 혼합된 건축양식을 말한다. 예를 들어, 고딕 양식에 말발굽 모양의 아치를 혼합했고 건축 재료로는 회반죽, 벽돌, 나무 등을 사용했다.

16세기에는 또한 이사벨(Isabel) 양식과 에레라(Herrera) 양식이 유행했는데, 무데하르와 마찬가지로 모두 스페인에서 발전된 양식이다. 이사벨 양식이란 중세 말기 국토수복전쟁을 치르던 이사벨 여왕 시절에 성행한 양식으로 고딕과 무데하르 양식을 혼합한 것이다. 반면 에레라 양식은 마드리드 북부 엘에스코리알(El Escorial) 궁전의 설계자 후안 데 에레라(Juan de Herrera, 1536-1597)의 기법을 말한다. 석양에 비친 엘에스코리알 궁전의 장엄함에서 볼 수 있듯이 스페인 제국의 위용을 반영하는 에레라 양식의 특징은 간소함과 절제미라고 할 수 있다.

한편 플라테레스코(plateresco, 은세공) 양식 역시 스페인의 산물로서 이탈리아 예술양식에 화려하고 섬세한 고딕 양식과 아랍의 무늬를 가미한 것이다. 전형적인 예로는, 이미 고딕과 르네상스의 사례에서도 봤던 산토도밍고 대성당이 있다. 이 성당의 파사드는 전형적인 플라테레스코 양식이지만, 회반죽과 돌 위에 조각을 하여 원주민 요소를 가미한 것이다. 멕시코의 산 아구스틴 아콜만(San Agustín Acolman) 성당 역시 혼합 양식으로서 파사드의 플라테레스코 양식과 르네상스 양식의 기둥을 볼 수 있다. 파사드가 한 건물의 정면 외벽으로서 그 건축물의 얼굴 역할을 한다는 점을 상기해 볼 때 라틴아메리카 파사드의 혼합 양식은 각별히 중요한 의미를 지닌다.

결과적으로 우리는 식민지 초기의 아메리카 건축물이 대개 특정한 단일 양식이 아니라 모든 양식들이 조금씩 혼합된 결과물임을 알 수 있다. 이러한 혼종은 마치 인종 간의 혼혈과 마찬가지로 식민지 문화의 자연스러운 과정이라 할 수 있을 것이다. 그리고 이런 현상은 바로크 양식이 대세로 자리 잡는 17세기에 들어와서도 반복된다.

바로크는 17세기에 등장한 예술 사조로서 신대륙의 발견과 함께 동이 트는 근대에 대한 반응이었다고 할 수 있다. 근대는 정치적으로 국민국가가, 경제적으로는 자본주의가, 종교적으로 개신교가 등장하는 한편, 철학과 과학 혁명으로 인해 신의 권위가 서서히 사라지는 천지개벽과도 같은 변화의 시대이다. 바로크 양식은 문학, 회화, 건축, 음악 등 예술의 모든 장르에서 보편적으로 나타난다. 또한 이탈리아에서 시작했으나 스페인, 프랑스, 독일, 네덜란드 등 유럽의 모든 국가에서 전개되는 국제적인 사조이다. 더 나아가 바로크 사조는 근대의 개막을 촉발한 아메리카 대륙에도 전파되어 더욱 화려하게 꽃핀다. 라틴아메리카에서 바로크 건축이 성행하는 시기는 전성기 식민 시대라 할 수 있는 1650년경부터 18세기 후반까지이다.

화려한 장식과 웅장한 규모를 과시하는 바로크 양식은 가톨릭교회의 영광과 절대군주의 위엄을 드러내기에 적합한 양식이었다. 그리고 이는 화려하고 복잡한 장식을 좋아하는 원주민 예술의 선천적인 바로크적 경향과 결합하여 더욱 발전하였다. 아메리카 대륙에서는 건축 재료로 아메리카의 타일 장식과 다양한 색을 가진 회반죽, 그리고 검붉은 아메리카의 화산석인 테손틀레(tezontle)를 사용했다. 또한 메스티소와 원주민 건축가들은 야마, 비쿠냐, 퓨마, 과카마요(앵무새), 들국화, 옥수수 등 아메리카 대륙의 동식물과 원주민의 얼굴 그리고 자기들의 신의 모습을 새겨 놓음으로써 특유의 아메리카 바로크 양식을 선보였다. 멕시코 촐룰라(Cholula) 시에는 이를 잘 보여주는 교회 건축물들이 많은데, 그 가운데 특히 압권은 산타 마리아 토난친틀라(Santa María Tonantzintla) 성당이다. 16세기에 건축을 시작해서 19세기에 완전히 공사를 끝낸 이 성당은 들어가자마자 현기증을 일으킬 정도로 빽빽하고 화려한 조각으로 장식되어 있다. 또한 성당의 이름에 성모 마리아와 아스테카의 여신 토난친틀라가 함께 있고 멕시코 특유의 과일과 꽃이 장식되어 있다. 원주민의 모습을 한 천사들과 스페인 사람의 모습을 한 악마들 조각을 보고 있노라면 우리는 그리스도교가 오히려 원주민 신앙에 흡수된 듯한 느낌을 받게 된다.(신정환, 88)

그럼에도 불구하고, 일부 비평가들은 아메리카 대륙의 바로크 예술이 유럽 바로크의 형식만 모방한 피상적 예술이라고 폄하한다. 그러나 아메리카의 바로크가 스페인의 바로크와 다르다 하더라도 그 수준이 더 떨어지는 것은 결코 아니다. 그렇다면 신대륙의 예술이 가지고 있는 바로크적 정수는 무엇일까? 그것은 천지가 개벽하는 역사적 무대에서 느끼는 무력감과 운명론 그리고 신으로부터 버림받았다는 고아의식이라고 할 수 있다.(신정환, 85)

그런데 존재론적으로 느끼는 고아의식이라는 점에서 두 대륙의 정서는 서로 상충하는 것이 아니다. 돈키호테로 표상되는 중세인이 근대의 문턱에서 경험했던 당혹감과 회의감은 부정적인 의미에서 천지개벽을 체험한 아메리카 원주민의 그것과 본질적으로 다르지 않기 때문이다. 즉 돈키호테나 햄릿이 그랬듯이 동시대의 아메리카인들은 끊임없이 자신의 정체성을 자문한다. 옥타비오 파스와 카르펜티에르 등의 아메리카 지식인들은 이러한 존재론적 회의를 낳은 혼혈 의식이 혼혈과 공생의 대륙 라틴아메리카에서 특유의 바로크 미학을 탄생시킨다고 말한다.(신정환, 85)

아메리카 대륙의 바로크 건축은 가톨릭교회의 성당 건축이 주를 이룬다. 특히 바로크 사조가 반종교개혁의 산물이라는 점에서 알 수 있듯이, 웅장하고 화려한 라틴아메리카의 교회 건축은 신대륙 주민들에게 신앙심을 북돋아 주는 역할을 했다. 화려한 장식과 관련해 바로크 후기에 나타난 건축 사조가 추리게라 양식이다. 이 양식은 17세기 말 스페인의 건축가인 호세 추리게라(José Churriguera, 1665-1723)가 개발한 것으로서 화려하고 복잡한 바로크 건축의 장식을 더 극단화한 것이다. 추리게라 양식을 라틴아메리카에 처음 전한 사람은 멕시코시티의 대성당 제대를 만든 헤로니모 데 발바스(Jerónimo de Balbás, 1680?-1748)이다. '왕들의 제대(Altar de los reyes)'라 불리는 이 작품은 사각형 받침기둥을 나뭇가지와 꽃 모양 등으로 현란하게 장식한 전형적인 추리게라 양식으로서 '황금 동굴'이라는 별명을 얻었다.

멕시코에는 이외에도 많은 바로크 건축가들과 바로크 양식의 교회 건축물이 있다. 과달루페 성당의 설계자인 페드로 데 아리에타(Pedro de Arrieta, ? -1738), 타스코(Taxco)의 산타 프리스카(Santa Prisca) 성당을 완성(1758)한 디에고 두란 베루에코스(Diego Durán Berruecos), 바로크 계열의 마지막 건축가로서 과달루페 성지 경내에 포시토(Pocito) 소성당을 건축한 프란시스코 게레로 이 토레스(Francisco Guerrero y Torres, 1727-1792) 등이 그 일부의 예이다. 때문에 멕시코는 식민지 바로크 건축의 중심지라 할 수 있다. 엔리케스 우레냐(Pedro Henríquez Ureña, 1884-1946)의 주장대로, 세계 8대 바로크 건축물 중에서 무려 4개가 멕시코에 있다는 사실도 이를 입증한다.

4개의 바로크 건축이란 멕시코시티 대성당의 감실(Sagrario) 성당(1749-1760), 현재는 부왕령 박물관으로 쓰이고 있는 테포소틀란(Tepotzotlán)의 산프란시스코 하비에르 예수회 학교(1606-1762), 17세기 말에서 18세기 초엽 사이에 지어진 케레타로(Querétaro)의 산타 로사(Santa Rosa de Viterbo) 수도원, 그리고 앞서 언급한 타스코의 산타 프리스카 성당이다.(Henríquez Ureña, 49)

사진 3-7-1. 타스코의 산타 프리스카 성당. 추리게라 양식의 파사드와 두 탑이 있는 아름다운 바로크 성당이다.
- wikimedia commons

안데스 문화권의 리마와 키토 역시 바로크 종교건축이 발전한 곳이다. 특히 안데스 바로크 양식은 토착 원주민 건축의 장식에서 많은 영향을 받았다. 페루 지방에서 유행했던 바로크 교회 건축물은 이를 잘 보여준다. 대표적인 교회 건축물로는 페루의 쿠스코(Cuzco) 대성당(1651-

1669), 1700-40년 사이에 지어진 리마의 산프란시스코 대성당과 수도회 (1657-1675), 역시 리마의 산 아구스틴 교회와 수도회 건물 등이 있다. 또한 아메리카 대륙의 예수회 성당 가운데 가장 아름답다고 간주되는 키토의 콤파니아(Compania) 교회도 빼놓을 수 없다. 특히 식민 시대의 도시가 변형되지 않은 채 아메리카 전 대륙에서 가장 잘 보존되어 있다고 평가되는 키토는 유네스코가 세계 최초로 지정한 인류문화유산이다. 이 밖에도 라틴아메리카에는 쿠바의 아바나 대성당, 아르헨티나의 산이그나시오 성당, 그리고 잉카족 출신의 천재적인 건축가 호세 콘도리(José Condori)가 활동한 볼리비아의 포토시 대성당 등이 잘 알려진 바로크 양식의 교회이다. 이렇게 바로크 양식은 아메리카 대륙의 17-18세기 교회 건축을 주도한다.

아메리카의 바로크 건축 양식은 비단 교회 건축에만 국한되는 것은 아니다. 원래 유럽의 바로크 사조는 가톨릭교회뿐만 아니라 절대군주와 부르주아의 후원으로 꽃필 수 있었다. 아메리카 대륙 역시 바로크 건축물 가운데 90%를 차지하던 교회나 수도회 외에 세속 건축물도 많이 지어졌다. 특히 멕시코시티와 페루의 리마는 300년 가까이 식민 통치를 관장한 부왕령이 있던 곳으로서 화려한 도시문화가 발전하고 돈이 넘쳐나는 곳이었다. 사실상 국왕의 역할을 했던 부왕을 비롯해 고위 관리들과 귀족들은 스페인 왕실의 통제를 받지 않는 권력과 수준 높은 문화생활을 영위했으며 웅장한 궁정을 건설했다. 뿐만 아니라 넓은 땅과 많은 돈을 주무르던 대지주들 역시 자신들을 위한 건축을 주문했다.

사진 3-7-2. 리마에 있는 토레 타글레 궁의 모습. - wikimedia commons

아메리카의 세속적인 바로크 건축물 가운데 가장 흥미를 끄는 것은 리마에 있는 토레 타글레(Torre Tagle) 궁이다. 이 건물은 1715년 스페인 관리이자 제1대 토레 타글레 후작이 자신의 거처를 마련하기 위해 주문한 것이다. 건축 양식은 세비야의 무데하르 양식과 추리게라 양식이 혼합되었으며 특히 섬세하게 조각된 흑갈색의 나무 발코니가 있는 2층 건물의 구조는 동양적인 요소를 잘 보여준다. 또한 거리로 돌출된 이 발코니를 지탱하고 있는 까치발은 중국의 영향임을 알 수 있다. 페루 정부는 1918년 이 국보급 건축물을 구입하여 현재 외교부 청사로 쓰이고 있다.

한편 식민시대의 라틴아메리카 건축에서 마지막 양상으로 볼 수 있는 것이 신고전주의 양식이다. 앞서 보았듯이 18세기는 계몽주의 철학과 신고전주의 문예사조가 유행했던 시대이다. 그러나 아메리카 대륙의 건축에 신고전주의가 도래한 것은 18세기말이며 그 때까지도 바로크 건축

양식이 큰 영향을 미치고 있었다. 이는 알레호 카르펜티에르의 말대로, 콜럼버스 이전의 원주민 조각으로부터 식민지 시대의 건축을 거쳐 오늘날의 문학작품에 이르기까지 라틴아메리카가 본질적으로 바로크적이었기 때문일지도 모른다. 그럼에도 불구하고 라틴아메리카에도 분명히 신고전주의 양식이 나타나며 그것은 지식인들이 주도하고 있던 독립 정신과도 부합했다.

라틴아메리카에 신고전주의가 도입되는데 큰 역할을 한 기관은 1785년 멕시코시티에 설립된 산 카를로스 예술원(La Academia de San Carlos)이다.(정경원(외), 131) 이 학교의 스페인 출신 교수들은 유럽의 신고전주의 양식을 본격적으로 소개하고 도입했으며, 유럽 출신의 건축가들에 의해 실제로 여러 건축물이 지어졌다. 대표적인 건물은 마누엘 톨사(Manuel Tolsá, 1757-1816)가 건축한 멕시코시티 광업학교, 도밍고 데 페트레스(Domingo de Petrés, 1759-1811)의 콜롬비아 보고타 대성당, 호아킨 토에스카(Joaquín Toesca, 1745-1799)의 산티아고 대성당, 프랑스인 프로스페로 카텔린(Próspero Catelin, 1764-1842)의 부에노스아이레스 대성당 등이 있다. 흥미롭게도, 현재 라틴아메리카에서 신고전주의 건축을 가장 잘 볼 수 있는 도시 가운데 하나는 쿠바의 아바나이다. 식민지 시대의 건축물로 가득 찬 아바나는 도시 전체가 건축 박물관이라 할 수 있으며 1982년 유네스코의 인류문화유산으로 지정되었다.

제4부

긴 잠에서 깨어나다

19세기의 라틴아메리카

- 전용갑 -

I
아무도 예상하지 못한 독립
라틴아메리카 독립의 역사, 사회문화적 배경

대부분의 라틴아메리카 국가들은 1810년대 초반 독립전쟁을 시작해서 불과 10여년 만인 1820년대를 전후해 실질적인 독립을 이루었다. 콜럼버스의 신대륙 도착이 1492년의 일이었으며 식민화의 제도적 장치들인 통상원(Casa de Contratación de Indias)과 인디아스 심의회(Consejo de Indias)가 각각 1503년과 1511년에 설립되었으니 약 3백년 만에 스페인 식민통치로부터 벗어난 것이다. 라틴아메리카의 지리적 방대함을 고려해 볼 때 이와 같은 동시다발적인 독립은 매우 놀라운 일이 아닐 수 없다. 어떻게 불과 10년 남짓한 짧은 기간 안에 대륙을 옥죄던 3백 년의 육중한 족쇄를 일거에 떨쳐버릴 수 있었을까? 안데스 산맥과 아마존 강 등 험준한 지형적 장벽과 오늘날처럼 교통, 통신망이 발달하지 못했던 19세기 초반의 상황을 감안하면 더욱 경이로운 일이다. 무언가 정교한 조직에 의한 치밀한 준비과정이 사전에 마련되어 있었던 것은 아니었을까? 하지만 멕시코의 저명한 소설가인 카를로스 푸엔테스(Carlos Fuentes)의 말대로 19세기가 밝아올 때만 하더라도 조만간 닥칠 라틴아메리카의 독립을 예견한 이는 거의 없었다고 보아야 한다.[38] 그렇다면 라틴아메리카의 독립은 어떻게 이루어졌는가? 이 장(章)에서는 독립의 배경과 원인을 고찰해 본다.

원인이 없는 결과란 없다. 라틴아메리카의 독립 역시 단 10년의 소용돌이가 빚어낸 우연의 선물이 아니라 오랜 기간 누적되어 온 역사적 사건의 갈등과 모순, 충돌이 빚어낸 필연의 산물이라 할 수 있다.

사실상 독립의 씨앗은 18세기 초반에 뿌려졌다고 할 수 있으며 스페인 왕실의 교체가 그 발단이었다. 16, 17세기의 약 2백 년 동안 스페인을 통치했던 합스부르크 왕가의 혈통이 카를로스 2세(Carlos II, 1661-1700, 재위 1665-1700) 대에 이르러 끊어지자 빈 옥좌의 소유권을 두고 당시 유럽에서 가장 강력했던 두 왕실이 전면적으로 충돌했다. 프랑스의 부르봉 왕가와 오스트리아의 합스부르크 왕가가 저마다 스페인 왕위 계승권을 주장했는데, 당시 프랑스의 루이 14세와 오스트리아의 레오폴도 1세의 어머니와 부인이 모두 스페인 합스부르크 왕가 출신의 여인들이었기 때문이었다.[39] 결국 '스페인 왕위계승전쟁(Guerra de la Sucesión Española, 1701-1713)'이 벌어졌으며 합스부르크 왕가는 영국, 포르투갈, 네덜란드, 프러시아 등 유럽 열강들과 스페인 내의 카탈루냐, 아라곤 등의 후원에도 불

---

38 푸엔테스는 만일 1801년 새해 첫날에 한 스페인계 아메리카인이 멕시코시티나 카라카스, 아니면 부에노스아이레스의 한 발코니에 서서 20년 후 스페인이 카리브해의 두 섬나라인 쿠바와 푸에르토리코를 제외한 신세계의 모든 영토를 상실하리라고 예언했다면 이는 엄청난 도박에 돈을 거는 행위와 마찬가지였을 것이라고 말한다. - 카를로스 푸엔테스, 서성철 역, 『라틴아메리카의 역사』, 까치, 2009, p. 286.

39 루이 14세와 레오폴도 1세의 어머니는 각각 스페인 펠리페 3세의 딸들인 아나 데 오스트리아(Ana de Austria)와 마리아 데 오스트리아(María de Austria)이다.
루이 14세의 첫 번째 부인은 스페인 펠리페 4세의 딸인 마리아 테레사 데 오스트리아(María Teresa de Austria)이며 레오폴도 1세의 첫 번째 부인도 펠리페 4세의 딸인 마르가리타 테레사 데 오스트리아(Margarita Teresa de Austria)이다.

구하고 프랑스와 카스티야의 지지를 받은 부르봉 왕가에게 패배했다. 전쟁의 결과, 루이 14세의 손자인 앙주 공(Duque de Anjou, 1683-1746)이 펠리페 5세(Felipe V, 재위 1700-1724.1, 1724.9-1746)[40]라는 이름으로 스페인 부르봉 왕가의 첫 번째 왕이 되었다. 프랑스 출신의 스페인 왕가는 전쟁으로 피폐해진 경제를 회복하고 새로운 권력기반을 다지기 위해 소위 '부르봉 왕가의 개혁(Reformas Borbónicas)'이라 부르는 쇄신책을 단행했다. 왕가는 절대왕정이 정점에 달해 있던 프랑스를 모델로 삼아 스페인을 리모델링하고자 했으며 합스부르크 왕가 시대의 중세적 잔재를 청산하고 근대국가체제로 나아가기를 원했다. 개혁은 펠리페 5세 때만 하더라도 주로 본국에서 행정적인 차원에 머물러 있었으나 스페인 부르봉 왕가의 세 번째 왕이자 펠리페 5세의 셋째아들인 카를로스 3세(Carlos III, 1716-1788, 재위 1759-1788)에 이르러 정치, 경제, 군사, 종교 등 전 방위로 확산되며 그 범주도 라틴아메리카 전역으로 확대되었다.

카를로스 3세는 누에바 그라나다(Nueva Granada) 부왕령을 만든(1717) 펠리페 5세에 이어 1776년에 리오 데 라 플라타(Río de la Plata) 부왕령을 신설하였으며 이듬해인 1777년에는 군사적, 전략적 요충지에 설치하는 행정구역인 카피타니아 헤네랄(Capitanía General)을 - 합스부르크 왕가 시절에 세워진 과테말라, 칠레에 이어 - 베네수엘라에 추가했다. 이는 호시탐탐 스페인령 식민지를 노리는 영국, 네덜란드, 포르투갈로부터 영토를 방어하고 관행화된 밀무역을 단속하기 위함이었다. 또한 카를로스 3세는 아버지가 도입한 프랑스식 행정제도인 인텐덴시아(Intendencia)

---

40 펠리페 5세는 1724년 1월 왕위를 아들인 루이스 1세(Luis I, 재위 1724.1-1724.8)에게 양위했으나, 왕위에 오른 아들이 불과 8개월 만에 죽자 다시 왕위에 올랐다. 스페인 역사상 전무후무하게 두 차례에 걸쳐 왕위에 오른 것이다.

제도를 식민지 전역으로 확대했다. 인텐덴시아의 장(長)인 인텐덴테(Intendente)는 국왕에 의해 임명되며 행정뿐만 아니라 사법과 조세, 군사권에 이르기까지 관할지역에 대한 막강한 권한을 지녔다. 인텐덴테 뿐만 아니라 기존에 식민지 출신 백인(크리오요)들도 임명되던 아우디엔시아(Audiencia)의 오이도르(oidor, 판사)를 비롯한 주요 직책들이 본토에서 파견한 직업 관료들로 메워졌다. 토호들의 결탁과 부패를 막고 국왕이 식민지를 직접 통제하고자 하는 의도에서였으나 인텐덴테에 밀려 권한이 대폭 줄어든 부왕은 물론 고위관직 진출이 어려워진 크리오요들의 불만을 낳게 되었다.

사진 4-1-1. 부르봉왕가의 개혁을 주도한 스페인의 카를로스 3세 (마드리드 왕궁 소장) - wikimedia commons

경제적인 개혁도 식민지인들에게 불편함을 안겨주었다. 부르봉왕가의 경제개혁 중 대표적인 정책은 카를로스 3세가 1778년 발표한 '자유무역칙령(Reglamento de Libre Comercio)'이었다. 합스부르크 왕가 시절에는 신대륙의 무역독점과 해적들로부터의 안전을 위해 여러 선박이 군집하여 대서양을 연 2회 오가는 '갈레온 선단 시스템(Sistema de Flotas y Galeones)'을 운영했으며 무역항도 본국의 세비야(1679년 이후로는 카디스)와 라틴아메리카의 베라크루스(멕시코), 카르타헤나 데 인디아스(콜롬비아), 포르토벨로(파나마) 정도만 개방했었다. 그러나 이는 오히려 생필품 부족과 밀무역의 급증, 개방항구에서 멀리 떨어진 원거리 지역에서의 가격 상승 등 부정적인 결과를 초래했다. 그러나 자유무역칙령으로 인해 기존에 '카레라 데 인디아스(Carrera de Indias)'라 불리던 갈레온 선단 교역 대신 사전신청한 선박의 자유로운 출항을 허가하는 '등록선박제도(Navío de Registro)'로 전환되면서 스페인에 13개, 라틴아메리카에 27개의 항구가 대폭 개방되었으며 식민지간 교역도 허용되었다. 이에 따라 대서양을 넘나드는 교역량이 획기적으로 늘어났으며 기존 신대륙 교역의 단일창구였던 카디스의 독점적 지위가 무너진 대신 라 코루냐, 산탄데르, 말라가, 바르셀로나, 알리칸테 등 스페인의 지방 항구도시들과 부에노스아이레스, 몬테비데오, 발파라이소(칠레), 카야오(페루) 등 식민지 주요도시들의 발전을 촉진하는 순기능적 효과를 가져왔다. 그러나 이 칙령이 표방했던 '자유무역'의 개념은 오늘날의 그것과는 차이가 있는 것이었다. 즉, 그때까지 주로 안달루시아, 카스티야, 엑스트레마두라 등 일부 지역에 한정되었던 신대륙 교역의 참여 폭을 스페인의 다른 지역에 개방한 것이었으며 본국의 산업에 지장을 주지 않는 1차 산품의 범위 내에서 식민지 내부 교역을 허락한 '왕의 신민(臣民)들끼리의 자유무역'에 지나지 않았다. 스페인과 라틴아메리카 사이의 교역활성화가 주목적이었으므로 영국 등 다른 유럽 국가들에게 신대륙 교역의 참여는 여전히 제한적이었다. 또한 스페인은 자국 산업 보호를 위해 본국과 경쟁할 가능성이 있는 라틴아메리카의 산업발전을 철저히 통제했으며 이 지역을 스페인 공산품의 수입시장이자 광물 등 1차 산품의 공급처로만 인식했다. 무엇보다 개방된 항구의 숫자와 비례해 늘어난 세관과 왕실의 수입을 높이기 위해 책정된 높은 관세로 인해 라틴아메리카 식민지들의 불만은 크게 고조되었다.

한편, 카를로스 3세는 종교적으로도 식민지에서 교육 사업을 전담하며 원주민 공동체 레둑시오네스(Reducciones)를 통해 사회, 경제적인 파워를 키워나가던 예수회를 추방했다. 국왕보다 교황에 대한 충성을 우선하는 예수회의 원칙이 부르봉 왕가의 핵심이념인 왕권중심주의(Regalismo)에 심각한 위협이 되었으며, 중남미에서 '국가 속의 국가'처럼 막강한 영향력을 발휘하며 왕가의 개혁에 사사건건 반대하는 그들을 더 이상 좌시할 수 없었던 것이다. 군사적으로도 본국에서 직접 파견된 군인들 중심으로 제대로 된 정규군을 편성하고 본국출신 장교들이 지휘권을 장악하였으니 이 역시 식민지인들에게는 기회의 박탈로 간주되었다.

이처럼 카를로스 3세 때에 본격화된 '부르봉 왕가의 개혁'은 라틴아메리카 식민지에 대한 일종의 '군기잡기'였다. 발견과 정복기부터 '존중하지만 지키지는 않는다(Obedezco pero no cumplo)'는 원칙을 견지해 온 식민지 크리오요들의 기강을 바로잡고 본국의 직접적인 통제권을 강화하려는 취지를 띠고 있었다. '제 2의 정복(Segunda Conquista de América)'이라고도 불리는 부르봉 왕가의 강력한 개혁정책으로 인해 스페인은 18세기 후반 최대 규모의 해외영토를 확보할 수 있었으며 본국의 산업과 경제도 가시적인 성장세를 보였다. 그러나 근본적으로 본국의 이익에 초점을 맞춘 개혁정책은 식민지 크리오요들의 이반을 초래했다.

이러한 상황 하에서 라틴아메리카 크리오요들은 소위 '아메리카주의(americanismo)'라 불리는 독자적인 패러다임을 표방하기 시작했다. 자신들의 역사적 정체성을 스페인이 아닌 아스테카, 잉카, 마야 등 라틴아메리카 고유의 전통에서 정립하고자 한 것이다. 하지만 이는 단순히 수사적인 표현에 그칠 수밖에 없었다. 크리오요들은 식민지에서 본토 출신의 '페닌술라르(peninsular)'들에 이어 2인자로서의 지위를 누리고 있었기 때문에 메스티소나 인디오, 흑인 등 진정한 아메리카의 기충민중들의 이해관계나 입장을 수용할 수는 없었기 때문이었다.

부르봉 왕가의 개혁에 이은 라틴아메리카 독립의 두 번째 저변요인으로는 계몽주의 사상의 영향을 들 수 있다. 자유, 평등, 박애 등 인본주의적 사상과 3권 분립, 주권재민 등 근대적 정치이념을 골자로 했던 계몽주의 사상은 절대왕정에 심각한 위협요인이었다. 때문에 스페인 왕실 역시 이러한 위험한 사상을 통제하고자 했으나 루소와 몽테스키외, 토마스 홉스와 존 로크, 볼테르의 사상이 대서양을 건너는 것을 막을 수는 없었다. 메스티소와 원주민들의 높은 문맹률과 본국의 금서정책으로 인해 계몽주의는 주로 백인 크리오요 계층에 국한되기는 했으나 식민지 독립에 결정적인 논리적 정당성을 부여했다. 프란시스코 데 미란다(Francisco de Miranda), 시몬 볼리바르(Simón Bolívar), 미겔 이달고(Miguel Hidalgo), 마누엘 벨그라노(Manuel Belgrano), 호세 데 산 마르틴(José de San Martín), 베르나르도 오이긴스(Bernardo O'Higgins) 등 라틴아메리카 독립의 선구자들은 거의 모두 계몽주의의 세례를 받았다.

독립의 또 다른 원인으로는 프랑스 대혁명(1789)과 미국의 독립(1776) 등 당대의 세계사적 사건의 영향을 들 수 있다. 농민과 도시민 등 기층 민중 중심으로 '앙시앙 레짐(Ancien Régime)'에 대한 체제전복을 시도했던 프랑스 대혁명의 뜨거운 열기는 라틴아메리카 식민지인들에게 큰 영향을 미쳤다. 하지만 '왕의 목을 쳤던' 프랑스 대혁명의 과격함은 나름 식민지에서 오랜 기득권층의 지위를 누렸던 백인 크리오요 계층에게 한편으로는 두려움도 안겨주었다. 특히 프랑스 대혁명이 내세운 '평등'의 이념은 원주민과 메스티소에 대한 착취구조에 근거한 크리오요들의 정치, 경제적 이해관계에서 바라볼 때 현실적으로 도저히 수용 불가능한 것이었다. 18세기 페루에서 일어난 반 스페인 무장혁명인 '투팍 아마루의 난(Rebelión de Túpac Amaru II, 1780-1782)이나 1810~1811 사이의 미겔 이달고 신부의 독립투쟁과정에서 초기에 합류했던 크리오요 계층이 이탈한 것도 원주민 중심의 반란이 정치적 경계를 넘어 크리오요의 기득권을 위협하는 사회, 경제적 급진화의 양상을 띠었기 때문이었다. 때문에 크리오요들은 프랑스 대혁명 보다는 미국의 독립에 더 주목했다. 전면적인 사회개혁이나 계급갈등이 아니라 오로지 외부의 식민지배에서 벗어나 독자적인 정치적 독립을 이룬 미국이 이들이 추구하는 롤 모델에 가까웠던 것이다. 1811년 베네수엘라 독립헌장이나 1853년 아르헨티나 초대헌법 등 라틴아메리카 국가들의 헌법이 미국의 그것을 모델로 삼은 점이나 독립 후 19세기 기간 동안 상당수의 국가들이 국가, 사회발전전략을 미국식으로 추진하고자 한 것도 바로 이러한 분위기에서였다.

예수회의 추방도 라틴아메리카 독립의 도화선이 되었다. 전술했듯, 카를로스 3세는 1767년 스페인과 모든 식민지에서 예수회 추방령을 내렸다. 표면적으로는 1776년 마드리드에서 일어났던 민중봉기에 연루되었다는 이유를 내세웠으나 실제적으로는 갈수록 영향력이 커지는 예수회를 견제하기 위한 것이었다. 그러나 대부분 지식인이었던 예수회 신부들은 스페인 영토에서 추방된 이후 각지로 흩어져 스페인의 식민 통치를 반박하는 논리를 양산했다. 추방당한 예수회 신부인 후안 파블로 비스카르도 이 구스만(Juan Pablo Vizcardo y Guzmán, 1748-1798)이 프랑스어로 쓴 『아메리카 스페인인들에게 보내는 편지』(Carta a los españoles americanos, 1791)는 라틴아메리카 독립의 '선구자(El Precursor)'라 불리는 프란시스코 데 미란다에 의해 스페인어로 번역되었으며 식민지 각지로 퍼져 큰 반향을 불러일으켰다.

이처럼 크리오요 계층의 정치, 경제적 불만, 근대 계몽주의 사상의 영향, 프랑스대혁명과 미국 독립의 영향, 예수회 추방 등이 차곡차곡 식민지 독립을 위한 저변을 형성했다. 하지만 아무리 마른 장작에 휘발성이 높은 기름이 잔뜩 묻어 있어도 그 자체로는 화염이 일어나지 않는 법이다. 라틴아메리카 식민지에서도 독립의 불꽃을 일으킬 결정적인 한 방이 필요했다. 그리고 마침내 그러한 사건이 도래했다. 바로 프랑스의 나폴레옹 군대가 스페인을 침공한 것이다. 소위 '스페인 독립전쟁(Guerra de la Independencia Española, 1808-1814)'이라 불리는 이 사건은 정작 이름과는 달리 본토 보다는 식민지 독립의 불쏘시게 역할을 했다. 나폴레옹이 스페인의 왕좌에 카를로스 4세와 그의 아들인 페르난도 7세를 모두 제치고 자신의 형인 조셉 보나파르트(Joseph Bonaparte)를 앉히자 전국 각지에서 프랑스 군에 대항하는 전쟁이 일어났다. '군주의 부재'라는 전대미문의 상황을 맞아 본토와 식민지 각지에서는 일종의 임시정부인 독자적인

'훈타'를 만들어 통치권의 공백을 메우고자 했다. 하지만 본토와 달리 식민지의 '훈타'들은 독립을 위한 이 절호의 찬스를 그냥 흘러버릴 수가 없었다. 그들은 표면적으로는 스페인 군주에 대한 충성을 맹세하는 소위 '페르난도 7세의 가면(Máscaras del Fernando VII)'[41]을 썼지만 내심으로는 독자적인 주권, 즉 독립을 추구했던 것이다. 멕시코시티, 카라카스, 부에노스아이레스에서부터 태평양에 면한 칠레의 산티아고에 이르기까지 식민지 주요도시마다 '훈타'가 결성되었고 그들은 본국 및 페닌술라레스와의 동등한 권리를 요구하며 왕당파와 충돌을 빚었다. 라틴아메리카 독립전쟁은 대개 '훈타'를 중심으로 한 크리오요들과 그들의 권리를 제한하려는 페닌술라르들 사이의 갈등과 대립관계에서 촉발되었다. 그리고 나폴레옹 군대가 철수한 후 마드리드로 복귀한 페르난도 7세가 다시 예전과 같은 본국 중심의 체제로 회귀하려는 반동정책을 펴자 '페르난도 7세의 가면'을 벗어던지고 전면적인 독립을 내세우게 되었던 것이다.

41 '페르난도 7세의 가면'은 실제로는 스페인으로부터의 독립을 원했지만 겉으로는 스페인 군주정을 따르는 모습을 보였던 크리오요들의 이중적인 자세를 말한다. 크리오요들은 독립 욕구를 명시적으로 드러낼 경우 발생할 충돌을 피하기 위해 독립 운동 초기 당분간 이와 같은 전략적인 태도를 취했던 것으로 알려져 있다.

사진 4-1-2. 스페인독립전쟁을 모티브로 프란시스코 데 고야(Francisco de Goya, 1746-1828,)가 그린 '5월 2일'(Dos de Mayo) (프라도 미술관 소장) - wikimedia commons

라틴아메리카 독립은 광대한 대륙 전역에 걸쳐 거의 동시다발적으로 일어났으나 각 지역이 군사적으로 체계적인 연대나 제휴를 이룬 것은 아니었다. 각 지역별로 폭발하는 독립의 열망을 이끈 선구적인 인물들이 있었는데, 그들의 활약상을 중심으로 전개과정을 살펴보는 것이 복잡다기해 보이는 독립사에 대한 이해를 도울 수 있다.

여기에서는 크게 프란시스코 데 미란다와 시몬 볼리바르 중심의 누에바 그라나다, 미겔 이달고와 호세 마리아 모렐로스 주축의 멕시코, 그리고 호세 데 산마르틴과 베르나르도 오이긴스가 이끌었던 리오 데 라 플라타와 칠레 지역으로 구분해서 고찰해보도록 하겠다.

2
누에바 그라나다 독립의 '슬픈 성공'
서로 등을 돌린 라틴아메리카 독립의 '선구자(El Precursor)'와 '해방자(El Libertador)'

누에바 그라나다 부왕령은 펠리페 5세 시기인 1717년 페루 부왕령에서 분리되어 신설되었다. 페루 부왕령의 수도인 시우닷 데 로스 레예스(Ciudad de los Reyes, 오늘날의 리마)에서 관할하기에는 지리적으로 너무 멀었을 뿐만 아니라 금 생산량이 많은 이 지역을 밀수와 해적들로부터 보호하기 위한 조처였다. 산타페 데 보고타(Santafé de Bogotá)를 수도로 삼았으며, 오늘날의 국경기준으로 콜롬비아, 베네수엘라, 에콰도르, 파나마는 물론 페루와 브라질의 일부 북부지방, 그리고 가이아나(Guyana)의 서쪽지역까지 포괄한다. 베네수엘라의 경우, 카를로스 3세 시기인 1777년에 주요 전략적 요충지에 부여하는 별도의 '카피타니아 헤네랄'(군정령)의 지위를 획득하였다.

이 지역 독립의 주역으로는 라틴아메리카 독립의 '선구자'라 불리는 프란시스코 데 미란다(1750-1816)와 '해방자'의 칭호를 얻은 시몬 볼리바르(1783-1830)를 꼽을 수 있다. 두 인물 모두 카라카스 출신이며, 미란다가 볼리바르 보다 한 세대 정도 앞서 태어났다.

프란시스코 데 미란다의 일생은 격동기를 배경으로 삼은 한 편의 대하드라마를 연상시킨다. 그는 18세기 말과 19세기 초반 사이에 벌어진 3개의 세계사적 사건 - 미국독립전쟁, 프랑스 대혁명, 라틴아메리카 독립전쟁 - 에 참여하였으며 당대의 역사적 주역들 - 미국의 조지 워싱턴과 사무엘 아담스, 프랑스의 나폴레옹, 러시아의 카탈리나 2세, 영국의 웰링턴 공작, 프러시아의 페데리코 2세 등 - 과 직접적인 교류를 한 인물이었다. 더욱이 라틴아메리카 독립의 주요 영웅들인 시몬 볼리바르, 베르나르도 오이긴스, 산 마르틴에게는 친분을 넘어 사상적 영향을 미쳤으니 그가 보인 광폭행보를 능히 짐작할 수 있다. 프랑스 대혁명에 참전한 공로로 개선문에 이름을 올린 유일한 라틴아메리카인이기도 하며, 시몬 볼리바르에 의해 한때나마 현실화된 라틴아메리카 통합국가 '그란 콜롬비아(Gran Colombia)'를 최초로 창안했다. 또한 군인이었을 뿐만 아니라 학문적으로도 매우 뛰어난 인물이었다. 계몽주의 사상은 물론 고전과 자연과학, 의학에 이르기까지 다양한 학문분야를 섭렵했을 뿐더러 모국어인 스페인어는 물론 영어와 프랑스어, 독일어, 이탈리아어, 라틴어, 그리고 아랍어까지 구사할 수 있었다. 그에게 붙은 '가장 세계적인 아메리카인(El americano más universal)'이라는 또 하나의 수식어가 의미하듯, 그는 당대 최고의 '글로벌 인재'였던 것이다.

하지만 프란시스코 데 미란다가 왕족이나 명문 귀족 출신으로 금수저를 물고 태어난 것은 아니었다. 미란다 가문의 삶은 그다지 평탄하지 않았기 때문이다.

프란시스코 데 미란다의 아버지인 세바스티안 데 미란다(Sebastián de Miranda)는 스페인의 변방인 카나리아 제도의 테네리페 섬 출신으로 젊어서 대양을 건너 자수성가한 인물이었다. 그는 카라카스에서 리넨(아마 섬유) 판매업으로 부를 축적했으며 이를 기반으로 카라카스에 여러 부동산을 보유하는 등 경제적으로 큰 성공을 일구었다. 그러나 카나리아 제도에서 태어났다는 '출신성분' 때문에 당시 페닌술라르와 만투아노(mantuano, 베네수엘라의 상류층 크리오요)로 구성된 카라카스의 상류사회로부터 차별을 받았다. 당시 카라카스는 라틴아메리카 그 어느 식민도시보다도 더 엄격한 신분제 사회를 구성하고 있었는데, 비록 피부색은 비슷했지만 카나리아 제도 출신의 이민자들은 소위 '이슬레뇨(섬사람, isleño)' 혹은 '변방 백인(blancos de orilla)'이라 불리며 '이등 백인' 취급을 받고 있었다. 게다가 세바스티안 데 미란다에게는 카나리아 섬의 원주민인 구안체(guanche)족의 피가 섞였다는 풍문까지 돌았다. 차별에도 불구하고 큰 돈을 번 그는 경제력을 기반으로 군의 지휘관 자리를 얻었으나 이는 오히려 만투아노들의 비위를 거스르는 결과를 낳았다. 주로 대지주들인 카라카스의 만투아노들은 '이슬레뇨'인데다 상인출신이기까지 한 세바스티안 데 미란다가 그러한 관직에 오른 것을 매우 못마땅하게 여겼기 때문이었다. 세바스티안 데 미란다는 카라카스 상류사회의 끊임없는 질시와 모함을 받았고 이는 아들인 프란시스코 데 미란다의 향후 일생에 큰 영향을 미치게 된 의도치 않은 계기가 되었다. 즉, 세바스티안 데 미란다는 카라카스의 편협한 신분사회에서는 자식들의 밝은 미래를 보장하기 어렵다고 판단했고, 9남매 중 장남인 프란시스코 데 미란다를 스페인으로 보내기로 결정한 것이다. 만일 미란다 가문이 카라카스 상류사회에 동화되었더라면 프란시스코 데 미란다는 험준한 역사의 격랑에 발을 담그는 일도, 비극적인 말년을 맞이하는 일도 없이 그저 그런 식민지 귀족으로 안락한 삶을 살았을 가능성이 높았을 것이다. 역설적이게도 카라카스의 차별이 그에게 '라틴아메리카 해방의 선구자'라는 칭호를 부여하며 역사책의 한 장(章)을 장식할 기회를 제공했다고 할 수 있다. 아버지의 결정에 따라 불과 스물 남짓했던 젊은 프란시스코 데 미란다는 1771년 1월 25일, 베네수엘라의 구아이라(Guaira) 항에서 스페인으로 향하는 스웨덴 선박에 몸을 실었으며, 1810년 그가 다시 베네수엘라 땅을 밟기까지는 수십 년의 세월이 필요했다.

스페인의 절대계몽군주라 할 수 있는 카를로스 3세 시대의 마드리드에서 유럽의 신문물을 익히던 미란다는 1773년 1월 후안 마누엘 데 카히갈(Juan Manuel de Cajigal y Monserrat, 1739-1811) 장군이 이끄는 스페인 군에 하급 장교로 입대했다. 군인의 길로 접어든 그는 1774년 12월에서 이듬해 3월까지 벌어진 북아프리카의 멜리아(Melilla) 공방전에서 모로코 술탄의 침공을 막아내는 데 큰 공을 세웠다. 이후 아르헬(Argel)에서 죽을 고비를 넘기고 카디스 등지를 전전하던 그는 카히갈 장군이 이끄는 부대에 배속되어 1780년 대양을 건너 카리브 해의 쿠바로 건너왔다. 스페인이 미국독립전쟁에 관여하게 되었기 때문이었다. 이무렵 스페인은 북미에서 세력이 약화된 영국을 상대로 루이시아나의 영토를 확대하고 플로리다를 수복하며, 궁극적으로는 지브롤터를 회복하기 위한 목적으로 미국독립전쟁에 뛰어들었다. 프란시스코 데 미란다가 배속된 카히갈 장군의 부대는 플로리다의 펜사콜라(Pensacola) 전투에서 1781년 5월 영국군을 상대로 승리를 거두었다. 그러나 비교적 잘 나가던 프란시스코 데 미란다의 군 경력은 이 무렵 세비야 종교재판소에 회부되면서 종말을 고하게 되었다. 지적 호기심이 왕성했던 그는 오래전부터 금서로 지정된 계몽주의 서적을 탐독해왔는데 몇 년 전부터 종교재판소에서 이를 내사해왔던 것이다. 프란시스코 데 미란다는 금서와 음화소지

죄로 고발되어 본국으로 송환될 위기에 처했으나, 그를 아끼는 상관 카히갈 장군의 도움을 얻어 1783년 7월 쿠바를 떠나 미국으로 도피했다. 라틴아메리카의 독립에 대한 미란다의 구상은 이 무렵 형성되기 시작한 것으로 보인다. 그는 독립직후의 미국에서 조지 워싱턴, 사무엘 아담스, 알렉산더 해밀턴, 토마스 페인, 헨리 녹스(Henry Knox) 등 독립의 영웅들을 만날 기회를 얻을 수 있었으며 그들이 꿈꾸는 이상과 건국 준비에 깊은 인상을 받았다. 그러나 미란다의 미국 체류는 불과 1년 반 만에 끝났다. 쿠바로부터 미란다가 배신자이니 그를 체포해서 송환해 달라는 연락이 미국정부에 전해졌기 때문이었다. 결국 미란다는 1784년 크리스마스를 열흘 앞둔 12월 15일 새벽 보스턴 항을 떠나 이듬해 2월 10일 영국에 도착했다. 런던에 도착해서도 계속 스페인의 추적을 받던 미란다는 영국을 벗어나 약 4년 간 프러시아, 벨기에, 오스트리아, 헝가리, 폴란드, 터키 등 유럽 여러 나라를 주유하며 당대의 인물들과 조우했다. 프러시아의 페데리코 2세, 러시아의 카탈리나 2세, 헝가리의 유명한 음악가 조셉 하이든도 이 시기 미란다가 만났던 인물들이다. 다시 런던으로 돌아온 미란다는 1790년 영국의 윌리엄 피트(William Pitt, 1759-1806) 수상에게 라틴아메리카 독립을 위한 최초의 제안을 하게 된다. 이전까지 영국의 힘을 빌어 식민지 일부 지역을 해방시키고자 한 인물들은 있었으나 라틴아메리카의 자의식을 명확히 표방하며 스페인의 식민시스템 자체를 전면적으로 철폐하고자 제안했던 것은 미란다가 처음이었다. 하지만 영국정부의 미지근한 태도에 실망한 미란다가 선택한 다음 행선지는 혁명의 열기에 휩싸여 있던 프랑스였다. 1791년 프랑스로 건너간 그는 파리에서 지롱드파 지도자들과 교분을 쌓고, 장차 라틴아메리카에 대한 프랑스의 지지를 조건으로 혁명군에 장군으로 가담하였다. 그는 샤를 프랑수아 뒤무리에(Charles François Dumouriez, 1739-1823) 장군 휘하에서 프러시아 군을 상대로 발미 전투(Batalla de Valmy, 1792.9.20)를 비롯해 안트베르펜, 리에주 등지에서 활약하였다. 하지만 벨기에의 네르빈덴 전투(Batalla de Neerwinden, 1793.3.18) 패배의 배신자로 누명을 쓰고 투옥되었으며, 곧 무고를 인정받아 석방되었다. 하지만 지롱드 당이 몰락하고 자코뱅 당의 공포정치가 시작되자 다시 '스페인의 첩자'로 왕정복고를 기도했다는 누명을 쓰고 18개월간 수감생활을 겪었다. 그리고 단두대의 이슬로 사라질 위기에 처했으나, 로베스피에르가 몰락하자 1795년 석방되어 1798년 영국으로 다시 돌아왔다. 프란시스코 데 미란다의 '그란 콜롬비아' 구상이 구체화 된 것은 이 무렵이었다. 그는 북으로는 미시시피 강에서 남으로는 오르노스 곶에 이르기까지 하나의 라틴아메리카를 염원했다. 그가 꿈꾸는 통합국가는 행정과 입법, 사법의 3권 분립과 민주주의, 평등, 신앙의 자유를 보장하는 근대국가의 정체(政體)를 담고 있었다. 또한 통합국가의 수장은 '잉카'라 불리는 2인으로 구성되며 수도는 파나마 지협에 '콜롬보'라는 이름으로 위치하고, 의회는 양원제에 기반할 것이었다. 비록 그의 통합국가론은 그가 살아생전 현실화되지는 않았지만, 시몬 볼리바르에 의해 일시적이나마 실현되었으며, 20세기를 거쳐 오늘날까지도 그 여망의 불씨가 남아있다. 한편, 나폴레옹으로부터 '미치지 않은 돈키호테(Don Quijote que no está loco)'라는 평을 받았던 미란다의 기질은 그가 1806년, 몇 몇 스폰서의 도움으로 약 3백 여 명의 용병을 꾸려 조국 해방을 목적으로 베네수엘라의 벨라 데 코로(La Vela de Coro) 항에 상륙했다가 혼쭐이 난 일에서도 알 수 있다. 아마 이 모험이 성공했더라면, 그는 피델 카스트로나 체 게바라에 앞서 신화적 위업을 달성한 위대한 인물로 역사에 자신의 이름을 더 깊이 새겼을 것이다. 그나마 이 진공

작전을 앞두고 미란다 본인이 고안한 것으로 알려진 적색, 녹색, 청색의 3색 깃발이 오늘날 콜롬비아, 베네수엘라, 에콰도르 국기의 모태가 되어 그의 '위대했던' 시도를 기리고 있다.

미란다는 오랜 기간 런던에 체류하면서 영국의 도움을 얻어 라틴아메리카를 스페인의 식민지배로부터 해방시키려는 '외교적 전술'을 시도했다. 그리고 누가 보장한 것도 아니지만, 만일 영국이 라틴아메리카의 해방을 돕는다면, 쿠바를 제외한 카리브의 모든 섬들을 영국에 넘기겠노라는 허황된 제안을 던지기도 했다. 그러나 프랑스와 각을 세우던 영국의 입장에서, 이 돈키호테 같은 인물을 믿고 동병상련의 처지에 놓여 있던 스페인에 등을 돌리기는 쉽지 않았을 것이다.

거의 꺼질 것 같은 프란시스코 데 미란다의 열망을 되살린 것은 영국이 아니라 스페인에서 들려온 소식이었다. 1808년 나폴레옹의 프랑스 군대가 스페인을 침공한 것이다. 앞 장에서 전술했듯, '스페인 독립전쟁'은 식민지 각지의 크리오요들에게 독립을 이룰 절호의 기회를 제공했다. 1810년 4월, 라틴아메리카의 다른 주요도시들처럼 카라카스에서도 '훈타'가 결성되었으며 카라카스 '훈타'는 영국의 지원을 얻기 위해 안드레스 베요와 시몬 볼리바르로 구성된 사절단을 영국에 파견했다. 시몬 볼리바르는 자신이 사절단의 경비를 대는 조건으로 포함되었다. 사절단은 런던에서 절대 프란시스코 데 미란다와 접촉하지 말라는 지시를 받았으나 미란다의 사상과 열정에 감동을 받아 그에게 귀국을 종용하였다. 1810년 말 프란시스코 데 미란다는 구아이라 항에 도착했다. 1771년 조국을 떠난 이후 40년 만의 귀국이었다. 카라카스의 훈타는 프랑스 장군의 군복에 훈장을 주렁주렁 매달고 배에서 내린 이 노익장을 내심 떨떠름하게 맞이하였으나 그에게 군 사령관의 지위를 부여하였다. 1811년 3월 베네수엘라의 7개 주가 독립을 결의했고, 미란다는 1811년 7월 5일 독립헌장에 대표 서명하는 영예를 안았다. 이로서 베네수엘라는 아메리카에서 미국과 아이티에 이어 세 번째로 독립을 이룬 국가가 되었다. 비록 독립 선언은 하였지만 아직 스페인 왕당파의 세력은 견고하였으며 즉각적인 반격이 시작되었다. '베네수엘라 독립전쟁(Guerra de la Independencia de Venezuela, 1810-1823)'이 발발한 것이다. 군 총사령관인 프란시스코 데 미란다는 1811년 7월 독립에 반기를 든 도시 발렌시아를 정복했는데, 이때 시몬 볼리바르는 물론 16살에 불과하였던 안토니오 호세 데 수크레(Antonio José de Sucre, 1795-1830)가 미란다 휘하의 전투에 참전하였다. 하지만 전반적인 전황은 독립파에게 불리하게 돌아갔다. 보수적인 베네수엘라 사회는 너무 일찍 '페르난도 7세의 가면'을 벗어버린 독립파에 그다지 호의적이지 않았다. 또한 1812년 3월 26일 카라카스를 비롯해 전국적인 여파를 미친 대지진도 '베네수엘라 제 1공화국' 몰락의 한 요인이 되었다. 약 2만 여명의 사망자를 낸 자연재해가 스페인 국왕에 반기를 든 독립파에 대한 '신의 징벌'이라는 소문이 보수적인 사제들의 입을 통해 퍼졌는데, 지진의 피해가 유독 독립파 진영에 심하게 미쳤기 때문이었다. 게다가 같은 해 6월 독립파의 주요한 전략적 요충지인 푸에르토 카베요(Puerto Cabello)의 산 펠리페 성채가 왕당파의 손에 넘어가는 일이 발생했다. 당시 산 펠리페 성채에는 독립파의 무기고와 왕당파 포로들을 수감하는 감옥이 함께 있었으며 책임자는 시몬 볼리바르였다. 프란시스코 데 미란다는 무기고와 감옥이 함께 위치해 있는 시설의 위험성을 우려하고 있었는데, 포로들이 폭동을 일으켜 무기고를 장악할 경우 큰 피해가 발생할 수 있기 때문이었다. 미란다의 우려는 현실화되었다. 시몬 볼리바르가 성채를 비운 사이 간수를 매수한 왕당파 포로들이 성채를 장악하고 며칠 동안 푸에르토 카베요 시를 향해 포격을 퍼부은 것이다. 지진 피해와 산 펠리페 성채의 함락으로 독립파의 전세는 크게 약화되었다. 전세의 불리함을 깨달은 프란시스코 데 미란다는 1812년 7월 25일 왕당파의 장군인 도밍고 데 몬테베르데(Domingo de Monteverde, 1773-1832)와 포로교환과 독립파의 안위를 보장받는 내용의 휴전협정을 산 마테오(San Mateo)시에서 체결하였다. 미란다는 일단 다시 영국으로 가서 지원을 요청할 생각이었다. 그러나 시몬 볼리바르를 주축으로 한 젊은 장교들은 미란다의 독단적인 결정에 크게 분노하였다. 그리고 영국으로 떠나기 위해 구아이라 항에 도착한 프란시스코 데 미란다를 체포하여 그를 몬테베르데의 왕당파 측에 넘겨버렸다. 볼리바르의 이러한 행위는 후일 칼 마르크스를 비롯한 여러 사람에게 두고두고 비난받게 된다. 프란시스코 데 미란다를 왕당파에 넘기는 대가로 볼리바르는 사지를 벗어났기 때문이었다.[42]

프란시스코 데 미란다는 스페인 카디스의 감옥으로 이송되어 1816년 7월 4일 66세의 나이로 사망하였다. 유럽과 아프리카, 아메리카의 3개 대륙을 주유하며 파란만장한 생애를 살던 영웅의 죽음치고는 참으로 허망한 최후가 아닐 수 없었다. 미란다의 주검은 공동묘지에 아무렇게나 묻혀 한 줌 시신조차 남아있지 않으나, 오늘날 그의 이름을 딴 거리

42 일설에 의하면, 시몬 볼리바르는 프란시스코 데 미란다를 처형하려 하였으나 부하들의 조언에 따라 일단 산 카를로스 요새 감옥에 수감하였다. 그러나 요새의 책임자인 마누엘 마리아 데 라스 카사스가 은밀히 왕당파와 접촉하고 프란시스코 데 미란다를 적군에게 넘겨버렸으며, 볼리바르는 이 사실을 몰랐다고 한다. 그러나 도밍고 몬테베르데는 "미란다를 인도하며 스페인 왕에게 복종한 일에 대한 보상으로 볼리바르의 청을 들어주어야 한다."는 기록을 남겼다. 경위야 여하튼, 프란시스코 데 미란다의 종말은 볼리바르 등 일부 독립파 장교들에 의한 것이었음은 분명하다.

와 광장, 도로와 공원 등이 이 위대한 영웅의 흔적을 기리고 있다.

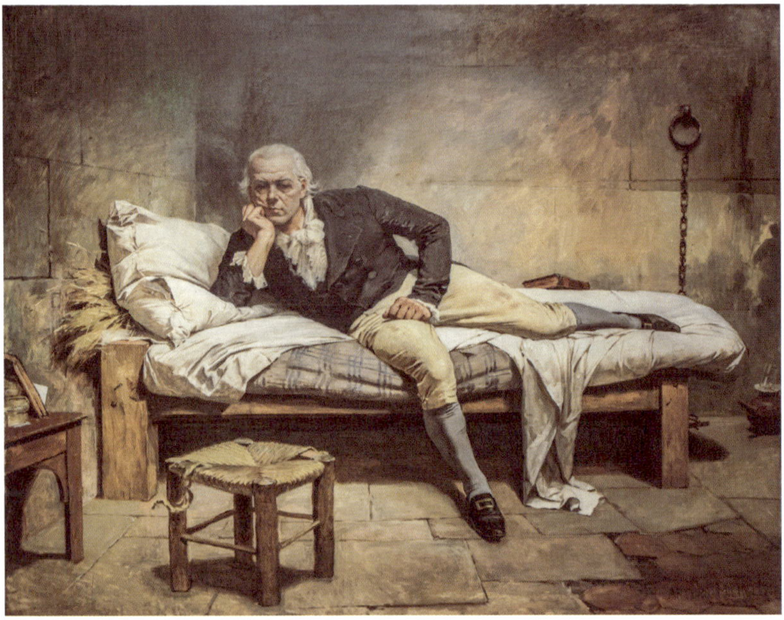

사진 4-2-1. 카디스 감옥에 수감된 말년의 미란다. 아르투로 미첼레나(Arturo Michelena, 1863-1898, 베네수엘라)의 작품 - wikimedia commons

라틴아메리카 해방의 '선구자'라 불리는 프란시스코 데 미란다를 사지로 몰아넣기는 하였으나 시몬 볼리바르는 오늘날까지 라틴아메리카 역사에서 가장 추앙받는 인물 중 하나이다. 살아생전에 부여받은 '해방자'라는 타이틀은 물론이거니와 그의 이름을 기린 두 개의 공화국 - 볼리비아와 베네수엘라 볼리바르 공화국(República Bolivariana de Venezuela) - 과 하나의 화폐단위(베네수엘라의 '볼리바르')가 이를 상징하고 있다. 볼리바르는 미란다와 동향출신이지만 그의 가문은 스페인 바스크의 혈통을 지녔으며 카라카스의 상류층인 만투아노 계층에 속해있었다. 부유하기는 했으나 볼리바르는 세 살 때 아버지를, 아홉 살 때 어머니를 잃고 삼촌을 후견인으로 삼아 성장했다. 삼촌은 볼리바르를 그다지 세심하게 돌보지 않았으며 조카의 교육을 가정교사인 시몬 로드리게스(Simón Rodríguez, 1760-1854)에게 맡겨버렸는데, 이는 볼리바르의 삶에서 가장 중요한 만남 중 하나가 되었다. 진보적인 계몽주의 사상을 품고 있었던 시몬 로드리게스는 후일 볼리바르를 다시 만나 그에게 큰 사상적 영향을 미치게 될 것이기 때문이었다.

시몬 로드리게스가 가정교사를 그만두고 유럽으로 떠나자 볼리바르는 학업을 계속하기 위해 1799년 스페인 마드리드로 떠났다. 그리고 이듬해 그곳에서 알게 된 두 살 연상의 마리아 테레사 로드리게스(María Teresa Rodríguez, 1781-1803)와 사랑에 빠져 1802년 5월 결혼했다. 그러나 조실부모로 외롭게 컸던 시몬 볼리바르에게 찾아온 이 달콤한 행복은 길지 않았다. 부인과 함께 베네수엘라로 돌아왔으나 1803년 1월 그녀가 황열병으로 사망한 것이다. 사랑하는 신부의 죽음으로 비탄에 빠진 시몬은 평생 다시는 결혼하지 않겠다는 맹세를 했다고 전해진다. 신부의 죽음 직후 시몬 볼리바르는 프랑스의 파리로 향했고 그곳에서 가정교사였던 시몬 로드리게스를 다시 만났다. 혁명 후의 프랑스에서 확고한 계몽주의자가 된 옛 스승은 상실감으로 텅 비어있던 시몬 볼리바르의 가슴에 해방과 독립, 자유와 같은 진보적인 가치와 이념을 주입시켜 주었다. 후일 많은 역사가가 이야기하듯, 만일 마리아 테레사가 죽지 않았더라면 시몬 볼리바르는 베네수엘라의 부유한 만투아노로 일생을 마쳤을 가능성이 매우 높았다. 사랑하는 이의 죽음이 그를 독립의 영웅으로 이끈 계기였으니, 영웅이란 때로는 참으로 잔인한 대가를 지불하고 만들어진다고 할 수 있을 것이다. 아무튼, 시몬 볼리바르는 스승과 함께 이탈리아로 여행을 떠났다. 당시 유럽 귀족들의 현지답사 교육 과정으로 꼽히는 '그랜드 투어'의 일환이었다. 시몬은 스승과 함께 1805년 8월 15일 로마의 몬테 사크로(Monte Sacro)에 올라 엄숙하게 조국의 해방을 맹세했다고 전해진다. 그리고 1806년 다시 베네수엘라로 돌아왔으며 이후 몇 년은 가족 소유의 장원을 경영하는 동시에 조국해방의 대의를 축적하며 보냈다. 마침내 1808년 프랑스의 스페인 침공소식이 들려오자 카라카스에서도 '훈타'가 조직되었고 볼리바르는 몬테 사크로에서의 맹세를 잊지 않았다. 전술했듯, 볼리바르는 영국의 지원을 얻기 위해 파견된 카라카스의 '훈타' 사절단으로 런던을 방문했고, 비록 그곳에서 영국의 명시적인 지원을 약속받는 데는 실패했으나 오랜 망명생활 중이던 프란시스코 데 미란다를 설득하여 1810년 말 그를 귀국시켰다. 그리고 1811년 7월 베네수엘라 독립헌장을 주도한 카라카스의 독립파 모임임 '애국자 협회(Sociedad Patriótica)'의 핵심멤버로 활동하였다. 독립선언 후 독립파와 왕당파간의 전쟁이 벌어지자 볼리바르는 1811년 8월 생애 첫 전투인 발렌시아 점령에서 두각을 나타내며 군인으로서의 자질을 입증했다. 하지만 푸에르토 카베요의 산 펠리페 성채의 책임자로 있으면서 성채를 왕당파 포로들에게 빼앗겨 베네수엘라 제 1공화국 몰락의 한 요인을 제공했다. 그리고 전술했듯 프란시스코 데 미란다를 왕당파에게 넘겨 죽음으로 몰아넣은 업보를 안게 된 점은 전술한 바와 같다.

미란다를 넘기는 댓가로 볼리바르는 1812년 8월 27일, 몇몇 부하들과 함께 당시 영국인들이 점령하고 있었던 쿠라사오(Curazao) 섬으로의 이동을 허락받았으며, 그곳에서 잠시 체류한 후 카르타헤나로 옮겨갔다. 같은 해 12월 15일, 이 도시에서 시몬 볼리바르는 자신의 첫 번째 정치 선언이라 할 수 있는 '카르타헤나 선언(Manifiesto de Cartagena)'을 발표했다. 이 문서는 제 1공화국 실패의 원인을 분석하고, 또 다시 동일한 실수를 반복하지 않기 위해 누에바 그라나다와 베네수엘라의 통합과 강력한 중앙집권적 정부의 필요성을 역설하고 있다. 독립파 도시였던 카르타헤나의 도움을 얻어 다시 재기의 발판을 마련한 시몬 볼리바르는 즉각 왕당파와의 전투에 나서 오카냐(Ocaña)를 비롯한 여러 도시를 점령했다. 볼리바르는 이후 한동안 소위 '경이로운 원정(Campaña Admirable)'이라 불리는 연전연승의 전과를 이루어내며 1813년 8월 카라카스에 입성하였고 이 도시에서 영원히 그의 이름 앞에 수식어로 새겨질 '해방자'의 칭호를 부여받았다. 그러나 시몬 볼리바르의 재기와 함께 열린 '베네수엘라 제 2공화국(1813-1814)'의 수명은 1공화국과 마찬가지로 그다지 길지 않았다. '사투(Guerra a muerte)'라 불리는 치열한 수난의 시기가 도래하였는데 그 상대는 베네수엘라 오리노코강 유역 평원지대(야노, Llano)의 카우보이 무리들인 '야네로(llanero)'들이었다. 스페인 출신의 호세 토마스 보베스(José Tomás Boves, 1782-1814)가 우두머리인 야네로들은 군인과 민간인을 가리지 않고 살인과 방화, 약탈을 밥 먹듯 저질렀으며 포로를 잡아도 살려두는 법이 없어 공포의 대상이었다. 비록 보베스는 1814년 12월의 한 전투에서 사망했지만 야네로들은 베네수엘라 제 2공화국 몰락의 주요한 원인이 되었다. 볼리바르는 1815년 5월 자메이카로 망명을 떠났으며 그해 9월 그의 정치 이념이 담긴 글 중 가장 널리 알려진 『자메이카의 편지』(Carta de Jamaica)를 썼다. 이 글에서 볼리바르는 독립을 위한 투쟁의 정당성을 설파하는 한편, 라틴아메리카가 동일한 기원과 종교, 언어, 풍습을 지니고 있으므로 여러 국가가 연합하는 '하나의 정부'를 구성해야 한다는 통합국가론을 역설했다. 볼리바르는 여기저기 분산된 카우디요들의 분권체제로는 스페인의 지배로부터 완전히 벗어나기 힘들다고 판단했고 하나의 강력한 중앙정부와 지휘권 아래 단합해야 할 필요성을 절감하고 있었다. 그 즈음 카디스의 감옥에서 사경을 헤매고 있던 프란시스코 데 미란다가 처음 제기했던 '그란 콜롬비아' 구상이 다시 힘을 얻는 순간이었다. 하지만 자메이카에서 볼리바르는 영국정부의 무관심과 냉대, 스페인의 암살기도와 경제적 궁핍함 등으로 곤경에 몰려 있다가 1815년 12월 거처를 인근 섬인 아이티로 옮겼다. 당시 아이티는 흑인 신생독립국으로 대륙에서 온 자유주의자와 공화파 망명객들에게 호의를 베풀고 있었는데, 볼리바르는 베네수엘라 흑인노예를 해방시키겠다는 조건으로 이 나라 대통령의 지원을 얻는데 성공했다. 아이티 정부의 후원으로 약 천 여명의 대원을 모은 꾸린 볼리바르는 1816년 3월 아이티의 레스 카예스(Les Cayes, 스페인어로 Los Cayos)항을 떠났다. 원정대가 출발한 지명을 따서 명명된 소위 '로스 카요스 원정대(Expedición de los Cayos)'는 베네수엘라 북부의 오쿠마레 데 라 코스타(Ocumare de la Costa)에 상륙하였고, 볼리바르는 이곳에서 아이티 정부와 약속한대로 '노예 해방'을 선언하였다. 그러나 볼리바르의 원정은 다시 지리멸멸하게 끝났다. 병사 절반이 전투 무경험자들로 꾸려진 그의 부대는 왕당파의 적수가 되지 못했으며, 볼리바르는 부하들을 사지에 내팽겨 치고 도주하였다. 이 일로 볼리바르는 루이스 브리온(Luis Brión, 1782-1821)과 마누엘 피아르(Manuel Piar, 1774-1817) 등 다른 독립파 지도자들에게 심한 질책을 받았으나, 무엇보다 왕당파와의 전투가 시급한 상황이었기 때문에 간신히 면책 받았다. 이때 볼리바르는 도주의 책임을 물어 자신을 총살시키려 한 파르도(pardo, 흑백혼혈) 출신의 독립파 지도자 마누엘 피아르와 돌이킬 수 없는 정적 관계가 되었으나, 1817년 10월 그를 제거하고 독립파의 주도권을 잡았다. 볼리바르는 옛 동지들을 규합하는 한편, 제 2공화국 몰락의 원인이 되었던 야네로들과 제휴하지 않고는 왕당파와의 전쟁에서 이길 수 없다는 과거의 교훈에 따라 호세 안토니오 파에스(José Antonio Páez, 1790-1873), 프란시스코 데 파울라 산탄데르(Francisco de Paula Santander. 1792-1840) 등 야네로 지도자들과 제휴관계를 형성했다. 이렇듯 전열을 정비한 볼리바르는 독립파와의 오랜 전쟁에 심신이 지친 왕당파를 밀어내기 시작했다. 그리고 1819년 2월 '앙고스투라 의회(Congreso de Angostura)'에서 베네수엘라와 누에바 그라나다(콜롬비아)를 하나로 묶는 '그란 콜롬비아 공화국'을 선포하였으며, 1821년 12월 '쿠카타 의회(Congreso de Cucatá)'에서 오늘날 베네수엘라, 콜롬비아, 에콰도르, 파나마를 포괄하는 통합국가를 정식으로 발족시켰다. 의회는 초대 대통령으로 볼리바르를, 부통령으로는 프란시스코 데 파울라 산탄데르를 선출하였다. 한편, 최후의 결전으로 향하는 군사적인 전과도 이어졌다. 1819년, 남반구의 겨울철인 7월의 안데스를 넘어 8월에 보야카(Boyacá) 전투에서 승리함으로써 누에바 그라나다 부왕령의 수도인 보고타를 해방시켰다. 또한 1821년 6월에 카라보보(Carabobo) 전투에서 승전하고 카라카스를 정복하여 베네수엘라도 독립시켰다. 이 두 전투 이후 세력이 크게 약화된 왕당파는 1823년 7월 마라카이보(Maracaibo) 해전을 끝으로 이 지역 일대에서 철수했다.

사진 4-2-2. 시몬 볼리바르. 리카르도 아세베도 베르날(Ricardo Acevedo Bernal, 1867-1930, 콜롬비아)의 작품 - wikimedia commons

한편, 1822년 7월 볼리바르는 남미의 독립영웅 호세 데 산 마르틴과 과야킬에서 회동했다. 이 무렵 라틴아메리카 각지에서 독립파에 패퇴한 왕당파의 잔당은 마지막으로 알토 페루(Alto Perú, 오늘날의 볼리비아)와 안데스 일부에만 남아있었다. 남쪽으로부터 올라오는 산 마르틴과 북쪽의 볼리바르 군 사이에서 험한 지형을 방패삼아 버티고 있었던 것이다. '과야킬 회담(Entrevista de Guayaquil)'이라 불리는 이 역사적인 회동은 이 지역 왕당파의 마지막 잔당을 완전히 소탕하기 위해 산 마르틴이 제의한 것으로 알려졌다. 배석자 없이 두 영웅만의 독대로 이루어진 이 회담의 정확한 내용은 알려지지 않고 있다. 그러나 회담 이후 산 마르틴은 그때까지의 모든 직책을 내려놓고 아르헨티나로 돌아갔으며 외동딸과 함께 조국마저도 등지고 대서양을 건너 죽을 때까지 프랑스에서 머물렀다. 입헌군주제론자인 산 마르틴과 강력한 중앙집권적 공화국을 원했던 볼리바르 사이에 심각한 이견이 존재했었던 것이 확실하며, 회담 이후 산 마르틴이 측근에게 볼리바르가 믿을만한 사람이 아니라고 말했다고 전해진다. 산 마르틴이 독립파의 대열에서 스스로 물러난 이후 1824년 12월 볼리바르의 부하인 안토니오 호세 데 수크레가 아야쿠초(Ayacucho) 전투에서 승리함으로써 스페인은 3백년의 식민통치를 종결짓고 라틴아메리카 대륙에서 완전히 퇴각했다.

왕당파를 상대로 군사적인 승리를 거두었으며 '그란 콜롬비아 공화국'이라는 통합국가의 이상을 실현했으나 역설적이게도 이 무렵부터 볼리바르의 정치적 쇠락이 시작되었다. 우선 볼리바르가 꿈꾸던 통합국가의 이상이 좌절되었다. 라틴아메리카에서 스페인이 퇴각한 후 '그란 콜롬비아 공화국'의 확대와 공동군 창설을 목적으로 1826년 6월 22일 ~ 7월 15일 사이 '파나마 의회(Congreso de Panamá)'가 열렸으나 각 지역의 이해관계와 옵저버로 참석한 영국의 간섭 등으로 성과를 거두지 못했다. 게다가 볼리바르를 중심으로 한 중앙집권파와 각 지역의 카우디요들이 주축이 된 연방주의자들 사이의 대립의 골이 깊어졌다. 결국 1830년 베네수엘라와 에콰도르가, 1832년 콜롬비아가 떨어져나가고 콜롬비아에 속해있던 파나마마저 1902년 분리됨으로써 볼리바르의 꿈은 좌절되었다. 일찍이 볼리바르 자신이 『자메이카의 편지』에서 우려한 바대로 "험준한 지형, 다양한 환경, 상반된 이해관계, 상이한 개성들이 아메리카를 분열"(Bolívar, Simón, 2010, 61)시킨 것이다.

독재자의 오명을 쓰며 암살위협과 질병에 시달리던 시몬 볼리바르는

1830년 12월 17일 산타 마르타(Santa Marta)에서 폐결핵으로 사망했다. 그는 죽기 전 "바닷물에 쟁기질을 했다(He arado en el mar)"라고 회한에 찬 말을 남겼다고 한다.

3
사제들이 주도한 누에바 에스파냐 독립
미겔 이달고와 호세 마리아 모렐로스

스페인의 첫 번째 부왕령인 누에바 에스파냐(Nueva España)는 식민시대 거의 전 기간(1535-1821)에 걸쳐 존속했으며 그 통치영역이 매우 방대했다. 오늘날의 국경기준으로 보자면 멕시코, 중미(파나마 제외)와 카리브 전역, 캘리포니아, 텍사스, 애리조나, 네바다 등 미국의 서남부 등 아메리카 대륙은 물론 필리핀과 마리아나 제도 등 태평양의 도서가 이에 해당된다. 하지만 여기에서 논의하는 내용은 부왕령의 중심지였던 멕시코의 독립에 관한 것이며 그 주역은 미겔 이달고와 호세 마리아 모렐로스이다.

미겔 이달고 이 코스티야(Miguel Hidalgo y Costilla, 1753-1811)는 멕시코의 '국부(Padre de la Patria)'이자 '독립의 선구자(Iniciador de la Independencia)'로 불린다. 그는 1753년 5월 8일 오늘날 과나후아토(Guanajuato) 주의 평범한 중산층 크리오요 집안에서 4형제 중 둘째로 태어났다. 아버지는 장원(hacienda)에서 관리자로 일하고 있었는데 이달고는 이곳에서 일하는 원주민 노동자들과의 접촉으로 유년기부터 나우아틀(náhuatl)어와 오토미(otomí)어 등 원주민 언어를 접할 수 있었다.

1765년 6월 이달고는 형제인 호세 호아킨과 함께 바야돌리드에 있는 산 니콜라스 신학교에 입학했다. 이 학교에서 이달고는 라틴어와 불어를 배웠으며 고전작가들에 심취했다. 뛰어난 영특함으로 인해 동료들 사이에서 '여우(El Zorro)'라는 별명을 얻었던 이달고는 불과 17세의 나이에 철학과 신학 선생이 되었으며 1788년부터는 총장(rector)으로 일했다. 그리고 그럭저럭 나이가 들어 1803년부터는 돌로레스(Dolores)라는 시골 마을의 본당신부로 지내고 되었다. 이와 같은 프로필은 딱히 특별한 게 없어 보이지만 이달고는 다소 괴팍한 스타일이었다. 신학교 교수출신의 지식인이었던 그는 당시 교회에서 꺼려했던 계몽주의 사상의 영향을 강하게 받은 진보주의자였으며 바다건너 프랑스혁명에 대해서도 알고 있었다. 기독교 교리의 핵심이라 할 수 있는 성모 마리아의 처녀 잉태설을 부정했으며 이로 인해 종교재판소의 내사도 받았다. 사제임에도 여자관계가 복잡해 자녀도 여럿 두었으며 도박도 즐겼다고 알려져 있다. 하지만 원주민어를 능숙하게 구사할 줄 알았기에 이달고 신부는 원주민들과 가까웠으며 평판도 매우 좋았다. 원주민들에게 격의 없이 대하였으며 그들에게 양봉과 포도재배법, 도자기 산업 등을 지도하며 열악한 생활여건에도 관심을 기울였기 때문이었다. 아무튼 시골마을의 본당 신부로 그럭저럭 평범한 여생을 보내고 있던 이달고 신부가 멕시코 독립이라는 역사의 격랑에 휩쓸리게 된 것은 그의 나이 거의 환갑이 다 되어서였다. 전술했듯, 1808년 프랑스가 스페인을 침공하고 '군주의 부재'라는 전무후무한 사태가 발생하자 부왕령의 수도인 멕시코시티도 술렁이기 시작했다. 부왕이었던 이투리가라이(José de Iturrigaray, 1742-1815)는 원래 카를로스 4세 치하에서 권력을 누렸던 마누엘 고도이(Manuel Godoy, 1767-1851)의 후원 덕분에 부왕에 오른 인물이었는데, 본국에서 고도이가 몰락하자 크리오요들과 손을 잡으려다가 페닌술라레스들에 의해 실각했다. 본국의 혼란을 틈타 독자적인 '훈타' 구성을 꿈꾸던 독립파 크리오요들은 1809년 12월 '바야돌리드의 음모(Conjura de Valladolid)'를 시도하다 발각되어 주동자들이 체포되었다. 이 음모에 가담했다가 풀려난 인물 중 이그나시오 아옌데(Ignacio Allende, 1769-1811)라는 인물이 있었다. 그는 석방된 후 재차 독자적인 훈타 구성을 위해 '케레타로의 음모(Conspiración de Queretaro)'라 불리는 또 다른 시도에 가담하였는데, 이 과정에서 시골마을의 신부로 있던 미겔 이달고를 자기편으로 끌어들이기 위해 노력했다. 이달고 신부가 과나후아토의 인텐덴테인 후안 안토니오 리아뇨(Juan Antonio Riaño), 미초아칸(Michoacán)의 주교인 마누엘 아바드 이 케이포(Manuel Abad y Queipo) 등 영향력 있는 인물들과 친분이 있었기 때문이었다. 또한 독자적인 훈타 구성을 위해서는 크리오요들뿐만 아니라 민중들의 지지를 받을 필요가 있었는데, 원주민들에게 높은 신망을 얻고 있던 이달고 신부가 적격이었다. 계몽주의자였던 이달고는 아옌데의 제의를 수락하였으며 반란의 날자를 1810년 10월 2일로 정했으나 사전에 정보가 누출되었다. 아옌데는 1810년 9월 16일 새벽녘에 다급하게 돌로레스의 이달고 집을 찾았고, 그들은 이날 즉시 스페인인들에 대한 무장봉기를 일으키기로 결심했다. 그리고 새벽 5시 경, 이달고 신부는 성당의 종을 울려 미사를 소집하고 멕시코 독립의 상징으로 알려진 소위 '돌로레스의 외침(Grito de Dolores)'을 선언했다. 다급한 상황에서 이달고 신부가 발표한 '돌로레스의 외침'은 문서가 아닌 구두로 전해졌기 때문에 몇 가지 서로 다른 버전이 존재하지만 대략 '페르난도 7세 만세! 가추핀(스페인사람을 비하하는 말)에게 죽음을!(¡Viva Fernando VII y mueran a los gachupines!)'이라고 외쳤다고 전해진다. 비록 '페르난도 7세의 가면'을 썼지만 독립의 의지를 명확히 선언한 것이다. 이달고 신부는 약 6천 명의 병력으로 봉기를 시작했으며 그 숫자는 점점 늘어났다. 그러나 엄밀히 말해 '병력'이라 부를만한 전투경험이 있는 이들은 아옌데를 따라온 소수의 군인들뿐이었으며 대부분은 처자식까지 동반하거나 무기도 제대로 갖추지 못한 원주민들이었다. 아무튼 그들은 인해전술로 별다른 저항도 받지 않고 셀라야(Celaya), 살라망카(Salamanca), 아캄바로(Acámbaro) 등을 점령했으며, 도중에 아토토닐코(Atotonilco)라는 마을에서 과달루페 성모상을 들고 나와 혁명의 상징으로 삼았다.

사진 4-3-1. 미겔 이달고. 호세 클레멘테 오로스코(José Clemente Orozco, 1883-1949, 멕시코)의 작품 - wikimedia commons

이달고 혁명의 다음 에피소드는 '돌로레스의 외침'이 있고 나서 약 열흘이 지나 과나후아토 시에서 벌어졌다. 1810년 9월 28일, 이미 5만 명으로 불어난 이달고의 혁명군은 과나후아토를 공략하고자 했다. 당시 과나후아토는 이달고의 친구인 후안 안토니오 리아뇨가 지키고 있었는데, 그는 혁명군의 항복권유를 거절하고 군대와 스페인 민간인들을 요새처럼 단단한 석벽으로 만들어진 시의 곡물창고(Granaditas)로 모아 장기전에 대비했다. 그러나 리아뇨는 전사하고, 이달고 휘하의 '피필라(Pípila)'라고 알려진 한 광부출신의 병사가 용감하게 성채에 다가가 입구에 불을 질렀다. 흥분한 혁명군은 내부로 들이닥쳐 민간인 수백 명을 죽이는 대학살을 자행했고 도시는 약탈과 방화로 얼룩졌다. 이달고는 이들의 행위를 막고자 노력했다고 전해지지만, 대부분 원주민들로 구성된 혁명군의 이와 같은 무자비한 행위는 사실 멕시코 독립에 부정적인 영향을 미쳤다. 혁명군의 약탈과 방화의 대상은 스페인인들이었지만, 같은 백인인 크리오요들마저도 겁을 먹고 이탈하기 시작했기 때문이다. 이후 혁명군은 한때 이달고가 신학교 총장으로 있던 바야돌리드로 진격했으나, 바야돌리드의 스페인인들은 이미 과나후아토의 대학살 소식을 듣고 겁에 질려 모두 도망가 버리고 없었다. 혁명군은 10월 17일 저항 없이 이 도시를 접수하였다. 경위야 어찌되었든 승승장구하던 이달고의 혁명군에 제동이 걸린 것은 며칠 후인 10월 30일 벌어진 몬테 데 라스 크루세스(Monte de las Cruces)전투에서였다. 몬테 데 라스 크루세스는 멕시코시티로 진격하기 위해 거쳐야 하는 요충지였지만 협곡이어서 방어에 유리한 지형을 갖추고 있었다. 이곳에서 약 8만 명으로 불어난 혁명군을 불과 3천여 명의 왕당파 군대가 막아내고자 했다. 약 3일 간의 처절한 살육전 끝에 그래도 수적으로 우세한 혁명군이 승리하고 왕당파군이 퇴각했지만 혁명군의 인명피해는 어마어마했다. 바로 이 순간이 이달고 혁명의 분수령이었다고 할 수 있다. 아옌데를 비롯한 수하 참모들은 이달고에게 멕시코시티로 진격하자고 주장했지만 이달고는 이를 거부했던 것이다. 수도 접수를 목전에 두고 이달고가 회군한 정확한 이유는 알려지지 않고 있다. 몬테 데 라스 크루세스 전투에서 워낙 큰 피해를 입었으며 식량과 탄약 등 군비가 부족했기 때문이라는 설이 있으며 과나후아토에서와 같은 혁명군의 약탈행위가 멕시코시티에서 되풀이될지도 모른다는 두려움 때문이라는 주장도 있다. 실제로 이달고의 회군명령이 멕시코시티의 약탈을 막았다는 평가도 존재한다. 루카스 알레만(Lucas Alemán)과 같은 학자는 당시 이달고의 형제인 마누엘 이달고의 미망인과 자식들이 왕당파의 인질로 잡혀있었으며, 만일 이달고가 진군을 계속한다면 그들을 참수할 것이라는 협박 때문에 퇴각했다고 주장하기도 한다. 아무튼 이달고는 멕시코시티의 부왕에게 평화로운 도시진입을 요구했으나 거절당하자 별다른 반응 없이 말의 기수를 돌려버렸다. 하지만 이는 아옌데를 비롯한 참모들의 우려대로 비극적인 결과를 낳았다. 퇴각하던 이달고의 혁명군을 산 루이스 포토시(San Luis Potosí)에 주둔하던 왕당파 군이 추적했고, 1810년 11월 7일 아쿨코(Aculco) 전투에서 이미 사기도 떨어지고 기강도 해이해진 이달고 군에게 큰 피해를 입혔기 때문이었다. 왕당파의 추적이 거세지자 이달고와 아옌데는 부대를 둘로 나누기로 결정했고, 이달고는 바야돌리드를 거쳐 11월 22일 과달라하라에 도착했다. 이 과정에서 이미 통제 불능이 된 혁명군은 약탈을 감행했다. 아옌데의 부대 역시 민간인 살상을 저질렀던 과나후아토의 '곡물창고'로 퇴각하여 그곳에 수감되어 있던 왕당파 포로들을 처형했으나 11월 26일 펠릭스 마리아 카예하(Félix María Calleja, 1753-1828) 장군이 지휘하는 왕당파군에게 도시를 내주고 12월 8일 과달라하라에서 이달고와 다시 합류하였다. 이제 잔당이 되어버린 이달고의 혁명군은 이듬해인 1811년 1월 17일 과달라하라 인근의 푸엔테 데 칼데론(Puente de Calderón) 전투에서 카예하 장군의 왕당파에 대패하였고 무기와 탄약, 군자금까지 버리고 줄행랑을 쳤다.

사태가 이쯤 되자 혁명군 내부에서 불화가 터져 나왔다. 아옌데는 몬테 데 라스 크루세스 전투 이후 지리멸렬한 태도를 보인 이달고의 군사적 능력에 대해 신뢰를 잃었기에 주변 인물들과 함께 그의 지휘권을 박탈할 계획까지 세웠다. 하지만 일단 미국으로 도피해서 무기를 구입하여 투쟁을 계속하기로 하고 북쪽으로 나아갔다. 1811년 2월, 심신이 지칠 대로 지친 이달고와 아옌데 등 혁명군 지도자들은 코아우일라(Coahuila)주와 텍사스 접경지역의 아카이타 데 바한(Acaita de Baján)이라는 마을에 있던 이그나시오 엘리손도(Ignacio Elizondo)의 초대를 받았다. 그는 원래 왕당파에서 혁명군으로 귀순한 인물이었으나 실은 부왕의 스파이였다. 따라서 초대는 혁명군을 일망타진하고자 하는 음모의 일환이었고, 혁명군 지도자들은 도착한 순서대로 차례차례 체포되었다. 3월 하순, 제일먼저 마을에 들어선 반란군 지도자 아바솔로(José Mariano de Abasolo, 1783-1816)가 체포되었다. 이어서 아옌데와 그의 아들 일행이 도착하자 엘리손도는 그들에게 음식을 제공한 후 체포하고 아옌데의 아들은 처형하였다. 마침내 이달고가 말을 타고 몇몇 병사들의 호위를 받으며 도착하였으나 마찬가지로 허무하게 사로잡혀버렸다. 엘리손도는 이 공로로 대령으로 임명되고 훈장을 받았으나 이듬해 9월 텍사스에서 암살당했다. 혁명군 지도자들의 말로는 비참했다. 아바솔로는 왕당파에 협조한 대가로 무기형으로 감형되어 스페인 카디스로 이송되었다가 1816년 병으로 사망하였다. 아옌데는 사형선고를 받고 1811년 6월 형장의 이슬로 사라졌으며, 이달고 역시 종교재판과 군법재판을 받고 사형을 선고받았다. 1811년 7월 30일, 치와와(Chihuahua)에서 사형이 집행되었는데, 이달고는 자신의 눈을 가리지 말고 등 뒤에서 총을 쏘지 말 것을 요구하였다고 한다. 이는 배신자들을 처형하는 방식이었기 때문이었다. 이달고는 심장을 덮고 있는 자신의 오른 손을 향해 총을 발사할 것을 요구하였다. 처형이후 그의 유해는 치와와의 한 성당에 묻혔으나 목은 참수되어 아옌데의 수급과 함께 과나후아토의 '곡물창고'에 이후 십년 동안 걸리게 되었다. 약 10개월 전 혁명군이 수백 명의 스페인 민간인들을 학살했던 바로 그 장소였다. 멕시코가 독립을 이룬 1821년, 이달고의 유해는 치와와에서 이장되어 그의 수급과 함께 멕시코시티의 메트로폴리탄 대성당에 안장되었다가 1925년 이후 멕시코의 독립영웅들의 유해를 모아 놓은 '독립기념탑(El Ángel de la Independencia)'에 안장되었다.

미겔 이달고의 뒤를 이어 멕시코 독립을 이끈 인물은 호세 마리아 모렐로스(José María Morelos, 1765-1815)로 그 역시 신부였다. 주로 카우디요들이 주축이 되었던 다른 지역들과 달리 멕시코 독립은 사제들이 주역을 맡았다는 특징이 있다. 그렇다고 해서 당시 멕시코의 가톨릭교회가 대단히 진보적인 성향을 띠고 있었다는 의미는 아니다. 오히려 교회는 왕당파 편에 섰으니, 이달고와 모렐로스는 예외적인 경우라고 할 수 있다.

호세 마리아 모렐로스는 오늘날 그를 기려 모렐리아(Morelia)라 부르는 바야돌리드에서 1765년 9월 30일 태어났다. 순수 크리오요였던 이달고와 달리, 모렐로스는 원주민의 피가 섞인 메스티소로 그의 부친은 목수의 직업을 갖고 있었다. 하지만 가정불화로 아버지가 가출한 후 남은 가족들은 빈곤 속에서 보내야만 했다. 모렐로스는 14살 때 아시엔다에서의 노동을 시작으로 어린 나이부터 어머니와 누이동생을 부양하기 위해 일했다. 그는 한동안 노새몰이꾼과 소몰이꾼으로 일했는데 이때 소의 뿔에 받혀 얼굴에 평생 동안 남을 흉터를 얻었다. 또한 노새몰이꾼들이 수시로 흐르는 땀을 닦기 위해 머리에 손수건을 두르는 습관을 익혔는데, 이 역시 그의 영원한 트레이드마크가 되었다. 마부로 일하면서 멕시코시티와 남부지역을 돌아다닌 경험은 후일 그의 혁명전쟁에 도움이 되었다. 아무튼 모렐로스는 10년 정도 일을 하다가 20대 중반에 고향인 바야돌리드로 돌아와 뒤늦게 신부의 길에 접어들었다. 어머니의 꿈은 아들이 마을의 존경받는 신부가 되어 사는 것이었다고 한다. 모렐로스는 이달고가 총장으로 있던 시절 바야돌리드의 산 니콜라스 신학교에 입학했다. 동급생들보다 나이가 많았으나 무사히 학업을 마치고 어머니의 소망대로 시골 마을의 본당 신부가 되었으며 어머니가 병으로 돌아가실 때까지 지극한 효심으로 모시고 살았다. 이러한 모렐로스의 삶은 역사의 주역과는 한참 먼 것이었으나 당시 멕시코를 덮친 정치사회적 격랑이 그를 태풍의 눈으로 만들게 되었다.

모렐로스는 산 니콜라스 신학교 시절의 은사였던 미겔 이달고가 대규모 봉기를 일으켰다는 소식을 들었고 1810년 10월 20일 이달고를 찾아와 합류를 요청했다. 신학교 교수출신인 이달고와 달리, 모렐로스는 바다 건너 프랑스대혁명에 대해서도 소식은 들어 대강 알고 있으나 큰 관심이 없었고 평소에 계몽주의 서적 등 금서를 탐독한 것도 아니었다. 그럼에도 혁명에 참여하기로 한 그의 결심은 고달픈 노동자 생활을 통해 직접 체험한 사회적 문제의식이 평소에 존경했던 이달고의 봉기를 계기로 분출된 것이 분명하다. 원래 모렐로스는 이달고 옆에서 함께 싸우기를 원했으나, 이달고는 즉석에서 그를 남부지역의 반란군 지도자로 임명한 후 현지에서 사람들을 모아 아카풀코 항을 점령할 것을 지시했다. 당시 아카풀고 항은 마닐라 등 아시아와의 교역의 중심지로 중요한 전략적 요충지였기 때문이었다. 모렐로스는 본당신부로 있던 쿠라쿠아로(Curácuaro) 마을로 돌아와 25명의 동네 사람들을 모아 함께 남쪽으로 떠났다. 모렐로스는 노새몰이꾼으로 바람 부는 남부의 바위투성이 길을 돌아다닌 적이 있었으며, 이달고 부대에 비해 규모가 더 작고 훈련이 더 잘된, 그리고 더 단단히 무장된 부대가 필요하다는 점을 잘 알고 있었다. 모렐로스는 멕시코 남부에서 병력을 규합해 나가며 테판(Técpan), 산 헤로니모(San Jerónimo) 등지에서 첫 승전보를 울렸으나 아카풀코 점령에는 실패했다. 1810년 11월 17일 모렐로스는 혁명의 대의를 선언하기 위해 엘 아구아카티요(El Aguacatillo)에서 노예와 신분제도 철폐, 조세 철폐 등 몇 가지 원칙들이 담긴 성명을 발표했다. 모렐로스의 혁명은 이달고보다 훨씬 더 체계적이고 사회개혁적인 면모를 보여주었던 것이다. 모렐로스는 브라보(Bravo) 가문과 같은 몇몇 독립파 지주들의 도움을 얻기도 했다.

모렐로스는 1812년 2월부터 5월까지 그의 가장 유명한 전투인 '쿠아우틀라 공성전(Sitio de Cuautla)'을 치렀으며 이로 인해 왕당파의 가장 주요한 적으로 부상하게 되었다. 상대는 미겔 이달고와 아옌데에게 패배를 안겨주었던 불패의 스페인 장군 펠릭스 마리아 카예하였다. 카예하는 독립파가 점령하고 있던 도시를 포위한 채 식수를 끊어버리고 우물을 죽은 동물의 사체로 오염시키는 등 옥죄고 있었다. 또한 모렐로스에게 '항복하면 모든 반란자들을 사면시켜주겠노라'고 통첩을 보냈으나 모렐로스 역시 카예하에게 한 글자도 틀리지 않은 똑 같은 말을 돌려주며 버티고 있었다. 도시가 함락 직전에 이르렀을 때 12세에 불과한 한 소년이 대포를 장악하여 왕당파에게 피해를 입히고 격퇴시킨 일이 있었다. 그 소년의 이름은 나르시스 멘도사(Narciso Mendoza)로 '어린 포병(El Niño Artillero)'으로 불리게 되었는데, 그는 다름 아닌 100년 후 멕시코 혁명의 영웅이 될 에밀리아노 사파타(Emiliano Zapata, 1879-1919)의 증조부였다. 아무튼 70일 동안의 포위를 가축뿐만 아니라 이구아나, 쥐, 곤충까지 잡아먹으며 버티던 모렐로스의 혁명군은 카예하의 왕당파를 뚫고 탈출에 성공하였다.

사진 4-3-2. 칠판싱고에서 열린 의회에서 연설하는 호세 마리아 모렐로스 - wikimedia commons

모렐로스의 혁명군은 1812년 오아하카(Oaxaca)를 점령하였으며 이듬해인 1813년 9월 칠판싱고(Chilpancingo)에서 '아나우악 의회(Congreso de Anáhuac)'를 개최하였다. 이 의회에서 모렐로스는 스페인으로부터 아메리카 북부의 독립을 선언하며 '국가의 소회(Sentimientos de la Nación)'를 제출하였다. 노예제도 철폐와 신분의 구분없는 모든 멕시코인의 평등,

대토지의 분배 등이 주요 골자였다. 의회는 모렐로스를 '폐하(Su Alteza Serenísima)'라는 이름으로 추대하고자 했으나, 그는 이 호칭을 거부하고 스스로를 '국가의 머슴(Siervo de la Nación)'으로 자칭했다. 의회는 이듬해인 1814년 10월 22일 아파칭간(Apatzingán)에서 멕시코 최초의 헌법을 제정하였다. 그러나 이 무렵 이미 모렐로스의 군사적 쇠락이 시작되고 있었다. 1811년부터 멕시코 남부의 대부분과 중앙부의 일부까지 점령했으나, 1814년 스페인독립전쟁이 끝나고 복귀한 페르난도 7세가 군대를 멕시코로 파견하여 독립의 불씨를 진화하고자 했다. 대 프랑스 전쟁의 경험이 있는 스페인 군은 오아하카와 아카풀코를 탈환하였다. 모렐로스의 혁명군은 퇴각하였으며 그 와중에 테말라카(Temalaca)에서 모렐로스는 스페인군의 포로가 되어 멕시코시티로 이송되었다. 그 역시 재판에서 사형을 선고받고 1815년 12월 22일 멕시코시티 인근의 에카테펙(Ecatepec)에서 처형되었다. 일설에는 모렐로스가 죽기 전 눈물을 흘렸다고 하지만, 눈물을 보인 것은 모렐로스가 아닌 종교재판관이었다.

4
리오 데 라 플라타와 칠레 해방의 영웅들
호세 데 산 마르틴과 베르나르도 오이긴스

리오 데 라 플라타 부왕령(Virreinato del Río de la Plata)은 라틴아메리카 네 개의 부왕령 중 시기적으로 가장 늦게 만들어진 것으로, 카를로스 3세 때인 1776년 페루 부왕령에서 갈라져 나왔다. 페루 부왕령의 영역이 너무 광활하여 행정적인 비효율이 컸을 뿐만 아니라, 반다 오리엔탈(Banda Oriental)[43]을 둘러싼 포르투갈과의 국경분쟁, 파타고니아와 말비나스 제도에 대한 영국의 침탈 시도, 급증하는 밀무역 단속의 필요성 등 주로 안보와 경제적인 문제를 고려한 조처였다. 리오 데 라 플라타 부왕령은 오늘날의 국경기준으로 아르헨티나, 우루과이, 파라과이, 볼리비아, 브라질 남부와 칠레북부, 페루 남동부 등을 포괄하고 있었다. 한편 칠레는 16세기 이후 '카피타니아 헤네랄'(군정령)의 지위를 지니고 있었다. 카피타니아 헤네랄(군정령)은 다른 유럽 열강 혹은 해적의 위협에 노출된 곳이나 원주민의 저항이 심한 전략적, 군사적 요충지에 설치된 별도의 행정구역으로 명목상으로는 상위기관인 '부왕령'의 지휘를 받고 있었는데 칠레의 경우 페루 부왕령 산하에 놓여있었다. 고도의 원주민 문명이

43 우루과이 강 동부와 플라타 강 북부지역으로 현재의 우루과이 동부와 브라질의 리오 그란데 델 수르 지역.

존재하던 멕시코나 페루에 비해 상대적으로 변방으로 인식되던 이 지역의 독립사를 크게 '5월 혁명(Revolución de Mayo)'과 '아르헨티나 독립전쟁(Guerra de la Independencia Argentina)'을 중심으로 한 역사적 사건들과 호세 데 산 마르틴(1778-1850), 베르나르도 오이긴스(1778-1842)라는 두 명의 걸출한 인물을 통해 살펴보기로 한다.

5월 혁명과 아르헨티나 독립전쟁

리오 데 라 플라타 부왕령의 독립운동은 1810년 부에노스아이레스에서 발발한 5월 혁명으로 시작되었다. 멕시코, 베네수엘라 등 다른 라틴아메리카 식민지역들과 마찬가지로 이 도시의 독립파 크리오요들도 프랑스의 스페인 침공(스페인 독립전쟁, 1808-1814)으로 발생한 본국의 권력공백 상태를 기회로 삼았다. '군주의 부재'[44]에 대처하기 위해 스페인 각지에 만들어진 임시 자치정부조직인 '훈타(Junta)'중에서 대표성을 부여받은 세비야의 '최고 훈타(Junta Suprema Central)'가 1810년 1월 프랑스군의 세비야 정복으로 몰락한 것이 결정적인 빌미를 제공했다. 5월 중순경 이 소식이 부에노스아이레스에 전해지자 코르넬리오 사아베드라(Corenelio Saavedra, 1759-1829), 후안 호세 카스테이(Juan José Castelli, 1764-1812), 마누엘 벨그라노(Manuel Belgrano, 1770-1820) 등 독립파 크리오요들은 스페인이 카디스를 제외한 전국토를 프랑스에 내어주고 궁지에 몰린 지금이 행동을 개시할 적기라는 판단을 내렸다. 그들은 리오 데 라 플라타의 부

---

44 나폴레옹의 압력으로 스페인의 카를로스 4세(Carlos IV)는 왕위에서 물러났으며 그 아들인 페르난도 7세도 전쟁기간 동안 프랑스에 포로로 잡혀 있었다. 나폴레옹은 자신의 형인 조셉 보나파르트를 '호세 1세(José I)'라는 이름으로 스페인의 왕으로 앉혔으나 스페인인들은 이를 인정하지 않았다.

왕 발타사르 이달고 데 시스네로스(Baltasar Hidalgo de Cisneros, 1756-1829)에게 작금의 비상시국을 논의하기 위한 '공개 시의회(cabildo abierto)'[45]의 개최를 요구했으며, 세비야 최고 훈타의 몰락 소식을 감추며 권력을 연장하려던 부왕은 독립파의 기세에 눌려 이를 수용했다. 5월 22일 개최된 공개 시의회에는 부에노스아이레스의 주요 인사 250명이 참석하였으며, 약 열 달 전(1809년 7월) 세비야 최고 훈타에 의해 부왕에 임명된 시스네로스의 적법성을 둘러싸고 열띤 논쟁이 벌어졌다. 카스테이와 사아베드라를 비롯한 독립파 크리오요들은 군주가 부재한 상태에서 주권은 민중에게 돌아간다는 '주권의 민중귀속(Retroversión de la Soberanía de los pueblos)'전통을 거론하며, 부왕의 임명주체였던 세비야 최고 훈타가 해체된 이상 현 부왕을 해임하고 페르난도 7세의 복귀 이전까지 자체적인 훈타가 주권을 대표해야 한다고 주장했다. 그들은 세비야 최고 훈타의 뒤를 이어 카디스에 설치된 '스페인- 아메리카 섭정위원회(Consejo de Regencia de España e Indias)'가 아메리카인들의 의사를 묻지 않고 일방적으로 구성된 점을 들어 인준을 거부했다. 그러나 페닌술라르(스페인 본토출신 백인)와 보수파들은 부왕령 내 다른 도시들의 의사를 묻지 않고 부에노스아이레스 단독으로 이러한 결정을 내릴 권한이 없으며 만일 그렇다면 수많은 주권들이 난립해서 부왕령의 통일성이 깨질 것이라고 반박했다. 이에 독립파인 후안 호세 파소(Juan José Paso, 1758-1833)는 프랑스의 아메리카 정복까지 우려되는 작금의 위기상황에서는 시급한 대책 마련이 필요하다고 역설하며 수도인 부에노스아이레스가 먼저 결정을 내리고 지방 도시들의 참여를 유도해야 한다는 이른바 '맏형론(argumento del

45 통상적인 시의회(cabildo)와 달리 비상시국이나 심각한 재난발생시 도시의 주요 인사들을 초치하여 개최하는 임시적 성격의 시의회를 의미한다.

hermano mayor)'을 펼쳤다. 결국 논쟁은 표결로 이어졌으며 155대 69로 시스네로스의 부왕직 해임과 자체적인 훈타 결성이 가결되었다.

그러나 이틀 후인 5월 24일 부에노스아이레스 카빌도(시의회)가 엊그제까지 부왕이었던 시스네로스를 의장으로 하는 훈타의 명단을 발표하자 독립파들은 크게 분개하였다. 그들은 해임된 부왕이 직함만 바꾼 채 계속 권좌에 눌러앉으려는 술책을 간과할 수 없었다. 5월 25일 이른 아침부터 분노한 민중들이 '승리의 광장(Plaza de la Victoria, 현재의 5월 광장)'에 집결하여 전날 내려진 결정의 철회와 시스네로스의 즉각적인 사임을 요구했다. 부에노스아이레스 카빌도는 시위대에 대한 무력진압을 결정했으나 군의 지휘관들은 명령의 이행을 거부했다. 결국 시스네로스는 버티지 못하고 훈타는 하루 만에 재구성되었다. 사아베드라를 의장으로 벨그라노, 카스테이, 마리아노 모레노(Mariano Moreno, 1778-1811) 등 7명의 크리오요와 2명의 페닌술라르로 구성된 지도부는 '리오 데 라 플라타 수도의 임시정부 훈타(Junta Provisional Gubernativa de la capital del Río de la Plata)'라는 명칭으로 5월 26일에 공식 출범하였다. 여기까지는 큰 유혈 사태 없이 이루어 낸 보기드믄 시민혁명처럼 보였다.

사진 4-4-1. 부에노스아이레스의 5월 혁명. 프란시스코 포르투니(Francisco Fortuny, 1865-1942, 스페인/아르헨티나)의 작품 - wikimedia commons

그러나 훈타의 출범은 독립의 완수가 아니라 시작에 불과했다. 권력을 장악한 부에노스아이레스의 크리오요들은 아직 외면적으로는 스페인 국왕에 대한 충성을 다짐하는 '페르난도 7세의 가면'을 쓰고 있었다. 무엇보다 반혁명 세력의 준동을 막아내며 혁명을 부왕령 전역으로 확산시켜야 하는 어려운 문제가 남아있었다. 훈타는 내륙지방의 반혁명파와 은밀하게 접촉한 전(前) 부왕 시스네로스와 혁명에 비협조적인 아우디엔시아의 오이도르(판사)들을 체포하여 스페인의 카나리아 제도로 보내버렸다. 동시에 부왕령의 주요 도시들에 연락을 취해 혁명에 동참해 줄 것을 요청했다. 하지만 역사가 짧은 리오 데 라 플라타 부왕령에 공동의 정체성이나 정서적 일체감이 있을 리 없었으며 지역별로도 이해관계가 서로 달랐다. 부에노스아이레스는 1806년과 1807년 두 차례에 걸쳐 본국의 지원 없이 시민들 스스로 영국의 침공을 막아낸 경험을 토대로 정치적 자의식이 매우 발달해 있었던 반면, 내륙의 지방 도시들과 반다 오리엔탈(우루과이), 파라과이 등 부왕령 내 다른 주요지역들은 '맏형'을 자처하는 부에노스아이레스의 헤게모니 장악을 달가워하지 않았다. 부에노스아이레스와 살타(Salta) 지역은 훈타의 합류 요청을 수용했으나 적지 않은 도시들은 세비야 최고 훈타 몰락 이후 카디스에 설치된 섭정위원회와 부에노스아이레스의 훈타 사이에서 어느 편에 서야할지 고민했다. 결국 코르도바(Córdoba)를 중심으로 알토페루(Alto Perú, 현재의 볼리비아와 페루 남부) 파라과이, 반다 오리엔탈 지역은 혁명의 동참을 거부했다. 이제 멕시코, 베네수엘라 등 다른 식민지 지역들과 마찬가지로 독립을 추구하는 소위 '애국파(patriotas)'와 스페인령 하에서 기존 체제를 유지하려는 '왕당파(realistas)' 사이의 무력충돌은 피할 수 없게 되었다. 이렇게 '아르헨티나 독립전쟁(1810-1825)'이 발발하였으며 부에노스아이레스의 독립파 크리오요들은 크게 세 방향에서 왕당파와 전선을 형성하였다. 파라과이와 반다 오리엔탈을 상대로 한 동부전선과 살타와 알토페루 쪽의 북부전선, 그리고 칠레와 페루, 에콰도르로 나아가기 위한 서부의 안데스 전선이었다. 시작은 나쁘지 않았다. 부에노스아이레스 훈타가 알토페루에 파견한 안토니오 곤살레스 발카르세(Antonio González Balcarce, 1774-1819)의 북부군(Ejército del Norte)이 수이파차 전투(Batalla de Suipacha, 1810.11.7)에서 승리를 거두고 포토시(Potosí), 추키사카(Chuquisaca), 라 파스(La Paz), 코차밤바(Cochabamba) 등 주요도시들을 수중에 넣었다. 기선을 제압한 독립파의 사기는 크게 고조되었다. 그러나 배후에 페루 부왕령이 건재한 이상 이 지역의 해방은 요원한 것이었다. 왕당파는 잠시 숨 고르기에 들어갔을 뿐 반격을 준비하고 있었다.

혁명의 장애물은 비단 왕당파뿐만이 아니었다. 더 큰 걸림돌은 독립파 내부에 잠재되어 있었다. 아직 태어나지도 않은 국가의 미래 권력 구조를 둘러싸고 독립파 내부에서 중앙집권주의자(unitarios)와 연방주의자(federales) 사이에 불화가 싹트고 있었다. 부에노스아이레스 훈타는 1810년 12월 혁명에 합류한 지방의 대의원들을 포함하여 '훈타 그란데(Junta Grande)'로 확대되었다.[46] 훈타 그란데는 각 인텐덴시아별로 '지역 훈타(Junta Provisional)'를 설치하여 지방의 자치권을 인정했고 이는 부에

46 훈타의 공식 명칭은 바뀌지 않았으나 5월 혁명 직후 부에노스아이레스 중심으로 구성된 훈타를 '첫 번째 훈타(Primer Junta)'라고 부르며 1810년 12월에 지방의 대의원들로 확대, 개편된 훈타를 '훈타 그란데(Junta Grande)'라고 일컫는다.

노스아이레스의 헤게모니를 주창하는 모레노 파(morenistas)[47] 중앙집권주의자들의 불만을 샀다. 애초에 지역 대표들의 훈타 참여를 반대했던 마리아노 모레노의 우려처럼 각 지방의 이해관계를 반영하느라 훈타의 의사결정 과정이 더딘 점도 위기상황에서는 효율적이지 못했다. 게다가 1811년 중반으로 접어들면서 초반에 반짝했던 전황(戰況)도 불리해지고 있었다. 북부전선에서는 페루 부왕령의 지원을 등에 업은 왕당파들이 우아키전투(Batalla de Huaquí, 1811.6.20)에서 카스테이가 지휘하는 독립파를 물리치고 다시 알토페루지역을 회복했다. 파라과이로 진군한 마누엘 벨그라노는 파라구아리 전투(Batalla de Paraguarí, 1811.1.19)에서 패배하였으며 반다 오리엔탈에서도 왕당파는 난공불락의 요새도시 몬테비데오에서 버티며 막강한 해군력으로 플라타 강을 장악하여 역으로 부에노스아이레스를 봉쇄했다. 북쪽과 동쪽으로부터 협공 위기에 처한 부에노스아이레스의 훈타 그란데는 몬테비데오의 왕당파들과 휴전을 모색하는 한편 북부전선에는 의장인 사아베드라가 직접 나가 전황을 추스

---

47 마리아노 모레노의 추종세력을 일컫는다. 프랑스 혁명사상에 깊은 영향을 받고 원주민 인권에 관심이 많은 젊은 변호사였던 그는 5월 혁명 이후 구성된 훈타에 참여하였다. 『가세타 데 부에노스아이레스』(Gaceta de Buenos Aires)를 창간하여 혁명사상을 전파하였으며, 육군사관학교를 세워 기존 크리오요 군벌들의 불만을 샀다. 공공도서관(오늘날 국립도서관)을 건립하고, 자유무역조치를 취하는 등 짧은 기간 내에 급진적인 사회, 정치, 군사 정책들을 밀어붙였다. 모레노는 근본적인 사회개혁과 하나의 헌법 아래 단일한 민주공화국 건설을 지향하였다. 이는 기존 사회질서체제를 유지하면서 각 지역의 참여 속에 점진적인 개혁을 추구했던 사아베드라의 온건주의와 대비되며, 이로 인해 모레노는 중앙집권주의자로 사아베드라는 연방주의자로 평가되기도 한다. 결국 모레노와 사아베드라의 결별은 훈타에서 훈타 그란데로의 확대 개편과정에서 표면화되었다. 모레노는 훈타에 지역 대표들을 합류시키려는 사아베드라의 의견에 지나치게 수가 많은 행정부는 비효율적이라는 이유를 들어 반대하였다. 그러나 훈타 구성원들의 투표결과 단 한 표 차이로 지역 대표들의 합류가 결정되자 사임의사를 표하였고, 사임이 받아들여지지 않자 영국과 브라질(포르투갈)을 상대로 한 외교업무를 자청하였다. 사실상의 망명결정이었다. 1811년 3월 4일 외교관 자격으로 영국으로 가는 배 안에서 선장이 준 약을 복용하고 의문의 죽음을 맞이하였으며 그의 시신은 바다에 수장되었다.

르게 했다. 그러나 1811년 8월 말 사아베드라가 수도를 비운 틈을 타 모레노 파의 사주를 받은 부에노스아이레스 카빌도는 훈타 그란데의 권한을 빼앗고 1차 삼두정치체제(Primer Triunvirato, 1811.9.23.~1812.10.8)[48]를 구축하였다. 1차 삼두정치체제는 전쟁 대신 외교적 해법에 중점을 두었다. 페르난도 7세에 대한 충성을 강화하는 모습을 취하며 독립에 대한 언급을 자제했다. 1812년 2월에 마누엘 벨그라노가 하늘색과 흰색 바탕의 독자적인 국기를 고안하자 이의 사용을 금지시켰을 정도였다. 또한 몬테비데오의 왕당파들과 휴전협정에 서명하고 반다 오리엔탈에서 군대를 철수시켰다. 반면 내부적으로는 반대자들을 철저히 숙청했다. 지역 훈타들을 해산시키고 부에노스아이레스에서 직접 관료들을 파견하거나 임명하여 중앙집권주의를 복원했다. 북부군을 복원하러 살타로 간 사아베드라의 사령관직을 현지에서 박탈하고 후안 마르틴 데 푸에이레돈(Juan Martín de Pueyrredón, 1777-1850)을 후임으로 임명했다. 또한 삼두정치체제에 대한 사아베드라 파 군인들의 쿠데타 시도(1812.12.6.-7)를 무자비하게 진압했으며 이를 구실 삼아 지방의 대의원들을 추방하고 며칠 후에는 아예 훈타 그란데를 해산시켜 버렸다.

그러나 1차 삼두정치체제는 뜻하지 않게 북부전선에서 들려온 '투크만 전투(Batalla de Tucumán, 1812.9.24.-25)'의 승전소식과 함께 몰락했다. 페루 부왕령에서 파견한 왕당파군이 알토페루를 넘어 현재의 아르헨티나 북부지방으로 남하해오자 부에노스아이레스의 삼두정치체제는 북부군에게 코르도바까지 철수할 것을 명령했다. 일 년 전 우아키 전투 패

---

48 1차 삼두정치 체제는 펠리시아노 치클라나(Feliciano Chiclana), 후안 호세 파소, 마누엘 데 사라테아(Manuel de Sarratea)로 구성되었다. 1812년 4월 이후에는 후안 호세 파소가 후안 마르틴 데 푸에이레돈으로 교체되었다.

배로 거의 망가진 북부군이 잘 무장한 왕당파군을 막아내기에는 역부족이라고 보고 일단 코르도바까지 철수한 후 그곳에서 부에노스아이레스에서 파견한 지원군과 합류하게 할 생각이었다. 푸에이레돈의 뒤를 이어 1812년 봄부터 북부군을 맡게 된 마누엘 벨그라노는 8월 23일 주둔지인 산 살바도르 데 후후이(San Salvador de Jujuy)에서 주민들과 함께 후퇴하기 시작했다. 적군에게 이용당할 만한 시설과 가옥, 식량을 모조리 파괴하고 불살라버린 후였다. 패잔병이나 다름없는 부하들과 민간인들까지 이끌고 험준한 지형을 매일 50킬로미터씩 이동하는 아르헨티나 독립전쟁의 또 하나의 고달픈 일화 - '후후이의 엑소더스(Éxodo jujeño)'- 는 이렇게 탄생했다. 그러나 벨그라노는 수도의 명령을 어기고 투크만에서 퇴각을 멈추었다. 코르도바까지 물러선들 왕당파가 그 도시를 우회해서 수도로 직접 진군하면 모든 일이 허사일 터였다. 벨그라노의 판단은 옳았다. 북부군은 투크만에서 주민들의 도움을 얻어 왕당파군과 일전을 벌였고, 병력과 무기의 압도적인 열세에도 불구하고 대승을 거두었던 것이다. 투크만 전투는 아르헨티나 독립전쟁에서 가장 결정적인 군사적 승리로 평가받으며 꺼져가던 독립의 불길을 되살려 놓았다. 이 소식이 부에노스아이레스에 전해지자 북부군에 철수명령을 내린 1차 삼두정치체제의 전략적 판단미스에 대한 불신이 드세게 일었다. 결국 수도에 승전보가 도착한 지 사흘 만인 1812년 10월 8일, 시민들의 지지 속에 호세 데 산 마르틴이 이끄는 무혈 쿠데타에 의해 1차 삼두정치체제는 몰락하고 2차 삼두정치체제(Segundo Triunvirato, 1812.10.8.-1814.1.31)[49]가 들어섰다. 2차 삼두정치체제의 핵심인물들은 스페인 군 출신으로 남미의 독립을 돕기 위해 그해 3월 유럽에서 귀국한 산 마르틴과 카를로스 마리아 데 알베아르(Carlos María de Alvear, 1789-1852)가 주축이 되어 결성한 프리메이은 비밀조직인 '로히아 라우타로(Logia Lautaro)'[50]의 멤버들이었다. 새 정부는 1차 삼두정치체제의 소극적인 자세에서 벗어나 다시 적극적인 군사전략으로 전환하였다. 그리고 '페르난도 7세의 가면'을 사실상 벗어버리고 공공연하게 독립을 표방하기 시작했다. 1차 삼두정치체제의 군사 책임자로 알토페루 지원을 거절하며 북부군의 철수령을 내렸던 베르나르도 리바다비아(Bernardo Rivadavia, 1780-1845)를 체포하고, 1812년 10월 몬테비데오의 왕당파에 대한 공성전을 재개했다. 1813년 초에는 독립과 헌법을 논의하기 위해 각 지방의 대표자들이 고루 참여하는 소위 '13년의 의회(Asamblea del Año XIII)'[51]를 구성했다. 이 대의기관은 명목상으로는 1815년 초까지 약 2년간 존속했으나 첫 몇 달을 제외하고는 주요 권한을 2차 삼두정치체제에 이양했으며 1814년 1월에는 아예 2차 삼두정

---

49 2차 삼두정치제제는 니콜라스 로드리게스 페냐(Nicolás Rodríguez Peña), 안토니오 알바레스 혼테(Antonio Álvarez Jonte), 후안 호세 파소 세 명으로 구성되었다. 집권 내내 자리를 지켰던 로드리게스 페냐를 제외하고는 호세 훌리안 페레스(José Julián Pérez), 헤르바시오 안토니오 데 포사다스(Gervasio Antonio de Posadas), 후안 라레아(Juan Larrea)가 번갈아가며 삼두정치체제의 멤버에 포함되었다.

50 로히아(logia, 로지 lodge)는 프리메이슨의 조직 단위이며 라우타로(Lautaro)는 16세기 스페인 침공에 맞서 이를 격퇴했던 아라우카노 족(마푸체 족)의 지도자 이름이다. '로히아 라우타로'는 1798년 '라틴아메리카 독립의 선구자'로 불리는 프란시스코 데 미란다가 런던에서 결성한 프리메이슨 단체인 '위대한 아메리카 회(Logia Gran Reunión Americana, '합리적 신사회'라고도 불린다)'의 지부로 알려져 있다. 1812년 부에노스아이레스에서 결성되었으며 주요 멤버로는 호세 데 산 마르틴, 카를로스 마리아 데 알베아르 이외에도 2차 삼두정치체제를 구성했던 니콜라스 로드리게스 페냐, 안토니오 알바레스 혼테 그리고 마누엘 벨그라노, 베르나르도 데 몬테구아도(Bernardo de Monteguado), 베르나르도 오이긴스 등 남미의 독립 영웅이 여럿 포함되어 있다.

51 독립과 주권을 위한 1813년 의회(Asamblea General Constituyente y Soberana del Año 1813)라고도 불린다. 명칭과는 다르게 독립과 주권에 대한 논의의 결실은 거두지 못했으나 국가(國歌)와 국가 문장(紋章)의 제정, 공식문서에서 페르난도 7세의 초상 제거, 귀족작위와 종교재판소의 철폐, 1813년 1월 31일 이후 태어난 노예 자녀들에 대한 해방(Libertad de vientres), 고문폐지, 언론자유 선언 등 사회개혁적인 면에서는 성과를 남겼다.

치체제를 해체하고 오늘날의 대통령과 유사한 '리오 데 라 플라타 연합주 최고지도자(Director Supremo de las Provincias Unidas del Río de la Plata)'에게 권력을 이양했다. 나폴레옹의 패배로 페르난도 7세의 복귀가 임박하고 왕당파의 위협이 고조되자 권력을 1인의 최고지도자에게 위임한 것이다. '최고지도부(Directorio)'라 불린 새 형태의 정부는 7명의 수반을 배출하며 존속하다가 중앙집권주의에 불만을 품은 연방주의자들에 의해 1820년 2월 해체되었다.

한편, 군사적인 전황은 다시 답보상태에 빠졌다. 마누엘 벨그라노는 드라마틱했던 투크만 전투의 여세를 몰아 살타전투(Batalla de Salta, 1813.2.20)에서도 승리하였으나, 지나친 자신감 때문이었는지 몇 달 후 전열을 재정비한 왕당파군에게 비카푸히오 전투(Batalla de Vicapugio, 1813.10.1)와 아요우마 전투(Batalla de Ayohúma, 1813.11.14)에서 연이어 참패했다. 수차례의 격전으로 심신이 지치고 말라리아까지 앓아 병약해진 벨그라노의 뒤를 이어 1814년 1월 산 마르틴이 북부군 사령관직에 올랐다. 산 마르틴도 신병치료를 위해 4개월 후 자리에서 물러났지만 이 짧은 재임기간 동안 그는 장차 세계 전사(戰史)에 길이 남을 원대한 전략적 아이디어를 구상했다. 그때까지 페루 부왕령을 배후에 둔 왕당파는 아르헨티나 북서부의 살타 지역을 통해 독립파 영역으로 파고들었으며, 독립파 또한 살타에서 알토 페루 지역으로 치고 올라가고자 했으나 서로가 일진일퇴의 공방전만 거듭하고 있었다. 산 마르틴은 알토 페루를 통해 부왕령의 본거지인 리마로 진격하는 것은 현실적으로 불가능하다고 보고 안데스를 넘어 우선 칠레를 해방시킨 후 바다를 통해 페루로 진입하는 계획을 세웠던 것이다. 평균 해발 고도가 4,000미터에 달하는 험준한 산맥을 가로지르는 군사작전은 예상하기 쉽지 않은 것이었으며, 설령 한 번쯤 생각했다 하더라도 이를 실행에 옮길 수 있는 것이라고 믿는 사람은 거의 없었다. 그러나 산 마르틴의 구상은 3년의 준비를 거쳐 1817년 초 현실화되었다.

한편, 산 마르틴의 후임으로 호세 론데아우(José Rondeau, 1775-1844)가 북부군 지휘권을 이어받았다. 그는 알토페루를 회복하고 리마로 진격하라는 명령을 받았으나 오히려 시페시페 전투(Batalla de Sipe Sipe, 1815.11.29)에서 왕당파 군에게 참패를 당했다. 오늘날 볼리비아 중부 코차밤바 인근에서 벌어진 이 전투는 아르헨티나 독립전쟁에서 훈타 그란데 몰락의 계기가 된 우아키 전투(1811.6.20)의 패배와 더불어 독립파가 입은 가장 큰 참패로 여겨진다. 이 전투의 패배로 오늘날 볼리비아에 해당되는 알토페루는 아르헨티나 지도에서 영원히 삭제되었다.

이제 독립파들에게는 시간이 별로 남지 않았다. 스페인독립전쟁 내내 프랑스에 포로로 잡혀있던 페르난도 7세가 귀국하여 1814년 5월 절대왕정 복원을 선언하고 아메리카 식민지에 대한 소위 '스페인의 재정복(Reconquista española)'에 착수했기 때문이었다. '군주의 부재'를 명분으로 시작된 5월 혁명과 훈타를 비롯한 그 후속정부들은 국왕이 복귀한 이상 더 이상의 존립근거가 사라졌다. 이제 명시적인 주권선포 이외에는 다른 선택의 여지가 없었다. 리오 데 라 플라타 부왕령의 독립파들은 확보된 지역만이라도 스페인으로부터의 분리를 선언해야만 했다. 독립파들은 1816년 7월 9일 투쿠만 의회(Congreso de Tucumán)을 통해 '페르난도 7세의 가면'을 공식적으로 폐기하고 '남아메리카 연합주(Provincias Unidas en Sud América)'의 이름으로 독립을 선언했다. 아직 왕당파가 장악하고 있거나 부에노스아이레스의 영향력 하에 놓이기를 거부하는 알토

페루, 파라과이, 반다 오리엔탈 등이 제외된 오늘날의 '아르헨티나 공화국'이 탄생하는 순간이었다.

한편, 리오 데 라 플라타 부왕령의 다른 지역들은 전쟁의 복잡한 상황을 틈타 개별적으로 분리, 독립하였다.

부왕령의 하부 행정구역을 이루는 인텐덴시아 중 하나였던 파라과이는 5월 혁명 직후 부에노스아이레스 훈타의 합류요청을 거부하고 카디스의 섭정위원회에 충성을 맹세했다. 부에노스아이레스 훈타는 파라과이로 흘러들어가는 파라나 강(río Paraná)의 교통을 차단함과 동시에 마누엘 벨그라노를 지휘관으로 하는 혁명군을 파견하였으나 파라구아리 전투에서 왕당파군에 패해 퇴각했다. 이 지역의 혁명에 제동이 걸린 듯 했으나 1811년 5월 15일 아순시온에서 또 다른 '5월 혁명(1811년 5월 혁명, Revolución de Mayo de 1811)'이 발발했다. 파라과이의 인텐덴테인 베르나르도 데 벨라스코(Bernardo de Velasco)가 반 왕당파 음모를 막기 위해 브라질에 주둔 중이던 포르투갈 군을 끌어들이려하자 호세 가스파르 로드리게스 데 프란시아(José Gaspar Rodríguez de Francia, 1776-1840), 페드로 후안 카바예로(Pedro Juan Caballero, 1786-1821), 풀헨시오 예그로스(Fulgencio Yegros, 1780-1821) 등이 중심이 된 파라과이의 독립파 크리오요들이 반란을 일으킨 것이다. 혁명에 성공한 이들은 6월 17일 자체적인 훈타를 결성하여 카디스 섭정위원회에 대한 충성을 철회하고 왕당파를 축출했다. 그러나 동시에 부에노스아이레스의 연방 제안도 거절하며 독자적인 자주권을 천명했다. 이렇게 파라과이는 스페인은 물론 아르헨티나, 브라질 등 주변세력의 영향을 차단하는 데에 성공하였으며 남미 전역을 들쑤셔 놓고 있던 독립전쟁의 여파에서도 제외되었다. 그러나 왕당파 축출 후 권력을 장악하고 종신독재자가 된 프란시아에 의해 1840년까지 거의 30년 동안 스스로 고립을 자초하며 독립도 천명하지 않는 기이한 나라로 전락했다. 파라과이가 공식적으로 독립을 선포한 것은 '프란시아 박사(Dr. Francia)'로 불리던 이 독재자가 천수를 다하고 죽은 지 2년 후인 1842년에 이르러서였다.

사진 4-4-2. 파라과이의 호세 가스파르 로드리게스 데 프란시아, 일명'프란시아 박사'- wikimedia commons.

반다 오리엔탈(우루과이)의 독립은 왕당파와의 전쟁뿐만 아니라 부에노스아이레스 중앙집권주의자들과의 대립, 그리고 인접한 브라질(포르투갈령)의 정치·군사적 개입에 이르기까지 삼중의 장애물을 동시에 극복해야만 했다. 결국 리오 데 라 플라타 부왕령에 속해 있던 우루과이는 스페인이 아니라 브라질을 상대로 독립(1828)하게 되는데, 다소 복잡해 보이는 이 과정의 출발은 아르헨티나, 파라과이와 마찬가지로 부에노스아이레스의 5월 혁명이었다.

1810년 5월 혁명이 발발하자 반다 오리엔탈 지역도 파라과이와 마찬가지로 합류를 거부하고 카디스 섭정위원회 편에 섰다. 세비야 최고 훈타의 뒤를 이어 적통(嫡統)을 자임하던 섭정위원회는 1810년 8월 말, 혁명으로 쫓겨난 시스네로스의 후임으로 몬테비데오 총독 출신인 프란시스코 하비에르 데 엘리오(Francisco Javier de Elío)를 리오 데 라 플라타의 신임 부왕으로 임명했다. 그러나 부에노스아이레스 훈타가 새 부왕을 인정할 리 만무했다. 수도에 발을 들여놓지 못한 엘리오는 1811년 1월 몬테비데오를 부왕령의 새로운 수도로 선포하고 독립파와의 일전(一戰)에 대비하였다. 새 부왕은 전쟁자금을 모으기 위해 상인과 지주, 선주들뿐만 아니라 수공업자와 성직자에 이르기까지 닥치는 대로 세금을 부과하고 기부를 강요하여 큰 물의를 일으켰으며 이 과정에서 불만을 품은 일부 왕당파 크리오요들이 독립파로 돌아섰다. 결국 부임한 부왕의 결재서류에 채 잉크도 마르기 전인 1811년 2월 28일, 우루과이 판 '돌로레스의 외침(Grito de Dolores)'이라 할 수 있는 '아센시오의 외침(Grito de Asencio)'이 반다 오리엔탈 지역 독립의 신호탄을 쏘아 올렸다. 페드로 호세 비에라(Pedro José Viera)와 베난시오 베나비데스(Venancio Benavídes)가 이끄는 이 지역 독립파 크리오요들이 봉기한 것이다. 그들은 몇몇 도시들을 정복하며 부에노스아이레스 훈타에 지원을 요청하였고, 반색한 훈타는 얼마 전까지 반다 오리엔탈 주둔 왕당파 군인이었다가 독립파로 전향해 제 발로 부에노스아이레스를 찾아온 호세 헤르바시오 아르티가스(José Gervasio Artigas, 1764-1850)를 지휘관으로 삼아 지원군을 보내주었다. 반다 오리엔탈 지역의 혁명군 수장이 된 아르티가스는 라스 피에드라스 전투(Batalla de Las Piedras, 1811.5.18)에서 왕당파군을 격퇴하고 몬테비데오로 진격하여 공성전을 시작했다. 다급해진 부왕 엘리오는 브라질의 포르투갈군에 지원을 요청했으며 호시탐탐 반다 오리엔탈에 대한 개입을 노리던 포르투갈 군은 즉각 국경을 넘었다. 이와 같은 돌발 상황은 얼마 전 북부전선의 우아키 전투(1811.6.20)에서 왕당파에게 참패한 부에노스아이레스의 독립파에게는 큰 부담이 아닐 수 없었다. 페루 부왕령을 배후에 둔 북부전선과 브라질까지 가세한 동부전선의 왕당파를 동시에 상대하기에는 벅찼던 것이다. 결국 이즈음 훈타 그란데를 해산시키고 막 집권한 부에노스아이레스의 1차 삼두정치체제는 영국의 중재를 통해 브라질의 포르투갈 당국과 1811년 10월 20일 휴전협정에 조인했다. 독립파 군대가 몬테비데오 공성전을 해제하고 물러나는 대신, 왕당파도 해상을 통한 부에노스아이레스 봉쇄를 풀고 포르투갈군은 브라질로 철수한다는 내용이었다. 부에노스아이레스와 몬테비데오 측은 휴전 조약을 이행했으나 영토적 야심이 있던 포르투갈 군은 미적대며 돌아가지 않았다. 한편, 부에노스아이레스의 1차 삼두정치체제는 아르티가스에게 지방관직을 주어 브라질 접경의 밀림지역인 미시오네스 주 야페유(Yapeyú) 오지로 발령을 냈다. 졸지에 배신을 당한 아르티가스와 반다 오리엔탈의 독립파들은 크게 분노했으며 자신들끼리라도 독립 투쟁을 지속하기로 결의했다. 그러나 더 이상 고향에 남아 있을 수 없게 된 이들은 일단 후일을 기약하는 수밖에 없었다. 아르티가스는 휘하 병력 3천 명을 포함해서 자신을 따르는 민간인들까지 약 만 육천 명을 이끌고 1812년 1월 첫 주에 '우루과이 엑소더스(Éxodo Oriental)'라 부르는 대이동을 시작했다. 그들은 두 달 넘게 강과 산, 밀림을 관통하는 오백 킬로미터의 여정을 거쳐 오늘날 콘코르디아(Concordia) 북쪽 인근에 도착해서 정착촌을 세우고 칼을 갈았다. 이 숭고한 여정은 우루과이의 국가적 정체성이 아르헨티나로부터 분리, 형성되는 결정적인 계기가 되었다.

사진 4-4-3. 우루과이 엑소더스 - wikimedia commons

그러나 휴전은 오래 지속되지 않았다. 1812년 5월 그동안 미적대던 포르투갈 군이 지역의 세력균형을 바라는 영국의 압력으로 반다 오리엔탈에서 철수하고, 투쿠만 전투 승리의 여파로 2차 삼두정치체제가 들어서자 부에노스아이레스의 독립파는 군사행동을 재개하였다. 1812년 10월 하순 몬테비데오 공성전이 재개되었고, 부에노스아이레스의 2차 삼두정치체제는 그동안 변두리에서 포르투갈 군과 왕당파를 괴롭히던 아르티가스에게 다시 지휘권을 돌려주었다. 아르티가스의 반다 오리엔탈 독립파는 이듬해 초부터 호세 론데아우가 지휘하는 부에노스아이레스의 독립파 군대와 함께 몬테비데오 공성전에 합류하였다. 그러나 중앙집권주의를 지향하는 2차 삼두정치체제와 뼈 속까지 연방주의자였던 아르티가스는 끝내 화학적 결합을 이루지 못했다. 1813년 초 2차 삼두정치체제가 독립과 헌법을 논의하기 위해 '13년의 의회'를 개최되자 아르티가스는 반다 오리엔탈을 대표하는 대의원을 선출하여 파견했으나 연방주의를 주장하는 그들의 주장은 무시되었다. 이에 분노한 아르티가스는 1814년 1월 몬테비데오 공성전을 보이콧하고 철수했으며 이즈음 새로 집권한 부에노스아이레스의 '최고지도부'는 즉시 그를 '조국의 배신자(traidor a la Patria)'로 선포하고 수배령을 내렸다. 아르티가스가 리오 데 라 플라타의 단합을 저해하고 왕당파를 이롭게 하는 반혁명 행위를 자행했다는 이유에서였다. 이제 부에노스아이레스의 중앙집권주의자들과 아르티가스를 비롯한 반다 오리엔탈의 연방주의자들은 돌아올 수 없는 강을 건넜다. 독립이라는 공동의 목표에 갈 길이 바빴음에도 불구하고 이 두 진영은 이후 소위 '아르티가스와 최고지도부 사이의 전쟁(Guerra entre Artigas y Directorio, 1814.1 - 1820.2)'으로 불리는 독립파 사이의 내전에 접어들었다.

한편, 부에노스아이레스의 독립파는 1814년에 접어들면서 페르난도 7세의 복귀가 명확해지자 '스페인의 재정복'을 우려해 몬테비데오 함락에 전력을 기울였다. 그 동안 독립파는 해상전력의 열세로 몬테비데오로 들어오는 왕당파의 지원군을 완벽하게 차단할 수 없었으며, 오히려 부에노스아이레스가 역으로 해상봉쇄를 당하고 있었다. 대서양으로 이어지는 플라타 강 하구를 장악하지 못하는 한, 분노한 페르난도 7세의 지원군이 들이닥칠 것이 분명했다. 독립파들은 함대구축에 노심초사했으나 자금도, 경험 있는 선원들도, 심지어 페이퍼 상의 매뉴얼조차 없었기 때문에 외부의 손을 빌리지 않을 수 없었다. 1813년 말 미국의 거상(巨商)인 윌리엄 포터 화이트(William Porter White)로부터 간신히 돈을 꾸어 영국과 미국에서 배를 구입했으며, 윌리엄 브라운(William Brown, 1777-1857) 등 영국과 미국 출신의 베테랑 선원들을 영입하여 1814년 초부터 실전에 투입했다. 급조된 함대였지만 부에노스아이레스의 독립파 함대는 플라타 강 하구에서 벌어진 마르틴 가르시아 해전(Combate naval de Martín García, 1814.3.10-15) 과 부세오 해전(Combate naval de Buceo, 1814.5.14-

17)에서 보란 듯이 왕당파 해군을 무찔렀다. 해상주도권의 상실로 숨통이 막힌 몬테비데오의 왕당파들은 더 이상 버티지 못하고 1814년 6월 22일 카를로스 마리아 데 알베아르가 이끄는 부에노스아이레스 독립파 군에게 항복했다. 두 차례(1811.5-10, 1812.10-1814.6)에 걸친 몬테비데오 공성전이 마무리되고 반다 오리엔탈에서 스페인의 지배가 실질적으로 종식되는 순간이었다. 그러나 왕당파가 물러난 공백을 차지하기 위해 부에노스아이레스의 중앙집권주의자들과 반다 오리엔탈의 연방주의자들 사이의 내전은 오히려 격화되었다. 몬테비데오 공성전을 보이콧한 후 아르티가스는 반다 오리엔탈의 북서부 지역을 중심으로 부에노스아이레스의 '최고지도부'군대와 지속적인 전투를 벌이고 있었다. 전세는 고향 사람들의 지지를 한 몸에 얻은 아르티가스 쪽으로 기울었다. 아르티가스는 이듬해 초 구아야보스 전투(Batalla de Guayabos, 1815.1.10.)에서 승리를 거두고 몬테비데오에 입성하였다. '최고지도부'의 군대는 부에노스아이레스로 철수하기 전에 이 아름다운 항구도시를 철저히 약탈하고 파괴하는 분풀이를 잊지 않았다.

그러나 다 끝난 게 아니라 우루과이 독립의 마지막 세 번째 장애물인 브라질의 개입이 남아있었다. 1816년 중순 브라질의 포르투갈 군이 국경을 넘어 쏟아져 들어왔다. 브라질 침공의 기저에는 리오 데 라 플라타 강을 끼고 비옥한 목초지를 지닌 반다 오리엔탈에 대한 영토적 야심 외에도 아르티가스가 주도하는 연방주의의 팽창을 막으려는 정치적 의도가 깔려있었다. 아르티가스는 반다 오리엔탈을 장악한 후 1815년 6월 코르도바, 코리엔테스, 엔트레 리오스, 산타 페, 미시오네스 주 등 연방주의에 동의하는 지역들을 규합하여 '자유인민연합(Liga de los Pueblos

Libres)'[52]을 출범시켰다. 각 주가 독자적인 주권과 헌법을 갖는 연방체로서 아르티가스 자신은 '자유인민들의 수호자(Protector de los Pueblos Libres)'라는 타이틀로 외교와 국방업무만 대표했다. 이들은 1816년 봄부터 독립을 논의하기 위해 개최된 투쿠만 의회에도 코르도바를 제외하고는 모두 불참했다. 이러한 행위가 부에노스아이레스의 중앙집권주의자들뿐만 아니라 카우디요(caudillo,군벌)의 난립을 우려하는 브라질(포르투갈) 정부의 심각한 우려를 자아냈던 것이다. 브라질의 포르투갈 군은 1816년 8월 부에노스아이레스 중앙집권주의자들의 묵시적인 동조 속에 국경을 넘어 쏟아져 들어왔고 이듬해 초(1817.1.20) 몬테비데오를 점령했다.

아르티가스는 후안 안토니오 라바예하(Juan Antonio Lavalleja, 1784-1853), 마누엘 오리베(Manuel Oribe, 1792-1857) 등 부하들과 함께 포르투갈 군에 대항했으나 이번에는 병력과 무기면에서 압도적인 적을 당해낼 수 없었다. 그는 부에노스아이레스에 도움을 요청하자는 부하들의 건의도 받아들이지 않았다. 아르티가스의 군대는 촛농처럼 녹아가며 3년간 저항을 이어갔으나 1820년 초 우루과이 북부의 타쿠아렘보 전투(Batalla de Tacuarembó, 1820.1.22)에서 포르투갈 군의 기습에 대참패를 당하고 소멸했다. 이 전투의 패배로 아르티가스는 사실상 파란만장했던 혁명가로서의 여정에 종말을 고했다. 그는 1820년 9월 가족과 고향을 뒤로 한 채 파라나 강을 건너 파라과이로 망명했다. 파라과이의 독재자 프란시아 박사는 그에게 도피처를 제공했으나 외부세계와 접촉하지 못하도록 철저히 감시했다. 1850년 9월 23일 숨을 거둘 때까지 30년 간 그의 유일

---

52 '연방주의자 연합(Liga Federal)'이라고도 부른다.

한 말벗은 '네그로 안시나(Negro Ansina)'라고 불린 흑인노예출신의 충실한 부하 한명 뿐이었다.

한편, 포르투갈은 1821년 반다 오리엔탈을 시스플라티나(Cisplatina)라고 명명하고 브라질의 한 개 주로 병합시켜 버렸다. 리오 데 라 플라타의 독립파들이 피땀 흘려 스페인을 몰아냈으나 부에노스아이레스와 반다 오리엔탈 사이의 내분으로 남 좋은 일만 시킨 셈이다.

그러나 1822년 브라질이 포르투갈로부터 독립하는 정치적 혼란기가 찾아오자 반다 오리엔탈 지역을 되찾으려는 움직임이 일기 시작했다. 아르티가스의 부하였던 라바예하와 오리베 등 소위 '33인의 우루과이인들(Treinta y tres orientales)'은 이삼년의 준비를 거쳐 1825년 4월 부에노스아이레스 인근의 산 이시드로 항을 떠나 반다 오리엔탈로 잠입했다. 그들은 지원에 소극적이었던 부에노스아이레스 주 정부 대신 후안 마누엘 데 로사스(Juan Manuel de Rosas, 1793-1877)를 비롯한 이 지역 농장주와 상인들의 재정적 도움을 얻었다. 부에노스아이레스는 반다 오리엔탈의 풍요로운 목초지를 차지한 브라질의 목축, 육류 염장업자들과 경쟁관계에 놓여있었다.

'33인의 우루과이인들'은 도착 후 고향의 동조자들을 끌어들였다. 그리고 브라질의 독립 이후 포르투갈 군의 철수로 전력이 약화된 브라질 점령군과 3년 간 전쟁을 벌였다. 그리고 리오 데 라 플라타 연합주(아르헨티나)의 군사적 지원에 힘입어 1827년 2월 이투사인고 전투(Batalla de Ituzaingó, 1827.2.20)에서 카를로스 마리아 데 알베아르와 라바예하가 이끄는 아르헨티나-우루과이 연합군이 브라질을 상대로 전쟁을 종결짓는 결정적인 승리를 거두었다. 그리고 마침내 이듬해인 1828년 12월 28일, 리오 데 자네이루에서 영국의 중재 하에 리오 데 라 플라타 연합주와 브라질의 합의하에 우루과이의 독립이 결정되었다. 참으로 힘겹고 복잡한 과정이었다.

호세 데 산 마르틴과 베르나르도 오이긴스

리오 데 라 플라타 부왕령 동쪽의 파라과이와 우루과이가 우여곡절을 겪는 동안 북부와 서부 안데스전선도 크게 요동치고 있었다. 유서 깊은 페루 부왕령과 칠레 카피타니아 헤네랄(군정령)이 위치한 이 지역이야말로 남아메리카 식민통치를 위한 스페인의 전략적 거점으로, 험준한 안데스산맥과 알토 페루의 고원지대가 천혜의 방어막을 형성하고 있었다.

이 지역 독립의 주역으로는 우선 호세 데 산 마르틴을 꼽을 수 있다. 그는 시몬 볼리바르와 더불어 남아메리카 독립의 양대 영웅으로 꼽히며, 정치적 야심이나 물욕이 없던 순수한 혁명가였기에 오늘날까지 높이 추앙받고 있다. 산 마르틴은 세계 전사(戰史)에 길이 남을 안데스 원정을 단행해 칠레와 페루를 해방시킨 후에도 권력이나 금전적 보상을 모두 거부했다. 삼백년 간 군림하던 스페인 식민세력이 역사의 전면에서 사라질 무렵, 현실정치에 미련을 두지 않고 초연히 현실무대에서 물러나 유럽에서 칩거하며 여생을 마감했다. 그는 카우디요들의 야심으로 얼룩진 라틴아메리카 근대사에서 매우 보기 드믄 인물이었다.

산 마르틴은 1778년 2월 25일 리오 데 라 플라타와 브라질의 접경지역에 있는 야페유에서 태어났다. 카를로스 3세의 예수회 추방령(1767) 이전까지 과라니 족 원주민 선교공동체가 있던 이곳은 당시 스페인 팔렌시아(Palencia) 출신의 군인이자 고위관리였던 아버지의 관할 지역이었다. 어머니도 아버지와 동향 출신으로 둘은 1770년 부에노스아이레스에서 결혼하여 다섯 자녀를 두었으며 가족 모두는 산 마르틴이 유년기에 접어든 1784년에 고향인 스페인으로 돌아왔다. 산 마르틴은 아버지의 뜻에 따라 불과 11살 때인 1789년 스페인 군에 입대했다. 집 앞 공터에서 전쟁놀이나 할 나이에 군복을 입은 그는 북아프리카, 피레네, 지중해 등지의 실제 전장(戰場)에서 포연을 마시며 성장했다. 북아프리카 무슬림들과의 오란 방어전(1791), 프랑스 제1공화국을 상대로 싸운 로세욘 전쟁(1793), 영국 함정 '리옹'함과 벌인 해전(1798) 등이 그가 사춘기의 첫사랑 대신 경험한 실전(實戰)들이었다. 당시는 국제적 역학관계에 따라 적과 아군이 수시로 바뀌는 변덕스러운 시대였다. 스페인이 프랑스와 연합했던 시기에는 포르투갈과 영국이 적이었다. 산 마르틴은 1801년 포르투갈을 상대로 한 오렌지 전쟁(Guerra de las Naranjas, 1801.5-6)에 참전하였으며 1804년에는 지브롤터와 카디스에서 영국군에 맞서 싸웠다. 1808년 나폴레옹 군의 침공으로 스페인 독립전쟁(1808-1814)이 발발하자 이번에는 동맹군이 된 영국, 포르투갈 병사들과 함께 프랑스군 쪽으로 총구를 돌렸다. 그는 이 전쟁에서 스페인이 거둔 첫 승리인 바일렌 전투(Batalla de Bailén, 1808.7.19)와 스페인, 영국, 포르투갈 연합군이 함께 싸운 라 알부에라 전투(Batalla de La Albuera, 1811.5.16) 등 여러 전장에서 생사를 넘나들며 무공을 세웠다. 그러나 서른 살 무렵인 1808년 카디스에서 아메리카 독립을 위한 프리메이슨 지부에 가입하면서 식민지 해방에 대한 내면의 자각이 일기 시작했던 것으로 보인다.

1810년 부에노스아이레스에서 '5월 혁명'이 발발하고 식민지 독립의 기운이 고조되자 산 마르틴은 1811년 9월 이십년 넘게 몸담았던 스페인 군을 떠나 런던으로 건너갔고 그곳에서 몇 달을 머물며 프란시스코 데 미란다, 안드레스 베요와 같은 독립파 인사들과 교류하였다. 그리고 1812년 3월 초 카를로스 마리아 데 알베아르 등 뜻을 함께 하는 라틴아메리카 출신의 군인들과 함께 영국 전함 편으로 부에노스아이레스에 도착했다. 어린 시절 부모의 손에 이끌려 조국을 떠난 후 거의 대부분의 세월을 전장에서 보내고 30대 초반에 이미 노련한 군인이 되어 귀국한 것이다. 인력난에 시달리던 부에노스아이레스의 1차 삼두정치체제는 유럽에서 풍부한 실전경험을 쌓고 돌아온 젊은 장교들을 중용했으며, 산 마르틴에게 기마부대 창설을 일임했다. 그는 1812년 중반에 카를로스 마리아 데 알베아르와 함께 '로히아 라우타로'라고도 불리는 프리메이슨 지부인 '합리적 신사회(los Caballeros Racionales)'를 만들었으며, 이 조직은 같은 해 10월 12일 무혈쿠데타를 일으켜 독립전쟁에 미온적이었던 부에노스아이레스의 1차 삼두정치체제를 무너뜨리고 2차 삼두정치체제를 출범시켰다. 촉망받는 노총각이었던 그는 1812년 11월 34세의 늦은 나이로 당시 15세였던 마리아 데 로스 레메디오스 데 에스칼라다(María de los Remedios de Escalada, 1797-1823)와 결혼 했으며 1816년 8월에는 유일한 혈육인 메르세데스를 낳았다.

산 마르틴은 1813년 초 파라나 강변을 약탈하던 몬테비데오의 왕당파 군을 상대로 한 산로렌소 전투(Combate de San Lorenzo, 1813.2.3)에서 첫 승리를 거두었다. 그는 자신이 창설한 기마부대의 선두에서 싸우다 자칫 목숨을 잃을 뻔했으나 한 삼보(zambo, 원주민과 흑인 혼혈) 출신 병사의 고귀한 희생 덕분에 구사일생했다. 독립파와 왕당파 모두 중대급 규모로 그리 큰 전투는 아니었지만 산 마르틴이 보여준 용맹한 모습은 전직 스페인 군인이었던 그에 대한 모든 의구심을 일거에 잠재워버렸다.

1814년 1월 부에노스아이레스의 2차 삼두정치체제는 북부전선의 비카푸히오 전투(1813.10.1)와 아요우마 전투(1813.11.14)에서 연이어 왕당파에게 패한 마누엘 벨그라노의 후임으로 산 마르틴을 북부군 사령관에 임명하였다. 산 마르틴은 건강문제로 4개월 만에 사령관직을 그만두었으나 이때 안데스 산맥을 횡단해서 칠레를 해방하고 칠레에서 페루까지는 해상을 통해 진격한다는 원대한 전략적 구상을 세웠다. 히말라야와 더불어 세계에서 가장 험준한 산맥을 가로지른다는 그의 무모한 계획은 부에노스아이레스의 반대에 부딪쳤으나 격론 끝에 승인되었다.

산 마르틴은 1814년 8월 부에노스아이레스의 '최고지도부'로부터 아르헨티나 서부 쿠요(Intendencia de Cuyo) 지방의 인텐덴테로 임명된 후 수도인 멘도사를 중심으로 안데스 횡단을 준비하기 시작했다. 사실상 병력충원에서부터 무기와 탄약, 물자와 군수품 마련 등 하나에서 열까지 모든 것을 주민들의 도움을 얻어 자체적으로 마련해야 했다. 안데스 군(Ejército de los Andes)이라 명명된 산 마르틴의 군대는 병력의 상당수가 해방된 흑인노예들과 물라토 등 유색인으로 구성되었으며, 당시 칠레에서 도피해 온 베르나르도 오이긴스의 칠레 독립파들과 일부 영국인 자원자도 포함되어 있었다. 안데스 군은 약 2년 반의 준비 기간을 거쳐 마침내 1817년 1월 약 4천 명의 병력과 1,200명의 수송의용대, 1,600필의 말과 거의 9,000 마리가 넘는 수송용 노새, 그리고 식용으로 쓸 600마리의 소까지 거느리고 여섯 개의 루트로 나뉘어 서진을 시작했다. 안데스 산맥은 최고봉인 아콩카구아(Aconcagua, 6,962m) 봉을 비롯해 평균 해발고도가 4천 미터에 달하는 험준하기 그지없는 산맥이었다. 남반구의 여름에 해당하는 12월에서 3월정도까지가 그나마 눈과 바람이 잦아드는 계절이라 노새나 도보로 이동이 가능했으나 낮에는 30도를 넘는 무더위와 밤에는 영하 20도를 밑도는 혹한에 시달려야 했다. 고지대에는 노새나 말이 먹을 만한 초지가 없었고, 밤의 추위를 녹일 땔감도 드물었으므로 모든 것을 다 짊어지고 가야 하는 고달픈 여정이었다. 탄약과 각종 물자뿐만 아니라 16문의 대포까지 노새에 의지해서 끌고 가야 하는 일도 큰 고욕이 아닐 수 없었다. 한 달 가까운 이동기간 동안 약 3백 명이 총 한 번 쏴보지 못하고 병이나 사고로 숨졌으나, 안데스 군은 2월 초순 마침내 난관을 극복하고 칠레 영역에 발을 들여 놓았다. 기원전 3세기 코끼리 부대를 앞세워 피네레와 알프스산맥을 넘었던 한니발 장군의 족적에 비견되는 위대한 위업을 재현한 것이다.

사진 4-4-4. 안데스 산맥을 넘는 산 마르틴과 오이긴스. 훌리오 빌라 이 프라데스 (Julio Vila y Prades, 1873-1930, 스페인)의 작품

칠레 국경을 넘은지 며칠 만에 숨 돌릴 틈도 없이 칠레의 왕당파 군과 차카부코 전투(Batalla de Chacabuco, 1817.2.12)를 벌여 대승을 거둠으로써 산 마르틴의 전략적 판단이 그릇되지 않았음이 입증되었다. 이 전

투에서 5백 명의 왕당파 군이 전사하고 6백여 명이 포로로 잡혔으나 역사적 행군의 성공으로 사기가 오른 안데스 군의 피해는 불과 10여 명에 불과했다. 칠레 총독이자 카피탄 헤네랄인 카시미로 마르코 델 폰트(Casimiro Marcó del Pont, 1765-1819)는 차카부코 전투 패배 직후 발파라이소로 도주했으나 며칠 후 체포되어 2년 후 부에노스아이레스 인근의 감옥에서 사망하였다. 차카부코 전투에서 크게 놀란 왕당파군은 바다를 통해 리마와 연결되는 칠레 남부의 항구도시 탈카우아노(Talcahuano)로 퇴각하여 1817년 한 해를 버텼다. 그러나 이듬해 봄에 벌어진 마이푸 전투(Batalla de Maipú, 1818.4.5)에서 칠레의 왕당파 군은 2,000명이 전사하고 2,500명이 포로로 잡히는 대패를 당하고 사실상 소멸했다. 칠레인들은 산 마르틴에게 최고통치자의 지위를 부여하려 했으나 그는 이를 베르나르도 오이긴스에게 양보하였다. 또한 칠레 정부가 해방의 대가로 제시한 금은보화와 현금 역시 "그러한 사치를 누릴 시간이 없다."는 이유로 사양하였다. 산 마르틴에게는 부왕령의 본거지인 페루 정복 이외에 다른 관심은 없었다. 마이푸 전투로 칠레를 해방시킨 후 산 마르틴은 페루 원정을 위한 원조요청을 위해 부에노스아이레스를 찾아갔으나 그 곳의 사정도 한가하지 않았다. 계속되는 전비를 대느라 시민들은 지쳐있었고 무엇보다 동부전선 연방주의자들과의 내전이 지속되고 있었다. '최고지도부'는 오히려 산 마르틴에게 페루 원정계획을 포기하고 부에노스아이레스 방어를 위해 귀환할 것을 지시했으나 평소 독립파 내부의 헤게모니 다툼을 증오하던 그는 이를 수용하지 않았다. 1820년 2월 연방주의자와의 전투에서 패배한 부에노스아이레스의 '최고지도부'가 해체되자 산 마르틴은 임명권자가 소멸했다는 이유로 안데스군의 사령관 직책에서 스스로 물러났다. 대신 칠레정부에 의해 페루해방군 사령관으로 임명되었다. 산 마르틴은 왕당파 해군으로부터 노획하거나 영국, 미국에서 사온 선박들로 함대를 구성하였다. 마침내 1820년 8월 20일 8척의 전함과 17척의 수송선 등 총 25척의 배에 나누어 탄 4천 6백 명의 병사들은 칠레의 발파라이소 항을 떠나 9월 8일 페루 피스코 인근의 해안에 상륙하였다. 당황한 페루 부왕 호세 데 라 세르나(José de la Serna, 1770-1832)는 부왕령 각지에 흩어져 있는 병력을 결집할 시간을 확보하기 위하여 협상을 제의했으나 산 마르틴은 이 지연전술에 말려들지 않았다. 그리고 페루 현지의 독립파를 규합해 나가며 1821년 7월 초 리마를 점령했다. 산 마르틴은 7월 28일 운집한 리마 시민들 앞에서 직접 페루의 독립을 선언하였으며 '페루의 수호자(Protector del Perú)'로 추대되었다. 이듬해 산 마르틴은 페루의 제헌의회로부터 국가운영에 대한 전권을 제안 받았으나 칠레에서와 마찬가지로 이를 사양하였다. 한편 왕당파는 근거지를 험준한 산악의 쿠스코로 옮기고 페루 남부 일대에서 끈질기게 저항을 이어갔다. 페루 부왕령 북쪽에서는 안토니오 호세 데 수크레(Antonio José de Sucre, 1795-1830)장군이 지휘하는 시몬 볼리바르의 그란 콜롬비아(Gran Colombia) 공화국 군이 밀고 내려왔으며 산 마르틴이 보낸 지원군과 함께 1822년 5월 25일 키토를 해방하였다.

키토에서 왕당파를 축출한 지 두 달 후인 1822년 7월 26일 남아메리카의 두 독립영웅인 산 마르틴과 시몬 볼리바르의 역사적인 회동이 이루어졌다. 태평양에 면한 항구도시 과야킬(현재의 볼리비아)에 볼리바르는 회담 보름 전에 2,000여 명의 병력을 이끌고 도착해 시내를 휘젓고 다녔으나 산 마르틴은 측근 위주로 구성된 200명의 소규모 병력만을 대동한 채 하루 전에 도착했다. '과야킬 회담'이라 명명된 이 회동은 입회자나 증인이 없어 세부적인 대화 내용은 베일에 싸여있다. 다만 페루와 그란 콜롬비아 공화국 사이에 위치한 과야킬 주를 어디로 귀속시킬 것인가 하는 국경확정의 문제와 갓 독립한 페루의 정부형태를 입헌군주제와 공화제 중 어느 쪽으로 안착시킬 것인가 하는 문제가 논의된 것으로 알려져 있다. 입헌군주제 지지자인 산 마르틴과 강력한 대통령 중심의 공화제 지지자인 볼리바르 사이에 이견이 존재한 것으로 추정된다. 또한 이 회담에서 산 마르틴은 자신이 볼리바르 휘하의 2인자로 남아메리카의 독립을 위해 일하고 싶다는 의사를 전달했으나 '해방자'의 영예를 독점하고 싶었던 볼리바르는 이를 거절한 것으로 전해지고 있다. 아무튼 회담은 사실상 결렬되었으며, 산 마르틴은 7월 27일 밤에 볼리바르가 베푼 연회 도중 은밀하게 빠져나와 부두로 직행해서 페루로 돌아갔다. 과야킬 주는 며칠 후인 7월 31일 그란 콜롬비아로의 합병을 선언했으며 리마로 돌아온 산 마르틴은 이제까지 헌신해 온 독립전쟁의 무대에서 전격적으로 은퇴했다. 이듬해 1월 산 마르틴은 멘도사를 거쳐 부인이 위독하다는 소식을 듣고 8월 말 부에노스아이레스로 돌아왔다. 그러나 그가 도착했을 때 이미 부인은 사망한 상태였다. 어린 딸과 함께 오랜 전쟁으로 지친 심신을 달래기에는 중앙집권주의자와 연방주의자의 대립으로 정치적 혼란이 극심했던 아르헨티나는 적절한 장소가 아니었다. 산 마르틴은 1824년 2월 10일, 외동딸 메르세데스와 함께 프랑스 행 선박에 몸을 실었다. 그의 나이 불과 45세 때였다. 그는 망명지 프랑스에서 간혹 아르헨티나의 후안 바우티스타 알베르디(Juan Bautista Alberdi)나 도밍고 파우스티노 사르미엔토(Domingo Faustino Sarmiento)와 같은 망명객들을 접견하기는 했으나 대부분의 세월을 조용한 은둔자로 보냈다. 그리고 1850년 8월 17일, 72세의 나이로 프랑스 북부 도버해협에 위치한 조그만 항구도시 볼로뉴 쉬르 메르(Boulogne-sur- Mer)에서 외동딸과 사위가 지켜보는 가운데 파란만장한 일생을 마쳤다.

한편, 내부 분열과 왕당파 잔당과의 전쟁으로 내우외환에 휩싸인 페루는 시몬 볼리바르의 개입을 요청하였다. 권력에 무심했던 산 마르틴과 달리 시몬 볼리바르는 1824년 2월 전권을 쥔 페루의 대통령직에 올랐다. 그리고 그해 말 볼리바르의 수하에 있던 수크레 장군이 지휘하는 아야쿠초 전투(Batalla de Ayacucho, 1824.12.9)의 승리로 남아메리카 대륙에서 왕당파 군을 완전히 몰아내었다.

한편, 남아메리카 독립사에서 빼놓을 수 없는 또 하나의 인물이 베르나르도 오이긴스이다. 그는 산 마르틴과 함께 안데스 산맥을 넘어 칠레를 해방시켰으며 독립 후 첫 국가수반인 '최고지도자(Director Supremo)'직을 맡아 건국의 기초를 닦고 산 마르틴의 페루 원정을 지원했다. 이러한 공로로 오늘날까지 '칠레의 국부(Padre de la Patria Chile)'로 불리며 추앙받고 있지만 정작 그의 개인적인 삶은 '아버지의 부재'속에서 시작되었다.

베르나르도 오이긴스는 1778년 8월 20일 칠레 중부의 치얀(Chillán)에서 태어났다. 그의 정확한 출생년도는 치얀 북쪽의 인근도시 탈카(Talca)에서 받은 세례 기록이 발견된 1876년까지 명확치 않았는데, 이는 그가 혼외관계에서 태어난 사생아였기 때문이었다. 베르나르도의 아버지인 암브로시오 오이긴스(Ambrosio O'Higgins, 1720-1801)는 아일랜드 태생으로 영국의 가톨릭 박해를 피해 스페인을 거쳐 삼십대 중반의 나이인 1756년에 칠레로 건너온 사람이었다. 원래 상인이었던 그는 칠레에서 군인이 되어 마푸체 족과의 전쟁에서 여러 차례 공을 세운 후 베르나르도가 태어날 무렵에는 칠레 카피타니아 헤네랄(군정령)의 고위 군

장교로 근무하고 있었다. 암브로시오는 업무상 치얀에 들를 때마다 이 도시의 크리오요 명문귀족이자 친구였던 시몬 리켈메(Simón Riquelme)의 집에 머물렀는데, 집주인의 딸이었던 이사벨 리켈메(María Isabel Riquelme, 1758-1839)와의 사이에서 베르나르도를 낳았다. 그때까지 미혼이었던 암브로시오의 나이가 거의 육십에 가까웠던 반면 이사벨은 불과 열아홉 살이었다. 이사벨의 임신 사실을 알고 암브로시오는 결혼을 약속했으나 성사시키지는 못했다. 당시 식민지의 관리가 자신이 관할하던 지역의 크리오요 가문과 혼사를 맺기 위해서는 왕실의 특별한 승인이 필요했는데[53] 아무래도 비정상적인 큰 나이 차이는 고위관리로서 출세가도를 달리던 암브로시오에게 부담이 되었기 때문이었다. 이후 암브로시오가 콘셉시온의 인텐덴테(1786-1788), 칠레의 총독(1788-1796)을 거쳐 식민지 최고위 관직인 페루의 부왕(1796-1801)까지 승승장구했음을 보았을 때, 아마도 그는 자신의 출세를 접고 어린신부와 가정을 일굴 생각은 없었던 듯하다. 시몬 리켈메는 가문의 명예와 딸의 앞날을 우려하여 이사벨을 올라테 자매(hermanas Olate)라고 알려진 지인의 집으로 옮겨 몰래 출산시키고, 일 년 반 후에는 마치 아무 일도 없었다는 듯 다른 남자와 성대한 결혼식을 올려주었다. 베르나르도의 양육 책임을 안게 된 암브로시오는 살아생전 자식을 공식적으로 인정하지 않았지만 지인 등 제 3자를 통해 보살피며 책임을 회피하지는 않았다. 태어나자마자 부모에게서 떨어진 베르나르도는 올라테 자매의 보살핌을 받으며 생애 첫 시기를 보냈고, 암브로시오는 1783년에 아들을 탈카에 사는 포르투갈 출신의 상인이자 친구인 후안 알바노(Juan Albano)의 가정에 위탁했

53 이는 혼사가 지역 호족 가문의 사적인 이해관계에 이용될 것을 우려했기 때문이었다. Pigna, Felipe, 2010, p. 87.

다. 그러나 1788년 칠레 총독이 되자 혼외자식의 정체가 노출될까 두려워 아들을 외부인의 방문이 빈번한 상인의 집에서 꺼내 치얀의 프란치스코 수도회가 운영하는 학교로 보냈다. 하지만 치얀이 외가가 사는 지역인데다 베르나르도가 칠레총독의 아들이라는 소문이 돌자 암브로시오는 1790년 베르나르도를 다시 페루의 리마로 옮겼고, 부왕의 지위를 넘볼 즈음인 1794년 봄에는 아예 스페인의 카디스로 보내버렸다. 아버지의 뜻은 베르나르도가 스페인에서 교육을 받고 왕에게 충성하는 군인이 되는 것이었다. 하지만 스페인에서 베르나르도의 양육책임을 맡은 후견인인 카디스의 거상 니콜라스 데 라 크루스(Nicolás de la Cruz y Bahamonde)는 암브로시오와 상의 없이 1795년 4월에 베르나르도를 영국 런던 교외 리치몬드의 가톨릭학교로 보냈고 암브로시오는 이에 암묵적으로 동의했다. 베르나르도는 이곳에서 '샤롯데(Charlotte)'라고 알려진 소녀와 풋풋한 첫사랑도 경험하면서 2년을 비교적 잘 적응하며 보냈다. 그러나 자신에게 학비와 생활비를 전해주어야 할 현지의 유대 상인이 고의적인 '배달사고'를 내는 일이 잦아지자 학업을 중도에 그만두고 고달픈 나날을 보내야했다. 그리고 운명의 장난처럼 본인의 의사와 무관하게 주어진 이 어려운 시절이 그를 역사적인 인물로 업그레이드 시키는 결정적인 계기가 되었다. 이 무렵(1798년 여름) 런던에서 적극적으로 동조자를 모으던 라틴아메리카 독립의 '선구자(El Precursor)' 프란시스코 데 미란다를 만나게 된 것이다. 스무살의 외로운 청년 베르나르도는 낮에는 무료 전시회를 기웃거리며 런던 거리를 배회하다가 해가 저물면 미란다의 집을 찾아 거의 개인교습 수준으로 독립사상을 전수받았다. 후일 칠레 시인 파블로 네루다(Pablo Neruda, 1904-1973)가 노래했듯 '오이긴스의 뿌리가 미란다에 내리는' 순간이었다. 오이긴스 역시 1811년

「내 조국의 자유」(la libertad de mi patria)라는 글에서 프란시스코 데 미란다를 알게 된 이 시절에 자신의 사상적 목표가 확립되었노라고 밝힌 바 있다.(Pigna, Felipe, 2010, 91)

그러나 결국 베르나르도는 경제적인 어려움을 이기지 못하고 1799년 4월 말 영국을 떠나 카디스로 돌아왔다. 이곳에서 해군사관학교에 입학하려했으나 뜻을 이루지 못하고 1800년 4월 초 귀국길에 올랐지만 그가 탄 배가 영국해군에 나포되어 지브롤터에서 수감생활을 하고 석방 후에는 열병으로 죽음에 기로에 서기도 했다. 출생이후 계속 부표처럼 떠돌던 베르나르도의 오디세이는 역설적이게도 아버지의 죽음으로 끝이 났다. 1801년 3월 페루 부왕이었던 암브로시오가 죽으면서 유일한 친자인 그에게 로스 앙헬레스 근교의 한 아시엔다(장원)를 유산으로 남기자 1802년 9월 조국으로 돌아온 것이다. 그의 나이 스물 네 살 때였다. 이후 1810년까지 베르나르도 오이긴스는 태어나서 처음으로 안정된 생활을 구가했다. 고향인 치얀과 장원이 있는 로스 앙헬레스에서 어머니 이사벨 리켈메와 어머니의 결혼으로 생긴 이부(異父) 여동생 로사(Rosa)와 함께 살며 아시엔다 경영에 전념했고 1806년에는 그동안 아버지의 눈치를 보며 사용하지 못하던 '오이긴스'라는 성도 되찾았다. 그는 아시엔다의 노동자들의 삶을 따듯하게 보살펴 인심을 얻었으며 영국생활의 견문을 바탕으로 새로운 농기구와 농법을 적용해 사업을 키워갔다. 독립혁명이 발발하던 1810년에 베르나르도는 감자, 밀, 포도를 비롯한 각종 작물과 소가 1만 두에 이르는 대지주가 되었다. 그러나 한편으로 베르나르도는 춥고 배고픈 시절에 프란시스코 데 미란다로부터 배운 독립사상의 초심을 잊지 않았다. 성공한 경영자가 된 후에는 자유무역을 가로막는 스페인 식민체제의 불합리성에 대한 문제의식이 더욱 강해졌다. 그는 밤이면 유럽의 자유주의 정치와 철학 서적들을 탐독했으며 다가올 독립에 대비하여 변경을 지키던 군 장교들과 친분을 쌓고 그들로부터 군사학의 기초지식들을 습득하기 시작했다. 솔직하고 소탈한 성품과 후덕한 인심, 남부럽지 않은 재력에 부왕의 자식이라는 뒤늦은 후광까지 겹쳐 금방 인근에서 유명세를 탔다. 1806년 치얀의 시장으로 선출되었으며 주기적으로 지역의 중심도시 콘셉시온(Concepción)을 방문하여 유명 정치인인 후안 마르티네스 데 로사스(Juan Martínez de Rozas, 1758-1813)를 비롯한 이 지역의 독립파 크리오요들과 교류하며 독립의 뜻을 모았다. 1808년에는 콘셉시온의 젊은 독립파 청년들이 중심이 된 '애국주의자 정령들(los duende patriotas)'이라는 비밀단체에 가입하기도 했으며 그의 심상치 않은 활동을 감지한 식민당국에 의해 1809년 한때 체포되기도 했다.

그러던 중 마침내 행동을 개시할 시기가 도래했다. 프랑스의 스페인 침공 이후 '군주의 부재'상태를 메워오던 세비야의 '최고 훈타'가 1810년 1월 프랑스군의 세비야 정복으로 몰락한 것이 발단이었다. 칠레의 독립파 크리오요들도 그동안 부정부패와 무능함으로 원성을 사던 칠레 총독 가르시아 카라스코(Francisco Antonio García Carrasco,1742-1813)를 몰아내고 부에노스아이레스의 뒤를 이어 1810년 9월 18일 자체임시정부인 훈타를 결성했다. 이 소식을 들은 오이긴스는 처음부터 '페르난도 7세의 가면' 따위는 염두에 두지 않았다. 그는 조만간 페루 부왕이 칠레의 독립을 저지하기 위해 왕당파 군대를 파견할 것임을 감지하고 있었고 자비를 들여 '국경의 창기병들(Lanceros de la Frontera)'이라 불리는 부대를 창설했다. 또한 영국의 의회정치를 현지에서 목격한 그는 산티아고에 설치된 훈타의 위원(vocal)으로 국정에 참여하게 된 후안 마르티네스 데 로사스를 찾아가 칠레 모든 지역의 민의가 고루 반영된 의회(congreso) 구성의 필요성을 역설하였다. 이듬해인 1811년 2월 훈타의 위원장(presidente)이 된 마르티네스 데 로사스의 노력에 의해 7월 4일 마침내 칠레의회가 개원하였고 베르나르도 오이긴스도 로스 앙헬레스의 대표로 이 자리에 참석하였다. 그러나 의회가 열리자마자 의석수 배분을 둘러싸고 산티아고와 지방간에 주도권 다툼이 벌어지기 시작했다. 게다가 첫 의회에는 왕당파도 포함되어 있어 카디스 섭정위원회에 전쟁자금을 보내는 문제를 두고 논란이 일었다. 이러한 혼란의 와중에 호세 미겔 카레라(José Miguel Carrera, 1785-1821)라는 예기치 않은 인물이 1811년 9월 4일 쿠데타를 일으키며 칠레 정치의 전면에 등장했다. 그는 1807년 스페인으로 건너가 프랑스의 침공에 맞서 풍부한 전투경험을 쌓은 후 1811년 7월에 귀국한 인물이었다. 스페인군 출신으로 자진 귀국해 독립운동에 뛰어든 '애국적인' 모티브는 지니고 있었으나 다혈질에 충동적인 성격의 그는 민주적인 절차를 중시하지 않는 전형적인 '카우디요'형 인물이었다. 호세 미겔 카레라는 산티아고에서 군 지휘관으로 있던 두 형제들 - 후안 호세 카레라(Juan José Carrera, 1782-1818)와 루이스 카레라(Luis Carrera, 1791-1818) - 의 도움을 얻어 쿠데타를 성공시켰다. 그리고 11월 15일과 12월 2일 등 그해 연말까지 모두 세 차례의 연속적인 쿠데타를 일으키며 훈타를 재구성하고 의회를 해산하는 등 권력을 장악해 나갔다. 이에 반발한 후안 마르티네스 데 로사스는 콘셉시온에 별도의 훈타를 구성했으며 오이긴스 역시 반 카레라 전선에 합류했다. 독립파 내부에서 둘로 분열된 군대는 1812년 8월 마울레 강(río Maule) 양안에서 대치하며 충돌

일보직전까지 치닫기도 했다.

그러나 1813년 3월 말 페루 부왕 아바스칼(José Fernando de Abascal, 1743-1821)이 보낸 왕당파 군이 산 비센테 만(bahía de San Vicente)을 통해 칠레에 상륙하자 독립파는 일단 내부갈등을 접고 함께 대항을 모색했다. 오이긴스와 카레라가 이끄는 독립파 군대는 칠레 중부 리나레스(Linares)시 인근에서 벌어진 예르바스 부에나스 전투(Batalla de Yerbas Buenas, 1813.4.27)를 시작으로 산 카를로스(San Carlos), 치얀 등으로 장소를 옮겨가며 왕당파군과 치열한 교전을 이어갔다. 엘 로블레 전투(Batalla de El Roble, 1813.10.17)에서는 새벽에 들이닥친 왕당파군의 기습공격에 놀란 호세 미겔 카레라가 부하들을 버리고 도주하자 오이긴스가 위험을 무릅쓰고 병사들을 독려하며 독립파의 승리를 이끌어냈다. 이 전투로 카레라의 지휘능력에 결정적인 의문이 제기된 반면, 군인 출신도 아니며 전투경험이라고는 최근 2년이 전부인 베르나르도 오이긴스가 영웅이자 새로운 군사지도자로 부상하였다. 마침내 훈타는 1813년 11월 독립파 군의 지휘권을 군사적 실책을 거듭하던 호세 미겔 카레라 대신 오이긴스에게 일임하기로 결정하였고 이 일로 자존심이 크게 상한 카레라 형제들은 오이긴스에게 더욱 적대감을 품게 되었다.

한편 페루 부왕 아바스칼은 1814년 1월과 7월에 각각 가비노 가인사(Gabino Gainza, 1753-1829)와 마리아노 오소리오(Mariano Osorio, 1777-1819)가 이끄는 왕당파 증원군을 칠레로 파견하였다. 결국 오이긴스와 후안 호세 카레라(호세 미겔 카레라의 형)가 지휘하는 독립파군은 랑카구아 전투(Batalla de Rancagua, 1814.10.1.-2)에서 마리아노 오소리오의 왕당파군에게 참패했다. 잘 훈련된 정규군 위주의 왕당파 군에 비해 민병대 수준에 불과했던 독립파 군의 전력(戰力) 열세도 있었지만 오이긴스와 카레라로 양분된 독립파 내부의 분열과 신뢰부족이 결정적인 패인이었다. 랑카구아 전투의 패배로 1810년 9월 18일 훈타 구성 이후 칠레 독립운동의 전반부 투쟁기간을 일컫는 소위 '구(舊) 조국(Patria Vieja)'의 시대는 종말을 고했으며, 오이긴스와 카레라를 비롯한 독립파의 잔여병력은 왕당파의 복귀로 겁에 질린 민간인들과 함께 리오 데 라 플라타(아르헨티나)의 멘도사로 망명하였다.

한편, 안데스 산맥 건너편 멘도사에서 원정군을 편성하며 칠레 해방과 페루 진격을 준비하던 산 마르틴은 거만한 카레라 형제들 대신 동포들로부터 신망이 높은 오이긴스를 파트너로 선택하였다. 산 마르틴은 카레라파 병사들을 부에노스아이레스로 보내버리고 오이긴스가 데려온 병력들만 안데스 군에 합류시켰다. '영웅은 영웅을 알아본다'는 말처럼 산 마르틴과 오이긴스는 준비과정에서 깊은 신뢰를 쌓았고 둘의 우정은 평생 지속되었다. 두 '해방자'가 이끄는 안데스 군은 1817년 2월 12일에 벌어진 차카부코 전투에서 왕당파 군에 큰 승리를 거두었다. 전투 직후 오이긴스는 패주하는 왕당파 군을 추적하여 궤멸시키자고 주장하였으나 산 마르틴은 이를 받아들이지 않았다. 행군의 피로가 풀리지 않은 병력에 대한 배려였을지 모르나 산 마르틴의 이 결정은 결과적으로 왕당파 군에게 콘셉시온과 탈카우아노를 거점으로 한 저항의 기회를 제공했다. 왕당파 군은 이듬해 봄 마이푸 전투(1818.4.5)로 기세가 꺾일 때까지 칠레 정부에 큰 군사적, 재정적 부담이 되었으며 페루 원정이 지연되는 원인 중 하나가 되었다.(Ibáñez Vergara, 99)

한편, 승리를 거둔 안데스 군도 차카부코 전투 한 번으로 칠레의 부왕 카시미로 마르코 델 폰트가 도주하고 왕당파 정부가 하루아침에 붕괴될 줄은 미처 예상하지 못했다. 공권력이 사라진 산티아고 시는 며칠간 약탈과 도둑질 등 혼란에 빠졌으나 안데스군의 입성과 함께 빠르게 질서를 회복했다. 새로운 정부를 구성하기 위해 개최된 산티아고의 '공개시의회'는 해방의 주역인 산 마르틴에게 전권을 쥔 '최고지도자'직을 맡아줄 것을 두 차례나 간곡히 요청했으나 산 마르틴은 페루 원정에 전념하겠다는 이유를 들며 베르나르도 오이긴스에게 자리를 양보했다. 임시공휴일로 지정된 1817년 2월 16일 거리로 쏟아져 나온 시민들의 열광적인 환호 속에 베르나르도 오이긴스가 독립국가 칠레의 첫 번째 국가원수 자리에 올랐다. 오이긴스는 주요각료를 임명하고 첫 조치 중 하나로 3월 중순에 군사학교(Escuela Militar)를 설립했다. 그동안 '애국적이지만 전문성이 결여된' 독립파 군을 이끌며 속을 썩였던 그는 잘 훈련된 정규군과 직업군인의 필요성을 절실하게 느끼고 있었다. 또한 해상으로부터의 침공을 막고 산 마르틴의 페루 진격을 지원하기 위해 없는 국가재정을 쪼개어 어렵게 함대를 창설하고 전문 인력을 모았다. 이밖에도 오이긴스는 국가의 기본적인 틀을 처음부터 세팅해 나가야만 했다. 국기와 국가를 만들고 모든 인민의 자유와 평등, 언론의 자유에 기초한 칠레임시헌법(Constitución Provisoria para el Estado de Chile, 1818.10.23)을 제정했다. 스페인 식민잔재의 흔적을 제거하는 데에도 온 힘을 기울였다. 페르난도 7세의 초상이 새겨진 화폐대신에 새로운 화폐를 발행하고 귀족들의 문장(紋章)과 세습작위 사용을 금지시키는 대신 국가에 공이 있는 사람은 누구나 받을 수 있는 서훈제도를 마련했다.

하지만 아직 칠레 내에는 왕정주의자들과 교회를 중심으로 한 개혁반대세력과 오이긴스에게 앙심을 품은 카레라 파들이 존속하고 있었다. 특히 수구세력 중에는 '부왕의 사생아'로 태어난 오이긴스의 출신성분

자체에 큰 거부감을 지닌 이들도 많았다. 무엇보다 오랜 전쟁으로 인해 피폐해진 경제는 독립이 되었다고 하루아침에 회복될 수 있는 것이 아니었다. 열광하던 민심은 점차 식어가고 반대파들은 이 틈을 놓치지 않았다. 결국 개혁반대세력과 사회불만계층과의 갈등은 콘셉시온과 코킴보(Coquimbo) 등 일부지역의 반란움직임으로까지 이어졌으며 내전을 우려한 오이긴스는 1823년 1월 18일 스스로 최고지도자의 자리에서 물러났다. 차카부코 전투이후 다시 불붙은 칠레 독립의 두 번째 단계를 일컫는 '신(新) 조국(Patria Nueva)' 시대는 오이긴스의 사임과 함께 씁쓸히 막을 내렸다.

오이긴스는 자신이 칠레에 남아있는 한 정치, 사회적인 분열이 쉽게 극복되지 않을 것임을 알고 있었다. 그는 "어디에 있든지 동포여러분, 그리고 사랑하는 조국과 함께 있을 것입니다. 나는 항상 조국의 신하이며 여러분의 동지입니다."라는 고별사를 남기고 페루로 망명의 길에 올랐다. 어머니 이사벨 리켈메와 이부 여동생 로사, 그리고 유일한 아들인 페드로 데메트리오 오이긴스(Pedro Demetrio O'Higgins, 1818-1868)[54] 등 일부 식솔만 데리고 1823년 7월 28일 페루의 카야오 항에 도착했다. 오이긴스는 다시는 조국 칠레의 땅을 밟지 못했다. 칠레의 지지자들로부터 여러 차례 귀국제의를 받았지만 자신 때문에 조국이 분열되는 것을 원치 않았다. 베르나르도 오이긴스는 1842년 10월 24일 리마에서 죽었다. '아버지의 부재' 속에서 세상에 나온 것처럼 그는 '조국의 부재' 속에서 외롭게 세상을 떠났다.

---

54 아들 데메트리오는 오이긴스가 최고지도자 시절 콘셉시온에서 만나 2년간 관계를 맺어온 로사리오 푸가(Rosario Puga)라는 여인과의 사이에서 낳은 유일한 자식이었다.

5
라틴아메리카 독립의 지각생
쿠바

대부분의 라틴아메리카 국가들은 1820년대를 전후하여 실질적인 독립을 이루었다. 그러나 카리브 해의 쿠바와 푸에르토리코는 1898년 12월 미서전쟁(Guerra Hispano-Estadounidense)을 종결짓는 '파리조약'을 통해 스페인 식민지배에서 벗어났다. 그러나 독립이 외세의 다툼을 틈타 하루아침에 찾아온 것은 아니다. 호세 마르티(José Martí, 1853-1895)와 같은 이 지역 애국 열사들의 헌신과 희생이 독립의 진정한 자양을 이루었다고 할 수 있다.

쿠바는 1511년, 디에고 벨라스케스 데 쿠에야르(Diego Velázquez de Cuéllar)가 이끄는 원정대가 첫 발을 디디며 스페인 식민지로 편입되었다. 그 전까지는 타이노(taíno)족을 비롯한 원주민 10만 여명이 거주하던 평화로운 섬이었다. 16세기 스페인인들은 쿠바를 멕시코 등 대륙 본토와 카리브 연안지역을 정복하기 위한 전진기지로 활용하였으며, 바르톨로메 데 라스 카사스 신부의 증언에서 볼 수 있듯 학살과 전염병, 엔코미엔다의 강제노역으로 원주민 인구의 급격한 감소를 초래하였다. 식민화가 본격적으로 진행되던 17, 18세기에 쿠바는 담배와 커피, 그리고 특히 사탕수수 등 플랜테이션 작물의 재배지로 부상하였고, 이 와중에 많은 수의 흑인노예가 유입되었다. 또한 카리브 해의 관문이자 유럽으로 향하는 아메리카의 기항지로서 지정학적인 중요성과 상업적 특수를 동시에 누렸으며 크리오요 지주들과 상인계층의 성장을 가져왔다. 18세기 후반부터 일부 흑인들이 노예제 철폐를 주장하며 반기를 들기 시작했으며, 1811년에는 흑인인 호세 안토니오 아폰테(José Antonio Aponte, ?-1812)가 주도하는 대규모 반란 음모가 적발되기도 했으나 쿠바는 19세기 초 라틴아메리카 대륙의 독립 열기가 확산될 때에도 열외에 놓여있었다. 대륙의 크리오요들과 달리 쿠바의 백인들은 독립을 주저한 것이다. 그 배경에는 어느 정도 쿠바의 자유무역을 허용하며 크리오요의 불만을 달랜 스페인의 선제적인 조치도 효력을 발휘했지만 무엇보다 흑인 노예들이 주축이 되어 독립한 인근 아이티의 사례가 쿠바의 백인들에게 공포심을 불러 일으켰기 때문이었다. 쿠바의 크리오요들은 본국에 다소 불만이 있더라도 스페인의 통치하에서 안정된 사회질서를 유지하며 자신들의 경제적 기반인 노예제도의 존속을 원했던 것이다.

하지만 언제까지나 시대의 흐름을 거스를 수는 없었다. 우선 독립을 이룬 인근 라틴아메리카 국가들이 스페인 식민세력이 최후의 보루로 삼고 있는 쿠바를 그냥 놔둘 리가 없었다. 쿠바가 스페인의 영향 하에 있는 한 자신들의 항구적인 자유를 장담할 수 없었기 때문이었다. 1823년과 1826년, 각각 그란 콜롬비아와 멕시코로부터 침투한 비밀단체를 중심으로 쿠바독립을 위한 대규모 모의가 진행되었다. 두 건 모두 적발되어 주동자들이 체포되었으나 쿠바의 독립이 시간문제임을 알렸다.

1850년과 이듬해에는 나르시소 로페스(Narciso López, 1797-1851)가 주도한 무장 항쟁이 있었다. 그는 베네수엘라 출신으로, 1821년 카라보보 전투와 1823년 마라카이보 해전에서 왕당파 군인으로 참전했으나 이후 쿠바로 건너가 독립을 위해 헌신하다 1851년 처형되었다. 오늘날 사용하는 쿠바국기는 그가 고안한 것으로 알려져 있다.

한편, 노예제 폐지에 반대하는 사탕수수나 커피 농장 대지주들(백인 크리오요들)을 중심으로 반동적인 움직임도 존재했다. 그들은 미국 남북전쟁 이전 노예제도 유지에 찬성하던 미국 남부 주들에 쿠바를 병합하거나 혹은 스페인으로부터 백인 이민을 대량으로 수용하여 쿠바 사회의 흑인 비중을 낮추자는 정치적 주장을 펼쳤다. 그러나 역사의 시계를 되돌릴 수는 없었다. 1868년부터 1878년까지 쿠바의 제 1차 독립전쟁으로 꼽히는 '10년 전쟁(Guerra de los Diez Años)'이 벌어졌다. 이 전쟁의 주역인 카를로스 마누엘 데 세스페데스(Carlos Manuel de Céspedes, 1819-1874)는 쿠바 동부 바야모(Bayamo)의 저명한 변호사이자 대지주였다. 그는 자신 소유 농장의 흑인 노예들을 모두 해방시키고 1868년 10월 10일 쿠바의 독립과 노예제도 철폐 그리고 모든 쿠바인의 평등을 선언한 '야라의 외침(Grito de Yara)'을 시작으로 무장투쟁을 전개하였다. 그러나 1874년 2월 세스페데스는 시에라 마에스트라에서 전사하였으며 독립전쟁은 성공하지 못하고 1878년 2월 휴전협정인 산혼 협약(Pacto de Zanjón)으로 종결되었다. 그러나 협약에서 스페인이 약속한 자치권 인정과 노예제도 철폐의 약속은 지켜지지 않았다. 오히려 스페인은 쿠바의 '스페인화(Espanplizar)'를 위해 본토로부터 대규모 이주정책을 실시하였다.

사진 4-5-1. 쿠바의 독립영웅 호세 마르티 - wikimedia commons

결국 제 2차 쿠바독립전쟁(1895-1898)이 발발했다. 이 전쟁의 주역은 쿠바의 유명한 작가이자 독립 영웅인 호세 마르티였다. 그는 쿠바혁명당(Partido Revolucionario Cubano)를 만들어 쿠바뿐만 아니라 푸에르토리코의 독립을 위해 헌신했으나 전쟁 발발 직후인 1895년 5월 19일 전사했다. 스페인은 본토로부터 20만 명에 달하는 대규모 병력을 투입하여 쿠바의 독립을 저지하려 했다. 그러나 미국이 변수로 떠올랐다. 이 무렵 쿠바에 막대한 자본을 투자하고 있던 미국은 쿠바인들의 독립운동을 지지했다. 일찍이 1823년 아메리카에 대한 유럽의 간섭을 거부하는 '먼로 독트린'을 발표한 바 있는 미국은 스페인을 몰아내고 쿠바를 자국의 영향력 하에 두려 했으며 더 나아가 쿠바를 병합할 계획까지 세워놓고 있었다. 미국의 간섭을 두려워한 스페인 정부는 쿠바에 지방자치를 제안하였으나 독립 세력은 이 제안을 거부했다. 1898년 1월 25일 쿠바 거주 미국인들의 보호를 명목으로 미국 전함 메인(Maine)호가 스페인 정부의 승인 없이 아바나 항에 입항했다. 2월 15일 메인 호에서 원인미상의 폭발이 발생해 260여 명이 사망했는데, 미 해군 조사위원회는 이 참사에 스페인 정부가 개입한 것으로 간주하였다. 미국은 스페인을 상대로 선전포고를 하였으며 전쟁은 4개월 만에 미국의 승리로 끝났다. 그 해 12월 10일 파리조약에 의해 쿠바뿐만 아니라 푸에르토리코, 필리핀, 괌이 미국으로 넘어갔다. 종전 후 3년 동안 미국은 군정을 실시하였으며 1902년 5월 20일 쿠바는 독립을 선포하였다. 그러나 1901년 6월 '플랫 수정안(Enmienda Platt)'에 의해 미국은 쿠바에 재정과 외교문제 감독권 등 내정간섭 권리와 관타나모 군사기지 조차권을 획득하였다. 스페인에 이어 새로운 종속의 시작이었으며, 이러한 반식민지 상황은 1959년 피델 카스트로의 쿠바혁명 때까지 이어졌다.

제5부

멕시코대혁명, 아르헨티나 페로니즘, 쿠바혁명

- 박영미, 전용갑 -

1
대륙의 지축을 흔들다
멕시코 대혁명

우리에게 친숙한 멕시코 민요 <라 쿠카라차>(La cucaracha)는 매우 흥겨운 가락을 띠고 있지만 가사는 멕시코 혁명 당시의 암울한 모습을 담고 있다. 먹을 식량이 없어 걷기조차 힘든 가난하고 고달픈 농민들로 구성된 군인들을 '바퀴벌레(라 쿠카라차)'에 비유하고 있는 이 노래는 근대화의 명분하에 삶의 터전인 토지를 극소수의 대지주에게 빼앗기고 노예처럼 착취당하던 농민들의 피땀 어린 투쟁을 암시하고 있다.

멕시코 혁명의 배후에는 마치 독일 황제처럼 위엄이 서린 제복을 입고 카이젤 수염을 기른 포르피리오 디아스(Porfirio Díaz, 1830-1915)라는 독재자가 등장한다. 1876년 쿠데타로 집권하여 1911년 혁명으로 물러나기까지 약 35년에 걸친 그의 통치기간을 일컫는 '포르피리아토(Porfiriato)'는 한마디로 '매판자본'과 '개발독재'라는 키워드로 요약할 수 있다. 이 기간 동안 디아스 정부는 과거의 정치적 불안을 잠재우고 경제적으로 낙후되어 있던 멕시코의 성장을 가시적으로 일구어냈으나 이는 어디까지나 허울 좋은 외피일 뿐이었다.

사진 5-1-1. 1904년 이전에 촬영된 것으로 보이는 포르피리오 디아스의 사진 - wikimedia commons

경제발전은 자체적으로 달성한 것이 아니라, 미국과 영국 등의 열강들로부터 대규모의 외국자본을 들여와 철도, 도로, 항만 등의 국가 기반산업 시설을 구축하고 그 대신 외국 회사들에게 석유나 광물 등 수익이 큰 자연자원의 독점권을 주는 불균형적인 방식으로 이루어졌다. 디아스는 1876~1880년까지의 첫 대통령 임기를 마치고 잠시 꼭두각시 정부를 내세워 뒤에서 조종하다가 1884년 다시 대통령에 당선된 후, 임기를 마칠 즈음 재선이 허용되도록 헌법을 개정하고 그 이후에는 아예 무제한

집권을 위한 헌법 개정을 통해 1911년까지 30년 이상 독재를 펼쳤다. 그는 멕시코 국민이 무지한 존재이므로 '빵과 곤봉'으로 다스려야 한다는 강한 신념을 갖고 있었다. 선거에 '루랄레스(Rurales)'라는 민병조직과 경찰을 동원해 민중을 강제로 위협하거나 선거를 허위로 조작하여 7번이나 대통령에 당선되었다. 멕시코 혁명의 직접적인 발단이 된 디아스 정권의 가장 큰 문제점은 무엇보다 토지문제에서 비롯되었다. '농촌의 근대화'를 명분으로 토지 등록제를 시행하여 법을 모르는 농민들의 토지를 대거 몰수한 후 그를 지지하는 대지주와 외국인들에게 몰아주었던 것이다.

하지만 이처럼 황제와 같은 권력을 누리던 디아스는 스스로 무덤을 파며 몰락을 재촉하였는데, 그 계기는 1908년 2월 미국 기자와 가진 인터뷰였다. 이미 팔순에 가까운 나이의 디아스는 미국 <피어슨 메거진>지의 기자 제임스 크릴먼과의 인터뷰에서 멕시코가 이미 자유를 누릴 만큼 성숙해있기 때문에 야당의 출현을 환영하며 자신은 더 이상 선거에 출마하지 않고 새로운 후계자에게 정권을 물려줄 생각이라고 말했다. 사실 이는 장기독재를 강력하게 비난하는 미국 언론을 잠재우기 위한 제스처에 불과했으나 국민들은 디아스의 말을 명백한 사실로 받아들여 누가 다음 대통령이 될 것인지에 관심을 쏟았다.

이 무렵 가장 각광받던 차기 후보자는 북부 코아우일라(Coahuila)의 주지사 프란시스코 마데로(Francisco Madero, 1873-1913)였다. 그는 1873년 10월 30일 코아우일라 주에서 아시엔다와 광산을 소유한 부유한 집안에서 태어났으며 미국과 프랑스 유학을 거쳐 1893년부터 가문 소유의 아시엔다를 경영했다. 대지주 가문 출신이었으나 마데로는 깨인 사람이었으며 자유주의자 모임을 주도하며 정치에도 관심을 쏟았다. 그는 대통령 선거 2년 전인 1908년에 출간한 『1910년의 대통령 계승』(La sucesión presidencial en 1910)에서 마데로 장기집권의 문제를 비판하고 공정선거와 민주주의를 요구하며 주목을 끌었으며 1909년 5월에는 재선반대당(Partido Nacional Antirreeleccionista, PNA)을 창당하여 디아스를 정조준 했다. 1910년 4월 15일 반 디아스 연합 전당대회에서 대통령 후보에 선출되어 '공명선거, 재선 반대'를 외치며 국민들의 지지를 얻었다. 눈의 가시를 더 이상 두고 볼 수 없었던 디아스는 같은 해 6월 6일 선거유세차 산 루이스 포토시를 방문 중인 마데로를 반란혐의로 체포, 투옥했다.

사진 5-1-2. 1910년 대통령 후보로 선거 유세 중인 프란시스코 마데로 - wikimedia commons

다음 달 디아스가 다시 대통령에 당선되자 마데로는 평화적이고 합법적인 수단을 통한 정권교체는 불가능하다고 확신하게 되었다. 그는 10월 6일 산 루이스 포토시를 탈출하여 미국으로 망명한 뒤 10월 8일 텍사스 주의 산 안토니오에서 멕시코 혁명의 선언문 격인 '산 루이스 포토시 강령(Plan de San Luis Potosí)'을 선포하였다. 이 강령에서 마데로는 부정선거를 통해 당선된 디아스의 재선은 무효라고 선언하며 디아스의 파렴치한 독재행위로부터 조국 멕시코를 구할 유일한 방법은 그해 11월 20일을 기해 모든 국민이 일제히 봉기하는 것이라고 촉구했다. '산 루이스 포토시 강령'의 3조는 "자율적으로 포탈한 토지에 대해서는 전 소유자에게로 회복하는 것이 정의로운 일이다. 이러한 반환과 판단은 법으로 선포된다."는 토지공약에 대한 내용을 담으며 멕시코 민중의 가장 절박한 요구를 잊지 않았다.

전국 각지에서 혁명이 시작되었다. 특히 착취가 심했던 북부의 치와와 주에서는 산적 출신의 판초 비야(Pancho Villa, 1878-1923)와 중산층 집안의 파스쿠알 오로스코(Pascual Orozco, 1882-1915)가 뛰어난 활약을 벌였고, 중남부의 모렐로스 주에서는 원주민 농민들의 대부 에밀리아노 사파타(Emiliano Zapata, 1879-1919)가 두드러졌다. 사실상 정규군도, 그렇다고 폭도들도 아닌 이들 혁명군의 대다수는 토지를 잃고 페온으로 전락한 농민들이었으며 그밖에도 광산 노동자, 목동, 거지에 이르기까지 다양한 신분의 분노한 민초들이었다.

혁명은 다소 싱겁게 막을 내리는 듯 보였다. 1911년 5월 10일 혁명군이 중요한 전략적 요충지인 후아레스 시를 점령하자 디아스는 3주 후인 5월 31일 오랜 권력을 내려놓고 유럽으로 망명길에 올랐다. 디아스는 쫓겨났으나, 진짜 상황은 이때부터 꼬이기 시작했다. 마데로는 민중세력을 동원해 독재자를 축출했으나 그는 자신이 구성할 정부에 비야나 사파타처럼 혁명의 주력세력이 포함되는 것을 원하지 않았다. 오히려 주변에 디아스 체제하에 권력을 누리던 대지주와 엘리트 관료들이 모여 들면서 일자무식의 민중혁명군 지도자들을 경원시했다. 게다가 혁명을 촉발시킨 가장 중요한 동기인 토지문제에서 마데로와 민중의 해법은 크게 달랐다. 혁명군은 불법적으로 몰수된 토지를 즉시 농민들에게 반환하라는 급진적인 개혁이었던 반면, 마데로가 고안해 낸 것은 국가가 대지주들에게서 토지를 구입하여 농민들에게 분배하는 온건한 방식이었다. 하지만 이미 대토지의 특권을 소유한 대지주들이 국가의 유상몰수를 수용할 리가 없었던 터라 터무니없이 가격을 높여 불렀다. 결과적으로, 정권의 교체는 민중의 삶을 바꾸어놓지 못했으며 더욱 강한 피바람의 내음이 불어오고 있었다.

한편, 멕시코 혁명이 낳은 가장 전설적인 두 캐릭터로 사파타와 비야를 들 수 있다. 이들은 존재 자체가 혁명의 정체성을 상징하는 인물들이다.

챙이 긴 솜브레로에 멕시코 카우보이 스타일인 짧은 차로 조끼를 걸치고 양어깨에는 두 줄의 탄피를 가로 질러 맨 '혁명의 아이콘' 사파타는 1879년 8월 8일 멕시코 중남부 모렐로스 주의 아네네쿠일코(Anenecuilco)라는 촌락의 소규모 자작농 집안에서 태어났다.

사진 5-1-3. 에밀리아노 사파타 - wikimedia commons

16세 무렵 몇 달 간격으로 부모를 여윈 후 농사를 지으며 살았으나 지주들의 토지 수탈이 강화되자 사파타 집안도 토지를 잃고 목축업으로 생업을 전환해야 했다. 십대 때부터 이미 강한 사회적 문제의식을 갖고 있던 사파타는 1908년 군대로 징집되었으나 탁월한 말 조련술 덕분에 멕시코 주의 대농장주들의 경마들을 돌보며 지냈다. 한편, 그 즈음 모렐로스의 대지주인 파블로 에스칸돈(Pablo Escandón, 1856-1926)은 디아스 체제의 핵심세력인 '과학자들(Los científicos)' 그룹에 속한 인물로, 모렐로스 주의 농촌경제가 번영하는 길은 원주민들이 공동소유지인 '에히도(ejido)'에서 생계용 작물을 공동 경작하는 전통적인 방식을 버리고 자신들의 아시엔다에서 상업용 작물을 대량생산하는 근대적 시스템으로 전환하는 것이라고 주장하였다. 에스칸돈을 모방한 다른 농장주들도 점차 주변의 원주민 마을의 농민들을 쫓아내면서 자신들의 아시엔다를 대규모로 확장하였다. 토지를 잃은 원주민들은 아시엔다의 페온으로 전락하였으며 농장주들은 그들을 채무관계로 묶어놓고 노예화하였다. 대지주들은 지역 전체를 사탕수수와 같은 수출용 플랜테이션 작물재배로 탈바꿈시키며 지역의 모든 농민들을 손쉽게 부릴 수 있게 되었다. 1909년 고향으로 돌아온 사파타는 마을 청년들을 모아 무장시킨 후 사태가 심각한 마을로 가서 빼앗긴 토지를 되찾아 농민들의 문제를 해결해 주었다. 점차 사파타의 인격과 명성을 듣고 모여드는 농민들로 민간 무장 병력의 수가 늘어나고 있을 때인 1910년 11월 마데로가 디아스 재선에 반대해 봉기를 일으켰다는 소식이 전해졌으며, 사파타는 마데로의 '산 루이스 포토시 강령'이 토지문제를 다룬 점을 눈여겨보고 자신이 이끄는 병력의 혁명참여를 결심하였다. 사파타의 '남부군'은 멕시코 시 중남부의 농촌지역을 점령하고 연방군의 군수물자를 습격하며 적진을 교란시켰으며, 1911년 5월 13일에는 디아스의 연방군과 치열한 접전을 거쳐 쿠아우틀라를 함락시켰다.

마침내 디아스가 축출되고 혁명은 성공하였지만 마데로는 혁명군을 해산하라는 명령을 내렸다. 사파타는 새 정부의 토지개혁 실행 약속을 믿으며 혁명군을 해산하였으나 마데로는 1911년 11월 6일 대통령에 취임한 후에도 공약을 이행하지 않았다.

혁명군을 다시 소집한 사파타는 더 이상 합법적인 해결책을 기다릴 필요 없이 고향인 모렐로스 주에서만이라도 토지개혁을 추진할 계획을 세웠다. 그는 11월 말 모렐로스 혁명평의회를 열어 '아얄라 강령(Plan de Ayala, 1911.11.28)'을 발표했다. 강령에서 사파타는 공약을 지키지 않고 국민을 배반한 마데로를 혁명정부의 대통령으로 인정하지 않을 것이며 토지개혁을 위해 투쟁할 것임을 밝혔다. 사파타 혁명의 신조인 '토지와 자유(Tierra y Libertad)'가 공포되는 순간이었다.

한편, 혁명의 본질을 이해하지 못한 마데로의 우유부단함은 스스로의 몰락을 재촉했다. 디아스 체제의 지배계층과 연방군, 그리고 미국이 공모하여 마데로 혁명정권을 붕괴시키기 위한 음모가 시작되었다. 디아스의 조카로서 구체제의 강력한 지지를 받던 펠릭스 디아스(Félix Díaz, 1868-1945)와 연방군 장군 빅토리아노 우에르타(Victoriano Huerta, 1845-1916), 그리고 미국대사 헨리 레인 윌슨이 주도자들이었다. 1913년 2월 9일 반란군이 멕시코 시의 시우다델라 요새를 점령함으로써 '비극의 10일(Decena trágica, 1911.2.9.-2.18)'이 시작되었다. 반란이 일어나자 우에르타의 음모참여를 눈치 채지 못한 마데로는 그를 연방군의 최고사령관으로 임명하였다. 1913년 2월 10일 우에르타가 반란군을 진압한다는 명목 아래 민간인들과 외국인들이 많이 사는 중심가를 고려하지 않고 마구 포격할 것을 명령함으로써 오천여명에 달하는 사상자가 발생하였다. 이와 같은 국가적 혼란 상태를 해결한다는 명목으로 우에르타는 2월 18일 군사쿠데타를 일으켰으며 마데로는 며칠 후인 11월 22일 살해되었다. 쿠데타 성공 직후 대통령직에 오른 우에르타는 원주민 어머니와 메스티소 아버지 사이에서 태어나 군에서 출세한 인물로 성격이 냉혹하고 잔인했으며 원래 야망이 큰 인물이었다. 자신의 꿈을 이룬 듯 했으나 멕시코 민중들은 비록 우유부단했으나 민주주의자였던 마데로를 죽이고 역사의 시계를 뒤로 돌려놓으려는 우에르타를 용서할 수 없었다. 남과 북, 동과 서에서 다시 혁명이 재개되었다. 이때 본격적으로 등장한 인물 중 베누스티아노 카란사(Venustiano Carranza, 1859-1920)가 있었다. 1859년 코아우일라 주의 부유한 지주집안에서 태어난 그는 1908년 이미 고향의 임시 주지사로 있었다. 그는 동향 출신의 마데로가 디아스의 재선 반대를 외치며 대선 캠페인을 벌이는 동안 별 관심이 없었으나 디아스의 눈 밖에 나 주지사에서 떨어지자 마데로의 혁명에 가담하여 주지사의 자리에 오르게 되었다. 마데로가 암살되고 격분한 민중들이 다시 봉기를 일으키자 대통령이 꿈이었던 카란사도 즉시 행동을 개시했다. 비천한 출신인 우에르타를 경멸하던 카란사는 '과달루페 강령(Plan de Guadalupe)'을 발표하며 반 우에르타 전선에 합류했으며 '헌정군(Ejércitos Constitucionalistas)'의 최고사령관이 되었다. 그렇지만 우에르타 연방군과의 전투에서 사파타가 지휘하는 '남부군(Ejército Libertador del Sur)'과 '북쪽의 켄타우루스(그리스 신화의 반인반마)'라는 별명이 붙은 판초 비야가 주도하는 '북부군(División del Norte)'의 활약상이 카란사 자신이나 카란사파인 알바로 오브레곤(Álvaro Obregón, 1880-1928)군보다 우세했다.

한편, 판초 비야는 에밀리아노 사파타와 더불어 멕시코 혁명이 배출한 걸출한 민중지도자였다. 비야의 유명세에는 산적에서 혁명지도자가 된 그의 드라마틱한 인생역정도 한 몫 했다. 본명이 호세 도로테오 아랑고 아람불라(José Doroteo Arango Arámbula)인 그는 1878년 6월 5일 멕시코 북쪽 두랑고 주의 한 아시엔다에서 농업노동자의 자식으로 태어났다. 오 남매의 장남으로 태어나 아버지를 일찍 여윈 그는 어려서부터 아시엔다에서 일하며 집안의 생계를 책임져야 했다. 당연히 학교는 구경도 못해 평생 문맹으로 지내야 했다. 하지만 그렇고 그런 노동자로 살 운명이 아니었던 듯 예기치 않은 사건이 그의 인생의 행로를 바꾸어 놓았다. 10대 중반이었던 어느 날 자신의 누이를 강제로 범하려는 농장의 주인을 총으로 쏘아버렸고 보복을 피하기 위해 산으로 도망친 것이다. 비야는 산적의 일원이 되었고 '실력'을 인정받아 두목이 되었다. 그는 단순한 도적이 아니라 부자의 것을 빼앗아 가난한 사람들에게 나누어주는 '멕시코의 로빈 후드' 역할을 병행하면서 괜찮은 명성도 얻었다. 1910년 당시 비야는 오랫동안 해오던 산적 비즈니스를 접고 치와와 시에서 그럭저럭 편안한 생활을 영위하고 있었으나 이 지역 정치인으로 마데로주의자였던 아브라함 곤살레스(Abraham González Casavantes, 1864-1913)를 만나며 대의에 눈을 떴다. 곤살레스의 설득으로 비야는 동지들을 규합해 초기부터 마데로의 혁명에 가담하였다. 대담한데다 오랜 산적 경험을 갖고 있던 그는 금방 전공을 세웠다. 한 전투에서는 말뚝에 솜브레로를 씌어 병력이 많은 것처럼 가장하여 연방군을 격퇴하기도 했다. 산 안드레스, 산타 이사벨, 시우닷 카마르고, 라스 에스코바스 등 여러 전투에서 승리를 거두고 디아스 몰락의 결정적인 계기가 된 1911년 5월 시우닷 후아레스 전투에서 공을 세웠다. 마데로 혁명의 성공 이후 비야는 한때 연방군 지휘관 우에르타의 휘하에 있었으나, 산적출신에 통제불능인 비야를 미워한 우에르타는 사소한 이유로 비야를 총살형에 처하려 했다. 형 집행 직전 마데로의 개입으로 극적으로 목숨을 건진 그는 총살형 대신 멕시코 시의 감옥으로 이송되었다가 1912년 말 탈옥하여 미국의 텍사스로 도망갔다.

1913년 3월, 자신을 죽이려던 우에르타가 마데로를 암살했다는 소식을 듣고 비야는 7명의 동료들과 국경을 넘어 멕시코로 돌아왔다. 민중의 호응을 얻어 비야의 군대는 몇 달 만에 9천 명으로 늘어났다. 비야는 카란사의 '과달루페 강령'에 호응하면서도 카란사 군과 독립된 자신의 군대 통솔권을 유지했다. 비야는 치와와 시를 점령하고 12월 8일 임시주지사로 임명되었다. 그의 공식적인 주지사 재임기간은 이듬해 초까지 한 달여에 불과했으나 실제로는 카란사가 임명한 주지사에게 명령을 내리며 그보다 긴 시간 권한을 행사했다. 싸움꾼인줄만 알았던 비야는 이 시기 훌륭한 행정관으로서의 역량도 발휘했다. 문맹에 한이 맺힌 그는 가난한 어린이들을 위해 30여 개의 학교를 세웠으며 틈이 나면 자신도 수업에 참석했다. 생필품 가격을 인하했으며 병사들을 동원하여 주민들을 위한 인프라를 구축하고 민생을 도왔다. 또한 대지주들의 토지를 몰수하여 혁명에 참전했던 퇴역군인들과 과부들에게 분배했다. 비야의 토지개혁 소식을 접한 카란사는 즉각 이를 중단하고 분배한 토지를 원래의 대농장주들에게 돌려줄 것을 명령했으나 비야는 카란사의 지시를 따르지 않았다. 이제 카란사에게 강력한 무력과 대중적 인기를 가진 비야는 서서히 견제의 대상으로, 그리고 언젠가는 제거해야 할 라이벌로 떠오르고 있었다. 한편 우에르타의 전세는 서산의 해처럼 기울고 있었다. 그는 혁명군의 공세에 대처하기 위해 '전국의 병영화'정책을 내세웠다. 사파타의 세력 확장을 막기 위해 중남부 모렐로스의 농민들을 강제징집해서 북부전선의 총알받이로 실어 보냈으나 이는 오히려 증오심만 부추겨 사파타 군에 가담하는 민중의 수가 늘어났다. 마침내 비야의 북부군은 1914년 6월 우에르타의 마지막 전략거점인 사카테카스를 공략하여 승리를 이끌어냈고 우에르타는 그해 7월 15일 대통령직을 사임하고 멕시코를 떠났다.

사진 5-1-4. 판초 비야(1914년) - wikimedia commons

공공의 적이었던 우에르타가 제거되자 카란사파와 반 카란사파의 마지막 패권다툼은 불가피했다. 1914년 8월 15일 카란사파의 알바로 오브레곤이 멕시코시에 입성했으며 카란사는 전권을 행사하며 공식적으로 우에르타 정권을 폐지했다. 이즈음 비야도 카란사와의 마지막 결전을 준비하고 있었고 멕시코시 인근에 주둔하고 있던 사파타는 카란사에게 '아얄라 강령'의 실행에 동의할 것을 요구했다. 몇 주 후, 사파타는 지주들의 토지를 몰수해 원래대로 '에히도'에 환원하며 농업은행을 신설해 혁명으로 인해 생긴 고아와 과부에게 연금을 지불한다는 내용을 담은 구체적인 개혁안을 내놓았다. 민중을 대변하는 사파타, 비야와 태생부터 엘리트주의자인 카란사는 애초부터 물과 기름 같은 존재였다.

한편 혁명을 주도했던 네 개 정파(카란사, 비야, 사파타, 오브레곤) 사이의 화합을 도모하고 향후 멕시코의 개혁프로그램을 논의하기 위해 카란사는 1914년 10월 1일 '국가 군사지도자들과 통치자들의 대 회의'(Gran Convención de jefes militares con mandos de fuerzas y gobernadores de los Estados)를 소집하였다. 회의는 처음 멕시코시에서 열렸으나 우에르타 몰락 이후 임시대통령을 자임한 카란사의 권위를 인정하지 않던 사파타와 비야가 대표단을 파견하지 않자 10월 10일 이후 장소를 각 정파들의 영향력에서 중립지대인 아구아스칼리엔테스로 옮겨 진행되었다. '아구아스칼리엔테스 군사회의'(Convención de Aguascalientes, 1914.10.10.-11.9)라 불린 이 회의는 정파 간의 견해차를 좁히자는 취지와는 달리 처음부터 동상이몽이었다. 카란사의 헌정주의파(Constitucionalistas)는 각 혁명정파를 자신의 지휘 하에 묶어두려는 의도였던 반면 사파타는 토지의 즉각적인 반환을 골자로 한 '아얄라 강령'의 실행을 주장했으며 비야도 이에 동의했다. 회의는 카란사의 의도와는 달리 비야와 사파타파가 주도했다. 군사회의는 카란사를 임시대통령에서 해임하고 대신 에우랄리오 구티에레스(Eulalio Gutiérrez Ortiz, 1881-1939)를 선출했다. 카란사는 회의결과 수용을 거부하고 베라크루스로 근거를 옮겨 내전을 준비했다. 한편 비야와 사파타는 그해 12월 초 6만 명의 병력과 함께 위풍당당하게 멕시코시에 입성했다. 국가권력을 장악할 절호의 기회였으나 그들은 외신기자들 앞에서 사진 한 장 찍고 헤어져 각자의 근거지로 돌아갔다. 과묵하고 내성적인 사파타와 다혈질에 입담이 센 비야는 둘 다 권력욕과는 무관한 소박한 사나이들이었다. 혁명이 끝나면 사파타는 고향사람들과 평화롭게 농사짓고 살고 싶어 했으며 비야는 가난했던 어린 시절부터 꿈이었던 목장주가 되는 것이 소망이었다.

사진 5-1-5. 1914년 12월 6일 멕시코시에 입성해 기념 촬영하는 사파타와 비야 연합군(가운데가 판초 비야, 오른쪽이 에밀리아노 사파타) - wikimedia commons

각자 근거지로 돌아간 비야와 사파타 파의 공간적 여백을 카란사 파가 파고들었다. 카란사 파의 알바로 오브레곤은 베라크루스에서 곧장 멕시코시로 진격하여 사파타의 '남부군'을 물리친 후 1915년 수도를 장악했다. 오브레곤은 셀라야 평원에서 벌어진 전투(Batalla de Celaya, 1915.4.6-15)에서 참호전으로 그동안 용맹을 떨치던 비야의 기마부대를 무너뜨렸다. 결국 권력은 '야망'이라는 손잡이가 있어야 잡을 수 있는 것임을 카란사가 보여준 것이다.

국경 너머 상황을 관망하던 미국의 우드로 윌슨 정부는 1915년 10월 19일 미국대사를 보내 카란사파를 멕시코의 합법적인 정부로 승인하였다. 카란사 정부를 승인한 미국은 비야군에게 무기판매를 금지시켰으며 미국 국경 인근의 아구아 프리에타 전투(Batalla de Agua Prieta, 1915.11.1)에서 오브레곤이 지휘하는 카란사군이 비야군을 칠 수 있도록 미국영토 경유를 허락했다. 셀라야 전투 패배 이후 게릴라 집단규모로 축소된 병력을 이끌고 있었지만 다혈질의 사나이 비야는 미국에 복수를 다짐했다. 1916년 1월 치와와에서 열차를 습격하여 미국인 기술자들을 총살하였고 1916년 3월에는 과감하게도 미국 본토를 '침공'하여 콜럼버스시를 습격했다. 미국은 3월 15일 존 퍼싱 장군이 이끄는 1만 명의 대규모 부대를 멕시코로 파병하여 1년 가까이 추적했으나 신출귀몰하는 그를 끝내 잡지 못했다. 이 일로 인해 <라쿠카라차>에 나오는 "판초 비야의 군대가 오니까 이미 카란사의 군대가 가버렸네"라는 가사처럼 반미감정이 심한 멕시코인들에게 비야는 국민적 영웅으로, 주권을 침해당한 카란사는 겁쟁이로 부각되었다.

빅토리아노 우에르타 축출이후 전개된 카란사와 비야, 사파타의 멕시코 판 '삼국지'는 이처럼 수많은 일화를 남기며 카란사의 승리로 일단락되었다. 그러나 멕시코 혁명 역시 해피엔딩이 드문 혁명의 서사구조에서 벗어나지 않았다. 이후 몇 년 사이에 사파타와 비야, 카란사는 모두 차례로 암살로 생을 마감하며 혁명의 제단에 제물로 올랐다. 북부 비야군의 약화와 더불어 게릴라화된 사파타는 '남부군'에 합류하겠다는 카란사파의 장교 헤수스 구아하르도(Jesús Guajardo, 1892-1920)의 위장전술에 속아 1919년 4월 10일 암살당했다. 카란사 역시 대통령 임기 말에 한솥밥을 먹던 오브레곤이 반란을 일으키자 수도를 베라크루스로 옮기려 이동하던 중 1920년 5월 21일 새벽녘 암살되었다. 비야는 카란사의 죽음 이후 잠시 임시대통령직을 맡은 아돌포 데 라 우에르타(Adolfo de la Huerta, 1881-1955) 정부에 의해 사면을 받고 혁명일선에서 물러났다. 그는 그간 혁명에 기여한 공로로 정부로부터 고향인 두랑고에 아시엔다를 받고 부하들과 함께 평온하게 살고 있었다. 하지만 1920년 말 대통령직에 오른 알바로 오브레곤은 여전히 비야를 위협적인 존재로 여기고 있었다. 1923년 7월 20일 친척집을 방문하러 잘 차려입고 길을 나서던 비야도 총탄세례를 받고 사망하였다.

영웅들은 사라졌으나 흔적은 지워지지 않았다. 비야는 멕시코 현대사의 가장 전설적인 인물이 되었고 사파타는 20세기 말 치아파스 주에서 '토지, 자유, 정의'를 외친 사파티스타 민족 해방군(EZLN)으로 부활했다. 무엇보다 멕시코 혁명은 소중한 정신적 유산을 남겼다. 청산되지 않은 봉건적 사회구조와 대토지를 소유한 과두 특권층의 독점경제, 그리고 근대화의 미명하에 자행된 외국자본의 침탈에 대한 문제의식이 일거에 표출되었으며, 이와 같은 혁명의 '반봉건-반독점-반외세'적 성격은 그동안 이 나라 역사에서 늘 수동적인 객체에 머물러왔던 민중의 '주체적인 자의식'을 일깨웠다. 비록 혁명의 과실이 민중에게 돌아갔는지는 의문이 아닐 수 없으나 이후 라틴아메리카뿐만 아니라 전 세계에서 이어질 수많은 혁명들의 전범(典範)이 되기에는 부족함이 없었다.

2
아르헨티나 페로니즘
후안 페론과 에바 페론

우리에게 잘 알려진 뮤지컬 영화 <에비타>는 아르헨티나의 국모로 불리는 에바 페론(Eva Perón Duarte, 1919-1952)의 일대기를 그리고 있다. 주인공 에비타로 분한 가수 마돈나가 죽음을 앞두고 국민들에게 부르는 마지막 작별의 노래 '날 위해 울지 말아요, 아르헨티나여'(Don't cry for me, Argentina)는 듣는 이의 가슴을 울린다. 이렇듯 아름다운 선율의 영화로 만들어질 정도라면 분명 남다른 사연이 있을 것이다.

이 영화의 주인공인 에비타의 남편은 후안 페론(Juan Domingo Perón, 1895-1974)이다. 그는 1895년 10월 8일 부에노스아이레스 주 인근의 로보스(Lobos) 시에서 태어났다. 백인 이민국가인 아르헨티나의 특성을 보여주듯 후안 페론의 피 속에는 이탈리아, 영국, 바스크(스페인)의 유전자가 고루 섞여 있었다. 그는 모계 쪽을 통해 약간의 원주민 혈통도 이어받았는데, 생전에 한 인터뷰에서 "나는 내 뿌리가 원주민에 있다는 점을 자랑스럽게 느낀다. 왜냐하면 세상에서 최상의 것은 비천한 사람들에게 있다고 믿기 때문이다."라고 밝히며 굳이 이점을 감추려하지 않았다. 페론은 1911년 군사학교(Colegio Militar de la Nación)에 입학해서 일찍이 군인의 길을 걸었다. 당시 페론과 같은 중산층 자녀들은 출세를 위해 직업

군인을 선택하는 일이 많았다. 그는 스포츠에 능하고 지적으로도 뛰어난 카리스마 넘치는 인물이었으나 군인으로서의 프로필은 비교적 평범했다. 임관 이후 파라나(Paraná) 등지에서 보병장교로 근무했으며 1920년 이후에는 주로 하사관학교(Escuela de Suboficiales)와 군사대학(Escuela Superior de Guerra)에서 교관으로 근무하다가 1936~1938년 사이 칠레주재 아르헨티나대사관 무관으로 일했다. 1929년 결혼한 첫 부인이 1938년 가을 병으로 죽자 잠시 방황하던 페론은 1939년 초부터 약 2년간 유럽으로 건너가 이탈리아에서 유학했다. 이 시기는 페론의 정치사상형성에 중요한 영향을 미쳤다. 그는 막 개전한 2차 세계대전을 유럽 현지에서 경험하면서 강력한 지도력으로 일사불란한 국가체제를 형성한 무솔리니에게서 강한 영감을 받았다. 1941년 초에 귀국했을 때 그 자신의 표현대로라면 '다른 사람이 되어 돌아왔다.'(infobae, 2017.6.3)

사진 5-2-1. 후안 페론(1940년) - wikimedia commons

페론이 정치의 일선에 전면적으로 등장한 것은 1943년부터이다. 그 해 6월 민족주의적 성향의 군인들이 중심이 된 '연합장교단(Grupo de Oficiales Unidos)'이 주도하는 군부쿠데타가 라몬 카스티요(Ramón Castillo, 1873-1944) 정부를 무너뜨렸다. 새로 집권한 군사정부는 그 해 연말 노동부를 신설하고 페론을 장관으로 임명하였다. 비교적 한직이었으나 페론은 급격히 성장하는 도시노동자 계급의 정치적 잠재력을 잘 간파하고 있었다. 이 무렵 시골에서 부에노스아이레스로 몰려드는 국내이민의 수가 급증하고 있었다. 그란 부에노스아이레스(Gran Buenos Aires. 부에노스아이레스 시와 주변 도시들)의 인구는 1936에 약 343만 명이었으나 1947년에는 472만 명으로 늘어났으며 국내이민자는 같은 기간 12%에서 29%로 두 배 이상 급증했다. 기존 정치인들은 이러한 환경의 변화에 둔감했으나 페론은 이 그룹의 심리적, 사회적 특성에 주목했으며 그들과 소통하고자 노력했다.(Romero, José Luis, 2009, 156) 그는 노동자들과 밀접한 관계를 유지하고 그들을 적극적으로 지원하는 정책을 추진하면서 점차 견고한 지지 세력으로 만들어갔다. 이 무렵(1944년 1월) 산후안에서 발생한 지진 피해자들을 돕기 위해 부에노스아이레스에서 열린 한 기금모음 행사에서 페론은 에바 두아르테(Eva Duarte)를 만나 첫눈에 사랑에 빠졌다. 페론은 48세의 홀아비였으며 에바는 그 절반의 나이인 24세였다. 페론은 망명 중이던 1956년 그녀와의 첫 만남을 다음과 같이 회고했다.

> 에바는 운명처럼 내 삶으로 들어왔다. (안데스) 산맥의 산후안 주를 뒤흔든 비극적인 지진으로 거의 도시 전체가 파괴되었던 무렵이었다. 그 일로 내 아내를 만나게 되었다. 나는 당시 노동부장관이었다. 산후안의 비극은 국가적인 참사였다. 〔…〕 나는 멀리 떨어

진 그 지역의 불쌍한 주민들에게 모두가 손을 내밀도록 사람들을 소집했다. 〔…〕 (그들 중) 한 젊은 여인이 있었다. 가냘픈 외모였으나 목소리는 강인했다. 등까지 흘러내리는 금발의 긴 머리카락에 마치 불꽃처럼 이글거리는 눈동자를 지니고 있었다. 사람들은 그녀가 연극배우이자 라디오 성우인 에바 두아르테라고 했다. 〔…〕 나는 그녀를 주시했으며 그녀의 말들이 나를 압도하고 있음을 느꼈다. 나는 그녀의 목소리와 시선에서 뿜어져 나오는 열기에 거의 얼어붙었다. 그녀는 창백했으나 말할 때면 얼굴에 홍조를 띠었다. 〔…〕 당시 나는 아르헨티나의 삶을 혁신적으로 바꿀 정치운동에 활력을 불어넣을 생각을 하고 있던 참이었다. 〔…〕 나는 에바에게서 의지와 신념, 진정한 열정으로 가득한 뛰어난 여인상을 보았다. 〔…〕 에바는 산후안의 주민들을 돕는 것 이상의 무엇인가를 해야만 했다. 그녀는 아르헨티나의 가난한 사람들을 위해 일해야만 했다. 〔…〕 나는 그녀가 연극 일을 그만두고 내 옆에서 일하도록 결정했다. (Clarín, 28/07/2002)

페론은 에바에게서 여인으로서의 매력은 물론 정치적 동반자로서의 무한한 가능성을 동시에 느꼈으며, 그들의 만남은 개인사를 넘어 국가의 운명까지 바꾼 역사의 한 장면이 되었다.

사진 5-2-2. 후안 페론을 만났던 해(1944년)의 에바 페론 - wikimedia commons

한편, 페론은 1944년 2월 국방부장관에 이어 한때 상관으로 모셨던 에델미로 파렐(Edelmir Julián Farrell, 1887-1980)장군이 대통령이 되자 7월에는 부통령직까지 겸직하게 되었다. 하지만 노조에게 편향된 그의 정책에 군부와 보수층은 불안감을 느꼈다. 1945년 10월 8일 군부는 파렐 대통령에게 무력시위를 가해 페론의 사임과 구속을 요구했다. 페론은 10월 10일 모든 직책(노동부장관, 국방부장관, 부통령)에서 물러났고 플라타 강의 마르틴 가르시아 섬 감옥에 투옥되었다. 그러나 이는 오히려 페론의 정치적 주가를 높이는 결정적인 계기가 되었다. 페론의 사임과 투옥소식에 분노한 노조와 노동자들이 10월 17일 새벽부터 5월 광장 등 시내를 점거하고 페론의 석방을 요구했다. 일부 군부지도자들이 시위대에 대한 무력진압을 요청했으나 새로 선임된 국방부 장관(에두아르도 아발로스, Eduardo Ávalos, 1892-1971)은 이를 거부했다. 대신 시위대를 진정시키기 위해 당일 페론을 석방했다. 그날 밤 자정이 다 되어 대통령 궁인 카사 로사다(Casa Rosada)의 발코니에 나타난 페론은 열광하는 50만 명의 군중들 앞에서 감사를 표했다. 그는 군에서의 퇴역을 선언하며 앞으로 계속 노동자들의 편에서 투쟁할 것임을 다짐했다. '충성의 날(Día de la Lealtad)'이라 불리는 이 날 페론주의(peronismo)가 탄생했으며 페론은 일주일 후 에바와 결혼했다. 그리고 노동당(Partido Laborista)을 창당하여 1946년 2월 아르헨티나 대통령 선거에 출마하여 당선되었다. 페론의 시대가 열린 것이다.

대통령이 된 페론은 사회정의와 자립경제를 기치로 내세웠으며 1946년 11월 노동당과 자신의 정치적 지지세력을 묶어 '정의당(Partido Justicialista)'을 창당했다.

그는 국가주도의 강력한 경제정책을 추진했다. 철도와 중앙은행을 국유화했고 화물과 철강, 금융 등 주요 산업분야를 주도하는 강력한 국영 기업을 만들었다. 그의 첫 번째 집권 시기에는 운이 따랐다. 2차 대전 종전 이후 세계적으로 식량 수요가 늘어나면서 소고기와 밀 등 농산물 수출 호조에 힘입어 아르헨티나 경제는 호황을 누렸다. 농산물의 수출과 수입은 민간이 아닌 아르헨티나 무역진흥기구(IAPI, Instituto Argentino de Programación del Intercambio)를 통해 국가가 직접 가격과 물량을 통제했으며 여기에서 거둬들인 수입은 국가 주도의 수입대체 산업화와 병원과 학교, 고아원, 양로원 등 서민들을 위한 지원에 대규모로 투자되었다. 노동자들의 실질임금이 대폭 증가하고 국내 소비가 활성화되었으며 처우와 무기가 좋아진 군부도 만족했다. 외교적으로도 페론은 자본주의와 공산주의 간의 냉전에서 중립적인 자세를 취하고 최대한 실리를 추구했다.

1946년~1951년의 1차 집권기를 성공적으로 마친 페론은 1951년 11월 11일 열린 대통령선거에서 63%의 지지율로 재선에 성공하였다. 직전 선거보다 약 10%늘어난 득표였으며 4년 전(1947년 9월) 처음 허용된 참정권 덕분에 여성들도 대거 투표장을 찾았다. 그러나 재선의 기쁨도 잠시, 페론이 2기 집권이 시작된 해인 1952년 7월 26일 에바 페론이 33살의 나이에 자궁암으로 사망하였다. 그녀의 갑작스러운 죽음은 페론의 2기 집권기의 어두운 미래를 예고하는 불길한 조짐이었다.

호황이 외부에서 비롯되었던 것처럼 불황의 그늘도 외부에서부터 드리워졌다. 세계경제의 기류가 변한 것이다. 1950년대 초 전후의 상흔에서 벗어나기 시작한 유럽 국가들의 경기가 회복되면서 그동안 잘 나가던 아르헨티나의 농축산물 수출이 심각한 타격을 입게 되었다. 재원의 감소로 노동집약적인 수입대체화 산업이 침체되었으며 임금동결 등으로 실질소득이 하락한 노동자들의 충성도도 전과 같지 않았다. 부족한 재정을 메우기 위해 페론은 기존의 민족주의적인 경제정책에서 탈피해 외국자본을 유치하기 시작하였으나 그로 인한 고용효과는 미미했으며 오히려 군부 등 민족주의자들의 불만을 초래했다. 흔히 현실에서 실패한 정치인들이 지나친 이념을 내세우듯, 위기에 처한 페론도 집권의 명분을 유지하기 위해 소위 '정의주의(Justicialismo)'를 강조했다. 자본주의도, 공산주의도 아닌 '모든 사람들을 위한 정의'를 추구한다는 이 이념은 그 준수한 명칭과는 달리 사실 취약해진 집권기반과 명분을 유지하기 위한 수단으로 활용되었다. 페론정부는 의회를 무력화하고 경찰력을 동원해 페론주의에 반대하는 개인과 언론, 교회 등 정치적 반대자들에 대해 대대적인 인권유린과 탄압을 자행하였다. 정당과 문화단체의 집회를 금지하고 비판적인 성향의 신문이나 잡지의 발행도 허용하지 않았으며 반정부 인사들의 출국조차 막았다. 노동자의 권리 등 그럴듯한 내용을 담은 1949년의 개정헌법도 페론의 재선을 위해 마련된 속마음을 숨기고 있었다. 자금출처가 불분명한 에바 페론재단(Fundación Eva Perón)의 자선에 취한 대중들은 대부분 정부의 임금이나 복지정책이 지속성을 담보할 수 있는 그 어떠한 근본적인 개혁도 수반하고 있지 않음을 깨닫지 못하고 있었으며 명확한 인플레이션의 조짐조차 정부가 내세우는 '사회정의(justicia social)'의 구호 앞에 묻혀버렸다.(Romero, José Luis, 2009, 161-162) 페론의 독재는 개인숭배 차원으로까지 확대되었다. 에바 페론의 자전적 전기인 『내 삶의 이유』(La razón de mi vida)를 전국의 초중등학교 필독도서로 지정하였으며, 행정구역을 개편하면서 에바 페론 주(Provincia Eva Perón, 현재의 라 팜파 주)와 페론대통령 주(Provincia Presidente Perón, 현재의 차코 주)를 신설하고 라플라타 시의 명칭도 에바 페론 시로 바꾸었다. 이에 비례해 반정부, 반페로니즘 세력의 저항도 거세졌다. 1953년 4월 15일 페론주의 노조인 노동자총연맹(CGT, Confederación General de Trabajo)의 행사가 열리던 5월 광장에서 발생한 폭탄테러도 그 중 하나였다.

결국 페론은 임기를 채우지 못했다. 온갖 노력에도 불구하고 페론의 지지기반이던 노동자, 기업가, 군부 등 다계급 동맹의 결속력이 급격히 와해되었으며 매춘과 이혼의 합법화로 그동안 좋은 관계를 유지해 오던 교회도 등을 돌렸다. 1955년 6월 16일 '5월 광장의 폭격(Bombardeo de la Plaza de Mayo)'혹은 '5월 광장 대학살(Masacre de la Plaza de Mayo)'이라 불리는 쿠데타 시도로 3백여 명이 죽고 800여 명이 다치는 불상사가 일어났다. 이 사건 이후 페론은 정치적 반대파에 대해 다소 유화적인 제스처를 취했으나 결국 세 달 후인 9월 16일에서 23일 사이 에두아르도 로나르디(Eduardo Lonardi, 1896-1956)장군이 주도한 군사쿠데타가 발발했다. 정변을 일으킨 군인들과 정권을 지키려는 페론주의자들 사이의 내전발발 위기에서 페론은 정권을 내려놓고 조국을 등졌다.

이후 페론은 파라과이와 파나마, 베네수엘라, 도미니카공화국을 거쳐 스페인으로 망명해서 거의 20년 가까운 세월을 보냈다. 그는 망명 초기 파나마에서 만난 마리아 에스텔라 마르티네스 데 페론(María Estela Martínez de Perón, 1931년생)과 결혼했다. 아르헨티나 출신의 이 여인은 '이사벨(Isabel)'이라는 이름의 예명으로 중남미 여러 곳의 카바레를 돌며 댄서로 일하고 있었다. 24살이던 1955년 크리스마스에 자신이 일하던 파나마의 '해피 랜드(Happy Land)'라는 카바레에서 페론을 만났으며 그의 개인비서가 되어 함께 지내다 1961년 스페인에서 결혼하였다. 흔히 '이사벨 페론(Isabel Perón)'이라 불리는 그녀는 페론의 세 번째이자 마지막 부인이었다. 그리고 1973년 6월 페론이 귀국하여 그해 9월 다시 대통령 선거에 나섰을 때 그녀는 부통령으로 함께 출마하여 당선되었고, 이듬해 7월 1일 페론이 심장마비로 사망하자 대통령직을 승계하였다. 에바 페론이 이루지 못한 꿈을 이루었으며, '공화국' 국가원수로는 라틴아메리카는 물론 세계 최초의 여성이었으나 이사벨 페론이 이끄는 정부는 허약하고 무기력했다. 결국 그녀는 약 20개월 만인 1976년 3월 24일 호르헤 라파엘 비델라(Jorge Rafael Videla, 1925-2013)장군이 주도한 군사쿠데타로 쫓겨났으며, 5년간 투옥되었다가 1981년 7월 석방된 후 정치일선에서 은퇴, 마드리드로 건너갔다. 댄서 출신으로 세계 최초의 여성 대통령직에 오른 그녀의 인생역정도 에바 페론 못지않게 기구하다고 할 수 있다.

사진 5-2-3. 아르헨티나 대통령 시절의 이사벨 페론(1974년) - wikimedia commons

한편, 페론주의를 언급할 때 빠뜨릴 수 없는 인물이 에바 페론이다. 그녀는 '대통령의 부인보다는 조국의 고통을 치유하는 에비타가 되겠다.'라는 스스로의 다짐처럼 단순히 영부인이나 정치적 보조자에 머무

르려 하지 않았다. '페로니즘'의 가치 형성에 결정적인 역할을 하였으며, 그때까지 아르헨티나뿐만 아니라 라틴아메리카 역사에서 보기 드물었던 '여성정치인'의 선례를 남겼다.

후안 페론을 만나기 전까지 그녀의 삶은 단순한 '인생역전'을 꿈꾸는 여느 젊은 여인과 크게 다르지 않았다. 그녀는 마리아 에바 두아르테라는 이름으로 1919년 5월 7일 부에노스아이레스 주 중북부의 한 촌락에서 태어났다. 에바는 혼외자식이었는데, 부유한 농장주(estanciero)인 아버지 후안 두아르테(Juan Duarte)는 본처를 둔 상태에서 후아나 이바르구렌(Juana Ibarguren)이라는 여인과의 사이에 에바를 비롯한 다섯 명의 자녀를 두었다. 이와 같은 '두 집 살림'은 당시 농촌지역의 농장주들 사이에서 예외적인 경우는 아니었으나 혼외자식은 사생아와 마찬가지로 사회적인 차별을 받았다. 1926년 1월 아버지가 교통사고로 죽었을 때 에바의 가족은 장례식장 출입을 거부당할 뻔 하기도 했는데, 이러한 차별은 훗날 그녀가 『내 삶의 이유』에서 "오늘날 내 삶을 이해하기 위해서는, 내가 하고 있는 일을 말하기 위해서는 〔…〕 어린 시절로 돌아가야만 한다."라고 이야기 할 정도로 어린 에바에게 깊은 정신적 상처와 사회정의에 대한 강한 문제의식을 심어주었다.

아버지 사후 어려워진 생계는 한동안 어머니가 근근이 이어갔다. 가난했지만 예술적 끼가 다분했던 에바는 일찍이 부에노스아이레스에서 배우로 성공할 꿈을 꾸었고 15세 되던 해 '무작정 상경'했다. 그리고 연극과 라디오극, 영화, 잡지모델 등으로 활동하며 조금씩 무명에서 벗어나 경제적 안정을 찾아가던 무렵(1944년 1월) 산후안 지진피해자를 위한 자선행사에서 두 배 연상의 후안 페론을 만난 것이다. 1945년 10월 17일 구금된 후안 페론의 석방을 요구하는 노동자들의 대규모 시위가 벌어진

'충성의 날'이후 일주일 만에 그녀는 페론과 결혼했다. 그리고 이듬해 2월 대통령선거에 출마한 남편의 선거유세에 뛰어들며 배우가 아닌 정치인으로서의 새로운 삶을 시작했다. 여성참정권도 없던 시절 여자가 대중 앞에서 정치에 대해 이야기한다는 것은 당시로서는 보기드믄 일이었다. 그러나 에바는 타고난 미모와 카리스마, 언변으로 대중에게 어필했다. 불꽃처럼 짧은 삶을 살다간 그녀였지만 그녀가 남긴 족적은 깊었다. 여성참정권 실현에 결정적인 역할을 하였을 뿐만 아니라 '여성은 투표만 해서는 안되며, 여성에게 투표해야 한다.'고 말하며 여성의 정치참여를 독려하였다. 1949년 7월에는 직접 여성 페론주의 정당(Partido Peronista Femenino, PPF)를 창당하여 1951년 대선과 함께 치러진 총선에서 하원 23석, 상원 6석을 비롯하여 일부 지방의원들을 배출하기도 하였다. 정치적인 영향력을 발휘하여 그동안 남편에게만 귀속되던 친권을 어머니와 함께 소유하는 공동친권(patria potestad compartida) 조항을 1949년 개정헌법에 반영시켰다. 또한 1948년 7월 에바 페론재단을 설립하여 이전까지 주로 상류층 부인들의 자선활동에 머물러 있던 빈곤과 소외계층에 대한 구휼을 제도적으로 활성화시키고자 하였다. 어린이와 노인, 미혼모, 여성가장을 위한 학교와 병원, 양로원, 탁아소 등을 건립하고 전후 어려움을 겪고 있는 스페인, 일본, 이스라엘 등 외국에 대한 지원활동도 병행하였다. 1947년 6월부터 약 두 달 간은 전후 식량난을 겪고 있는 스페인, 프랑스, 이탈리아 등 유럽 국가들과 브라질, 우루과이를 순방하며 외교적인 역량을 보여주기도 하였다.

이와 같은 적극적인 정치, 사회활동으로 인해 그녀는 1951년 대선을 앞두고 부통령후보로 출마할 것을 요구받기도 하였으나, 이미 암세포가 몸을 깊이 파고들고 있었다. 결국 에바 페론은 1952년 7월 26일 33살의 나이로 사망했다. 그녀의 시신은 1955년 쿠데타 군에 의해 비밀리에 이탈리아의 밀라노로 이송되어 다른 사람의 이름으로 묻혀 있다가 1974년 고국으로 돌아왔다. 비록 짧은 생을 살았지만 그녀는 뮤지컬과 영화, 연극, 소설 등 예술장르에서 영원한 주역으로 남았다.

사진 5-2-4. 집회에서 청중들에게 인사하는 에바 페론(1951년 8월 22일) - wikimedia commons

만일 에바를 만나지 않았더라면 후안 페론도 그토록 큰 정치적 위상을 쌓지 못했을 것이다. 페로니즘의 두드러진 특성 중 하나로 쌍두체제가 거론될 만큼 에바 페론의 영향력은 강력했다. 그녀는 사실상 페론 정부의 2인자로 존재하며 '페론 정부의 전도사', '페론의 방패', '데스카미

사도스(descamisados)[55]의 대사', '가난한 이들과 노동자들의 기수' 등의 다양한 칭호를 들으며 페론과 민중을 이어주었다. 특히 '성녀 에비타'라는 별칭에서 느낄 수 있듯 그녀의 자선사업과 복지제도 확충을 위한 노력은 가난한 민중들과 사회적 약자들을 크게 감동시켰다.

페론주의는 기존 '과두독점지배체제(oligarquía)'의 견고함을 무너뜨리고 새로운 정치 발전단계인 민중주의 또는 대중주의(populismo) 시대를 열었다는 의미를 지닌다. 그러나 오늘날까지도 그에 대한 역사적 평가는 극단을 이룬다. 한편으로는 국민들에게 민족주의를 고양시키며 기존 체제에서 소외되었던 노동자계급에 정치 세력화의 계기를 마련해 주었다. 그러나 일각에서는 아르헨티나의 정치, 사회적 불안정은 빈곤이나 불평등한 소득분배의 결과라기보다는 오히려 페론이 노동자 계급을 정치적으로 이용함으로써 군부, 자본가 연합, 정부 관료조직 등 각 사회집단과의 계급투쟁을 촉발했다고 보는 견해도 있다. 또한 지속적인 성장을 담보할 수 있는 경제적 토대와 사회적 합의가 수반되지 않는 복지와 개혁의 한계로 인해 최근까지도 페로니즘은 왕왕 '반면교사'의 한 전형으로 인식되기도 한다.

---

55 '셔츠를 벗은 사람들'이라는 의미로 페론을 지지하는 노동자 계급을 일컫는다. 1945년 10월 17일 페론의 석방을 요구하는 노동자들의 대규모 시위 당시 더운 날씨 때문에 시위참가자들이 셔츠를 벗었던 데서 유래했다.

3
쿠바혁명
카스트로와 체 게바라

쿠바는 1511년 디에고 벨라스케스 데 쿠에야르(Diego Velázquez de Cuéllar, 1465-1524)에 의해 점령된 이래 1898년 미서전쟁(Guerra Hispano-Estadounidense)으로 미국의 군정 치하에 놓일 때까지 약 4백 년 가까이 스페인의 지배하에 있었다. 카리브 해의 관문으로 본국과 라틴아메리카 식민지를 연결하는 주요한 통로였으며 합스부르크왕가 시절에는 식민지 각지의 금은과 특산품을 가득 실은 '카레라 데 인디아스(Carrera de Indias)'의 선단이 집결하던 전략적 요충지였다. 때문에 스페인은 19세기 초반 대부분의 라틴아메리카 식민지를 상실하고도 어떡해서든 쿠바만은 지키고자 했다. 그러나 미국 또한 자신들의 턱밑에 위치한 이 섬에 군침을 흘리고 있었다. 미국은 1898년 2월 자작극의 냄새가 강하게 풍기는 미 전함 메인호 폭파사건을 빌미로 전쟁을 일으켜 스페인을 쫓아낸 후 3년 동안 쿠바에 군정을 실시했다. 쿠바는 1902년 공화국을 선포하며 외형적인 독립을 이루었으나 미국은 관타나모(Guantánamo)기지 조차(租借)를 비롯하여 다른 국가와의 조약에 대한 거부권, 쿠바 재무부에 대한 감독권 등 내정간섭을 명시한 플랫수정안(Platt Amendment)을 통해 쿠바를 반식민지로 삼았다. 이 말도 안 되는 수정안은 1934년 형식적으로 폐기되었으나, 1959년 쿠바혁명이 일어날 때 까지 쿠바는 사실상 미국의 속국으로 지냈다.

모든 혁명에는 전복의 대상인 앙시앙 레짐이 존재하는 법인데, 쿠바혁명의 경우에는 두말할 필요 없이 미국이 심어놓은 신식민주의체제가 이에 해당된다. 쿠바사회를 썩어 문드러지게 한 이 악성종양의 체제를 대변하는 인물로 풀헨시오 바티스타(Fulgencio Batista, 1901-1973)를 들 수 있다.

1901년 가난한 사탕수수 농장 노동자의 아들로 태어난 바티스타는 1921년 군에 입대하여 하사관으로 복무하였다. 흑백혼혈인종인 물라토(mulato)였던 그는 군에서 타자기를 두드리는 보잘 것 없는 행정보직을 맡고 있었으나 1933년 9월 4일 일어난 소위 '하사관들의 반란(Revueltas de Sargentos)'을 주도하며 일약 이 나라 역사의 전면에 이름을 디밀었다. 이 반란은 처음에는 하급 군인들의 봉급인상과 연금개선, 허접한 군모와 군화 등 복식의 교체, 장교들의 잔심부름 면제 등 주로 열악한 처우개선을 요구하며 시작되었으나 10월 초 시민세력이 합세하면서 정치적인 성격의 혁명으로 발전하였다. 그 직전인 1933년 8월 헤라르도 마차도(Gerardo Machado, 1869-1939) 독재정권이 시민들과 군부의 압력으로 물러난 후 세스페데스 이 케사다(Carlos Manuel de Céspedes y Quesada, 1871-1939) 임시대통령이 이끌던 허약한 정부는 이 '전무후무한' 하급군인들의 쿠데타 앞에서 속수무책이었다.

반란의 성공으로 하루아침에 총사령관으로 벼락출세한 바티스타는 민간인 대통령들을 꼭두각시로 내세워 1940년까지 쿠바 정계의 배후에서 실권을 행사하다가 1940년에는 아예 본인이 대통령에 출마하여 당선되었다. 독재자였으나 1944년까지의 재직기간 중 사회개혁차원까지는 아니더라도 비교적 무난한 정책들을 시행했다. 농촌지역에 학교를 세우고 도로를 보수, 건설했으며 결핵과 같은 국민보건에도 신경을 썼다. 농부들에게 국가소유의 땅을 배분하고 근로자들의 급여를 인상했으며 당시 막 발발한 2차 세계대전에서는 미국을 중심으로 한 연합군 편을 들었다. 연임이 금지된 헌법조항으로 인해 재선에 도전할 수 없게 된 바티스타는 1944년의 대통령 선거에서 후계자를 내세웠으나 패하자 미국으로 건너가 다시 대통령선거에 출마할 수 있는 1952년까지 뉴욕과 플로리다를 오가며 보냈다.

그러나 바티스타는 1952년 6월로 예정된 대통령선거를 앞두고 여론조사에서 당선가능성이 희박하게 나오자 3월 10일 자신의 지지 세력인 군부의 쿠데타를 일으켜 정권을 잡았다. 두 번째 집권기(1952.3 - 1959.1)에 그는 자신이 독재자임을 더 이상 감추지 않았다. 의회를 정지시키고 입법기능을 내각에 부여했으며 파업을 금지시켰다. 정치적 반대자들을 체포, 구금, 고문했으며 1940년 폐지되었던 사형제를 부활시켜 그들을 숙청했다. 군인과 경찰의 봉급은 올려주어 또 다른 쿠데타를 막고 자신에게 충성을 유도했다. 쿠바의 토지와 사탕수수는 미국자본이 장악했으며, 쿠바주재 미 대사는 사실상 바티스타에 이어 권력서열 2위의 지위를 누렸다. 미국의 카지노자본이 몰려와 아바나는 '라틴아메리카의 라스베가스'가 되었으며 미국 마피아들의 주요사업인 매춘과 마약도 쿠바정부의 묵인 속에 활개를 쳤다. 1950년대 쿠바는 미국 자본의 탐욕과 미국인들의 향락의 배설물을 받아들이는 일종의 하수구가 되었다. 그리고 이 모든 과정에서 뇌물과 부정부패가 악취처럼 뿜어져 나왔다.

이때 구세주처럼 등장한 인물이 피델 카스트로(Fidel Castro, 1926-2016)이다. 한 줌밖에 안 되는 게릴라무리를 이끌고 미국의 지원을 받는 바티스타 정부를 전복시킨 카스트로의 위업은 규모면에서 볼 때 16세기 1개 대대병력으로 아스테카제국을 정복한 에르난 코르테스(Hernán Cortés, 1485-1547)나 1개 중대병력으로 잉카제국을 정복한 프란시스코 피사로(Francisco Pizarro, 1478-1541)의 성공에 비유할 수 있을 만큼 신화적이다. 그러나 190센티에 육박하는 장신에 구레나룻 수염을 기르고 시거를 즐기던 소탈한 성품의 카스트로는 황금과 부귀영화에 눈이 어두웠던 스페인정복자들과는 달리 쿠바의 독립영웅인 호세 마르티(José Martí, 1853-1895)와 마르크스, 레닌주의 사상에 영향을 받아 일찍이 대학생 시절부터 민족과 민중해방을 희구했던 혁명가였다.

카스트로는 1926년 8월 13일 쿠바 남동부 비란(Birán)에서 태어났다. 그는 출신성분과 유소년기의 교육과정으로만 보자면 혁명가가 될 팔자와는 거리가 멀었다. 아버지 앙헬 카스트로(Ángel Castro)는 1895년 쿠바 독립전쟁을 진압하기 위해 스페인 갈리시아 지방에서 징집되어 온 빈농의 아들이었다. 전쟁이 끝나고 쿠바에 남은 그는 맨주먹으로 자수성가해서 카스트로가 태어날 무렵에는 상당한 부를 거머쥔 지주이자 농장주가 되었다. 카스트로는 어린 시절 산티아고 데 쿠바로 보내져 라살형제회(lasaliano)와 예수회가 운영하는 학교를 거쳐 1945년 아바나대학에 입학했다. 부유한 지주아들이라는 태생적 배경과 보수적인 종교단체가 운영하는 교육과정을 거쳤으나 일찍부터 부당한 권위나 불의를 보면 참지 못하는 반항아 기질이 있던 카스트로는 대학 입학 직후부터 본격적으로 정치에 눈을 떴다. 그는 강의실을 비우는 대신 홀로 호세 마르티의 글들과 『공산당 선언』을 비롯한 마르크스와 레닌주의의 저작들을 탐독했으며 토론과 연설을 즐겼다. 1947년 대학생연맹(Federación Estudiantil Universitaria, FEU)의 친 도미니카 민주주의위원회(Comité Pro Democracia Dominicana)회장을 맡았으며 같은 해 스물 한 살의 나이로 도미니카의 독재자 라파엘 트루히요(Rafael Trujillo, 1891-1961) 정권을 무력으로 퇴진시키기 위해 쿠바 내 도미니카 망명객들과 이에 동조하는 쿠바인 약 1,200명으로 구성된 소위 '카요 콘피테스 원정(Expedición Cayo Confites)'에 참여했다. 도미니카에 상륙한 후 게릴라 활동을 통해 독재정권을 전복시키려던 이 시도는 계획을 사전에 인지한 미국과 도미니카의 반발로 무산되었으나 6년 후 카스트로의 몬카다 병영 습격 사건(Asalto al Cuartel Moncada)에 영감을 주었다. 이듬해 4월에는 FEU의 대표 자격으로 콜롬비아 보고타에서 열린 '라틴아메리카 학생총회'에 참석하였다가 현지에서 자유당 당수인 호르헤 엘리에세르 가이탄(Jorge Eliécer Gaitán, 1903-1948)의 암살로 촉발된 민중혁명인 '보고타소(Bogotazo)'를 경험하며 깊은 인상을 받았다.

대학시절 이론과 실천의 양 측면에서 충분한 '의식화'과정을 거친 카스트로는 처음에는 무장혁명이 아닌 제도권 내에서의 개혁을 꿈꾸었던 것으로 보인다. 그는 대학졸업 2년 후인 1952년 6월 예정된 총선에서 야당인 정통당(Partido Ortodoxo) 후보로 출마하고자 했으나 세 달 앞서 일어난 바티스타의 쿠데타로 선거가 무산되자 이의 위헌을 고발하는 소송을 제기했다. 그러나 법원이 이를 기각하자 카스트로는 무장혁명 이외에 다른 대안은 없다는 생각을 품게 되었다.

마침내 1953년 7월 26일 카스트로는 쿠바혁명의 전주곡으로 간주되는 '몬카다 병영 습격 사건'을 감행했다. 이날 새벽 주로 정통당 소속의 이십대 젊은이들로 구성된 160명의 겁 없는 게릴라들은 20년 전 바티스타의 '하사관들의 반란'을 모방하여 하사관 계급장을 단 정부군 군복으로 위장하고 산티아고 데 쿠바의 주요한 군사기지인 몬카다 병영 습격을 시도했다. 그들은 군인들이 기상하기 전 주요 포스트를 장악하고 무기고를 탈취하여 민중혁명으로 확산시킬 예정이었다. 그러나 치밀한 사전계획에도 불구하고 막상 실전에 나서자 의욕만 앞설 뿐 경험이 없는 엉성한 무리에 불과하다는 점이 입증되었다. 마침 도시의 카니발 기간을 맞아 치안유지 차원에서 이른 새벽부터 병영 밖을 돌던 순찰대와 우연히 조우하는 바람에 모든 계획이 틀어지고 만 것이다. 우발적인 총격전 끝에 불과 한 시간도 채 안 되어 카스트로를 비롯한 게릴라들은 도주하였다. 이 습격사건의 실패로 5명이 전사하고 체포된 포로 중 56명은 잔인하게 고문당한 후 처형되었다. 며칠 후 체포된 카스트로는 운 좋게도 처형을 면하고 법정 구속되어 15년 형을 선고받았다. 법정 최후진술에서 그는 소신을 굽히지 않으며 '역사가 나를 사면하리라(La historia me absolverá)'라는 유명한 말을 남겼다. 아직 그를 애송이로 보았던 바티스타 정권은 수감 22개월 만인 1955년 5월 카스트로를 사면하였고 그는 함께 구속되었던 동생 라울 카스트로(Raúl Castro, 1931년생)와 함께 쿠바를 떠나 멕시코에 둥지를 틀었으며 그곳에서 몬카다 병영 습격일을 기념하여 '7월 26일 운동(El movimiento 26 de julio, M-26-7)'이라 불리게 될 본격적인 혁명의 준비를 시작하였다.

사진 5-3-1. 몬카다 병영 습격 사건 직후 체포된 피델 카스트로(1953년 7월) - wikimedia commons

멕시코에서 카스트로는 아르헨티나 출신의 에르네스토 체 게바라(Ernesto Che Guevara, 1928-1967)를 비롯해 뜻을 함께 하는 동지들을 규합하였으며 쿠바출신의 스페인군으로 모로코 등 북아프리카 전선과 스페인 내전에서 실전을 경험했던 알베르토 바요(Alberto Bayo, 1892-1967)에게서 군사훈련을 받았다. 한때 멕시코 당국에 체포되는 등 곡절을 겪었으나 1956년 11월 25일 82명의 혁명군은 '할머니'라는 의미의 낡은 요트인 그란마(Granma)호에 몸을 실었다. 비밀리에 미국의 한 회사로부터 구입한 이 요트는 55톤 무게에 길이가 13.25미터에 불과한 작은 선박이었다. 새벽녘 비가내리는 가운데 멕시코 베라크루스 해안 북쪽의 툭스판(Tuxpan)항을 출발한 카스트로 일행은 기관고장과 악천후로 예정보다 이틀이 더 지나 쿠바 서남부 니케로(Niquero) 근처의 한 해안에 도착하였다. 그들의 상륙계획을 사전에 인지하고 있던 정부군에 의해 도착 사흘 만에 상당 수 대원이 사살이나 체포되었으나 다행히 피델 카스트로를 비롯한 라울 카스트로, 체 게바라, 카밀로 시엔푸에고스(Camilo Cienfuegos, 1932-1959) 등 주도자들을 포함해 십여 명은 생존하였다. 그들은 불과 몇 정의 소총만을 들고 마에스트라 산맥(Sierra Maestra)으로 들어가 게릴라전을 시작했다.

그들은 소위 '거점이론(foquismo)'이라는 혁명전술에 따라 탱크와 비행기로 중무장한 바티스타 정부군에 대항해 매우 훌륭한 성과를 거두었다. 후일 체 게바라의 『게릴라전』(La guerra de guerrillas, 1960)에 의해 이론적으로 체계화된 이 이론은 혁명의 여건이 성숙될 때까지 기다리지 않고 소규모의 거점(foco)들을 활용하여 신속하게 치고 빠지는 무장 게릴라전을 펼치는 동시에 민심을 규합해 나가면서 궁극적으로 혁명을 완수하는 전략을 의미한다. 카스트로 형제와 체 게바라, 카밀로 시엔푸에고스 등이 지휘하는 각각의 게릴라 부대는 수십 명 규모였으나 험준한 산악지형을 이용하여 정부군을 괴롭힐 수 있었다. 또한 농민들의 일을 돕거나 의료봉사를 하면서 바티스타 정권에 불만을 품고 있던 그들을 적극적인 지원세력으로 끌어들였다. 마에스트라 산지의 농민들은 이들 혁명군을 '수염이 덥수룩한 사람들(barbudos)'이라 친근감 있게 부르며 따랐다. 그들은 바티스타군과 직접 전투를 벌이는 주력부대는 아니었지만 소위 '에스코페테로스(escopeteros)'의 역할을 수행하며 승리에 결정적인 기여를 했다. 주변 정황과 지리에 밝은 에스코페테로스들은 정부군의 출현을 미리 파악하거나 외부의 정보를 보고하는 역할에서부터 주요 보급로를 확보하고 직접 무기와 물자를 공급하는 일에 이르기까지 혁명군의 신경세포와 같은 역할을 했다.

이 밖에도 하이디 산타마리아(Hydée Santamaría, 1923-1980)와 셀리아 산체스(Celia Sánchez, 1920-1980), 그리고 혁명성공 직후 라울 카스트로와 결혼한 빌마 에스핀(Vilma Espin, 1930-2007) 등 여성 혁명가들이 헌신적으로 카스트로를 도왔다. 그녀들은 혁명군에게 자금을 조달하고 지원자를 모집했으며 혁명의 대의를 외부에 알리는 데에 힘썼다. 하이디 산타마리아는 몬카다 병영 습격 사건에 참여했던 2인의 여성 중 한명이었으며 1957년 2월 17일 <뉴욕 타임스> 기자 허버트 매튜스(Herbert Matthews)를 마에스트라 산맥의 게릴라 기지로 안내하여 카스트로와의 인터뷰를 도왔다. 스페인 내전을 취재했던 베테랑 기자인 매튜스는 바티스타 정부가 카스트로의 사망을 발표하며 혁명의 불길을 조기에 진화하려던 시점에 "쿠바의 반군 지도자인 카스트로는 살아 있으며 마에스트라 산맥에서 성공적으로 싸우고 있다."(뉴욕타임즈 1954년 2월 24일자)라고 보도하여 혁명의 불씨를 되살려 놓았다. 쿠바 정부가 이를 거짓기사라고 강하게 비난하자 <뉴욕타임즈>는 나흘 후인 2월 28일 매튜스와 카스트로가 함께 시가를 물고 있는 사진을 공개하였다. 파급력이 큰 뉴욕타임즈와의 인터뷰로 카스트로는 단번에 전 세계적인 이목을 끌었다.

이처럼 게릴라전의 또 다른 주요한 한 축은 프로파간다 활동이었다. 체 게바라의 주도하에 1958년 2월 마에스트라 산맥에 설치된 '저항군 라디오(Radio Rebelde)'는 혁명의 대의와 활동을 요란하게 선전했다. 전파를 타고 흘러나오는 확신에 찬 혁명군의 음성에 무력은 앞섰으나 대의명분과 민심을 잃은 정부군 병사들은 크게 동요하기 시작했다.

다윗과 골리앗의 싸움은 모두의 예상과는 달리 서서히 다윗 쪽으로 기울고 있었다. 1958년 4월 9일 '7월 26일 운동'조직의 주도로 아바나와 산티아고 등 쿠바의 주요도시에서 총파업이 벌어졌다. 파업은 바티스타 정부에 의해 잔인하게 진압되었으나 미국의 우려는 급격히 커졌다. 1957년 초만 하더라도 미국은 한 줌 밖에 되지 않는 무장 게릴라 세력에 크게 개의치 않았다. 그들은 그 정도 소요사태 쯤은 불안정한 라틴아메리카 어느 국가에서나 있을 수 있는 '일상'으로 판단하였으며 바티스타 정부에 대한 지원도 거두지 않았다. 하지만 1958년에 접어들며 사태가 심상치 않게 전개되자 미국은 바티스타 카드를 버리기로 결정했다. 미 국무부와 CIA는 혁명군이 권력을 장악하기 전에 바티스타를 사임시키고 다른 친미정권을 수립할 계획을 세웠다. 미국은 바티스타에게 사임한 후 가족과 재산을 가지고 미국의 플로리다 주 데이토나 비치(Daytona Beach)로 망명하도록 압력을 가했으나 아직 미련이 남은 독재자는 이를 거부했다. 1958년 12월 17일 밤 쿠바주재 미국대사 얼 스미스(Earl Smith)는 바티스타를 직접 만나 쿠바 정부에 대한 미국의 지원중단 의사를 통보했으나 이제 상황은 미국도 어찌할 수 없을 만큼 통제가 불가능했다. 혁명군은 1958년 12월 마지막 숨통을 끊기 위한 총공세에 나섰다. 12월 중순부터 체 게바라가 이끄는 340명의 혁명군이 산타클라라(Santa Clara) 전투에서 병력이 10배가 넘는 중무장한 정부군과 마지막 전투를 벌여 1959년 1월 1일 승리했다. 그리고 혁명군의 산타클라라 점령 후 반나절 만에 바티스타는 쿠바를 떠나 도미니카로 도주했으며 카스트로는 혁명의 승리를 선언했다.

사진 5-3-2. 피델 카스트로와 체 게바라(1961년) - wikimedia commons

1959년 1월 1일 새벽 선봉대를 필두로 혁명군이 속속 아바나에 입성하기 시작했다. 카스트로는 반 바티스타 성향의 재판관이었던 마누엘 우루티아(Manuel Urrutia, 1908-1981)를 공화국의 대통령으로 추대하고 혁명정부의 내각을 구성했다. 카스트로 본인은 쿠바군의 총사령관직을 맡았으나 한 달 후인 2월에 총리(Primer Ministro)직에 올랐다. 그러나 철저한 반공산주의자였던 우르티아 대통령은 카스트로와 한 배를 탈 수가 없었다. 카스트로와 몇몇 정책에서 견해 차이를 보인 끝에 우르티아는 그해 7월 중순 반강제적으로 사임한 후 미국으로 망명했다. 우르티아의 뒤를 이어 사회주의적 성향의 오스발도 도르티코스 토라도(Osvaldo Dorticós Torrado, 1919-1983)가 대통령에 올랐다. 그는 1976년 대통령제가 폐지되고 카스트로가 국가평의회(Consejo de Estado) 의장에 오를 때까지 명목상 국가원수로 지냈다. 사실상 처음부터 총리인 카스트로가 실권을 갖고 혁명정부를 이끌었다. 혁명정부의 첫 조치는 바티스타 정권의 부역자와 반혁명세력에 대한 응징이었다. 체 게바라 주도하에 소위 '정화위원회(Comisión Depuradora)'를 만들어 혁명 첫 4개월 동안(1959.1-4)에만 천여 명을 체포하였으며 그중 550명은 제대로 된 변론의 기회도 없이 약식재판을 통해 총살형에 처해졌다. 이 '인민재판'은 한동안 지속되었다. 쿠바의 정치범 처형에 대해 국제사회 일각에서 비난이 일자 체 게바라는 1964년 12월 11일 유엔총회 연설에서 "우리는 〔…〕 진실을 말해야만 합니다. 즉, 총살형에 대해서입니다. 우리는 총살형을 집행해왔으며, 지금도 하고 있고, 앞으로도 필요하면 계속할 것입니다. 우리의 투쟁은 목숨을 건 싸움입니다. 우리는 패배의 결과가 어떠할 지 잘 알고 있습니다. 마찬가지로 구더기들(gusanos, 반혁명세력)도 오늘날 쿠바에서 패배의 결과가 어떠한 것인지 알아야만 합니다."(Cheguevara, 2004, 403) 라고 밝히며 자신들의 행위를 정당화했다. 체 게바라는 '진정한 혁명은 커다란 사랑의 감정에 의해서 이끌어진다.'라고 밝힌 휴머니스트였지만 한편으로는 이처럼 냉혈한의 모습도 갖고 있었다.

한편 카스트로 혁명정부는 1959년 5월 농업개혁법(Ley de Reforma Agraria) 을 선포하고 마에스트라 산맥의 게릴라 시절 약속했던 농지개혁을 단행하였다. 담당주체로 농업개혁청(INRA, Instituto Nacional de

Reforma Agraria)을 설립하였는데 이 기관은 1974년 농업부로 바뀔 때까지 혁명 초기 개혁의 중추적인 역할을 하였다. INRA는 그때까지 쿠바의 상류층과 미국기업이 소유하고 있던 거의 모든 플랜테이션과 제당공장을 몰수하고 국유화했다. 혁명정부는 국유화의 대가로 20년 만기 채권을 보상책으로 제시했으나 미국이 이를 수용할 리 없었다. 도박과 마약, 매춘 등 향락산업을 장악했던 미국의 마피아 두목들이 체포되었고 그들의 현금자산도 압수되었다. 공포에 사로잡힌 쿠바의 상류층과 바티스타 정권 치하에서 부정부패로 축재한 관료들은 너도나도 쿠바를 벗어나 미국으로 망명하기 시작했다.

미국과 쿠바의 충돌은 여기에서 그치지 않았다. 쿠바는 1959년 당시 전체 수출의 73%, 수입의 70%를 미국에 의지하고 있었으나 평균나이 30세에 불과한 젊은 혁명 지도자들은 이를 개의치 않았다. 쿠바의 국유화 조치에 미국은 경제제재로 맞불을 놓았다. 아이젠하워 정부는 1960년 7월 쿠바의 주요수출품목인 사탕수수의 쿼터를 축소하였으며 그해 10월에는 일부 식량과 의약품을 제외한 전면적인 수출제한 조치를 발동하였다. 텍사코(Texaco)와 쉘(Shell), 에소(Esso) 등 미국의 다국적 에너지기업들은 미국 정부의 요청에 따라 쿠바에 대한 석유수출을 제한하였다. 그러나 이러한 일련의 대응은 쿠바가 소련과 급속도로 가까워지는 역효과를 낳았다. 소련은 사탕수수를 국제시세보다 고가에 구입해주고 석유를 저가에 공급하며 쿠바의 환심을 샀다. 냉전시대에 비빌 곳이 있다는 사실을 확인한 쿠바는 미국의 석유회사들뿐만 아니라 전기, 전화 분야의 기업들을 모조리 국유화했다. 1960년 5월 쿠바와 소련은 외교관계를 수립한 반면 미국은 몇 달 후인 1961년 1월 3일 쿠바에서 대사관을 철수했다. 이후 케네디 정권으로 바뀐 미국은 1962년과 1963년 쿠바에 대한 추가적인 통상제한, 여행금지, 미국 내 쿠바의 자산동결 등 일련의 압력을 가했으나 쿠바의 맷집을 무너뜨릴 수는 없었다.

경제적 압박과 함께 미국은 무력을 통해서도 전복을 시도했다. CIA 주관으로 바티스타 정권 시절의 경찰과 군인, 대지주의 자식 등으로 구성된 쿠바망명자 1,500여명을 동원하여 1961년 4월 중순 피그만 침공(Invasión de bahía de Cochinos)을 감행했다. 공해상에 미국 항공모함이 대기한 가운데 4월 15일 쿠바국기로 위장한 8대의 A-26 경폭격기가 쿠바의 공군기지들을 폭격했다. 이어 4월 17일 새벽에 2506강습여단(Brigada de Asalto 2506) 이라 명명된 쿠바망명자 부대의 대원들은 히론 해변(Playa Girón)에 상륙했다. 이들은 쿠바에 임시정부를 세우고 미국과 국제사회의 승인을 얻어 혁명정부를 무력화할 계획이었다. 그러나 전투는 72시간 만에 종결되었다. 침략군 백여 명이 사망하고 부대원 전원에 가까운 1,200명이 포로로 잡혔으며 방어에 나섰던 쿠바군 157명이 사망하였다. 카스트로는 1962년 말 5,300만 달러에 상응하는 의약품과 식량을 받고 포로들을 미국에 돌려보냈다. 골치 아픈 반혁명 포로들을 국내에 잡아두느니 차라리 당장의 시급한 보상을 원했던 것이다. 당시 쿠바는 바티스타와 미국으로 망명한 상류층들이 국고를 박박 긁어가는 바람에 현금이 바닥난 상태였다. 하지만 카스트로는 이 사건을 통해 라틴아메리카에서 미국에 첫 번째 패배를 안겨주었다는 더 큰 역사적 전리품을 챙겼다. 게다가 피그만 침공사건 와중인 4월 16일 카스트로는 쿠바혁명이 '사회주의 혁명'임을 공식 선언하였으며 미국의 군사적 위협에 대항하기 위해 소련과 더욱 밀착했다. 소련의 입장에서도 미국의 코앞에서 사회주의 혁명을 선언한 쿠바는 '제 발로 굴러 들어온 호박'이나 마찬가지였다. 그들은 쿠바를 일국 차원이 아니라 냉전에서 전체 사회주의진영의 우위를 점할 수 있는 지렛대로 활용하기를 원했다.

한편, 미국의 케네디 정부는 피그만 침공사건 실패로 나라 안팎에서 톡톡히 망신을 당한 후에 더욱 이를 갈고 있었다. 미국은 1961년 말부터 '몽구스 작전(Operación Mangosta)'이라 불리는 새로운 쿠바 붕괴 플랜에 착수했다. 이번에는 CIA가 아닌 미국의 국가안전보장회의(Consejo de Seguridad Nacional) 주관 하에 펜타곤과 국무부, CIA등 관련기관이 참여했으며 내부봉기, 사보타주, 해상봉쇄를 포함한 경제, 군사, 정치, 정보, 심리전은 물론 나중에는 생화학 공격까지 추가된 전 방위적인 작전을 펼쳤다. 이 중에는 1898년 미서전쟁의 명분을 야기한 메인호 폭파 사건 같은 분쟁을 유도해서 이번에는 미군의 직접적인 개입을 시도하는 계획도 포함되어 있었다. 소련의 정보기관은 이를 감지하고 쿠바에 미국의 침공이 임박했음을 알렸다. 후루시초프 서기장은 카스트로에게 쿠바에 소련의 미사일 기지 설치를 제안했으며 양국은 1962년 8월 이에 합의했다. 소련으로서는 금쪽같은 쿠바의 안보는 물론 독일과 터키 주둔 미군 미사일이 자국을 위협하는 상황에 맞대응할 수 있는 묘안이었다. 그러나 쿠바의 밀림지대에서 비밀리에 진행되던 미사일 기지 공사 장면은 1962년 10월 14일 이 지역 상공을 정찰하던 미군의 U-2 정찰기에 포착되었으며 자료를 건네받은 미국 지도부는 경악을 금치 못했다. 미 본토(플로리다)에서 채 200킬로미터도 떨어지지 않은 곳에 비치되는 소련의 핵미사일은 자신들의 목에 들이대는 비수와 마찬가지였다. 사정거리 계산에 의하면 수도인 워싱턴은 물론 미국 본토 거의 전역이 소련의 핵 공격권에 포함되었다. 약 2주 간 전 세계를 핵전쟁과 제 3차 세계대전의 공포에 떨게 만든 '미사일 위기(1962.10.14.-28)'가 시작되었다. 이미 핵

잠수함의 호위 하에 미사일 부품과 핵탄두를 실은 소련 선박들이 카리브를 향하고 있었고 케네디 대통령은 10월 22일 대국민 텔레비전 방송을 통해 이 사실을 국민들에게 알렸다. 그는 즉각적으로 쿠바 인근에 해상봉쇄명령을 내리고 만일 소련 선박들이 '선을 넘을 경우' 격침하라는 명령도 하달했다. 미국은 핵전쟁 직전 단계의 전투준비태세인 '데프콘 2(DEFCON 2)'를 발령하고 수백 대의 전투기와 폭격기, 전함들로 쿠바를 에워쌓으며 대륙간탄도미사일에 핵탄두를 탑재했다. 백악관과 크렘린에서는 강경파와 온건파의 목소리가 교차했으며 이 혼란의 와중에 양국의 일선부대에는 지도부의 지시가 제대로 전달되지 않아 자칫 전쟁으로 비화될 수 있는 일촉즉발의 상황이 몇 차례 벌어졌다. 만일 우발적인 충돌이라도 생겨 어느 한쪽에서 먼저 버튼을 누르게 되면 아인슈타인의 말처럼 다음 4차 세계대전은 인류가 '막대기와 돌'을 들고 벌여야 할지도 몰랐다. 그럼에도 불구하고 젊은 혈기로 가득한 카스트로와 쿠바의 혁명지도부는 미국을 상대로 진짜 '핵전쟁'도 불사할 결의를 다지고 있었다. 그러나 쿠바에 비해 잃을 것이 많았던 미국과 소련 지도부는 비밀리에 접촉을 갖고 일촉즉발의 위기에서 한 발씩 물러섰다. 미국은 쿠바의 불가침을 약속하고 터키의 미군 미사일을 빼는 대신 소련도 쿠바에서 미사일 기지 구축을 철회하는 조건이었다. 쿠바의 '미사일 위기'는 냉전시대를 대표하는 가장 급박했던 장면 중 하나로 꼽히기에 부족함이 없었다.

한편, 쿠바 혁명의 또 다른 아이콘은 체 게바라이다. 쿠바 국기의 별이 달린 검은 베레모를 쓰고 생각에 잠긴 채 먼 곳을 주시하고 있는 알베르토 코르다(Alberto Korda)의 사진으로 잘 알려진 그는 현대의 신화적인 인물 중 하나이다. '총을 든 예수'라는 별명으로 불리며 사르트르는 그를 '우리 시대의 가장 완전한 인간'으로 꼽기도 했다.

체 게바라는 1928년 6월 14일 아르헨티나 산타페 주 로사리오의 유복한 중상류층 가정에서 태어났다. 유아기 때 폐렴에 걸려 심한 천식을 앓았고 이 병은 평생 그를 따라다니며 괴롭혔다. 호흡기 질환으로 스포츠 등 신체적인 활동에 제약이 있었던 그는 일찍부터 독서와 체스 등 지적인 탐구에 몰두했고 병의 관리를 위한 엄격한 자기절제의 습관을 몸에 익혔다.

1948년 부에노스아이레스 의대에 입학한 체 게바라는 재학 중이던 1952년 친구인 알베르토 그라나도(Alberto Granado)와 함께 7개월간 오토바이로 남미 각지를 여행했다. 민중들의 척박한 삶을 현장에서 두 눈으로 직접 보고 피부로 느낀 이 여행은 젊은 시절의 추억을 넘어 그의 민중적 사고형성에 주요한 계기가 된 일종의 순례였다. 영화 <모터사이클 다이어리>에서 볼 수 있듯 체 게바라는 칠레의 추키카마타(Chuquicamata) 광산에서 인부들의 열악한 작업환경을 직접 목격했고 페루의 쿠스코에서는 코카 잎을 씹으며 노동의 피로와 허기를 달래는 가난한 잉카 원주민들을 만났다. 리마에서 만난 우고 페세(Hugo Pesce) 박사의 추천으로 나환자촌에서 봉사활동을 하며 보호 장갑도 끼지 않고 나환자들을 격의 없이 대했다.

1953년 의대를 졸업한 체 게바라는 스스로 안정된 의사로서의 삶을 버렸다. 그해 7월 부에노스아이레스를 떠나 볼리비아와 페루를 여행한 후 무전여행으로 파나마, 코스타리카, 니카라과, 온두라스, 엘살바도르 등 중미국가들을 거쳐 12월 24일 그가 목적지로 삼은 과테말라에 도착했다. 과테말라는 당시 '영적 사회주의자(socialista espiritual)'를 자처한 후안 호세 아레발로(Juan José Arévalo, 1904-1990)의 뒤를 이어 1951년부터 '민중의 병사(soldado del pueblo)'라 불린 하코보 아르벤스(Jacobo Árbenz, 1913-1971) 대통령이 집권하고 있었다. 이 두 명의 급진파 대통령들은 토지개혁을 비롯한 전면적인 정치, 사회개혁을 추진하고 있었으며 이로 인해 미국의 청과회사인 유나이티드 프루츠(United Fruit)사와 대지주들은 큰 위기감을 느끼고 있었다. 기득권 세력들은 이들을 '공산주의자'로 간주하며 끊임없는 쿠데타를 획책했다. 반면 몬카다 병영 습격 사건에 참여했던 쿠바인들 등 라틴아메리카의 많은 사회주의자, 진보주의자들이 과테말라로 몰려들었고 체 게바라도 그 중 한 명이었다. 당시 체 게바라는 의학이 돈과 명예의 수단이 아니라 민중을 위한 사회혁명의 일환이 되어야 한다고 생각하고 있었다. 그는 비록 탈고하지는 못했으나 이러한 생각을 담은 『라틴아메리카에서 의사의 역할』(La función del médico en América Latina)이라는 책의 집필도 시작했다. 그리고 이 시기 그의 이름에 '체(Che, '이 사람!, 여보게!의 의미로 사람을 부를 때 쓰는 말)'라는 멋진 별칭을 추가해 준 쿠바의 망명객 안토니오 니코 로페스(Antonio 'Ñico' López)를 알게 되었으며 조만간 자신의 첫 번째 부인이 될 페루의 사회주의 망명자 일다 가데아(Hilda Gadea, 1925-1974)도 만났다. 그러나 체 게바라의 과테말라 생활은 9개월 만에 끝났다. 1954년 6월 18일 CIA의 사주를 받은 카를로스 카스티요 아르마스(Carlos Castillo Armas, 1914-1957)가 쿠데타를 일으켜 정권을 잡자 체 게바라는 과테말라 주재 아르헨티나 대사관으로 도피했다가 그해 9월 멕시코로 망명했다.

이듬해인 1955년 7월 체 게바라는 피델 카스트로와 처음 만났다. 1953년 7월 26일 몬카다 병영 습격으로 구속되었던 피델은 1955년 5월 사면된 후 멕시코로 건너왔다. 둘은 한 달 전 멕시코에 먼저 도착한 라울 카스트로의 소개로 만났으며, 체 게바라는 혁명에 합류해 달라는 피델의 제의를 수락했다. 그 무렵 체 게바라는 일다 가데아의 임신사실을 알고 그녀와 결혼했다. 사랑보다는 책임감이 앞선 결혼이었다. 둘 사이에서 이듬해 초(1956.2.15) 딸인 일다 베아트리스 게바라(Hilda Beatriz Guevarra, 1956-1995)가 태어났으나 체 게바라는 1958년 가을 마에스트라 산맥에서 알게 된 '7월 26일 운동'의 조직원 알레이다 마르치(Aleida March, 1936년생)와 사랑에 빠졌다. 체 게바라는 혁명 성공 직후 일다 가데아와 이혼하고 1959년 6월 알레이다와 재혼하였으며 두 번째 부인과의 사이에 4남매를 두었다.

전투경험이라고는 전혀 없던 체 게바라는 다른 조직원들과 함께 전직 스페인 군인인 알베르토 바요에게 게릴라전술을 배웠다. 1956년 6월 하순 그들의 동태를 수상히 여긴 멕시코 경찰에 의해 피델, 라울 카스트로 등 동료들과 함께 체포되기도 하였으나 곧 풀려났다.

체 게바라는 쿠바 도착 후 마에스트라 산맥의 게릴라 활동에서 대범하고 뛰어난 군사적 자질을 보여주었다. 그는 피델 카스트로의 뒤를 이어 집단의 이인자로 부상했으며 혁명의 성공 후에도 개혁을 주도했다. 혁명정부에서 공식적인 직책을 맡기 전에도 농업개혁법안과 그를 주도할 기관인 INRA 설립에 적극적으로 관여했다. 몇 년 전 과테말라에서 농지개혁의 실패와 군사쿠데타를 목격한 그는 미국과 대지주 등 기득권 세력이 반격을 가하기 이전에 신속하고 급진적인 개혁을 단행해야 한다고 주장했다. 체 게바라는 특권층의 대토지 소유체제 해체가 혁명의 핵심이라는 점을 잘 알고 있었다. 그는 1959년 연말부터 국가경제 전체를 조율하는 쿠바중앙은행 총재와 산업부 장관직을 맡았다. 의사와 게릴라 출신으로 경제에는 문외한이었으나 카스트로의 믿음과 신뢰가 크게 작용했다. 그는 물질로부터 자유로운 인간형, 즉 '돈'보다는 '도덕적인 가치'를 중시하는 사회주의적인 '신 인간(hombre nuevo)'을 모델로 삼았다. 국유화와 계획경제, 그리고 무엇보다 사회적 연대를 중시하는 자발적 노동(trabajo voluntario)이 체 게바라 경제정책의 핵심이었다. 그는 매주 토요일 건설현장과 공장을 찾아 땀을 흘리며 솔선수범을 보였으며 권력을 쥔 '파워맨'이었음에도 불구하고 스스로를 금전적이나 도덕적으로 매우 엄격하게 통제했다.

그러나 체 게바라의 꿈은 애초부터 쿠바 일국에 머물지 않았다. 그의 목표는 제국주의 세력을 근본적으로 타도할 세계적인 차원의 혁명이었다. 쿠바혁명정부에서 어느 정도 초기 세팅작업을 마무리한 후 또다시 평안한 삶을 등졌다. 그는 모든 직책과 국적을 반납하고 1965년 4월 쿠바를 떠났다. 출국에 앞서 체 게바라는 카스트로에게 쿠바에서 자신의 임무는 모두 끝났으며 이제 '새로운 전쟁터'를 향해 떠난다는 작별의 편지를 남겼다. 카스트로는 '승리의 그날까지 언제나(Hasta la victoria siempre)'라는 문구로 마무리되는 이 편지를 그해 10월 3일 쿠바공산당 중앙위원회에서 낭독했다.

체 게바라는 1965년 4월 사전예고 없이 아프리카의 콩고민주공화국에 나타났다. 1960년 벨기에로부터 독립한 콩고는 당시 동서 냉전의 대리전쟁터로 내전상태에 놓여있었다. 별 연고도 없는 체 게바라가 이곳을 찾은 이유는 무엇보다 콩고의 지정학적 가치 때문이었다. 콩고는 아프리카의 중앙에 위치해 있으며 9개국과 접경하고 있어 혁명을 전체 대륙으로 확산시킬 수 있는 거대한 거점이 될 가능성이 있었다. 체 게바라는 약 120명의 쿠바 게릴라들과 함께 '콩고인민공화국' 건설을 기치로 내건 좌파 반군조직을 도우러 왔다. 그러나 아프리카는 쿠바와는 달랐다. 언어와 문화의 차이에서 비롯된 몰이해, 반군 내부의 갈등과 분열, 그리고 반군을 후원하던 탄자니아의 지원중단 등 여러 요인이 겹쳐 그의 이상주의는 실패로 끝났다.

체 게바라는 1966년 말 투쟁의 무대를 친미 독재자 레네 바리엔토스(René Barrientos, 1919-1969) 정권이 집권하고 있는 볼리비아로 옮겼다. 내륙국가인 볼리비아 역시 콩고와 마찬가지로 여러 나라와 국경을 접하고 있어 혁명이 성공할 경우 전체 대륙에 파급효과를 미칠 수 있었다. 그는 볼리비아 동남부 산악과 밀림지대를 게릴라 활동의 거점으로 삼았다. 체 게바라 부대는 볼리비아 민족해방군(Ejéricito de Liberación Nacional de Bolivia, ELN)이라는 그럴듯한 이름을 자칭했지만 실상은 50명도 채 안 되는 소규모 게릴라집단이었다. 볼리비아 정부는 미국과 공조하며 게릴라 토벌에 나섰다. 체 게바라는 퇴각하면서도 세계적인 차원의 반제국주의, 반미 항쟁의 이상을 독려하는 마지막 기록을 남겼다. 그는 10월 8일 정부군과 교전 끝에 왼쪽 다리에 총상을 입고 생포되었다. 그리고 이튿날 라 이게라(La Higuera)라는 조그만 촌락의 학교 건물에서 살해되었다. 39세의 나이로 짧은 생을 풍운아답게 마감하였다. 비밀리에 매장되어 소재가 알려지지 않았던 시신은 30년 후인 1997년 여름 발굴되었고 쿠바에 옮겨져 안장되었다.

사진 5-3-3. 볼리비아 게릴라 시절의 체 게바라(1967). 그의 생애 마지막 사진 중 하나이다.
- wikimedia commons

쿠바혁명은 카리브 해의 소국 쿠바가 세계 초강대국 미국을 상대로 벌인 민족주의 성격의 혁명이었다. 그러나 '피그만 침공'등 미국의 서투른 반혁명 공세와 '미사일 위기'와 같은 당시의 냉전구도는 쿠바의 사회주의화를 가속화시켰다. 쿠바는 장기간에 걸친 미국의 정치, 경제, 외교적 봉쇄와 냉전체제의 해체에도 불구하고 버티기에 성공했으며, 한동안 라틴아메리카 인들에게 자부심과 사회변혁에 대한 믿음을 심어주기도 했다.

그러나 혁명세대는 이제 거의 역사의 전면에서 퇴장했다. 2016년 11월 25일 피델 카스트로가 90세의 나이로 사망했으며, 2006년 이후 형의 뒤를 이어 쿠바를 책임졌던 라울 카스트로 역시 2018년 4월 '포스트' 혁명세대인 미겔 디아스 카넬(Miguel Díaz-Canel, 1960년생)에게 국가평의회 의장 자리를 넘겨주었다. 미국과도 2015년 국교를 정상화했다. 카스트로와 체 게바라가 남긴 혁명정신과 새로운 시대의 변화 속에서 향후 쿠바의 대응이 주목받고 있다.

참고문헌

에두아르도 갈레아노, 박광순 역 (1988). 『수탈된 대지』, 범우사.

강석영 (1996). 『라틴아메리카사』, 대한교과서.

고혜선 (1998). 『메스티소의 나라들』, 단국대학교출판부.

곽재성, 우석균 (2000). 『라틴아메리카사를 찾아서』, 민음사.

장 코르미에, 김미선 역 (2000). 『체 게바라 평전』, 실천문학사.

김기현 (2004). "미국의 대쿠바 정책: 변화와 전망", 라틴아메리카연구, 17(2), 117-144.

김기현, 권기수 (2011). 『라틴아메리카 경제의 이해』, 한울 아카데미.

김우택 편 (2003). 『라틴아메리카사 역사와 문화』, 소화.

김윤경 (2009). "1920년대 멕시코의 메스띠소화(mestizaje) 담론의 의미: 탈원주민화", 『이베로아메리카 연구』, 20(2), 81-119.

김윤경 (2010). "코르테스의 통역사, 말린체: '민족의 반역자'인가 '건국의 어머니'인가?", 『이베로아메리카 연구』, 21(2), 57-82.

김창환 역 (1992). 『뽀뽈 부』, 송산출판사.

남궁문 (2000). 『멕시코 벽화운동』, 시공사.

랄프 리 우드워드, Jr. 정경원 외 옮김 (2009). 『중앙아메리카; 분열된 국가』, 한국외국어대학교 출판부.

로저 버바흐 (2013). "차베스와 라틴아메리카의 사회주의 부활", <트랜스라틴>, 23, 4-9.

멕시코 대학원 편, 김창민 역 (2011), 『멕시코의 역사』, 그린비.

박구병 (2009). "쿠바혁명의 짧은 연대기", <트랜스라틴>, 6, 27-43.

박병규 (2013). "16세기 아메리카 원주민 기원 담론의 형성", 『스페인어문학』, 69, 226-245.

박상철 외 (2007). 『꿈은 소멸하지 않는다: 스파르타쿠스에서 아옌데까지 다시 보는 세계의 혁명가들』, 한겨레출판.

박선미, 김희순 (2015). 『빈곤의 연대기』, 갈라파고스.

박정훈 (2010), "신자유주의에 맞선 라틴아메리카 통합의 두 가지 길 -미주볼리바르동맹(ALBA)과 남미국가연합(UNASUR)", 사회공공연구소 (이슈페이퍼) 2010.6.28., 1-14.

박종욱 (2010). "'저개발의 기억'과 트라우마 서술하기", 『이베로아메리카연구』, 21(1), 33-60.

백종국 (2000). 『멕시코 혁명사』, 한길사.

피터 베이크웰, 김원중(외) 역, (2002). 『히스패닉 세계』, 새물결.

벤자민 킨 외 (2014). 『라틴아메리카의 역사 (상,하)』, 그린비.

사무엘 헌팅턴 (2004). 『사무엘 헌팅톤의 미국』, 김영사.

서성철 (2017). 『마닐라 갤리온 무역: 동서무역의 통합과 해상 실크로드의 역사』, 산지니.

송기도 (2003). 『콜럼버스에서 룰라까지』, 개마고원.

송대한 (2016). "악마를 폭로하다: 미국의 라틴아메리카 대외정책", 『월간 국제동향』, 9월호, 국제전략센터, 32-39.

송병선 (2009). "쿠바혁명과 라틴아메리카 소설", <트랜스라틴>, 6, 64-73.

스키드모어 외 (2014), 『현대 라틴아메리카』, 그린비.

신정환 (2000). "중남미 바로크 예술 -건축을 중심으로", 『라틴아메리카연구』, 13(1), 79-105.

신정환, 전용갑 (2016). 『두 개의 스페인. 알타미라에서 펠리뻬 6세까지』, HUFSBOOKS.

에스테반 모랄레스 (2009). “쿠바와 미국의 갈등: 21세기의 문턱에서”, <트랜스라틴>, 6, 106-124

외교통상부 홈페이지 http://www.mofat.go.kr

우덕룡 외 (2000). 『라틴아메리카: 마야, 잉카로부터 현재까지의 역사와 문화』, 송산출판사.

우석균 (2005). 『바람의 노래, 혁명의 노래 - 라틴아메리카 문화기행』, 해나무.

우석균 (2009). “쿠바혁명과 라틴아메리카 지성계”, <트랜스라틴>, 6, 55-63.

위키백과. https://ko.wikipedia.org/wiki/

이강혁 (2008). 『라틴아메리카 역사 다이제스트 100』, 가람기획.

이성형 편 (1999). 『라틴아메리카의 역사와 사상』, 까치.

이성형 (2009). 『문화적 민족주의』, 도서출판 길.

임호준 (2004), “신영화 운동 이후 라틴아메리카 영화의 새로운 경향과 전략”, 예술전문사 증서 논문.

전용갑 (2017). “스페인 해양세력과 항해자들. 신대륙 발견과 정복기를 중심으로”, 『유럽세력의 팽창과 대항해시대』, 문화재청 국립해양문화재연구소 제 26기 바다문화학교 교재(미출판 비매품).

정경원 외 (2009), 『질문으로 풀어주는 멕시코』, 한국외국어대학교 출판부.

정경원, 서경태, 신정환 (2000). 『라틴아메리카 문화의 이해』, 학문사.

조돈문, 임상래, 이내영 편 (2005). 『세계화와 라틴아메리카의 이주와 이민』, 도서출판 오름.

주경철 (2017). 『주경철의 유럽인 이야기 1: 중세에서 근대의 별을 본 사람들』, 휴머니스트.

카를로스 푸엔테스. 서성철 역 (2009), 『라틴아메리카의 역사』, 까치.

킴 매쿼리. 최유나 옮김 (2010), 『잉카 최후의 날』, 옥당.

피터 스미스 (2010). "독립시기의 라틴아메리카 국제관계", <트랜스라틴>, 11, 19-47.

허석렬 (2016), "남미의 진보정치의 주기는 끝났는가?", 『월간국제동향』, 9월호, 국제전략센터, 3-10.

Las Casas, Bartolomé de, Sullivan, Francis Patrick (ed), *Indian Freedom: The Cause of Bartolomé de Las Casas, 1484-1566*: Kansas City: Sheed and Ward, 1995.

Blackburn, Robin (1997). *The Making of New World Slavery*, Verso.

Bolívar, Simón (2010). "Carta de Jamaica"en Medófilo Medina(Prólogo), *Pensamiento político de Simón Bolívar*, Bogotá: Univ. Nacional de Colombia.

Carmona, Doralicia (2018). "Hernán Cortés derrota a Pánfilo de Narváez", *Memoria Política de México*. http://www.memoriapoliticademexico.org/Efemerides/5/29051520.html.

Chang-Rodríquez, Eugenio (1983). *Latinoamérica: Su civilización y su cultura*, New York: Newbury House Publishers.

Cheguevara, Ernesto (2004), "Intervención en la Asamblea General de las Naciones Unidas en uso del derecho de replica", *Ernesto Cheguevara. Obras Escogidas*. Santiago de Chile: CEME(Centro de Estudios Miguel Enríquez-Archivo Chile).

Clarín, 28/07/2002, "Perón cuenta el momento en que conoció a Evita y se enamoró"

Colón, Cristóbal, Arranz Márquez, Luis(Ed.) (2009). *Diario de a bordo*, Madrid: Dastin.

Cortés, Hernán, Delgado Gómez, Ángel(Ed.) (1993). *Cartas de Relación*, Madrid: Editorial Castalia.

Delgado-Iribarren, Francisco (2013). "La Noche Triste: Hernán Cortés y sus hombres sucumben a la venganza azteca", *ABC*, December 21.

Dussel, Enrique (1992). *Historia de la iglesia en América Latina: medio milenio de coloniaje y liberación(1492-1992)*, Madrid: Mundo Negro.

Fernández, Adela (1993). *Dioses Prehispánicos de México*, México: Panorama.

Henríquez Ureña, Pedro (1966). *Historia de la cultura en la América Hispánica*, México: Fondo De Cultura Económica.

Hopkins, Jack W(Ed.) (1998). *Latin America: Perspectives on a Region*, New York: Holmes & Meier.

Icarito. http://www.icarito.cl/2009/12/405-2322-9-que-son-las-instituciones-coloniales-y-cuales-fueron.shtml/

Ibáñez Vergara, Jorge, *O'Higgins, el Libertador*, Santiago(Chile), https://www.institutoohigginiano.cl/images/PDF/Ohiggins-Libertador.pdf.

Infobae, 3 junio de 2017, "¿Conoció Perón a Mussolini?",

Kattán-Ibarra, Juan (1995). *Perspectivas culturales de Hispanoamérica*, Illinois: National Textbook Company.

Krickeberg, Walter (1991). *Mitos y leyendas de los aztecas, incas, mayas y muiscas*, México: Fondo De Cultura Económica.

Lafaye, Jacques (1997). *Mesías, cruzadas, utopías: El judeo-cristianismo en las sociedades iberoamiercanas*, México: Fondo De Cultura Económica.

Las Casas, Bartolomé de, Saint-Lu, André(Ed.) (1992), *Brevísima relación de la destrucción de las Indias*, Madrid: Cátedra.

Lombardi, John V. (1998). "Colonial Latin America" in Hopkins, Jack W(Ed.). *Latin America: Perspectives on a Region*, New York: Holmes & Meier, 79-93.

López Austin, Alfredo (1989). *HOMBRE-DIOS, religión y política en el mundo náhuatl*, México: UNAM.

Lozano Fuentes, José Manuel & López Reyes, Amalia (1978). *Historia de América*, México: Compañía Editorial Continental.

Meza, Otilia (1995). *Leyendas mexicas y mayas*, México: Panorama.

Mignolo, Walter D. (2005). *The Idea of Latin America*, Oxford: Blackwell.

Montesinos, Antonio. http://www2.dominicos.org/kit_upload/file/especial-mon tesino/Montesino-gustavo-gutierrez.pdf.

Oseguera de Chávez, Eva Lydia (2000). *Historia de La Literatura Latinoamericana*, México: Ed. ADDISON WESLEY LONGMAN.

Peña, Diego, Martínez-Pinna, Javier. "Exploradores. En busca del sueño americano", *Revista Vive la Historia*, 26, 80-85.

Pérez, Joseph (2007). *Teresa de Ávila y la España de su tiempo*, Madrid: Algaba Ediciones.

Pigna, Felipe (2010). *Libertadores de América: aquellos gloriosos sudacas*, Sevilla: La fundación José Manuel Lara.

Romero, José Luis(2009). *Breve Historia de La Argentina*, Buenos Aires: Fondo de Cultura Económica.

Quesada, Sebastián (2001). *Imágenes de América Latina*, Madrid: edelsa.

Sahagún, Bernardino de (2008). *Historia general de las cosas de la Nueva España II*, Barcelona: Linkgua ediciones.

Samaniego, Filoteo (1973). "Encuentro de culturas", en Damián Bayón(comp.), *América Latina en sus artes*, México: Siglo veintiuno editores.

Sanz, Javier (2011). "Todos los que llegaron a América antes que Colón", *Historias de la historia*, 17 de Marzo, http://www.historiasdelahistoria.com.

Telesurtv.net (2016). "Memorias del holocausto indígena en América Latina", https://www.telesurtv.net/news/Memorias-del-holocausto-indigena-en-America-Latina-20160122-0074.html.

Vázquez Chamorro, Germán (2006). *Moctezuma*, Madrid: ALGABA Ediciones.

Xerez, Francisco de (2003). *Verdadera relación de la conquista del Perú*, biblioteca virtual universal, http://www.biblioteca.org.ar/libros/645.pdf.

Zaragoza, Gonzalo (1987). *América Latina: Época colonial*, Madrid: Anaya.

※ 본 저서에 사용된 사진들은 wikimedia commons와 wikipedia에서 저작권에 저촉되지 않는 자료들 중 선별된 것임.

사진출처

제1부. 유토피아의 종말 - 콜럼버스 이전의 라틴아메리카 문명

1. 베링을 건너 파타고니아까지 - 아메리카 원주민의 기원과 전파과정

- (1-1-1) 최근 멕시코의 지하 동굴에서 발견된 소녀의 두개골 화석 - csmonitor.com
- (1-1-2) 코르테스와 말린체 (Cortés y la Malinche) (1926), 호세 클레멘테 오로스코 (José Clemente Orozco)의 벽화 - wikimedia commons

2. 메소아메리카의 '바빌로니아' - 올메카 문명

- (1-2-1) 메소아메리카 문명권 - wikimedia commons
- (1-2-2) 공놀이(Juego de pelota) - wikimedia commons
- (1-2-3) 올메카문명의 주요도시 - wikimedia commons
- (1-2-4) 산로렌소에서 발견된 석조 두상 1호 - wikimedia commons
- (1-2-5) 아기 얼굴 점토인형 - wikimedia commons
- (1-2-6) 라벤타(La Venta)에서 발견된 제단에 바치는 공물 4호(ofrenda 4), 옥으로 만든 인물상과 사문석으로 만든 도끼이다. - wikimedia commons

3. '신들의 도시'의 미스터리 - 테오티우아칸 문명

- (1-3-1) 테오티우아칸의 '태양의 피라미드' - wikimedia commons
- (1-3-2) 케찰코아틀 신전 - wikimedia commons

4. 메소아메리카 신화의 보고 - 톨테카 문명

- (1-4-1) 툴라에 있는 전사의 상, 아틀란테스(atlantes) - wikimedia commons
- (1-4-2) 멕시코의 툴라 유적지의 호르헤 아코스타 박물관에 전시된 재규어 조각상 - wikimedia commons

5. 15세기 세계 최대의 제국 - 아스테카 문명

- (1-5-1) 테노츠티틀란의 전경. 중앙에 대신전이 있고 치남파로 일군 경작지를 볼 수 있다. (디에고 리베라의 벽화, 대통령궁 소재) - wikimedia commons

- (1-5-2) 대신전(Templo Mayor)에서 발견된 코욜사유키 원형 석판 - wikimedia commons
- (1-5-3) 멕시코 국립인류학박물관에 전시된 태양의 돌 - wikimedia commons

6. 라틴아메리카의 '그리스' - 마야문명

- (1-6-1) 과테말라의 티칼에 있는 위대한 재규어 사원 - wikimedia commons
- (1-6-2) 유카탄의 카바(Kabáh) 유적지에 있는 차악 신이 조각된 신전 - wikimedia commons
- (1-6-3) 팔렌케의 '비문의 신전', 신전 지하에서 파칼 왕의 무덤이 발견되었다. - wikimedia commons
- (1-6-4) 파칼 왕이 관 속에 누워있는 모습을 재현한 모형이다. (멕시코 국립인류학박물관) - wikimedia commons
- (1-6-5) 쿠쿨칸 신전, 엘 카스티요(El Castillo)라고도 부른다. - wikimedia commons
- (1-6-6) 치첸잇사에 있는 전사의 신전. 톨테카족의 영향을 엿볼 수 있는 신전이다. - wikimedia commons

7. 안데스의 첫 주인공들 - 차빈, 모체, 나스카, 티아우아나코 문명

- (1-7-1) 모체족의 최고의 신 아이 아파엑 - wikimedia commons
- (1-7-2) 시판의 왕의 무덤을 축소한 모형. 최근 30년간 세계적으로 가장 중요한 고고학적 발견이다. - wikimedia commons
- (1-7-3) 나스카 지상 그림(벌새) - wikimedia commons
- (1-7-4) 티아우아나코의 태양의 문 (볼리비아) - wikimedia commons
- (1-7-5) 치무왕국의 수도인 찬찬 유적지 - wikimedia commons

8. 마추픽추의 추억 - 잉카문명

- (1-8-1) 쿠스코에서 110km 떨어진 락치(Raqchi)에 있는 저장 창고 '콜카'- wikimedia commons
- (1-8-2) 잉카제국의 전령, 차스키. 손에 키푸를 들고 있다. - wikimedia commons
- (1-8-3) 인근에 있는 삭사이우아만에서 매년 동지에 거행되는 태양제(인티 라이미) - wikimedia commons

- (1-8-4) 마추픽추의 전경 - wikimedia commons
- (1-8-5) 수술용 칼로 사용되었던 투미. 현대 페루사람들에게는 행운을 상징해 벽에 걸어두기도 하며 페루 관광 홍보에 사용되는 상징이 되었다. - wikimedia commons

9. 카리브와 아마존 유역의 원주민들

- (1-9-1) 마푸체족 여인들 - wikimedia commons
- (1-9-2) 과라니족 - wikimedia commons

제2부. 발견과 정복기 - 전례 없는 문명의 대충돌

1. '플루스 울트라(Plus Ultra)' - '신대륙 발견'의 사회역사적 배경

- (2-1-1) 15세기 중반 토스카넬리가 만든 지도. 유럽과 아시아 사이에 아메리카 대륙이 보이지 않는다. - wikimedia commons
- (2-1-2) 19세기 스페인 화가 디오스코로 푸에블라(Dióscoro Puebla)가 그린 '콜럼버스의 아메리카 도착'(Primer desembarco de Cristóbal Colón en América) - wikimedia commons

2. 아스테카 제국의 최후 - 에르난 코르테스와 목테수마

- (2-2-1) 에르난 코르테스 - wikimedia commons
- (2-2-2) 틀라스칼테카 족과 협상하는 코르테스. 가운데 서 있는 여인이 말린체이다. 멕시코 벽화화가 데시데리오 에르난데스 소치티오친(Desiderio Hernández Xochitiotzin, 1922-2007) 작품. - wikimedia commons
- (2-2-3) 테노츠티틀란 정복 - wikimedia commons

3. 전무후무한 잉카제국 멸망사 - 프란시스코 피사로와 디에고 데 알마그로

- (2-3-1) 프란시스코 피사로 초상. 프랑스화가 아마블 폴 쿠탕(Amable-Paul Coutan, 1792-1837)의 작품. - wikimedia commons
- (2-3-2) 카하마르카에서 잉카 황제 아타우알파를 사로잡는 피사로. 영국화가 존 에

버렛 밀레이(John Everett Millais, 1829-1896)의 작품 - wikimedia commons

- (2-3-3) 디에고 데 알마그로 초상 (칠레국립역사박물관 소장) - wikimedia commons

4. 원주민의 수호자 - 바르톨로메 데 라스 카사스

- (2-4-1) 바르톨로메 데 라스 카사스 신부 - wikimedia commons

제3부. 히스패닉 아메리카의 개막 - 식민 시기의 삶과 문화

1. 신대륙의 비극과 인권의 수호자들

- (3-1-1) 바르톨로메 데 라스 카사스가 『인디아 파괴에 대한 간략한 보고서』에서 묘사한 스페인 정복자들의 만행. 테오도르 드 브리(Theodor de Bry)의 판화. - wikimedia commons
- (3-1-2) 원주민들의 보호자 바르톨로메 데 라스 카사스가 바야돌리드에서 세풀베다와 논쟁을 벌이는 모습. - wikimedia commons

2. 가톨릭신앙과 라틴아메리카

- (3-2-1) 후안 디에고의 망토에 새겨진 과달루페 성모 - wikimedia commons
- (3-2-2) 파라과이 트리니다드에 남아있는 예수회 공동체 유적 - wikimedia commons

3. 식민지 아메리카의 수탈경제

- (3-3-1) 포토시 은광의 모습 - wikimedia commons
- (3-3-2) 16세기 태평양의 갤리온 무역이 포함된 세계 해상무역 지도. 흰색선이 스페인, 청색선이 포르투갈 루트이다. - wikimedia commons

4. 아메리카 식민 통치의 제도와 기구

- (3-4-1) 통상원이 있던 세비야의 건물. 왼쪽으로 세비야 대성당이 보인다. - wikimedia commons

- (3-4-2) 1794년 당시 4개의 부왕령 지도. 빨간색이 스페인령, 초록색이 포르투갈령이다. - wikimedia commons

5. 식민 시대의 인종과 사회

- (3-5-1) 스페인 출신 백인과 원주민 여성, 그리고 그 사이에서 태어난 메스티소 아들로 구성된 가정의 모습 - wikimedia commons
- (3-5-2) 바스콘셀로스의 저서 『우주 인종』의 표지. '이베로아메리카 인종의 사명'이라는 부제가 있다. - wikimedia commons

6. 혼종 문화의 개화 - 식민지 문학

- (3-6-1) 아스테카 제국의 수도인 테노츠티틀란을 묘사한 그림. 에르난 코르테스가 스페인 국왕에게 보내는 편지 내에 동봉한 것이다. - wikimedia commons
- (3-6-2) 소르 후아나의 초상화. 미겔 카브레라(Miguel Cabrera, 1695-1768, 멕시코)의 작품 - wikimedia commons

7. 혼종 문화의 개화 - 식민지 건축

- (3-7-1) 타스코의 산타 프리스카 성당. 추리게라 양식의 파사드와 두 탑이 있는 아름다운 바로크 성당이다. - wikimedia commons
- (3-7-2) 리마에 있는 토레 타글레 궁의 모습. - wikimedia commons

제4부. 긴 잠에서 깨어나다 - 19세기의 라틴아메리카

1. 아무도 예상하지 못한 독립 - 라틴아메리카 독립의 역사, 사회문화적 배경

- (4-1-1) 부르봉왕가의 개혁을 주도한 스페인의 카를로스 3세 (마드리드 왕궁 소장) - wikimedia commons
- (4-1-2) 스페인독립전쟁을 모티브로 프란시스코 데 고야(Francisco de Goya, 1746-1828)가 그린 '5월 2일'(Dos de Mayo) (프라도 미술관 소장) - wikimedia commons

2. 누에바 그라나다 독립의 '슬픈 성공' - 서로 등을 돌린 라틴아메리카 독립의'선구자(El Precursor)'와'해방자(El Libertador)'

- (4-2-1) 카디스 감옥에 수감된 말년의 미란다. 아르투로 미첼레나(Arturo Michelena, 1863-1898, 베네수엘라)의 작품 - wikimedia commons
- (4-2-2) 시몬 볼리바르. 리카르도 아세베도 베르날(Ricardo Acevedo Bernal, 1867-1930, 콜롬비아)의 작품 - wikimedia commons

3. 사제들이 주도한 누에바 에스파냐 독립 - 미겔 이달고와 호세 마리아 모렐로스

- (4-3-1) 미겔 이달고. 호세 클레멘테 오로스코(José Clemente Orozco, 1883-1949, 멕시코)의 작품 - wikimedia commons
- (4-3-2) 칠판싱고에서 열린 의회에서 연설하는 호세 마리아 모렐로스 - wikimedia commons

4. 리오 데 라 플라타와 칠레 해방의 영웅들 - 호세 데 산 마르틴과 베르나르도 오이긴스

- (4-4-1) 부에노스아이레스의 5월 혁명. 프란시스코 포르투니(Francisco Fortuny, 1865-1942, 스페인/아르헨티나)의 작품 - wikimedia commons
- (4-4-2) 파라과이의 호세 가스파르 로드리데스 데 프란시아, 일명'프란시아 박사' - wikimedia commons.
- (4-4-3) 우루과이 엑소더스 - wikimedia commons
- (4-4-4) 안데스 산맥을 넘는 산 마르틴과 오이긴스. 훌리오 빌라 이 프라데스(Julio Vila y Prades, 1873-1930, 스페인)의 작품

5. 라틴아메리카 독립의 지각생 - 쿠바

- (4-5-1) 쿠바의 독립영웅 호세 마르티 - wikimedia commons

제5부. 멕시코대혁명, 아르헨티나 페로니즘, 쿠바혁명

1. 대륙의 지축을 흔들다 - 멕시코 대혁명의 배경, 전개와 의미

- (5-1-1) 1904년 이전에 촬영된 것으로 보이는 포르피리오 디아스의 사진 - wikimedia commons
- (5-1-2) 1910년 대통령 후보로 선거 유세 중인 프란시스코 마데로 - wikimedia commons
- (5-1-3) 에밀리아노 사파타 - wikimedia commons
- (5-1-4) 판초 비야(1914년) - wikimedia commons
- (5-1-5) 1914년 12월 6일 멕시코시에 입성해 기념 촬영하는 사파타와 비야 연합군(가운데가 판초 비야, 오른쪽이 에밀리아노 사파타) - wikimedia commons

2. 아르헨티나 페로니즘 - 후안 페론과 에바 페론

- (5-2-1) 후안 페론(1940년) - wikimedia commons
- (5-2-2) 후안 페론을 만났던 해(1944년)의 에바 페론 - wikimedia commons
- (5-2-3) 아르헨티나 대통령 시절의 이사벨 페론(1974년) - wikimedia commons
- (5-2-4) 집회에서 청중들에게 인사하는 에바 페론(1951년 8월 22일) - wikimedia commons

3. 쿠바혁명 - 카스트로와 체 게바라

- (5-3-1) 몬카다 병영습격 사건 직후 체포된 피델 카스트로(1953년 7월) - wikimedia commons
- (5-3-2) 피델 카스트로와 체 게바라(1961년) - wikimedia commons
- (5-3-3) 볼리비아 게릴라 시절의 체 게바라(1967). 그의 생애 마지막 사진 중 하나이다. - wikimedia commons

색인

라틴아메리카 역사 산책.
올메카문명에서 쿠바혁명까지

초판 인쇄	2018년 8월 24일
초판 발행	2018년 8월 31일
지은이	전용갑. 신정환. 황순양. 박영미
발행인	김인철
총괄·기획	가정준 Director, University Knowledge Press
편집장	신선호 Executive Knowledge Contents Creator
도서편집	박현정 Contents Creator
전자책편집	이리나 e-Contents Creator
재무관리	문수진 Managing Creator
사전·출판	정준희 Contents Creator
마케팅 파트장	백승이 Chief Marketing Creator
마케팅	이현진 Marketing Creator
발행처	한국외국어대학교 지식출판콘텐츠원 02450 서울특별시 동대문구 이문로 107 전화 02)2173-2493~7 팩스 02)2173-3363 홈페이지 http://press.hufs.ac.kr 전자우편 press@hufs.ac.kr 출판등록 제6-6호(1969. 4. 30)
디자인·편집	(주)피플커뮤니케이션 02)733-9008
인쇄·제본	(주)피플커뮤니케이션 02)733-9008

ISBN 979-11-5901-439-0 03900 정가 22,000원

*잘못된 책은 교환하여 드립니다.

HUEBOOKS는 한국외국어대학교 지식출판콘텐츠원의 인문학도서 Sub Brand이다. 한국외대의 영문명인 HUFS, 사람을 위하는 Humanism, 교육의 Education, 색조의 Hue의 다의적인 뜻으로 해석할 수 있으며, 인문학도서 출판에 대한 의지가 담겨있다.